Gesche Blume
Irmgard Keun.
Schreiben im Spiel mit der Moderne

THELEM
bei w.e.b.

Arbeiten zur Neueren deutschen Literatur
Hg. von Dorothee Kimmich, Walter Schmitz,
Detlev Schöttker und Marek Zybura
Band 23

Gesche Blume

Irmgard Keun

Schreiben im Spiel mit der Moderne

THELEM
bei w.e.b.
2005

Die vorliegende Monographie wurde im Juni
2004 am Fachbereich Neuere deutsche Literatur
der TU Dresden als Dissertation angenommen.

Bibliografische Information der Deutschen Bibliothek
Die Deutsche Bibliothek verzeichnet diese Publikation in der
Deutschen Nationalbibliografie; detaillierte bibliografische Daten
sind im Internet unter <http://dnb.ddb.de> abrufbar.

Bibliographic information published by Die Deutsche Bibliothek
Die Deutsche Bibliothek lists this publication in the Deutsche
Nationalbibliografie; detailed bibliographic data is available in
the Internet at <http://dnb.ddb.de>

ISBN 3-937672-38-9

© 2005 w.e.b. Universitätsverlag & Buchhandel
Eckhard Richter & Co. OHG
Bergstr. 70 | D-01069 Dresden
Tel.: 0351/4 72 14 63 | Fax: 0351/4 72 14 65
http://www.web-univerlag.de
Thelem ist ein Imprint von w.e.b.
Alle Rechte vorbehalten. All rights reserved.
Umschlagbild: Anna H. Frauendorf
Gesamtherstellung: w.e.b.
Druck und Bindung: difo-Druck GmbH Bamberg
Made in Germany.

INHALT

1. EINLEITUNG

Die Lebensgeschichte Irmgard Keuns umspannt fast ein ganzes Jahrhundert. 1905 als Tochter eines Industriellen in Berlin geboren, hat sie die entscheidenden politischen und historischen Veränderungen des 20. Jahrhunderts bewußt und mit für ihre Geschichte als Schriftstellerin zumeist tragischen Konsequenzen miterlebt. Als sie 1982 in Köln starb, hinterließ sie ein vergleichsweise schmales Werk: Sechs kurze Romane, von denen sie den letzten bereits 1950 schrieb, eine Kurzgeschichtensammlung über eine Kindheit während des ersten Weltkrieges, Erzählungen und Satiren aus der Nachkriegszeit sowie einige Gedichte, die im Exil entstanden sind. In den frühen sechziger Jahren erschien ein letzter Band mit Satiren zum Filmgeschäft.[1]

Während der Name der Autorin heute aus dem Bewußtsein breiter Leserschichten nahezu verschwunden ist, bleibt ihr bekanntester Roman aus dem Jahre 1932, *Das kunstseidene Mädchen*, ein fester Bestandteil des Literaturmarktes.[2] Wofür steht Irmgard Keun innerhalb der literatur- und kulturwissenschaftlichen Debatte seit den neunziger Jahren des 20. Jahrhunderts? Was ist erwachsen aus den seit ihrer Wiederentdeckung in den späten siebziger Jahren geführten Diskussionen um einen weiblichen Gegendiskurs, um das Innovationspotential ihrer Schriften, das zu einem Verbot unter den Nationalsozialisten führte? Im Forschungskanon der Neuen Sachlichkeit bzw. zur Literatur der Weimarer Republik ist Irmgard Keun seit längerem fest verankert; ihren Namen dort nicht zu erwähnen, käme Ignoranz oder einem faux pas gleich: Als junge Schriftstellerin, deren Texte die literarischen Strömungen ihrer Zeit spiegeln, ja bisweilen parodieren; die zeitnahe Themen mittels einer Ästhetik inszeniert, welche die damals jungen Medien Film, Hörfunk und Schallplatte scheinbar spielend integriert sowie eine Geschichte des Weiblichen schreibt, indem sie »den Verletzungen des weiblichen Ich in der Realität [nachspürt]«,[3] ist sie auf diesem Feld neben Marieluise Fleißer[4] schon beinahe eine Institution geworden. Johannes Roskothen nimmt die einleitenden Worte zu seinem Buch *Verkehr. Zu einer poetischen Theorie der Moderne* aus Keuns Erfolgsroman und führt ihre Schrift als Paradebeispiel für die Literarisierung moderner »transitorischer Lebensführung«[5] ein: »In Irmgard Keuns Roman metynomisiert der Straßenverkehr eine allumfassende mentale, soziale und topographische Delokalisierung.«[6] *Hansers Sozialgeschichte der deutschen Literatur*

---

[1] Irmgard Keun: Blühende Neurosen. Düsseldorf: Droste 1962.

[2] Bis auf *Ferdinand, der Mann mit dem freundlichen Herzen* sind nach wie vor alle Romane Keuns im Buchhandel erhältlich. Eine Neuauflage von *Kind aller Länder* erfolgte im Frühjahr 2004.

[3] Hilke Veth: Literatur von Frauen. In: Hansers Sozialgeschichte der deutschen Literatur, Bd. 8. Hg. v. Bernhard Weyergraf. München: Hanser 1995, S. 463.

[4] Ein Sammelband zu dieser Autorin ist bereits 2000 erschienen: Maria E. Müller/ Ulrike Vedder (Hg.): Reflexive Naivität. Zum Werk Marieluise Fleißers. Berlin: Erich Schmidt Verlag 2000. Zum 100. Geburtstag von Irmgard Keun im Jahr 2005 gibt der Aisthesis-Verlag unter der Herausgeberschaft von Ariane Martin und Stefanie Arend einen Sammelband mit Aufsätzen und bisher unveröffentlichtem dokumentarischem Material heraus. (Stefanie Arend/Ariane Martin [Hg.]: Irmgard Keun 1905 / 2005. Deutungen und Dokumente. Bielefeld: Aisthesis 2005).

[5] Johannes Roskothen: Verkehr. Zu einer poetischen Theorie der Moderne. München: Wilhelm Fink 2003, S. 13.

[6] Ebd., S. 14.

verzeichnet im Register des Bandes zur Weimarer Republik fünf Einträge zu Keun. Wenn hier die Literatur von Frauen in einem separaten Kapitel behandelt wird, ist es verfehlt, noch von ihrer Marginalisierung bzw. einer Sonderstellung zu sprechen – vielmehr wird deutlich, daß diese als eigenständige literarische Seitenlinie zum progressiven intellektuellen Flügel der Weimarer Republik zählt und entscheidenden Anteil an der Modernisierung und Revolutionierung von Literatur im allgemeinen hat. Der Autortypus der *Neuen Frau*,[7] dem auch Irmgard Keun zuzurechnen ist, vertextet die Schwellensituation, in der sich eine »Nicht-Identität« in einen neuen, positiven Begriff von Identität umzuwandeln beginnt – ein Identitätsbegriff, der sich nicht mehr am autonomen (männlichen) Subjekt orientiert, sondern, ähnlich dem Musilschen Möglichkeitsmenschen, einen flexiblen Ich-Entwurf erprobt und ihn selbst im Mißlingen nicht gänzlich nivelliert – und dies sowohl ästhetisch als auch im literarischen Wirklichkeits- und Lebensentwurf. Helmut Lethen setzt das Schreiben der neusachlichen Schriftstellerinnen dort an, wo ihre männlichen Kollegen an den »Sachlichkeits-Parolen«,[8] an den »Extremen eines virilen Narzißmus«[9] zu zerbrechen drohen: »Sie geben zu bedenken, ob der neusachliche Männlichkeitskult nicht letzten Endes dazu dient, die Frau zu verurteilen, die Sachlichkeitsideale, an denen die männlichen Helden scheiterten, ihrerseits realisieren zu müssen.«[10] Lethen hebt bereits in seiner 1994 erschienen Arbeit *Verhaltenslehren der Kälte. Lebensversuche zwischen den Kriegen* die ästhetische Innovationskraft Irmgard Keuns hervor, die sich in einem kompromißlosen literarischen Aneignen moderner, das heißt technizistischer Wahrnehmungsstrukturen äußert, und die ehemals männlich konnotierte Kampfgebärden in die körperlichen Fertigkeiten des androgynen Großstadtmenschen umbiegt. Das Radar dient Lethen als Metapher dieser Fertigkeit:

> Der nach außen eingestellte Apparat muß in der Lage sein, Signale von nah und fern zu empfangen; es gibt viele Sender und häufigen Programmwechsel [...]. [...] während aber der Innengeleitete den ganzen Nachrichtenstrom in einem Brennglas zu vereinen sucht, um ihn moralisch zu beurteilen, dient er dem Außengeleiteten zur Orientierung seiner Bewegungsabläufe, zum Feststellen des angemessenen Habitus, zu Informationssammlung und Konsum [...].[11]

Dem Modernismus ihrer Schriften tragen zwei in jüngerer Zeit veröffentlichte Arbeiten zur frühen Irmgard Keun Rechnung; Katharina von Ankum und Anke Gleber erproben eine Übertragung des kulturgeschichtlichen Phänomens Flanerie auf *Gilgi* und *Das kunstseidene Mädchen*. Diese Studien setzen voraus, daß ein weibliches Pendant

---

[7]   Veth, S. 460. Zur literarischen Inszenierung der *Neuen Frau* als Topos in der Weimarer Republik vgl. Irmgard Roebling: »Haarschnitt ist noch nicht Freiheit«. Das Ringen um Bilder der *Neuen Frau* in Texten von Autorinnen und Autoren der Weimarer Republik. In: Jahrbuch zur Literatur der Weimarer Republik, Bd. 5. Hg. v. Sabina Becker. St. Ingbert: Röhrig 2000.

[8]   Helmut Lethen: Der Habitus der Sachlichkeit in der Weimarer Republik. In: Hansers Sozialgeschichte der deutschen Literatur, Bd. 8, S. 376.

[9]   Ebd., S. 389.

[10] Ebd., S. 376f.

[11] Helmut Lethen: Verhaltenslehren der Kälte. Lebensversuche zwischen den Kriegen. Frankfurt a. M.: Suhrkamp 1994, S. 236. Der Autor legt mit seiner Monographie eine umfassende Darstellung zur Sozialpsychologie der Neuen Sachlichkeit vor.

zum männlichen Flaneur existiert – als eine Form der Stadterfahrung, in der Selbst- und Fremdbild, Rollenzuweisungen und Ausgrenzungsrituale Weg und Blick des weiblichen Flaneurs bestimmen und kreuzen: »These texts belong to a hidden history of literary writing on the city.«[12] Während sich Ankums Text als kulturhistorische und diskurskritische Studie ausnimmt, indem sie Textpassagen aus dem Roman Keuns realhistorischen Quellen gegenüberstellt,[13] erschließt Gleber die wahrnehmungsästhetische Dimension der Erzählung – sie diskutiert die *Ästhetik des Scheins* bei Keun und bindet die Autorin auf diese Weise in die europäische Moderne ein:

> This correspondence between vision and an acceleration of perception hints at an intensification of experience in Keun's text that recalls the rhetorical traces of surrealism and points toward projects of an optical avantgarde. Her arrival in the city opens the female flaneur's eyes to the sensations of modernity, reshaping the novel into a text that explicitly records a woman's experience with the metropolis [...].[14]

Gleber fährt fort mit Beispielen, die eine ästhetische Begründung weiblicher Flanerie in Keuns Text belegen[15] – eine richtungsweisende Arbeit für die Betrachtung des Gesamtwerkes, das ein Ensemble von Redeordnungen ist, die zum Teil so ungefiltert auf den Leser kommen, daß er in ein und demselben Text keinen einheitlichen »Autor« zu erschließen vermag (im Sinne des Foucaultschen Diktums). Keuns Schriften sind gesteuert durch die Medien und nur zum Teil aus der literarischen Tradition gespeist. Dennoch bilden sie – nebeneinander gelesen – wiederum eine Einheit; es fällt letztendlich nicht schwer, sie ein und derselben Autorin zuzuschreiben. Als Einheit sind hier die Brüche zu verzeichnen: die Brüche mit homogenen stilistischen Mitteln innerhalb eines Textgefüges, mit der Fortschreibung von Texten im Sinne einer Werkkonstruktion, mit vertrauten literarischen Wahrnehmungsstrukturen – aber auch die Brüche mit der traditionellen Vorstellung von »hoher« und »niederer« Literatur. Das Mosaikartige der Keunschen Romane ist ein Hauptkritierium, an das die weitere Diskussion anschließen soll. Nahezu jede Stätte der (urbanen) Alltagskultur – in den späteren Romanen sind es Fortbewegungsmittel oder die Schauplätze des Exils – wird in der »doppelten Optik« der Figur auf sich selbst und der Figur auf ihre Umwelt neu arrangiert und konstruiert. Hier herrscht ein Darstellungsprinzip vor, das Helmut Lethen als Wahrnehmungsstruktur des »Radartypus« (s.o.) beschreibt. Dieser Typus schließt sich an die modernistischen Konzeptionen des rezipierenden Bewußtseins an.

Der wissenschaftliche Umgang mit Irmgard Keuns Texten gestaltet sich bis heute ambivalent: Während die bekannten und ästhetisch innovativen Texte der Weimarer Republik und des Exils immer wieder neue Metatexte produzieren, werden die angeblich mißlungenen Erzählungen[16] vielfach ausgeblendet. Dies birgt die Gefahr, daß sie

---

[12] Anke Gleber: The Art of Taking a Walk. Flanerie, Literature, and Film in Weimar Culture. Princeton/ New Jersey: Princeton University Press 1999, S. 191.

[13] Katharina von Ankum: »Ich liebe Berlin mit einer Angst in den Knien«. Weibliche Stadterfahrung in Irmgard Keuns *Das kunstseidene Mädchen*. In: Frauen in der Großstadt: Herausforderung der Moderne? Hg. und übersetzt von ders. Dortmund: Edition Ebersbach 1999, z.B. S. 164.

[14] Gleber, S. 197.

[15] Ebd., S. 198.

[16] Hierzu zählt vor allem der Exilroman *D-Zug dritter Klasse*, aber auch *Ferdinand, der Mann mit dem freundlichen Herzen* (1950). *Hansers Sozialgeschichte zur Literatur in der Bundesrepublik bis 1967*

als Leerstellen und Ungereimtheiten weitergetragen werden und sich diese »Qualitäts-
diskrepanz« als Werkeigenschaft bei Irmgard Keun unhinterfragt manifestiert. Basierend auf der Einbindung Irmgard Keuns in den Kontext der Moderne will diese Arbeit drei Hauptaspekte von Modernität den Analysen der Einzelwerke voranstellen:
das medien- und gattungsüberschreitende Schreiben, den »weiblichen Gegendiskurs«,
der die »männliche« Moderne variiert und neu perspektiviert sowie schließlich der kri-
tisch-satirische Umgang mit dem »verbrauchten Material« der Literaturtradition.

(Hansers Sozialgeschichte der deutschen Literatur, Bd. 10. Hg. v. Ludwig Fischer. München: Hanser
1986) weist keinen Eintrag zu Irmgard Keun auf. Dies mag möglicherweise am Erscheinungsjahr liegen. 1998 publizierte Stephan Braese einen ausführlichen Aufsatz zu Keuns Nachkriegsliteratur, der
in dieser Arbeit Erwähnung finden wird. (In: ders. [Hg.]: In der Sprache der Täter. Neue Lektüren
deutschsprachiger Nachkriegs- und Gegenwartsliteratur. Opladen: Westdeutscher Verlag 1998, S.
43-78).

2. MEDIEN- UND GATTUNGSÜBERSCHREITENDES SCHREIBEN

2.1 Ursprünge des Schreibens

Irmgard Keun ist in die Literaturgeschichte eingegangen als eine Schriftstellerin, die ab ihrer Lebensmitte nicht mehr schrieb, deren Themenmaterial sich ausschließlich auf die frühen dreißiger Jahre erstreckt und die an anderen Themen kein ausreichendes Interesse mehr fand. Die Nachkriegszeit habe sie nicht inspiriert.[1] Sowenig Irmgard Keuns Schreiben bis dato eine nachweisliche Vorgeschichte besitzt, so nebulös und mit Legenden gespickt ist auch die Geschichte um ihr Verschwinden als Schriftstellerin geblieben. Was die Literaturwissenschaft bisher an der Autorin und ihren Texten fasziniert hat, war auch geprägt von der Spurensuche ihres Lebens *nach* dem Erfolg, doch außer gescheiterten Projekten ließ sich dort nichts für die Wissenschaft Nennenswertes aufspüren. So beschränkt sie sich in der Hauptsache auf die Analyse ihrer frühen, ästhetisch interessanten wie marktstrategisch erfolgreichen Texte. Es erscheint in einer Schriftkultur, die jede noch so nichtige Notiz, die Aufschluß über die Entwicklung einer Schriftstellerexistenz geben könnte, sammelt, geradezu impertinent, mit einem fertigen Text konfrontiert zu werden, ohne sein Entstehen entschlüsseln zu können. Darf ein Schriftsteller, der darüber keine Auskunft gibt und auch der Nachwelt kaum Beweise hinterläßt, damit rechnen, in einer Schriftkultur ernst genommen zu werden? Irmgard Keun, die mit ihren Schriften scheinbar über Nacht »da« war, hat vielleicht gerade deswegen bis heute ihr Image als aufstrebendes Sternchen im Literaturbetrieb der Weimarer Republik bewahrt – nicht aber einen sicheren Platz in der Literaturgeschichte erlangt. Hiltrud Häntzschel reflektiert im Zusammenhang mit dem Entstehen ihrer Biographie über Irmgard Keun die besondere Funktion des Genres *Biographie* und geht der Frage nach, in welcher Weise die »Leerstellen im biographischen Material«[2] durch die Bildung interagierender Schrifstellermythen ersetzt wurden. Sie gelangt zu dem (vorläufigen) Schluß: »Möglicherweise besteht die Konstante ihres Lebens gerade nicht in einer logischen Ordnung, die wir Biographen so gerne konstruieren, sondern im Rollenspiel [...].«[3]

---

[1] Vgl. dazu den Artikel von Rita Mielke in Killys Literaturlexikon. Die Autorin bemerkt in der biographischen Darstellung: »K[eun] schrieb auch im Nachkriegsdeutschland weiter, konnte jedoch an ihre einstigen Erfolge nicht mehr anknüpfen u. geriet in Vergessenheit.« (S. 311). Im interpretatorischen Teil des Artikels diskutiert Mielke konsequenterweise keinen der nach 1940 erschienenen Texte, lediglich die Titel werden angeführt (S. 311f.). (Rita Mielke in: Literatur Lexikon. Autoren und Werke deutscher Sprache, Bd. 6. Hg. v. Walter Killy et al. Gütersloh/München: Bertelsmann Lexikon Verlag 1990, S. 311f.).
[2] Hiltrud Häntzschel: Vom wissenschaftlichen Umgang mit den Leerstellen im biographischen Material. Ein Werkstattbericht am Beispiel Irmgard Keuns. In: Querelles. Jahrbuch für Frauenforschung 2001, Bd. 6: Biographisches Erzählen. Hg. v. Irmela von der Lühe und Anita Runge. Stuttgart/Weimar: Metzler 2001, S. 115-125, S. 116.
[3] Ebd.

Das Bild von Irmgard Keun ist eng an ein Schriftstellerinnen-Dasein geknüpft, das sich durch kommerziell wirksame Faktoren wie Jugend, Erfolg (nicht Ruhm) und Glück auszeichnet.[4] Die Literatur dieser Autorin setzt auf das Zufällige im wörtlichen Sinne: auf das Material, das dem Schriftsteller auf der Straße, in der öffentlichen Sphäre und durch die Medien »zufällt«. Zufälligkeit[5] kann nur dort walten, wo das Festgefügte Risse zeigt und das Leben von der Empfindung der Vorläufigkeit geprägt ist. So wie sich die Schriften Irmgard Keuns gegen eine glatte Einordnung in den literarischen Kanon sperren, so sehr leben sie von Zitat und Verfremdung literarischer Traditionen, indem sie kontrastierende Stilebenen in fast schon postmoderner Manier[6] nebeneinander bestehen lassen. Ihre Schriften zeichnen die neusachliche Attitüde der Außenlenkung und des Spurenverwischens in Form divergierender Stil- und Schreibmuster nach. Diese Schreibweise bewirkt, daß auch die Gestalten in ihren Büchern körperlos und flüchtig erscheinen, obwohl sie im Verlauf der Erzählung reichlich und changierend mit sekundären und tertiären Körper- sowie Geschlechtsmerkmalen bedacht und veranschaulicht werden. Hierin etabliert sich ein Widerspruch: Gerade den immer wiederkehrenden und insistierenden Selbstbeschreibungen, welche die Figur konkret und zuweilen fast überdeutlich werden lassen, liegt eine letztlich verschwommene und nicht mehr greifbare Identität zugrunde.[7] Die Funktion von Keuns Ich-Erzählerinnen ist die Konstruktion einer außerordentlich dynamisierten Außenwelt als erzählte Wirklichkeit auf Kosten der figürlichen Geschlossenheit. Diese erreichen sie nur als Kritikerinnen gesellschaftlicher Verhältnisse. Irmgard Keuns Figuren sind weniger Charaktere im klassischen Sinne als »Stimmen« – immer wieder verhallende und erneut aufbegehrende Echos ihrer Epoche, konstruierte und dekonstruierbare Selbstentwürfe. Die Texte negieren schon stilistisch jedes Versprechen auf eindeutige Individualitäten, kreieren aber zugleich Personen, die einen Subjektbegriff erproben, der sich nicht durch Integrität, sondern durch Flexibilität auszeichnet und auf Fixpunkte weitgehend verzichtet. Dies wurde häufig als ästhetischer Mangel be-

---

[4]   Dazu zählen vor allem die Legende, Keun habe ihren Bestseller *Gilgi – eine von uns* mit 21 Jahren über Nacht veröffentlicht, sowie der unter anderem durch die Porträtierung Kurt Tucholskys initiierte Kontrast von Intellektualität und Weiblichkeit in der Person Irmgard Keuns: »Eine schreibende Frau mit Humor, sieh mal an! […] Wenn die noch arbeitet, reist, eine große Liebe hinter sich und eine mittlere bei sich hat –: aus dieser Frau kann einmal etwas werden.« Weiblichkeit und Intellektualität bildeten lange Zeit einen Widerspruch. Im Autorenporträt von Tucholsky wird dieser Widerspruch aber nicht aufgehoben, sondern geradewegs zum Erfolgsgaranten. (Kurt Tucholsky in: Die Weltbühne, Jg. 28 [1932], S. 180).

[5]   Manfred Schneider über *Zufall* und *Schriftkultur* bzw. die »Umschriften des Zufälligen in Notwendigkeiten«: »Über Recodierungen dieser Art prozessiert die abendländische Schriftkultur ihren Sinn. Zufall als Notwendigkeit schreiben heißt: das Kontingente bändigen. Alle bedrohlichen Einbrüche des Zufalls in den gleichmäßigen Lauf der Dinge, Unfälle, Verbrechen, Krankheit, Katastrophen, Tod, trägt die Vernunft in ein entweder narratives oder serielles Kontinuum ein. So weist sich die unerträgliche Macht des Unvorhersehbaren in die Schranken des Sinns.« (Manfred Schneider: Liebe und Betrug. Die Sprachen des Verlangens. München: Hanser 1992, S. 53).

[6]   Zur Ästhetik der Postmoderne vgl. vor allem: Fredric Jameson: Postmoderne – zur Logik der Kultur im Spätkapitalismus. In: Postmoderne – Zeichen eines kulturellen Wandels. Hg. v. Andreas Huyssen/Klaus R. Scherpe. Reinbek bei Hamburg: Rowohlt, S. 45-102.

[7]   Die Identitätsproblematik der Neuen Sachlichkeit spiegelt sich in den veränderten Autorenrollen. Vgl. dazu: Claudia Albert: Konstruierte Autorenrollen: Erich Kästner zwischen Moral und Unterhaltung. In: Literatur für Leser, Jg. 26, H. 2. Frankfurt a. M.: Peter Lang 2003.

wertet oder der extremen Lebens- und Schreibsituation Irmgard Keuns zugeschrieben.[8]

Das Schreiben dieser Autorin war an die öffentliche Sphäre gebunden, sie schrieb in der Öffentlichkeit und für die unmittelbaren Zeitgenossen – so geht es zumindest aus einschlägigen Zeitzeugenberichten hervor.[9] Voraussetzung dieses Schreibens war ein Körper, den sie ohne Scham der Öffentlichkeit zeigen konnte, ein junger Körper, ein hübscher Körper – Irmgard Keun war ursprünglich Schauspielerin. Der klassische »Werk«begriff, der auf ein Lebenswerk und auf Kontinuität setzt, das Werk anstelle der physischen Existenz errichtet, wurde auf Irmgard Keun und ihre Romane angewandt[10] – mit dem Ergebnis einer großen Lücke, die im Verlauf der Rezeption immer neue Fragen aufgeworfen und nur unzulängliche Antworten gefunden hat. Das Bedürfnis der Literaturwissenschaft, Werklücken oder Werkabbrüche biographisch zu erklären und sie dadurch erträglich zu machen, zeigt, wie sehr sie dem klassischen Autor-Werk-Thema verpflichtet ist. Dazu gehört der Begriff des »Jugendwerkes« ebenso wie der des »Alterswerkes«, wobei, wenn es sich um einen so betrachteten ›hochwertigen‹ Autor handelt, das Werk sowohl eine ästhetische als auch eine thematische Entwicklung durchgemacht haben sollte. Texte, die nicht in dieses prozessuale Schema hineinpassen, werden oftmals über lange Zeiträume unterschlagen, und wenn sie dann doch zur Diskussion freigegeben werden, so geschieht dies oftmals mit dem Ziel, den Autor zu »entthronen«. Andererseits ist gerade im Fall Irmgard Keun etwas Ungewöhnliches eingetreten: Ihr Buch *Das Kunstseidene Mädchen* funktioniert mittlerweile eigenständig und ohne Autornamen: zum einen als Bühnenwerk[11] und zum anderen als schriftliches »Einzelwerk«, als Roman. Nicht nur, daß Irmgard Keun häufig mit ihrem *Kunstseidenen Mädchen* gleichgesetzt wird – der Text ist mittlerweile bekannter als seine Autorin.

Keuns Schreiben als einen Prozeß zu begreifen, der die Unmittelbarkeit des momentanen Erlebens mittelbar macht, ist ein Ansatz, das Erzählverfahren dieser Autorin

---

[8]   So zuletzt Ingrid Marchlewitz: »Heimatlos, vor allem aber ohne innere Zugehörigkeit, beginnt Irmgard Keun, sich selbst zu verlieren […]« (S. 173). An *Kind aller Länder* moniert sie vor allem die Inkongruenz von erzählendem und erlebendem Ich (S. 141), die »verschachtelte Zeitstruktur« sowie die »unlogische(n) Zeitkonstellationen« (S. 147) und führt aus: »Als Autorin zeigt sie Ungeduld mit ihren Figuren, die allesamt grobrastriger und klischeehafter wirken als in den vorherigen Büchern; sie zeigt aber auch Ungeduld bei der Anordnung und Gestaltung der einzelnen Episoden des Romans […], so daß die Komposition im Grunde als mißglückt zu werten ist.« (ebd.). (Marchlewitz, Ingrid: Irmgard Keun: Leben und Werk. Würzburg: Königshausen & Neumann 1999).

[9]   Die Zeitzeugin und Freundin von Irmgard Keun, Ria Hans, erinnert sich: »Sie saß meist stundenlang im Café bei einer Tasse Kaffee und hat Kreuzworträtsel gelöst. […] Geschrieben hat sie meistens im Lokal, und zwar in einer großen Schrift mit Bleistift in diese schwarzen glänzenden Schulhefte. Wenn man sich so im klaren ist über alles, dann redet man nicht, dann schreibt man, war ihre ständige Redensart.« (Ria Hans: Wir waren das ganze Leben befreundet, aber wir haben wirklich nicht viel Gebrauch davon machen können. In: »Einmal ist genug«. Irmgard Keun. Zeitzeugen, Bilder und Dokumente erzählen. Hg. v. Heike Beutel und Anna Barbara Hagin. Köln: Emons 1995, S. 22-26).

[10] Davon legen vor allem die monographischen Arbeiten Zeugnis ab, die vom »Erzählwerk der dreißiger Jahre« (Doris Rosenstein) oder von »Leben und Werk« (Ingrid Marchlewitz) sprechen, aber auch zahlreiche Examensarbeiten, die sich mit Irmgard Keun beschäftigen. Beim genauen Betrachten dieser werkchronologischen Arbeiten fällt auf, daß die Analysen der später erschienenen Romane und Erzählungen sehr viel knapper bemessen sind. Man setzt auf den Werkbegriff, auf Kontinuität und stellt zugleich fest, daß man ihn im Fall Irmgard Keun dekonstruieren muß – dies zeigt zumindest der Aufbau dieser Arbeiten. Rosensteins Schwerpunktsetzung im Titel verweist bereits auf dieses Problem.

[11] Vgl. hierzu die Liste einschlägiger Rezensionen im Literaturverzeichnis dieser Arbeit.

neu zu definieren. Eine eintönige Umgebung ist für diese Schreibweise nur implizit und zwischen den Zeilen denkbar, und sie muß sich konsequenterweise wandeln, sobald der Schreibende aus der Vielfalt des Lebens zurücktritt. Irmgard Keuns spätes Leben als »Dachkammerexistenz«[12] konnte nach dieser Logik keine Literatur mehr hervorbringen, weil ihm die Impulse von außen fehlten: Man stelle eine laufende Kamera in die eben erwähnte Dachkammer, und das Ergebnis wäre das unterschwellig mitschwingende, surreale Element der Angst, das wir in Keuns Texten so häufig vorfinden, wenn die permanenten Bewegungen beginnen, das Textmuster aufzulösen, die Bewegung zur Statik gerinnt. Sie hat diese Schreibmuster niemals verlassen, insofern markiert ihr »Werk« nicht Kontinuität, sondern Stillstand – in letzter Konsequenz: Abbruch des Schreibens nach 1962.[13]

Die fast schon legendäre Initialzündung zum Schreiben, die Alfred Döblin der jungen Irmgard Keun bei einer seiner Lesungen in Köln gegeben haben soll: »Wenn Sie nur halb so gut schreiben wie Sie sprechen, werden Sie die beste Schriftstellerin, die Deutschland je gehabt hat«,[14] setzt das Sprechen als Ursprung des Schreibens voraus. Nicht die Verschriftlichung der Wirklichkeit ist primär, sondern Wirklichkeit wird primär »erzählt«, mündlich erzählt, was ein Gegenüber voraussetzt. Der kommunikative Aspekt im Sinne einer mündlichen Kultur spielt eine große Rolle in den Texten Irmgard Keuns. In ihrer kulturhistorischen Studie, über deren Schematisierungen sich sicherlich streiten läßt, beschreibt Christina von Braun den Unterschied zwischen weiblicher und männlicher Kulturbildung als den Unterschied zwischen Oralität und Literalität, einer an den Körper und einer an einen Schriftträger gebundenen Form der Erinnerung.[15] Geht man versuchsweise von dieser Theorie aus und verbindet sie mit der Aussage Döblins, so wird ersichtlich, daß die Autorschaft Irmgard Keuns, nämlich ihre besondere Form des Sprechens, in den Texten nur rudimentär zum Vorschein kommt. Das gesprochene Original ist der Kulturgeschichte verloren gegangen und kann nur noch gespiegelt in den festgehaltenen Aussagen Dritter erinnert werden.

2.2 Oralität kontra Literalität: Aspekte von Mündlichkeit in den Texten und mimetisches Schreiben

Der geheimnisvolle Onkel Hollerbach in Irmgard Keuns letztem Roman *Ferdinand, der Mann mit dem freundlichen Herzen*, der für den wissenden und den autobiographischen Charakter dieses Buches wahrnehmenden Leser vorsichtig als verschleierte Allegorie auf Keuns Anpassungsversuche im nationalsozialistischen Deutschland, oder, allgemeiner, als das große Schweigen, gegen das der Protagonist Ferdinand anzureden versucht, lesbar wird, macht die ihn begleitende Erzählung zur ironischen Metapher. *Ferdinand, der Mann mit dem freundlichen Herzen* ist ein Nachkriegsroman, der auf

---

[12] Vgl. Irmgard Keun. Zeitzeugen, Bilder und Dokumente erzählen. Hg. v. Heike Beutel/Anna Barbara Hagin. Köln: Emons 1995.
[13] Vgl. Häntzschel: Irmgard Keun, S. 130f.
[14] Jürgen Serke: Die verbrannten Dichter. Frankfurt a. M. 1978, S. 160-175. Über die Zuverlässigkeit dieser Aussage ist nichts bekannt, dennoch wird sie vor allem in Buchrezensionen gern angeführt.
[15] Christina von Braun: Gender, Geschlecht und Geschichte. In: Gender Studien. Eine Einführung. Hg. v. ders. und Inge Stephan. Stuttgart/Weimar: Metzler 2000, S. 16-57, hier: S. 17ff.

unkonventionelle Weise Geschichte erzählt: er erscheint als autor- und ichloser Roman,[16] dessen Inhalt die Vernetzung einzelner Geschichten ohne Garantie auf Kohärenz und Kontinuität ist. Ebenso zerstört wie die Städte nach dem Krieg, ist die Struktur des Romans zersplittert, fragmentiert. Zugleich ist jedoch in diesem am wenigsten typischen Ich-Erzähler die Autorin Keun am stärksten präsent. Die Schreibsimulation sowie die Schreibkrise, bzw. das ewige Nicht-Schreiben-Können, aber Erleben Ferdinands (F, S. 23) unterstreicht das Gefühl, der Roman versuche, einen sprachlichen Bestand *vor* der Verschriftung von Wirklichkeit – bzw. vor der erwünschten Verschriftung zu dokumentieren. Während sich der Roman historisch in einer Situation »danach« befindet, simuliert der Ich-Erzähler eine Situation »davor«; er erzählt Vorläufiges, das verwerfbar ist. Ihm wird bewußt, daß er über seine möglichen Schriften keine Verfügungsgewalt besitzt, daß Absicht des Schreibenden und deren Auslegung in der Öffentlichkeit differieren können: die Schrift ist manipulierbar. Diese Unsicherheit hält ihn vom Schreiben ab; die Rolle des Autors als Lehrer der Demokratie oder gar des Propheten betrachtet er durch die jüngsten politischen Ereignisse als grundsätzlich verwirkt:

> Soll ich eine Geschichte von Magnesius schreiben? Lieber nicht. Deutschland soll umerzogen werden zur Demokratie. Wann hätte je Erziehung ein gewünschtes Resultat gehabt. [...] Ich kenne junge und alte Soldaten, die den Krieg haßten wie die Stimme ihres Unteroffiziers [...]. Magnesius wäre fähig, durch seine Existenz oder deren Schilderung selbst diese zu Militaristen zu machen. (F, S. 31)

Ferdinand, der schließlich zum Saufkumpan des still trinkenden Onkels mutiert, ohne einen eigenständigen Anteil daran zu haben, sagt über sich selbst: »Im Rausch passe ich mich meiner jeweiligen Umgebung an.« (F, S. 156) Die leise angedeuteten Themen Kollektivrausch und Mitläufertum – hier gepaart mit autobiographischen Rede- und Schreiberfahrungen der Autorin – rollen Irmgard Keuns private Tragödie in Deutschland nach der Machtübernahme der Nationalsozialisten in einem humoristisch-verhaltenen Ton literarisch noch einmal auf: »Anfangs versuchte ich mich in Onkel Hollerbachs Gegenwart zu behaupten, indem ich sprach. Seine sparsame Mimik deutete ich als Wohlwollen, sein auf mich gerichteter blauer Blick verriet mir Aufmerksamkeit. Aus dem Zucken seiner Brauen [...] rätselte ich mir Zustimmung und Antworten zusammen.« (ebd.) Noch in derselben Passage jedoch werden diese introvertierten Betrachtungen zu einem sehr viel allgemeiner lesbaren Reflex auf das Verstummen der Autorin; aus dem Vielredner wird allmählich der Schweiger Ferdinand:

> Ich hatte noch viel mehr erfunden. Ich redete noch viel mehr. [...] Allmählich wurde mein Redestrom zum Redefluß, mein Redefluß zum Redebach, mein Redebach zum Rederinnsal. Und eines guten Abends versiegte auch das Rinnsal, meine Zunge war trocken geworden [...]. Ich erkannte, daß die Worte des Hirns sehr viel anders sein können als die Worte des Mundes. Wie unreifes Fallobst waren mir meine Gedanken über die Lippen gepurzelt. (F, S. 158)

---

[16] Vgl. auch Marchlewitz, S. 175f.

Die hier anklingende Sprachskepsis und Resignation ist zum einen zeitbedingt, zum anderen verweist sie jedoch als Metapher auf das bisherige Schreiben Irmgard Keuns. Die Autorin scheint hier ihrem Schreibverfahren ein indirektes Urteil zu sprechen. Was sich im Roman auf der Ebene des Sprechens ereignet, ist auf die der Schrift übertragbar: Die Texte der Autorin changieren auf eigentümliche Weise zwischen Gedanke, Sprache und Literatur, die im folgenden eingehender beschrieben werden soll. Nun ist der Bewußtseinsstrom als Experiment der Moderne *die* Erzähltechnik, die den Eindruck einer Unmittelbarkeit des Gedankens in der Schrift zu erzeugen vermag, und auch die Montagetechnik, welche unterschiedliche Sprachebenen miteinander vernetzt, ist im deutschen Sprachraum spätestens seit Alfred Döblins Roman *Berlin Alexanderplatz* etabliert. In Irmgard Keuns früher Literatur kommt die Aneignung dieser Stilmittel besonders häufig zum Tragen, ohne daß ihnen notwendigerweise ein vergleichbares intellektuelles Konzept zugrunde liegt. Vielmehr greift Irmgard Keun die damals neuesten literarischen Trends auf, um die Dynamik des Erzählten selbst zu steigern und zu steuern, um ein zeitgenössisches Lebensgefühl zu reproduzieren. Dies ist insofern etwas Neues, als es den ursprünglichen Absichten vieler Avantgardisten widerspricht, die sich nicht so sehr der Darstellung eines Zeitstils verpflichtet fühlen, sondern denen es vorrangig um eine Innovation sprachlicher Möglichkeiten geht. Diese allerdings scheint zu Beginn der dreißiger Jahre weitgehend abgeschlossen zu sein,[17] ein neuerlicher Modernisierungsschub ist nicht in Sicht. Es beginnt ein undogmatisches Spiel mit den modernistischen Formen der Sprache, das sich nicht mehr abgesonderten und elitären Cliquen wie Dadaisten, Surrealisten oder Expressionisten zuordnen läßt, sondern frei in den unterschiedlichsten Genres und Gattungen kopiert wird und zwischen ihnen zu flottieren beginnt. Interessanterweise hat Irmgard Keun sich nachweislich nicht vor dem Erscheinen ihres Debüts in einer schreibenden Zunft bewegt – im Gegensatz zu vielen ihrer Kollegen, die als Journalisten, Kabarettisten oder Theaterregisseure tätig waren. Es gibt also keinerlei Belege dafür, wie die Autorin zum Schreiben kam und an welchen Autoren und Schriften sie ihr eigenes Schreiben erprobte. Um so mehr wird aus ihren frühen Schriften ersichtlich, daß es bereits zu Beginn der dreißiger Jahre einen hohen Rezeptionsgrad der unterschiedlichen »Modernen« gibt. Das Gefühl, eine Spätgeborene und Epigonin zu sein, spiegelt sich in den Worten des Protagonisten ihres letzten Romans, mehr noch: der eigenen Rede- bzw. Schreibweise wird in der Metapher Unreife attestiert. »Fallobst« gibt es außerordentlich reichlich, es »purzelt« bedenkenlos und bleibt unbrauchbar am Boden liegen. Etwas ist bereits verbraucht, bevor es brauchbar werden konnte, es hatte keine Zeit zum Reifen. Die persönliche und politische Lage erlaubte es Irmgard Keun nicht, aus den frühen und gelungenen Experimenten einen dauerhaft eigenwilligen Schreibstil zu entwickeln. Die relativ kurzen Zeiträume, in denen die späteren Texte entstanden, sowie die Lebensbedingungen des Exils verstärkten eher noch die Wiederaneignung und -benutzung einzelner Elemente der zwei frühen Romane. Dabei dominiert jedoch der Eindruck, daß die kritischen Ideen, welche grundlegend für das dynamische Potential der ersten Romane waren, zunehmend verloren gingen. Die Qualität stellt sich bei einer chronologischen Abfolge der Texte als diskontinuierlich und scheinbar nicht

---

[17] Gerhard Plumpe legt beispielsweise das Ende der Avantgarde auf das Jahr 1934 fest und setzt hier bereits den »Postismus« an, da die Avantgarde zu diesem Zeitpunkt bereits weitgehend institutionalisiert war. (Gerhard Plumpe: Epochen moderner Literatur. Ein systemtheoretischer Entwurf. Opladen: Westdeutscher Verlag 1995, S. 231f.).

vorhersehbar dar. Gleichzeitig drückt die Fallobst-Metapher jedoch auch einen positiv verwertbaren Sachverhalt aus – selbst wenn er sich hier als Resignation äußert, näm-lich den, daß die herausragende Leistung dieser Autorin gerade darin bestand, Realität auf der Schwelle zwischen mündlicher »Unreife« und schriftlicher »Reife« in Literatur zu übersetzen und dabei auf dem Schriftträger eine konkrete Vielzahl und Fülle zeit-geistgeprägter Stimmungen und Phänomene zu vereinen, wie es sonst nur den techni-schen Medien Film, Fotografie und Tonträger vorbehalten ist. Hierzu verhalf der Au-torin gerade die Amalgamierung unterschiedlicher literarischer Strömungen, die weiter oben als Gefühl des Epigonalen beschrieben wurde – eine Schreibweise, die das Ein-setzen von Stilen nicht so sehr als intellektuelle Erfahrung erprobt, sondern mit ihrer Hilfe eine Körpererfahrung inszeniert. Entgegen der gängigen Vorstellung, daß ein Schreibstil durch den Rhythmus seiner Sätze ein bestimmtes Körpergefühl erzeugt, steht bei Irmgard Keun oftmals die Empfindungswelt des Körperlichen sowie seine spezifische Sprache als Achse des Textes und der Textdynamik im Vordergrund,[18] was stellenweise den Eindruck eines halluzinatorischen Zustandes erweckt:

> Erinnerung an ein Wort, einen Blick zuckt auf – Wirkliches versinkt, nichts fühlt man als dieses schmerzlich körperliche Sehnen in Lippen und Handflächen. [...] Man legt sich auf den Diwan – denkt, denkt, denkt – aber was man denkt, sind keine Gedanken mehr, sind verschwommene Phantasien, rotneblige Bilder [...]. (G, S. 93)

Sprache erscheint als Ausdruck eines sehr konkreten, psychisch-physischen Zustandes, Stilwechsel und Sprechvarianten zeigen sehr häufig die wechselhaften Befindlichkeiten ein und derselben Figur an. Ein derart dynamisches Sprachsystem, wie Irmgard Keun es verwendet, erscheint ichlos – und zugleich ist der »Körper als Medium der Erfah-rung«[19] seine Schnittstelle. So wird bereits auf den ersten Seiten des Debüts *Gilgi – eine von uns* die Hauptfigur über ein direktes Mitlesen bzw. Mitsprechen ihrer rhyth-mischen Körperbewegungen vermittelt: »Rumpfbeuge: auf – nieder, auf – nieder. Die Fingerspitzen berühren den Boden, die Knie bleiben gestreckt. [...] Eins – zwei – drei – vier. Nicht so schnell zählen.« (G, S. 5) Die Nähe zu auditiv-visuellen Aufzeich-nungsformen wird in der Schrift nachgeahmt, und die Wiedergabe des Geschehens im Präsens suggeriert den zeitgleichen Ablauf der Aktion zum Lesevorgang – eine vom Roman des 19. Jahrhunderts vollkommen verschiedene Schreibweise, die nicht ver-sucht, lange und vergangene Zeiträume durch den Filter einer literarischen Konstruk-tion zu verschriftlichen; die Aktualität und Vergänglichkeit der Gegenwart steht auf dem Spiel des Verschriftet-Werdens. Durch Auslassungen und halbe Sätze wird nicht

---

[18] Vgl. hierzu: Walter J. Ong: Oralität und Literalität. Die Technologisierung des Wortes. Opladen: Westdeutscher Verlag 1987. Gesprochene Sprache ist im Gegensatz zu schriftlicher Kommunikation vollständig an den Körper gebunden. Im Verlauf der technologischen Entwicklung nimmt auch die schriftliche Kommunikation Muster aus der sogenannte »zweiten Mündlichkeit« (Ong) auf. Unter dem Eindruck der Zeit des Kalten Krieges beschreibt Marshall McLuhan die Verbreitung der Neuen Medien und ihre Hybridisierung als einen Bürgerkrieg, dessen Zentrum der menschliche Körper ist: »Durch Kreuzung oder Hybridisierung von Medien werden gewaltige neue Kräfte und Energien frei, ähnlich wie bei der Kernspaltung oder der Kernfusion.« (Marshall McLuhan: Die magischen Kanäle. Understanding Media. Dresden/Basel: Verlag der Kunst ²1995, S. 84).
[19] Ursula Krechel: Irmgard Keun: Die Zerstörung der kalten Ordnung. Auch ein Versuch über das Vergessen weiblicher Kulturleistungen. In: Literaturmagazin 10. Hg. v. Nicolas Born, Jürgen Manthey und Detlef Schmidt. Reinbek bei Hamburg: Rowohlt 1979, S. 103-128, S. 109.

primär die Vorstellung einer als fragmentiert erlebten Realität erzeugt, sondern das
Mitsprechen einer offenen Situation ermöglicht. Zugleich hören wir eine Kommenta-
torenstimme: »mach das mal einer nach [...] trautes Heim, Glück allein« (G, S. 7),
unmerklich, kaum voneinander unterschieden, überkreuzen sich im Text unterschiedliche Stimmen. Dem Schweigen innerhalb der Familie (G, S. 8) werden die Artikel in
der Tageszeitung sowie das Gespräch darüber entgegengestellt (ebd, f.); der wörtlichen
Rede im Dialekt, den Zeitungszitaten, den Skizzen einer Alltagsbefindlichkeit stehen
Momente einer poetischen Schriftlichkeit gegenüber, die jedoch im Zusammenhang
bereits obsolet – somit übertrieben und deplaziert wirken, nur noch als Zitat Geltung
beanspruchen können: »Das Fleisch ihrer Brüste ist ehrbar schlaff und müde.« (G, S.
9) Eine durchgängige Erzählerstimme gibt es nicht in diesem Roman; es wäre aber
ebenso falsch, zu behaupten, es handle sich um einen in erlebter Rede oder personaler
Erzählform abgefaßten Text.[20] Vielmehr kehren unterschiedliche Perspektivierungen
im Erzählrhythmus wieder, ohne sich jemals dauerhaft zu etablieren; sie treten als einzelne Stimmen hervor, um dann wieder mit der Handlung zu verschmelzen und im
Hintergrund wirksam zu bleiben. Selbst die Figur Gilgi besteht aus unterschiedlichen
Stimmen, hinter denen sie mehr und mehr verschwindet (z.B. G, S. 141 – eine Textstelle, die in der Forschung als eine Adaption psychoanalytischer Theoreme gelesen
wird).[21] Ein besonders frappierendes Beispiel für diese Schreibweise ist eine Passage,
die wie eine Aneinanderreihung von Schreibversuchen anmutet, bestehend aus einzelnen Sätzen, die nahezu zusammenhangslos unterschiedliche Dimensionen der Realität
zu erfassen versuchen, ohne daß dieses ernsthaft möglich scheint, vielmehr wirkt ein
Satz wie eine Annullierung des vorhergehenden, formal schon durch die Gedanken-
striche:

> Ein Tropfen Weh im Raum – ein Tropfen nach innen geweintes Nichts im
> Raum – ein Tropfen zerlittenes Atmen im Raum – ein Tropfen süße, junge
> Überflüssigkeit im Raum. [...] Furchtbar viel Zeitungen schreiben – rechts und
> links – und rechts und links ist nicht mitten hinein. Und die Welt hält sich den
> Bauch vor Lachen – pinselt mir nur eure Gesinnungsfarben ins Gesicht [...]. (G,
> S. 166)

Angesichts der hybriden Gesamtstruktur des Romans und der hieraus resultierenden
erzählerischen Stärken erscheint es müßig, hinter diesen Worten lediglich die Unfähigkeit der Autorin zu vermuten, zu einem individuellen Ausdruck zu finden.[22] Auch
die Gedanken Martins (G, S. 104) erscheinen wie Fragmente einer Schrift oder wie

---

[20] Zum Phänomen der Erlebten Rede im Roman der Neuen Sachlichkeit vgl.: Claudia Al-
bert/Andreas Disselnkötter: Tatort Sprache. In: Jahrbuch zur Literatur der Weimarer Republik 5,
1999/2000, S. 253-281.
[21] z.B. Rosenstein: Erzählwerk, S. 21.
[22] Dies tut vor allem Christa Jordan mit ihrer Kritik an Keuns Sprache in *Gilgi – eine von uns*, die sie
als eine dem Inhalt inadäquate und ihn verbrämende beschreibt: »Fast scheint es, als beanspruche die
Erzählerin die überlegene Position, die sie der ›Welt‹ zuspricht: ›Und die Welt hält sich den Bauch
vor Lachen – pinselt mir nur eure Gesinnungsfarben ins Gesicht – ein einziger, winziger Regentrop-
fen wäscht sie alle ab‹ (231). Die an anderer Stelle mit epigonalen Stilmitteln, für das Buch auffallend
kitschiger Naturmetaphorik und archaisierender Sprache beschworene ›ewige Einverstandenheit der
Erde mit allem Lebenden‹ (185) schwingt mit.« (Christa Jordan: Zwischen Berauschung und Zerstreuung: die Angestellten in der Erzählprosa am Ende der Weimarer Republik. Frankfurt a. M.: Peter Lang 1988, S. 67).

der Beginn eines Textentwurfes, ähneln einem vorschriftlichen Zustand oder den Vor-
arbeiten geschriebener Poesie: »Spricht: ›Geruch von Fischen und Teer – verzauberter
Fluß – glattes Wasser –‹, verschlossen und dunkel. Spiegelnde Lichter – silberne Streifen – glitzernde Versprechen‹« (ebd.). Der Text unterlegt hier der direkten Rede nicht
nur die Elemente einer poetischen Schriftsprache – analog zur Figur des Schriftstellers
Martin, der lieber in den Tag hineinlebt und von seinen Abenteuern erzählt, anstatt
sie niederzuschreiben, sondern sie macht zugleich auch die stets bestehende unüber-
brückbare Verschiedenheit von Oralität und Literalität greifbar; auch die Spürbarkeit
der Satzzeichen dank ihrer häufigen Doppelung oder sogar Vervielfachung spricht von
der Möglichkeit, Mündlichkeit hinter Schriftlichkeit zu erzeugen, die Stimmodulation
hinter der Schrift hörbar werden zu lassen – und zugleich zeigt sie die Unmöglichkeit
einer direkten Übersetzung, die Differenz der Medien.

Der Spannungsaufbau in diesem Text gelingt offenbar genau dadurch, daß ihm
ein zugrundeliegendes Gesamtkonzept zu fehlen scheint. Wie der Tonarm auf einer
Schallplatte tastet sich die Erzählung punktuell voran, reproduziert Straßengeräusche,
direkte Rede und sogar noch die virtuelle Realität der Gedanken. Die Parallelisierung
dieser unterschiedlichen Wirklichkeitselemente, ihr Nebeneinander-Stehen, ohne daß
sie einer erkennbaren erzählerischen oder perspektivischen Hierarchie unterworfen
werden, betont den fingierten Aufzeichnungscharakter dieser Literatur, die sich einer
fertigen Realitätskonzeption zugunsten der fragmentierten Wahrnehmung einer nur
in Ausschnitten faßbaren Realität verwehrt – eine Realität, die sich von Moment zu
Moment, von Gedanke zu Gedanke, von Wort zu Wort anders darstellen kann. Nicht
Gesamtkonzept und Einheitlichkeit in Aussage und Stil sind rezeptionslenkend, sondern das Physiologische und Psychologische einer individuellen Realitätswahrneh-
mung. Aus diesem Schreibkonzept entsteht letztlich auch der Eindruck des Mündlichen.

Der zweite Roman verschärft dieses Prinzip formal, dennoch wirkt dieser Text
»schriftlicher« im Sinne einer bewußter angewandten Künstlichkeit. Seine stilistischen
Raffinessen erscheinen einheitlicher, möglicherweise wird hierin ein literarischer Reifeprozeß erkennbar. Die Künstlichkeit der Sprache[23] tritt stärker hervor, und dennoch
bleibt der Mündlichkeitscharakter des ersten Buches erhalten. Die Widersprüchlichkeit, die entsteht, indem die beiden Prinzipien Realitätstreue – stilisierende Verfremdung gegeneinander ausgespielt werden, macht dem Leser die Sperrigkeit medialer
Verarbeitung bewußt. So steht dem »richtige(n) Deutsch« (DkM, S. 6), mit dem eben
gerade nicht das Schriftdeutsch gemeint ist, das Deutsche als Amtssprache entgegen,
eine künstliche Schriftsprache, die gesprochen nur als Karikatur denkbar ist. Auf geradezu absurde Weise sind in Doris' Redeweise Mündlichkeit und Schriftsprache vernetzt: »Liebe Mutter, meine Gedanken schreiben Grüße an dich, und grüße Therese.
Ich fühle Entbehrung nach euch, aber Tilli ist gut.« (DkM, S. 53) Die neuen Medien
ermöglichen die Vorstellung, daß die Stufe der Verschriftlichung übersprungen werden kann, Gedanken können nun direkt »aufgeschrieben«, bzw. die gesprochenen Gedanken auf Tonträger gebannt werden. Die Rundfunkreden in *Nach Mitternacht* zeigen in extremer Weise, wie im totalitären Staat das Radio mit den Menschen vernetzt
ist und ihr Verhalten steuert: »[...] die alten Fräuleins ließen ihre Löffel fallen, standen auf, reckten die Arme.« (NM, S. 23) Die neuen Medien erscheinen zunächst sehr

---

[23] Vergleiche hierzu insbesondere Kapitel 3.3.

viel originärer und körperlicher als die Schrift, weil sie die Stimme festhalten ohne die bewußte Eigenleistung des Körpers oder des Intellekts, wie dies in der Übersetzungsleistung des Gehirns in die Handbewegung des Schreibens der Fall ist. Ungeordnet und unmittelbar, nackt und bloß steht der Denkprozeß vorm Rezipienten. Worte, die nicht ausgesprochen werden können, »machen Liebe« (DkM, S. 53); die Unterdrückung eines körperlichen Bedürfnisses nährt zugleich die emotionale Anbindung. Das Aufschieben einer Äußerung, weil der Empfänger fehlt, erzeugt »ein Loch und ein Fehlen« (ebd.), und zugleich ist es die Grundlage zum Kultivieren einer »stummen« Emotion, die ein Bewußtsein von Zeit und Geschichtlichkeit erst provoziert.

Schrift und Gedanken sind bei Keun oft in eins gesetzt, was bedeutet, daß auch hier kulturelle Hierarchien aufgehoben werden. Es gibt keine Schrift nach dem Gedanken, sondern nur eine Simultanität von beidem – lokalisierbar in den Körperregionen Hirn und Hand – oder in den externen Medien Film und Hörfunk. Nonverbale Kommunikation wie Mimik und Gestik scheint in diesen Szenarien zum Teil noch wichtiger als Sprache: »Und sie lächeln Fremdworte richtig, wenn sie welche falsch aussprechen.« (DkM, S. 52)

Mündlichkeit, an den Körper gebunden, führt zugleich vom Körper weg, wenn sie endlos reproduzierbar wird. Sie wird automatisiert, nicht erinnert und strukturiert: »Ewig quillt Konfetti aus mir« (KaL, S. 155), sagt Kully in *Kind aller Länder*. Das ungeordnet gespeicherte Material veräußerter Gedanken, Gefühle, Erfahrungen, Ängste wird zu einer endlosen Bewegung, die nicht durch Erzählen gebannt werden kann, aus der Erzählung herausfließt.

2.3 »Alles und alle sind erstarrt zu einem bunten greulichen Bild«. Dissoziative Textverfahren

Ewig quillt Konfetti aus mir – das kindliche Subjekt verweist auf die unendlichen Veränderungs-, Verkleidungs- sowie Verbergungsmöglichkeiten des Körpers – und ist ein Hinweis auf die Möglichkeiten der Sprache. Der Satz deutet ebenfalls auf Formen des Erzählens hin, das sich nicht an Stilgrenzen und Literaturprogramme hält. Obwohl sich in Irmgard Keuns Schreibstil die Verbindung zum Rhythmus der modernen Großstadt geradezu aufdrängt, kann für ihre Person sowie ihre Schriften nicht mehr das geltend gemacht werden, was für die Anerkennung der vielen mittlerweile zum Kanon gehörenden Modernistinnen[24] im In- und Ausland entscheidend war, nämlich

---

[24] Ich denke hier an die bekannten Vertreterinnen aus dem anglo-amerikanischen Sprachraum, allen voran Virginia Woolf, Katherine Mansfield, Djuna Barnes oder Gertrude Stein. Es ist zu berücksichtigen, daß Irmgard Keun schon der nächsten Generation angehört. Eine kürzlich vorgelegte Monographie mit dem Titel *Die Moderne – ein Weib* konzentriert sich auf die Moderne im deutschsprachigen Raum und beleuchtet die Schriften von Ricarada Huch und Annette Kolb. Dort heißt es im Vorwort: »Unter dem Eindruck zahlreicher Untersuchungen über englische und amerikanische modernistische Autorinnen entstand das Vorhaben, eine Übersicht über die entsprechende deutsche Literatur von Frauen zu gewinnen. [...] Die zeitliche Beschränkung auf die frühe Moderne entstand aus der Erkenntnis, daß sich gerade um die Jahrhundertwende die radikalsten Erneuerungen in der Literatur mit den bedeutendsten Umwälzungen im Hinblick auf die Stellung der Frau in der Gesellschaft überschneiden, daß das innovative Moment eben an jenen Schnittpunkten am deutlichsten zu Tage tritt, an denen die alten Strukturen noch wirksam, die neuen Entwürfe jedoch bereits erkennbar

daß sie als »weibliche Genies«[25] in das Bewußtsein von Lesern und Leserinnen eingegangen sind. Irmgard Keuns Texte verharren demgegenüber dort, wo sich auch die Autorin zeitlebens aufhielt: auf der Schwelle zwischen Stadt und Peripherie, zwischen Metropole und Provinz; sowohl inhaltlich als auch stilistisch halten sie ein Spannungsmoment zwischen Modernismus und Traditionalismus aufrecht.[26]

Will man Textgestalt und Textverfahren näher bestimmen, so setzt dies Begriffe und Zuordnungen voraus, die Keuns Erzählmethode von anderen modernistischen Konzepten abgrenzen. Irmgard Keun gilt als eine Autorin, die intellektuelle Konzepte zugunsten eines Schreibverfahrens zurückstellt, das auf die literarische Darstellbarkeit des spontanen Gedankens zielt. Der Eindruck des Neuartigen entsteht durch Formen der literarischen Montage, die voneinander vollständig differierende, ja konträre Stilmuster in einen Text zwingt – häufig mit dem Ergebnis, daß die Stile als Parodien erscheinen, Inhalte ironisieren oder reglementieren – auf jeden Fall ihre »ursprüngliche« Bedeutung verschieben oder in ein divergierendes Licht gleiten lassen. Die Textaussagen meinen selten genau das, was sie unter der Optik internalisierter Rezeptionsmuster auszusagen scheinen, ihr Gehalt wandelt sich unter dem Eindruck des Stilzitats oder der Stilparodie sowie der angrenzenden, zum Teil völlig andersartigen Stilformationen.[27] Changierende Bedeutungen entstehen nicht durch einen im Textgefüge lediglich enthaltenen Subtext – ein Verfahren, das beispielsweise die neuseeländische Autorin Katherine Mansfield als eine führende Modernistin berühmt machte,[28] sondern durch den Eindruck der Stilkopie und Stilparodie, welche tragische Personenschicksale in das Licht der komischen Verstellung rücken:

Un die Tochter war en nett Mädchen, un so mit zwanzig Jahrn, da hat se sich mit em Kerl einjelassen, der war nichts und hatte nichts, un die Aal war gegen ihn, weil die für die Tochter ein wollt mit Titel, Jraf oder Doktor oder so was [...]. (G, S. 34)

---

sind.« (Vivian Liska: »Die Moderne – ein Weib«. Am Beispiel von Romanen Ricarda Huchs und Annette Kolbs. Tübingen/Basel: Francke 2000, S. 9f.).

[25] Horsleys Versuch, das Paradigma des »weiblichen Wahnsinns«, analog zu Virginia Woolf, auch auf Irmgard Keun anzuwenden, belegt das Bemühen um diese Etablierung. (Ritta Joey Horsley: »Auf dem Trittbrett eines rasenden Zuges«. Irmgard Keun zwischen Wahn und Wirklichkeit. In: WahnsinnsFrauen. Hg. v. Sibylle Duda/Luise F. Pusch. Frankfurt a. M.: Suhrkamp 1992, S. 280-308).

[26] Als auch stilistisch innovativer Großstadtroman gilt lediglich *Das kunstseidene Mädchen*. Irmgard Keun hat die meiste Zeit ihres Lebens in Köln zugebracht. (Vgl. dazu: Hiltrud Häntzschel: Irmgard Keun.) Zu Schriftstellerinnen, Verlegerinnen und Künstlerinnen der 20er und 30er Jahre siehe beispielsweise: Andrea Weiss: Paris war eine Frau. Dortmund: Edition ebersbach 1996. [Paris was a Woman. San Francisco/London: HarperCollins 1995].

[27] Zur Form des Stilpluralismus in der Literatur der Neuen Sachlichkeit vgl. Sabina Becker: »[...] verzichten keineswegs alle AutorInnen gleichermaßen auf die poetische Dimension der Literatur zugunsten ihrer funktionalen, publizistisch-essayistischen Bestimmung. Nicht in jedem Werk manifestiert sich also der Nachweis der Authentizität der Darstellung in einer radikalen Auflösung der traditionellen Gattungsbestimmung und mithin in einer Literatur, die die Grenzen zwischen Realität und Fiktion, literarischer Gestaltung und Dokumentarmaterial aufhebt.« (Sabina Becker: Neue Sachlichkeit im Roman. In: dies/Christoph Weiß: Neue Sachlichkeit im Roman. Neue Interpretationen zum Roman der Weimarer Republik. Stuttgart/Weimar: Metzler 1995, S. 11).

[28] In *Kind aller Länder* wendet Irmgard Keun dieses Verfahren streckenweise an. Auffällig ist die Verquickung mit der Kindperspektive.

[...] die Luft war so naß und kalt wie ein Bettlaken auf der Wäscheleine. Wo sollte ich hin? Ich mußte umherirren im Park mit den Schwänen, die kleine Augen haben und lange Hälse, mit denen sie die Leute nicht mögen. (DkM, S. 41)

Keuns Schreibweise setzt nicht auf Hintergründigkeit, sondern auf die fortwährende Inszenierung von Oberflächenphänomenen – etwas, das sie mit den Neuen Medien verbindet.[29]

Meine Absicht ist es nun, die vielfältigen literarischen Strömungen, aus denen die Interferenzen in den Texten entstehen, unter dem Begriff *Textdissoziation*[30] zu fassen und so ein Grundmuster literarischer Produktion zu kennzeichnen, das seine Wurzeln in der Moderne hat, aber zugleich traditionelle Stilformen – zumindest an der Oberfläche der Textgestalt – nicht zurückweist. Wichtig werden hierbei auch die Begriffe Intertextualität und Intermedialität;[31] zum einen zerfallen die Textstrukturen im Sinne einer stilistischen und inhaltlichen Kohärenz, zum anderen erscheinen sie in Überlagerungen und sind daher mittelbare Vorläufer postmoderner Texte, die sich ebenfalls selten den herkömmlichen Schemata E- bzw. U-Literatur zurechnen lassen.

Der Begriff *Dissoziation* beschreibt eine generelle Tendenz aller modernistischen Schreibverfahren, deren Voraussetzung die Umwertung des Subjektes und der Ich-gebundenen Bewußtseinsprozesse unter dem Eindruck von Naturwissenschaften und Psychoanalyse ist.[32] Irmgard Keun, die nicht mehr der klassisch-modernistischen

---

[29] Vgl. dazu: Volker Klotz: Forcierte Prosa. Stilbeobachtungen an Bildern und Romanen der Neuen Sachlichkeit. In: Festschrift zum 65. Geburtstag von Joseph Kunz. Hg. v. Rainer Schönhaar. Berlin 1972, S. 244-271, hier insbesondere S. 253f.

[30] Keuns Schreibweise wird häufig als fragmentarisch beschrieben, so 1995 von Barbara Kosta: »Both Gilgi's tempo and time schedules, punctuated by Keun's rapid scene changes, fragmented writing, and abrupt sentences, replicate the pulse of the city.« (Barbara Kosta: Unruly Daughters and Modernity: Irmgard Keun's Gilgi—eine von uns. In: The German Quarterly, Vol. 68. 1995, S. 172). Von der Romantik herkommend, schwingt in dieser Bezeichnung jedoch stets etwas mit, das sich widersprüchlich zum Schreiben Irmgard Keuns verhält:»Im Begriff des Fragments ist immer die Korrelation zu einer Totalität mitgedacht. Von wesentlicher Bedeutung wird er nicht dort, wo diese unabsichtlich unerreicht ist, sei es, daß der Autor sich von dem Werk abwendet oder stirbt, sei es, daß nur ein Teil überliefert ist, sondern dort, wo ein Ganzes als nicht mehr oder noch nicht erreichbar und notwendig abwesend gedacht wird und das Fragment als Textsorte seine teilweise Repräsentanz übernehmen soll.« (Horst Brunner/Rainer Moritz [Hg.]: Literaturwissenschaftliches Lexikon. Berlin: Erich Schmidt Verlag 1997, S. 192). Als generalisierende Beschreibung für Keuns Textproduktion ist er daher weniger geeignet. Der Begriff *Dissoziation* hingegen zielt eher auf das Phänomen, mit dem sich auch die modernistischen Zeitgenossen Keuns auseinanderzusetzen hatten. Andererseits trifft – in einer trivialisierten Form – auf Keuns Texte etwas zu, was die Poetologie der Romantik bestimmt: »Infolge der systembedingten Unabschließbarkeit der absoluten Poesie ergibt sich für die R[omantik] eine ausgeprägte Tendenz zum Fragment [...] Auch das Fragment ist die dialektisch notwendige Kehrseite einer wesensgemäß unrealisierbaren Utopie. Gestaltungsmittel der auf Fragmentarismus und Potenzierung zielenden Kunst ist die sog[enannte] ›romantische Ironie‹. Sie ist epochenspezifischer Ausdruck des Ungenügens an der gesellschaftlichen Realität und fungiert als künstlerische Gestaltungsmethode. Durch Phantasie und Einbildungskraft sollen Gegensätze geschaffen, aber in keine Synthese überführt, sondern ins Unauflösbare gesteigert werden. Als zugleich destruktives und konstruktives dialektisches Verfahren zielt die romantische Ironie im Sinne des triadischen Modells darauf ab, die Einheit des Zusammenhanglosen widerzuspiegeln, gemäß dem Diktum F. Schlegels: ›Ironie ist klares Bewußtsein der ewigen Agilität, des unendlich vollen Chaos‹. Zwar ist die romantische Ironie epochenspezifisch, aber sie beansprucht als Erkenntnismethode und als ästhetisches Prinzip zeitübergreifende Gültigkeit.« (ebd, S. 299).

[31] Zum Aspekt der Intermedialität siehe Kap. 2.5.

[32] Als Zeitgenosse Irmgard Keuns wäre hier insbesondere Alfred Döblin hervorzuheben, der in seinen Schriften die Verbindung zwischen literarischem und naturwissenschaftlichem Diskurs als ein die

Generation zuzuordnen ist, sondern altersmäßig zu den Autorinnen der Neuen Sachlichkeit gezählt wird, errichtet in ihren frühen Texten die Dissoziation geradezu als Gegenelement zum neusachlichen »harten Stil«. Keuns Schriften verbergen unterschiedliche Textschichten, die, übereinandergelagert und ineinander verschoben, traumartige Diskontinuitäten in der erzählten Wirklichkeit erzeugen. Dies ist nicht zu vergleichen mit einem genuin surrealen Stil,[33] sondern der Leseeindruck des Realitätsverlustes und der -dissoziation entsteht durch die »Spürbarkeit der Zeichen«[34], die voneinander nicht nur per se differieren, sondern deren Referenzwirkung durch Stilpluralismus und semantische Störungen zersplittert wird. Zudem werden die unterschiedlichen literarischen Strömungen ihrer ursprünglichen Intentionen beraubt und mit zum Teil völlig anderen Wirkungsabsichten eingesetzt:

Ich bin in Berlin. Seit ein paar Tagen. Mit einer Nachtfahrt und noch neunzig Mark übrig. [...] Auf dem Kurfürstendamm sind viele Frauen. Die gehen nur. Die haben gleiche Gesichter und viel Maulwurfpelze – also nicht ganz erster Klasse – aber doch schick – so mit hochmütigen Beinen und viel Hauch um sich. Es gibt eine Untergrundbahn, die ist wie ein beleuchteter Sarg auf Schienen – unter der Erde und muffig, und man wird gequetscht. Damit fahre ich. Es ist sehr interessant und geht schnell. (DkM, S. 43)

Die Metapher »beleuchteter Sarg auf Schienen« verweist lediglich auf eine grelle, kontrastreiche Oberfläche; die durch die fragmentierte Satzstruktur erzeugte surreale Wirkung wird von Sachlichkeit unterminiert; ein eben eröffneter Abgrund der Bedeutungen sogleich wieder geschlossen. In naturalistischen Sittenskizzen versteckt sich satirische Übertreibung: »Über dem tuchenen Rechteck ein Monumentalbild: Washington. Er steht in einem schwankenden Boot, das sich mühsam einen Weg durch Eisschollen

---

Literatur revolutionierendes Moment erörtert. Helmut Koopmann schreibt über die Funktionen des Ich bei Döblin: »Döblin hat hinzugefügt, daß das beobachtende Ich in unserer Zeit ›die Rolle und Funktion des Volkes bei jenen alten Vaganten‹ übernommen habe; an die Stelle des Kollektivs ist das Ich getreten, und so heißt es bei ihm: ›Das Ich wird Publikum, wird Zuhörer, und zwar mitarbeitender Zuhörer‹. Man sähe das nicht richtig, würde man hier nur einen Dissoziationsprozeß erkennen, eine Spaltung zwischen schreibendem und lesendem oder zuhörendem Ich – dahinter sind Einflüsse der Psychoanalyse spürbar, die das Ich ohnehin als Komplex mehrerer Bewußtseins- und Aktionsebenen verstehen, zugleich aber auch die Einsicht, daß durch das Einzelich hindurch ein Einstieg in früherer Zeiten und Kulturen möglich sei [...]« (Helmut Koopmann: Der klassisch-moderne Roman in Deutschland. Stuttgart: Kohlhammer 1983, S. 86).

[33] Zu Genealogie des Surrealismus siehe: Maurice Nadeau: Geschichte des Surrealismus. Reinbek bei Hamburg: Rowohlt 1986. [Histoire du Surréalisme. Paris: Édition du Seuil, 1945]. Der Surrealismus der französischen Schule fußt partiell auf der Sprachskepsis und dem Mystizismus der französischen Symbolisten, u.a. Maeterlincks *Serres Chaudes* (*Im Treibhaus*). (Nadeau, S. 43). Obwohl die im Surrealismus propagierten Wertsysteme denen der Romantik ähneln, steht hier nicht so sehr die Idee bzw. ein abstraktes Ideal als Zuflußmoment der Produktivität im Mittelpunkt der Kunstdebatte, sondern es geht um die Verfahrensweisen per se – also um *Schreibweisen*: um ein Experiment des Unbewußten (ebd., S. 50f.).

[34] Roman Jakobson: Linguistik und Poetik. In: Roman Jakobson: Poetik: Ausgewählte Aufsätze 1921-1971. Hg. v. Elmar Holenstein/Tarcisius Schelbert. Frankfurt a. M.: Suhrkamp 1993, S. 83-119. Dort heißt es wörtlich über die *poetische Funktion der Sprache*: »Indem sie das Augenmerk auf die Spürbarkeit der Zeichen richtet, vertieft diese Funktion die fundamentale Dichotomie der Zeichen und Objekte.« (S. 92f.).

bahnt, und schwenkt eine Fahne von der normalen Größe eines Bettlakens.« (G, S. 7)[35]

Eine verborgene Persiflage auf ihr Schreibverfahren flicht Keun in den wenig beachteten Roman *D-Zug dritter Klasse* ein: »Sie war fieberhaft tätig, sie machte alles kaputt, um praktisch zu sein. [...] Sie schnitt Klubsessel entzwei, um aus dem Leder Handtaschen zu nähen. Aus Mullgardinen machte sie Hemden und aus Seidenhemden Nadelkissen. Sie zerhämmerte Vasen und Aschbecher und fertigte aus den Stücken mühevoll Tischplatten an, kunstvolle Mosaikarbeiten.« (D-Zug, S. 44)

Dies widerspricht ganz der gängigen Vorstellung von einer »alltagsnahen«[36] Schreibweise Keuns – indem Gegenstände zertrümmert und neu zusammengesetzt werden, sind sie zum einen ihrer alltäglichen Funktion beraubt und erhalten ein schillerndes, sinnfreies Gepräge – zum anderen werden sie wiederum in andere Alltagsgegenstände überführt. Weiterhin steckt in diesem Zitat die Idee der Improvisation, der spontanen Transformation eines Gegenstandes in ein neues Gepräge. Diese Technik impliziert *a priori* auch die Möglichkeit des Scheiterns, und es ist Ausdruck dieses Verfahrens, daß es seine »Schwachstellen« nicht verbirgt.[37] Irmgard Keun arbeitet zwar mit der traditionellen Form der Erzählung, bricht diese aber im Verlauf fortwährend auf und arrangiert die Handlungsabläufe kaum homogen,[38] sondern in Sprüngen und Schüben:

Stumm sitzt er da, sein Kopf ist ihm auf die Brust gefallen – gleich fällt er ganz ab, fällt ihm in den Schoß: Ich habe mal als Kind von Gespenstern gelesen, die ihren Kopf unter dem Arm trugen und damit spazierengingen und spukten. [...] Im Klingelpütz in Köln haben sie Kommunisten hingerichtet, die haben geschrien, ich habe es gehört. [...] So fuhren wir bis zum Dom und stiegen aus.

---

[35] Emanuel Gottlieb Leutze: *Washington Crossing the Delaware*, 1851. New York, The Metropolitan Museum of Art. Entnommen aus: Mythen der Nationen. Eine Ausstellung des Deutschen Historischen Museums (März – Juni 1998), Bd. 1: Ein europäisches Panorama. Hg. von Monika Flacke, 1998. Das Bild, das Washingtons Überquerung des Delaware als »Geburtsstunde der amerikanischen Nation« deutet, zählt weltweit zu den meist reproduzierten Historiengemälden und gilt innerhalb des US-amerikanischen Geschichtskultur als eine der höchstrangigen »Ikonen« des amerikanischen Patriotismus. Doch auch für die deutsche Nation war das Gemälde des Deutschamerikaners nicht unbedeutend: »Leutze malte die Szene in Düsseldorf als politische Botschaft an die Deutschen: Nach der gescheiterten Revolution von 1848/49 sollte Washingtons Tat symbolisch dazu ermutigen, genauso wie er aus einer verzweifelten Situation heraus das Land entschlossen zur Befreiung zu führen.« (Josef-Thomas Göller: George Washington: vom Waldläufer zum Staatsmann – der erste Präsident. Berlin: Quintessenz 1998, S. 256).

[36] Gerade der Roman der Neuen Sachlichkeit zeichnet sich u.a nach Sabina Becker durch seine »Orientierung an Zeitlichkeit und Faktizität« aus. (Becker: Neue Sachlichkeit im Roman, S. 10).

[37] Herbert Henck über die Improvisation in der Musik: »Alles ist offen, jeder Regung, jedem Wunsch kann entsprochen, jedem Zweifel nachgegeben werden, das Unterste darf zuoberst kommen. Man lernt, mit seinen Fehlern umzugehen, sie zu leben; man verarbeitet sie, läßt sie zu und geht auf sie ein wie auf all das andere, das sich ins Bewußtsein drängt. Ständig wird Unerwartetes nach oben getragen von den Wirbeln im Innern. Oder man bricht ab, schließt; was auch eine Art der Fortsetzung, eine andere Antwort ist. [...] Jeder Versuch, sich in Vorbestimmtes zu fügen, zu flüchten, mündet in eine gewisse Unwahrhaftigkeit, die dem Anspruch der improvisatorischen Situation nicht mehr gerecht wird, denn sie verliert etwas von ihrem Sinn als Mittel der Erforschung.« (Herbert Henck: Experimentelle Pianistik; Improvisation, Interpretation, Komposition; Schriften zur Klaviermusik (1982 bis 1992), Mainz, London, Madrid, New York, Paris, Tokyo, Toronto: B. Schott's Söhne 1994, S. 51-56).

[38] Anmerkung zum heterogenen Stil bei Keun: Christa Jordan, S. 71f.

Franz muß fliehen. Ganz hart und klar klopfen die Gedanken an meinen Kopf, deutlich und schnell. (NM, S. 119f.)

Der Roman *Nach Mitternacht* treibt dieses Prinzip auf die Spitze: Die Ereignisse drängen sich zum Ende hin in einem Fokus zusammen, die Ich-Erzählerin nimmt keine zeitliche Kontinuität mehr wahr: »Alles und alle sind erstarrt zu einem bunten greulichen Bild. Wir leben nicht, wir sind gemalt.« (NM, S. 125) Strukturlosigkeit und Auflösung zeigen sich in zunehmenden Stil- und Perspektivwechseln, den immer rascheren Brüchen innerhalb des Raum-Zeitkontinuums; auf der Inhaltsebene in der immer hektischer werdenden, fieberhaften Suche der Protagonisten nach einer Konfliktlösung. Man kann hier von einer dramatischen Zuspitzung der Handlung sprechen; die Katastrophe drückt sich in diesem erstarrten Chaos aus. Das unbewegliche Bild erinnert an die harte Kontur[39] im neusachlichen Kunstwerk, in welchem Personen und Gegenstände sich kaum berühren, eine starre Ordnung, aber keine Kontinuität vorherrscht. Es bannt den Moment dissoziierenden Erlebens in ein Fixativ.

Im Kontrast dazu stehen fragmentierte Gedanken und Dialoge, welche oftmals innere Widersprüche beherbergen: »Ich hab' – ich hab' ein Rendezvous – na was das schon ist!« (G, S. 54), hier erhöht das rasche Frage- und Antwortspiel der Protagonistin (G, S. 165) das Tempo und suggeriert den Zerfall der Objektwelt. Nicht nur die Außenwelt wird durch unterschiedliche Perspektiven gespiegelt – einmal erscheint sie als »neutral« im neusachlichen Gepräge, dann wieder unter dem Reflex subjektiver Empfindung – auch die Figur selbst wird in Form divergierender syntaktischer Gebilde auseinandergerissen:

Das Fenster ist aufgerissen, die Betten sind grau zerwühlt. Ein ekelhafter, süßlicher Geruch kriecht über den Boden – an einem herauf ... ich habe rote Schuhe an – und auf den Straßenbahnfahrscheinen steht furchtbar viel drauf ... ich weiß, daß ich rote Schuhe anhabe [...] Gilgi tritt an das geöffnete Fenster, beugt sich weit hinaus [...] man muß sich entscheiden --- und man darf nicht davonlaufen [...]. (G, S. 163f.)

In den inneren Monologen drückt sich zum einen die Ich-Spaltung aus – zum anderen zeigen die sprachlichen Wechsel in der Beschreibung des Selbst, der persönlichen Lage sowie der Außenwelt an, daß die Person jeden Fixpunkt in ihrer Existenz verloren hat – um ihn schließlich um so radikaler zu formulieren:

Einen Augenblick schwankt sie – ein dünnes, zitterndes kleines Nichts im Riesengewölbe von Stein, Glas und Eisen... Erschrocken faßt Pit ihren Arm – »Keine Angst Pit, ich werd' nicht ohnmächtig – mir hilft man nicht mit so 'ner kleinen Narkose, muß alles bei lebendigem Leibe durchmachen...« (G, S. 172)

Dem Leser wird – bei aller Verwobenheit und Komplexität der Sprachmuster und Realitätsebenen, die fiktive Wirklichkeit realitätsnah und rezeptionsfreundlich mitgeteilt. Die Ich-Dissoziation ist hier zudem nicht mehr ein auf einige »auserwählte« Individuen beschränktes Phänomen, sondern es ist zur normalen Alltagserfahrung von »je-

---

[39] Hierzu vgl.: Lethen: Verhaltenslehren der Kälte, S. 50f.

derfrau« geworden. So erscheint der Roman auch als der Versuch, das elitäre Konzept der Nähe des Genies zum Wahnsinn zu demokratisieren, es in den Alltagsdiskurs aufzunehmen. Dies zeigt an, daß die Moderne tatsächlich die Gesellschaft revolutioniert hat – indem sie hier schon nicht mehr als »modern« erscheint, sondern bereits Teil des literarischen Kanons geworden ist. Im Vergleich mit dem *Kunstseidenen Mädchen*, das dem Leser von vorn herein als Personenkonstrukt nach dem Vorbild eines filmischen Stars vorgestellt wird (DkM, S. 6), für das also die Dissoziation der Person in der Rollenhaftigkeit *a priori* bewußtes Programm ist,[40] erscheint Gilgi, deren Persönlichkeit erst im Verlauf der Handlung allmählich zu bröckeln beginnt, noch als ein klassisch-moderner Charakter.[41]

Film, Starkult, künstliche, »gemachte« – dissoziierte – Identität stehen in *Das kunstseidene Mädchen* dem Lebensprogramm Gilgis gegenüber, das sich im Grunde an bürgerlichen Werten wie »Weiterkommen« und »Tüchtigkeit« orientiert.[42] Während Doris in ihren mehrschichtigen Verkleidungen demonstriert, daß Identität mit Rollenhaftigkeit gleichzusetzen ist, propagiert der Roman *Gilgi – eine von uns* noch eine vollkommen andere Vorstellung von Identität bzw. Identitätsverlust: Die Protagonistin erkennt ihre Rollenhaftigkeit nur in der Differenz zu ihrem (nicht weniger rollenhaften!) sachlichen Lebensprogramm. Hier werden »Identität« (Authentizität) und Rollenhaftigkeit noch als Gegensätze konstruiert, indem die eigene Rollenhaftigkeit nur ins Bewußtsein der Protagonistin dringt, sofern es sich bei ihr um das Gefühl des Fremdbestimmt-Seins durch den Freund handelt. Gilgi *leidet* an der Ich-Dissoziation, für Doris ist sie *Programm*: Gilgi fühlt sich »allein mit einer Krankheit« (G, S. 113), Doris' immaterielles Wesen exemplifiziert sich demgegenüber in der »Korke in meinem Bauch« (DkM, S. 140). Das Moment der Angst macht Gilgi zu einer psychologisch ausgestalteten Figur. Ihre Maxime lautet: »Immer schön fest auf den Füßen stehen, ja nicht wackeln.« (G, S. 21) Doris befindet sich – symbolisch und erzähltechnisch gesehen, »im Wasser« – nicht, daß sie sich die Korke *umbindet* als Schutz vor dem Ertrinken, sondern die Korke ist *Teil* ihres Körpers.[43] Doris' Erzählen wirkt, als

---

[40]   Im Vergleich mit Anita Loos' Roman *Gentlemen prefer Blondes* (1925) beschreibt Katharina von Ankum die von Keun inszenierte Rollenhaftigkeit als nicht durchgängig und gebrochen (Ankum, S. 165). An Doris als *Kunstseidenem Mädchen* exemplifiziere sich die Ambivalenz zwischen Rollenhaftigkeit und Frustration: »At the time of significantly changing gender roles, mass culture provided women in particular with powerful models of femininity. […] [the] understanding of the power of clothing as a masquerade in modern consumer society in which dress can conceal the social identity of its wearer rather than assign him/her a fixed place within the social hierarchy.« (ebd.). Katharina von Ankum: Material Girls. In: Internationale Zeitschrift für Germanistik, Bd. 27. Tübingen/Basel 1994, S. 159-172.

[41]   Vgl. vor allem die Arbeit von Christa Jordan. Sowohl von ihrer charakterlichen Anlage her als auch von ihrem Lebensprogramm repräsentiert Gilgi ein »bürgerliches Bewußtsein« (S. 60), das auch den Figuren der klassischen Moderne – allen voran bei Thomas Mann – im deutschen Sprachraum häufig anhaftet.

[42]   Dieses Thema hat Eingang in sämtliche sozialgeschichtliche Forschungsarbeiten gefunden und wird dort zumeist vor dem Hintergrund der Dichotomie progressive, emanzipatorische Sachlichkeit und ideologische Verbrämung kontrovers diskutiert. (Vor allem: Rosenstein 1991, Jordan 1987).

[43]   Vgl. hierzu den Wortlaut in Roland Barthes: Die Lust am Text. Frankfurt a. M.: Suhrkamp ⁸1996: »Die Lust am Text ist nicht zwangsläufig triumphierender, heroischer, muskulöser Art. Kein Anlaß, sich zu straffen. Meine Lust kann sehr wohl die Form eines Treibens annehmen. Ein solches Treiben geschieht immer dann […] wenn ich, wie ein Korken auf dem Wasser hinundhergetrieben je nach den Illusionen, Verführungen und Einschüchterungen der Sprache, selbst unbeweglich bleibe und mich um die *unnachgiebige* Wollust drehe, die mich an den Text (an die Welt) bindet.« (S. 29). Auch der Roman *Jazz* von Hans Janowitz bedient sich dieser Metapher; er parallelisiert den *Glanz*

schwebe sie einige Zentimeter über dem Boden, als komme sie so sehr ins Gleiten wie die von ihr beschriebene Außenwelt. Das Element Wasser, traditionell verknüpft mit dem Weiblichen und Weiblichkeitskonstruktionen, gilt als *das* Element des Dissoziierens.[44] Wie Narziß im Teich ein gleitendes Spiegelbild erblickt, so gleitet Doris' Portrait, während die Selbstbespiegelung Gilgi in Angst und Schrecken versetzt. Der Boden, auf dem sie geht, ist rissig, der Spiegel gesprungen (G, S. 30). Der einstmals stabile Untergrund wird zu Staub (G, S. 90), er wird abgetragen: die Teile lösen sich voneinander, werden bezugslos – so könnte die poetisierende Umschreibung von Inhalt und Textgestalt in *Gilgi – eine von uns* lauten. Im Wasser jedoch bleibt alles miteinander vernetzt und kann funktionieren.[45] In *Gilgi – eine von uns* korrespondiert die Textdissoziation mit einer Körperdissoziation: »Von weit her fällt Gilgis Stimme in den Raum« (S. 112); »Die tote Gleichgültigkeit dieser Linie ist plötzlich eine böse, harte Beleidigung für ihn.« (S. 113). Gilgis Körper zerfällt in Einzelteile, die übersteigerte Emotionalität läßt ihn fremd, tot und kalt wirken. Die Stimme bleibt als Mittler einer sich verflüchtigenden Botschaft erhalten – ob sie das Gegenüber erreicht, läßt der Text offen (ebd., f.). Offenbar ist die Dissoziation Folge dessen, worüber man »nicht spricht« (ebd.). Das Schweigen des Körpers bewirkt die Dissoziation des Geistes, der Psyche, der Gedanken. Dem »allein [sein] mit einer Krankheit« (ebd.) steht »dieselbe gesunde Krankheit im Blut« (ebd., S. 145) gegenüber – die Hoffnung auf eine ungeteilte Erfahrung, die von allen gemacht wird – dennoch kann das Bewußtsein von Gemeinsamkeit – so die Logik des Textes – nicht über Sexualität oder Körpererfahrungen erzeugt werden, sondern nur über das Gespräch – über die Tatsache, daß es einen Sexualitäts- oder Körper*diskurs* gibt, den eine Gemeinschaft – geschlechterübergreifend – miteinander teilt. Gilgi wird über die Körpererfahrung zum offenen Körper gegenüber der belebten und unbelebten Welt, zu einem bloßliegenden Nervennetz: »Ich bin allen und allem ausgeliefert – an eine Hand, die meinen Nacken streift, wenn sie mir in den Mantel hilft [...].« (ebd., S. 114) Die Sinne perzipieren eine fragmentierte Außenwelt und berauschen sich an ihr – etwas, das Gilgi »unsagbar zuwider« (ebd.) ist: »Nichts ist mehr sauber und klar« (ebd.). Diese von Gilgi gesprochenen, für die Schreibweise Keuns schon fast programmatischen Sätze bringen die Vorstellung auf, Text und Textgestalt selbst seien die Verkleidung einer unbewußten Realität – wobei die Frage nach dieser zunehmend unerheblich wird. Für Figuren wie Gilgi, Doris, aber auch – im wörtlichen Sinne – für die exilierte Schriftstellertochter Kully beginnt sich die Frage nach dem »Woher« in eine Bewegung nach dem »Wohin« aufzulösen – von einer gesicherten, tradierten und sozial festgelegten Rolle hin zu dem flexiblen Annehmen immer neuer Verhaltensmuster, Bewegungen, Verkleidungen.[46] Wenn Keun ihre Figur Gilgi gegen Ende der Erzählung sagen läßt: »Ich glaubte

---

der Nachlokale und die Elementarkraft des Meeres, spielt Ufer und Uferlosigkeit gegeneinander aus (Hans Janowitz: Jazz. Bonn: Weidle 1999 [1925], S. 27f.).

[44] Alfred Döblin vergleicht den Schreibprozeß mit dem Gleiten des Schwimmers im Wasser: »Man beginnt vielfach ein episches Werk, als wenn man ein Schwimmer ist, der sich ins Meer stürzt. Man weiß noch nicht, wie breit das Meer ist, wie man vertraut auf seine Kräfte und hat Lust am Schwimmen.« (Alfred Döblin: Aufsätze zur Literatur. Olten 1963, S. 122).

[45] Im positiven Sinne gleitende Texte sind: *Das Kunstseidene Mädchen* und *Kind aller Länder* – aber auch *Gilgi – eine von uns* und *Nach Mitternacht* funktionieren auf diese Weise. *Ferdinand, der Mann mit dem freundlichen Herzen* und *D-Zug dritter Klasse* hingegen lassen gleitende Schnittstellen vermissen, reduzieren die Handlung auf das Episodische, Skizzenhafte.

[46] Klaus Mann schrieb 1926 in seinem Essay *Fragment von der Jugend* über die Befindlichkeit seiner Generation: »Nicht: Los vom Vorigen! Los vom Überlieferten – heißt also die Forderung unserer Ju-

mich unendlich sicher und geborgen in meiner Liebe« (G, S. 114), so ist dies eine im Moment des Sprechens von ihr erfundene Wirklichkeit, die durch die bisherige Handlung keineswegs verifiziert wird: Ihre Beziehung zu Martin erscheint in der Erzählung von vorn herein in einem ambivalenten, wenn nicht problematischen Licht (G, S. 52ff.). Die Geborgenheit wird von ihr als Utopie erfunden in der Erkenntnis, daß es ihr genau daran mangelt, bzw. familiäre Geborgenheit eine gesellschaftlich-normative Konstante darstellt, die jedoch in Gilgis Leben nur scheinbar durch die Pflegeeltern kultiviert wurde (G, S. 21ff.).

Der Situation des Todes kann Gilgis Sprache zu keinem Zeitpunkt gerecht werden. Trauer ist von Dissoziation und künstlicher Sachlichkeit weit entfernt, eine Sprache der Trauer entwickelt dieser Roman nur in seinem Subtext. Texte Keuns, die eine Sprache der Trauer entfalten, sind die autobiographische Schrift *Bilder und Gedichte aus der Emigration*[47] sowie der Roman *Kind aller Länder* – stellenweise auch schon *Nach Mitternacht*.[48] Hier wird das Prinzip der Trauer mit dem der Dissoziation in der Wassermetapher sowie in diversen Natur- und Blumenmetaphern versöhnt (NM, S. 105; S. 113).

Der Textdissoziation in Verbindung mit dem Tod und als Ausdruck von Angst in *Gilgi – eine von uns* (vgl. Schluß; Szenen mit Martin) steht in *Das kunstseidene Mädchen* die Textdissoziation als Lust und Genuß gegenüber (DkM, S. 82). Der Text dissoziiert immer dann, wenn die Wahrnehmung der Außenwelt in der Person ein wirbelndes Universum erzeugt. Der Vorgängerroman machte es sich zur Aufgabe, innere Zustände über dissoziierende Bilder zu korrespondieren. Doris als »schlecht funktionierende Schreibmaschine« zeigt uns ein Berlin, das in Segmente zerlegt ist, in dessen Darstellung sich Rechtschreib- und Grammatikfehler einschleichen, die aber dennoch – oder gerade deshalb, für den Leser außerordentlich dynamisch funktioniert. Die Schreibweise wird zumeist als fragmentiert oder filmisch bezeichnet, sie ist aber auch noch etwas anderes: Ihre Stärke besteht darin, daß sie eine Aufzeichnung inklusive Fehler ist – ein Text, der Verschreibungen nicht negiert, sondern offenlegt, und so das *Medium*, die Erzählerin oder Schreiberin, sichtbar macht.[49] Der (fiktive) Autor tritt

---

gend. Ihre Frage lautet vielmehr: Wohin – Wohin? Es ist eine große Unruhe da, ein großes Ins-Un-gewisse-Getriebenwerden. Die Pädagogen stehen an vielen Ecken, heben beschwörend die Hände, verlocken und mahnen: Wenn ihr mir nicht folgt, geht es unfehlbar in den Abgrund mit euch! Hört zu – meine Lehre lautet: – – Aber im Hören noch treiben wir weiter.« (Klaus Mann: Die neuen Eltern. Aufsätze, Reden Kritiken 1924-1933. Hamburg: Rowohlt 1992, S. 64f.). Dissoziative Symptome begleiten die wichtigsten Charaktere Irmgard Keuns. Initiiert im kindlichen Charakter, verfolgt Keun diese Entwicklung anhand junger Mädchen und erprobt sie schließlich an einem Kriegsheimkehrer. Von seinem Trauma spricht er nicht wirklich (F, S. 41ff.), eher reduziert er es, erklärt es zur eigene Geschichte zum gescheiterten Experiment (ebd., S. 23) und ebnet sie in seiner Apathie ein. Apathie – die letzte Form der Persönlichkeitsdissoziation – ist die Endstation von Keuns »postistischer« Expertise. Laura, die Mutter von Ferdinand, schläft einfach ein (ebd., S. 133).
[47]   Irmgard Keun: Bilder aus der Emigration. In: dies.: Wenn wir alle gut wären. Berlin: Verlag der Nation 1956, S. 137-163.
[48]   Zu den letztgenannten Texten vgl. u.a. Kap. 3.2 und 3.4 dieser Arbeit.
[49]   Zur Negation der Totalität im Spiel der Sprache schreibt Jacques Derrida: »Ebenso könnte man einem Linguisten vorwerfen, daß er die Grammatik einer Sprache schreibt, ohne zuvor die Totalität der Wörter verzeichnet zu haben, die in dieser Sprache seit ihrem Bestehen ausgesprochen wurden […]. […] Wenn sich die Totalität alsdann als sinnlos herausstellt, so nicht, weil sich die Unendlichkeit eines Feldes nicht mit einem Blick oder einem endlichen Diskurs erfassen läßt, sondern weil die Beschaffenheit dieses Feldes – eine Sprache, und zwar eine endliche Sprache – die Totalisierung ausschließt: dieses Feld ist in der Tat das eines Spiels, das heißt unendliche Substitutionen in der Abgeschlossenheit (*clôture*) eines begrenzten Ganzen.« (Jacques Derrida: Die Struktur, das Zeichen und

hinter dem (fiktiven) Erzähler oder Schreiber zurück – das (männliche) Herrschaftssy-stem »Autor« wird scheinbar einfach weggeschrieben oder -geredet – und somit auch als fingierte Einheit enttarnt. Indem die Schreiberin Doris sich über alle Regeln hin-wegzusetzen scheint, provoziert sie gleichzeitig die Frage nach dem Sinn literarischer Aufzeichnung. *Gilgi – eine von uns* endet mit den Worten »ein letztes, kleines Lächeln, das halb gelingt« (G, S. 173). »Halb gelingen« ist eine Umschreibung für Keuns Dik-tion: die erzählerische Stärke, über Stilmontage und Stildissoziation das Textgewebe als ein die Realität konstituierendes Konstrukt auszuweisen und das Hoheitsverständ-nis von Literatur durch die flächenartige Verarbeitung der Stilmuster in Frage zu stel-len. In den literarischen Kritiken von 1931 bis 2001 läßt sich eine negative Kritik an Irmgard Keuns Schreibtechnik ausfindig machen. Sven Böttcher schreibt in *Der Rabe*:

> [...] und da man Simone Borowiaks *Frau Rettich* ... zwar mehrmals, aber nicht dauernd lesen kann, greift man als Komische-Frauen-Sucher natürlich zu. Und amüsiert sich. [...] Und hält den seltsamen Stil für das kunstvolle Ergebnis von genauen Blicken auf die Mäuler der Männer und Frauen von der Straße, bis man endlich begreift, daß Frau Keun eigentlich bloß eins kann, nämlich nicht schrei-ben.«[50]

Dieser – selbst schon satirisch anmutende – Blick auf die Schreibweise der Autorin zeigt, wie befremdlich oder nichtssagend selbst im Zeitalter nach der Postmoderne das scheinbar sinnfreie oder schwer durchschaubare Arrangement literarischer Stile auf Le-ser und Kritiker noch wirken kann, von der fehlenden Differenzierung zwischen Au-torin und Erzählerin ganz zu schweigen.

2.4 Forcierte Sinnlichkeit – Neue Sachlichkeit, Expressionismus oder Surrealismus? Zu Kategorisierung und Stilbildung

> Wie müßten unsere Bücher sein, gesetzt den Fall, diese Jugend brächte überhaupt welche hervor? Was ihren Stil anbetrifft, so hat ein feiner, witzi-ger Kritiker zu mir einmal darüber gesagt: »Ihr seid wie zögernde Prinzen. Der Expressionismus war euer Palast – ihr habt ihn verlassen, kommt langsam die Stufen von seinem Portal herab. Aber wohin werdet ihr euch jetzt wenden?« Wo-hin wir uns wenden? Wir haben die eine Um-mauerung verlassen, jetzt nur keine neue. Die Wege sind frei. (Klaus Mann, Fragment von der Jugend)

---

das Spiel im Diskurs der Wissenschaften vom Menschen. In: Ders.: Die Schrift und die Differenz. Frankfurt a. M.: Suhrkamp 1976, S. 436f.).
[50] Sven Böttcher: Irmgard Keun. Das kunstseidene Mädchen. In: Der Rabe, H. 37. Hg. v. Mara Mauermann. Zürich: Haffmans 1993, S. 197.

Die literarische Zuordnung Irmgard Keuns bereitet der Forschung kaum Probleme, läßt sie sich doch sowohl zeitlich als auch thematisch und stilistisch als Autorin der Neuen Sachlichkeit kategorisieren.[51] Da jedoch gerade diese literarische Strömung sich wenig homogen zeigt, durch Stilpluralismus auffällt und überdies von ihren Vertretern äußerst kontrovers diskutiert wurde, scheint es notwendig, die Etikettierung »Neusachliche Autorin« erneut zur Diskussion zu stellen, wobei der Schwerpunkt weniger auf den thematischen als auf den ästhetischen Aspekten der Textgestaltung liegen wird. Die im vorangegangenen Kapitel erörterten Spezifika in Keuns Textverfahren werden hierbei hilfreich sein.

Die Haltung Irmgard Keuns zu der dominierenden literarischen Strömung ihrer Zeit ist weitgehend unbekannt. Diese Unkenntnis wiederum läßt die Texte in einem zwiespältigen Licht erscheinen und hält der allzu bequemen Einordnung in ein literarisches Muster mitsamt seiner ideologischen Implikation entgegen, daß die neusachlichen Schreibformationen sowie die Themenwahl selbst schon Zitat oder Parodie sein können, und daß die Inhalte dieser Texte keineswegs nur im genuin neusachlichen Rezeptionsmuster gelesen, sondern gleichfalls auf einer zweiten Ebene – auf der Ebene des Stilzitats – wahrgenommen werden müssen.[52] Diese Rezeptionsproblematik resultiert zum einen aus der nicht vorhandenen Autorposition, welche die Textauslegung für die Autor-Werk-zentrierte Forschung erschwert bzw. auffällige Uneindeutigkeiten produziert, zum anderen sind in der ästhetischen Konstitution der Texte selbst viele Formationen enthalten, in denen die neusachliche Schreibweise torpediert wird. Die Fragestellung muß lauten: Ist Keuns Stilpluralismus in allen Punkten als spezifisch neusachlich einzuordnen oder ist der neusachliche Stil nur Teil eines weiter zu fassenden Stilpluralismus?

Die ästhetischen Positionen neusachlicher Autoren und Künstler reichen von affirmativer, ja bisweilen naiver Gegenstandsbesessenheit, welche das Subjekt als Störfaktor künstlerischer Produktion bewertet und den Aufzeichnungsprozeß einer technischen Apparatur wie der Kamera oder des Mikrophons nachzuahmen trachtet, die

> dem Prinzip [huldigt], daß das künstlerische Subjekt nicht länger aufgrund einer vereinbarten Ikonographie, […] seines persönlichen Stils darüber befindet, welche Gegenstände auf welche Weise zu verarbeiten seien. Daß stattdessen die gegen-

---

[51] So benennt Doris Rosenstein in ihrer 1991 erschienenen sozialhistorischen Monographie zum Erzählwerk Keuns drei Untersuchungsaspekte, die dem Genre des neusachlichen Romans entsprechen: »Neue Frau«, »Großstadt« sowie »Aufstiegsideologie« (Rosenstein: Erzählwerk, S. 9). Dabei interessiert die Autorin besonders, »welchen Platz ihr (Irmgard Keuns) Diskussionsbeitrag und ihr Erzähl-Modell innerhalb der politisch-literarischen ›Trendwende‹ (Neue Sachlichkeit) einnimmt.« (ebd.). Sabina Becker wählt 1995 ein umgekehrtes Verfahren: Sie analysiert einige Romane des Zeitraumes zwischen 1922 und 1933 und weist auffällige Gemeinsamkeiten anschließend der Neuen Sachlichkeit zu: »Statt der traditionellen Erzähler dominieren im neusachlichen Roman neben den Ich-Erzählern die unpersönlichen wissenschaftlichen oder journalistischen Beobachter. […] In der Regel enthalten sich die Romane der psychologischen Ausleuchtung und Erklärung der dargestellten Personen.« (Becker: Neue Sachlichkeit im Roman, S. 20).

[52] Zur Wirkungsweise des Stilzitats in der Postmoderne schreibt Rolf Günter Renner: »Die postmoderne Konstellation führt zu einer Überbietung und Verdichtung von Vorangehendem, zu einem ›réécrire‹ (Lyotard) der Moderne.« (Rolf Günter Renner: Postmoderne. In: Literaturwissenschaftliches Lexikon. Grundbegriffe der Germanistik. Hg. v. Horst Brunner/Rainer Moritz. Berlin: Erich Schmidt Verlag 1997, S. 272-274). Die Untersuchungen im vorangegangenen Kapitel dieser Arbeit haben bereits gezeigt, daß auch Irmgard Keun sich der Überlagerung unterschiedlicher, bisweilen anachronistischer Stil- und Sprachmuster bedient.

ständliche Welt selber den Anspruch stellt und das Verfahren vorschreibt, wie sie möglichst lupenrein und umweglos, nachgerade authentisch zu erfassen sei [...][53]

bis zur Sprachskepsis Heideggers in den späten zwanziger und frühen dreißiger Jahren. Dieser Entwicklungsverlauf weist die Neue Sachlichkeit als eine Kunstrichtung aus, die durch die eigenen Prinzipien ins Gegenteil umschlägt – als ein Paradoxon, das an die menschliche Wahrnehmungs»apparatur«, an die Grundbedingungen menschlicher Existenz gebunden ist.[54] Unter derselben Prämisse ist auch die als kennzeichnend für diese Epoche ausgewiesene Dichotomie von Sachlichkeit und Sentiment; von Außen- und Innenlenkung des Subjekts zu lesen.[55] Die Paradoxie von Anwesenheit und Abwesenheit des künstlerischen Subjekts im neusachlichen Roman oder Kunstwerk schlägt sich ebenfalls in der Forschung zu Irmgard Keun nieder: Volker Klotz erkennt in der »Autorlosigkeit« von Keuns *Kunstseidenem Mädchen*, für deren Willkür oder Absicht es keine Letztbegründung in Form einer Autorposition gibt, eine für den neusachlichen Roman typische Haltung:

> Neusachliche Wirklichkeitsapperzeption: aus der Preisstaffelung jetzt eben wahrgenommener Zigaretten eine wirtschaftliche, soziale und moralische Klassifikation zu gewinnen [...]. Doris verhält sich neusachlich, indem sie dieserart Welt erlebt und ermißt. *Und die Autorin verhält sich neusachlich, indem sie ihre Romanheldin mit eben diesem Umstand nicht nur charakterisiert, sondern ihn, kommentarlos, für sich sprechen läßt.*[56]

Dieser Kommentar legt die Vorstellung eines organisierten Textkörpers nahe und wirkt geradezu beruhigend auf den Rezipienten – hat er doch damit eine klare Anweisung erhalten, wie er den Charakter des *Kunstseidenen Mädchens* aufzufassen hat. Widersprüche läßt ein solcher Kommentar nur im Rahmen des abgesteckten Themas zu. Die Tatsache, daß, wie es ein anderer Kritiker formuliert, »bei Doris ganz unter-

---

[53] Volker Klotz: Forcierte Prosa, S. 253f.

[54] Vgl. hierzu Horst Denkler: »Die angestrengt durchgehaltene Aversion gegen den Expressionismus treibt die ›Neue Sachlichkeit‹ zu Sachlichkeitsforderungen, denen sie nicht genügen kann; diese Sachlichkeitsforderungen tragen entgegen der ursprünglichen Absicht dazu bei, das Hintergründige, Übernatürliche und Übersinnliche der Dinge zu enthüllen, stellen damit dem Subjekt erneut die zwangsläufig subjektiv bleibende Deutung anheim und erzwingen dazu die gänzlich programmwidrige Überbetonung der Form, der dem Sachlichkeitsaxiom entspringende Wille schließlich, die Verhältnisse – und d.h. Ding, Mensch und Welt – zu ändern, führt zur Vergewaltigung der Objekte und zur ›parteiischen‹ Transponierung der Stoffe, die bereits stilistischer Formung und Verformung ausgesetzt worden sind.« (Denkler: Sache und Stil, S. 180).

[55] In diesem Kontext ist auch Helmut Lethens Kritik an Plessners Anthropologie zu verstehen: »Sein (Plessners) zentraler Begriff der ›Grenze‹ bezeichnet nicht länger eine Zone des Austauschs. Vielmehr tritt nun eine hochreflexive Person auf den Plan, über ein Ich verfügt, das sich nach Innen scharf gegen das Unbewußte des Leib-Seins abgrenzt. [...] Die elementare Gefahr droht weder von einem Außen noch vom Gegner; der Fechter schleppt sie mit sich. Je greller das Licht im reflexiven Handlungsraum ist, um so schärfere Konturen nimmt der innere Schatten, den das Subjekt wirft, an. [...] Alle Fälle der Bloßstellung, die Plessner durchspielt, zeichnen sich dadurch aus, daß eine Grenze nicht scharf genug bewacht wurde, so daß die Person plötzlich in schutzloser Objektheit den Blicken der anderen unterworfen ist und ›ohnmächtig‹ nur noch die Kreatürlichkeit ins Feld führen kann.« (Lethen: Verhaltenslehren, S. 84f., 90).

[56] Klotz, S. 263. [Hervorhebung im Text von mir.]

schiedliche Stiltendenzen am Werk sind«,[57] wird dabei zwar nicht gänzlich ausgeblendet, da sie indirekt Teil des neusachlichen Stils und Themenkomplexes sind, aber sie werden einem vorausgesetzten Generalthema von vorn herein untergeordnet. Neue Sachlichkeit im puristischen Sinne jedoch würde ein implizites Generalthema als nicht zulässig betrachten – vielmehr hat die Literatur *selbst* – nicht lediglich die von ihr entworfenen fiktiven Figuren – der durch die technischen Medien veränderten Wahrnehmung Rechnung zu tragen. Die neuen Medien stellen laut Döblin eine eigenständige geistige Macht dar,[58] die es sich schreibend anzueignen gilt:

> Der wirklich Produktive aber muß zwei Schritte tun: er muß ganz nahe an die Realität heran, an ihre Sachlichkeit, ihr Blut, ihren Geruch, und dann hat er die Sache zu durchstoßen [...] Die Berichtform zeigt den souveränen Willen des Menschen an, [...] dem Wissen und der Wissenschaft zum Trotz mit der Realität zu spielen.[59]

Medialität wird bei Döblin noch dem souveränen Willen des Menschen untergeordnet. Realität, durch mediale Vermittlung fragmentiert, ist jedoch nicht mehr vollständig erfahrbar. Ein Gesicht auf der Leinwand, eine vom Grammophon aufgezeichnete Stimme oder die Kommunikation über das Telefon sind nicht vergleichbar mit der Erfahrung einer »vollständigen« zwischenmenschlichen Begegnung. Die Medialisierung zieht von ihren wahrnehmungsspezifischen Bedingungen her Fragmentierung, Isolation und Entfremdung nach sich. Keuns Anwendung sachlicher Stilprinzipien verweist an vielen Stellen ihrer Romane in verdichteter Form auf die Neue Sachlichkeit in anderen künstlerischen Medien, nämlich auf die Bildende- sowie die Filmkunst:

> Ich habe gesehen – ein Mann mit einem Plakat um den Hals: ›Ich nehme jede Arbeit‹ – und ›jede‹ dreimal rot unterstrichen und ein böser Mund, der zog sich nach unten mehr und mehr – es gab eine Frau ihm zehn Pfennig, die waren gelb, und er rollte sie auf das Pflaster, das Schein hat durch Reklame von Kinos und Lokalen. (DkM, S. 65)

---

[57] Gerd Schank: Skizze einer Frauensprache. In: Annäherungen: Studien zur deutschen Literatur und Literaturwissenschaft im 20. Jahrhundert. Amsterdam 1985, S. 51. Auch in Schanks Analyse zeigt sich das Bedürfnis nach hermeneutischer Ordnung der »Sprachmontage« (ebd, S. 53). Die Informationen der Erzählung werden von ihm zu einer Biographie »umgeschrieben«, welche Doris' Sprache einen persönlichen Ursprungsort sowie Kohärenz verleiht: »Doris' Sprache [...] weist hier die genannten ›Defizite‹ auf, die sich z.T. aus ihrer sozialen Herkunft herleiten lassen, die aber z.T. auch spezifisch sind für die Frau in unserer Gesellschaft.« (ebd, S. 49).

[58] Hierzu Alfred Döblin: »Scheinbar pausiert jetzt das Geistige. Aber hinterrücks treibt die Technik [...] das Geistige weiter, kämpft gegen das Alte, ohne es anzurühren. [...] Eisenbahnen, Dynamos, diese, wie es scheint, bloß äußerlichen Dinge, haben enorme geistige Konsequenzen. Der geistige Charakter der neuen Kraft zeigt sich schon jetzt in ihrer großen Ausbreitung, Fruchtbarkeit. Die Masse der Techniken, die Masse der beteiligten Menschen. Eine frühere Epoche hatte etwas als Prinzip der Organisation [...] das Gebet, die Kirche.« (Alfred Döblin: Der Geist des naturalistischen Zeitalters. In: ders.: Aufsätze zur Literatur. Olten/Freiburg i. Br.: Walter 1963, S. 70. [In: Die neue Rundschau, Dezember 1924]).

[59] Alfred Döblin: Berliner Programm. In: Aufsätze zur Literatur, S. 107ff. [Der Bau des epischen Werks. Jahrbuch der Sektion für Dichtkunst 1929].

Hier verweisen nicht nur die dynamisierten Bewegungsabläufe sowie die Montagetechnik auf technische Medien, sondern die ganz spezifische inszenatorische Ästhetik,
das Dekor des Films – insbesondere des Stummfilms – hat eine große Ähnlichkeit mit
den zeitgenössischen bildenden Künsten. Der Eindruck des Sprachexperiments, das
sich in Stilpluralismus und insbesondere im medienüberschreitenden Schreiben ankündigt, weist über das Selbstverständnis der Neuen Sachlichkeit hinaus – und in der
spürbaren Übertreibung und Überzeichnung neusachlicher Themen, die bereits in
Keuns Debüt statt hat, beginnt die literarische Bewegung bereits, sich selbst zu kopie-
ren, und somit für den aufmerksamen Leser auch zu reflektieren und zu kritisieren.
Der Umschlagpunkt vom *ordre froid* zum *magischen Realismus*[60] zeichnet sich ebenfalls
in solchen Übertreibungen ab: Die Protagonistin Gilgi trägt abwechselnd mit der Erzählerstimme neusachliche Prämissen plakativ vor sich her, und es muß ironisch erscheinen, wenn diese Erzählerstimme gleich zu Beginn die Zimmereinrichtung kommentiert:

> Überlegender Blick in das nüchtern unpersönliche Zimmer. Weißlackierte Bett-
> stelle, weißer Wäscheschrank, ein Tisch, zwei Stühle, friedvolle Blümchentapete
> und ein harmlos umrahmtes Genrebildchen, das – blaß und reizlos wie ein verlas-
> senes Mädchen – endgültig verzichtet hat, aufzufallen. Man hätte ihn schon
> längst entfernen sollen, diesen sentimentalen Farbfleck. (G, S. 6)

In die lakonische Sprache mischt sich der Gestus der Ironie; die sachliche, an eine Regieanweisung erinnernde Beschreibung wird von Metaphern unterminiert, die sehr
wohl eine subjektive Verzerrung der beschriebenen Realität erkennen lassen, ja es ist
geradezu ihr Zweck, die Geschlossenheit der sachlichen Kontur aufzubrechen und,
ähnlich wie die Lyrik Tucholskys, die eigenen Zeitkrankheiten in ein komisch-distan-
ziertes Licht zu rücken.[61] »Blaß und reizlos« erscheint der Erzählinstanz das Bild, und
dieser Eindruck überträgt sich beim Lesen auf die sachliche, beinahe schon sterile
Umgebung. Es handelt sich um eine sachliche Beschreibung der Sachlichkeit selbst,
die aber gleichzeitig durch die »unsachliche«, weil bildhaft-subjektive, Form der Metapher überblendet wird. Die auf das Notwendigste reduzierte Zimmereinrichtung korrespondiert mit der pointiert-minimalistischen Schreibweise, die zudem Formen des
naturalistischen Sozialdramas imitiert. An diesem Romanbeginn zeigt sich die viel-
schichtige Leserlenkung exemplarisch; alles weist überdeutlich auf einen neusachlichen
Roman hin, das sozial engagierte Theater wird formal zitiert, und das Ganze durchkreuzt durch die Bildhaftigkeit der Sprache – den »sentimentalen Farbfleck« im Ge-

---

[60] Zum Begriff des *magischen Realismus* vgl. Denkler (mit Bezug auf Franz Roh: Nach-Expressionis-
mus, Magischer Realismus. Probleme der neuesten europäischen Malerei. Leipzig 1925, S. 30), S.
176f.: »Isolation, Sezierung und Konservierung bewirken, daß das Außergewöhnliche gewöhnlich,
das Gewöhnliche außergewöhnlich erscheint. Im Gegenzug wird das ›bearbeitete‹ Objekt seinem alten oder einem neuen Funktionszusammenhang eingegeben, so daß es nun die Umwelt bzw. sein
Verhältnis zur Umwelt und damit auch sich selbst in Frage zu stellen beginnt. Diese ›naturwissen-
schaftliche‹ Methode […] lenkt entgegen der ursprünglichen Absicht jedoch nicht zu einem sachge-
rechten Objektivismus hin, sondern bereitet einem viel komplexeren ›magischen Realismus‹ den Weg
[…].«
[61] Kurt Tucholsky: Panter, Tiger und andere. Berlin: Verlag Volk und Welt 1960.

präge der Sachlichkeit.[62] Es bleibt nun dem Leser überlassen zu spekulieren, wie das
Zimmer ohne diesen Farbfleck aussähe – es käme, in seinem Weiß auf Weiß, einer
Auslöschung aller Gegenstände gleich, und es beherbergt folglich keine Vorstellung
des Humanen oder ein Versprechen auf Individualität. Es ähnelt der vom Menschlichen verlassenen Sphäre, die in vielen Bildern der Neuen Sachlichkeit beschworen
wird. Stereotypie und Gleichgültigkeit sind die herausragenden Merkmale dieser Sehweise; Personen und Umgebung setzen, vergleichbar der Zimmerbeschreibungen und
dem »blassen reizlosen Mädchen«, auf minimale Identifikation und höchstmögliche
Inhaltsleere. Keun reizt die Dialektik von der Symbolhaftigkeit und gleichzeitigen Inhaltsleere wilheminischer Kultgegenstände in der Beschreibung der Wohnzimmereinrichtung aus; war Gilgis Zimmer ein Bekenntnis zur Leere, so bildet diese ein historizistisches Ensemble aus unzeitgemäßen Gegenständen, die von ihren Bewohnern immer wieder neu mit Bedeutung und Leben aufgefüllt werden müssen:

> Imposantes Büffet, hergestellt um 1900. Tischdecke mit Spachtelstickerei und
> Kreuzstichblümchen. Grünbleicher Lampenschirm mit Fransen aus Glasperlen.
> Grünes Plüschsofa. Darüber ein tuchenes Rechteck: Trautes Heim – Glück allein.
> Epileptisch verkrampfte Stickbuchstaben, um die sich veitstänzerische Kornblumen ranken. […] Über dem tuchenen Rechteck ein Monumentalbild: Washington. (G, S. 7)

Keun macht die Zeichenhaftigkeit des Mobiliars deutlich, und es nimmt nicht Wunder, daß im Gegensatz dazu die Protagonistin gern auf jegliche Bedeutungsschwere
verzichten möchte. Doch gerade hierin zeigt sich die doppelbödige Sichtweise Keuns
auf die Neue Sachlichkeit ihrer Generation: Ebenso, wie sie die ältere Generation
durch hohle Symbolik kennzeichnet, unterlegt sie ihrer jugendlichen Protagonistin die
neusachliche Parole der Unverwundbarkeit:

> Alle Achtung! Na, und jetzt wird sie der Sache mal auf den Grund gehen, wie alles gekommen und gewesen ist. Was kann ihr schon passieren? Ihr Leben hat sie
> fest in der Hand, um sie aus der Bahn zu werfen, da müssen schon andere Sachen
> kommen. Und mit der schafsdämlichen Gefühlsduselei der letzten Woche, da
> werden wir auch fertig. (G, S. 31)

Der schmale Grat zwischen der Parole des Panzer-Ichs und der »Verflüssigung« der
Ich-Identität im Stilzitat kennzeichnet die Neue Sachlichkeit Irmgard Keuns. Später
im Text wird das neusachliche Lebenskonzept mitsamt seiner stereotypen Prinzipien
vom Lebemann Martin zur »fixe(n) Idee« erklärt (G, S. 83). Der Gestus des Textes
gibt sich nihilistisch gegenüber den Werten von Gesellschaft und Kunst: »Moderner
Weltschmerz ist mir zum Brechen« (G, S. 69), läßt Keun ihre neusachliche Heldin als
Begründung für ihr Desinteresse an moderner Literatur sagen. Gerade diese fällt jedoch gegen Ende der Erzählung als Inszenierung modernistischer Erzählverfahren auf:

---

[62] Vgl. *Gilgi – eine von uns*, S. 52: »Jetzt läuft das artige Kind mal etwas weiter […] Ach meine kleinen grauen Worte […] Sie sitzt auf einer regenfeuchten Kugel […].« »Grau« und »bunt« sind zwei
gegensätzliche Prinzipien des Sprechens: sachlich und expressiv, Gilgi und Martin.

Irgendwo schlägt eine Tür, schrillt eine Autohupe – Geräusche, die helfen könnten – man dehnt sich zu ihnen hin – erreicht sie nicht. Alle Menschen sind tot –
ich bin ganz allein auf der Welt – ich werde ein Kind haben – ich freue mich
[...]. Eine Fliege summt, summt, summt ... Ich kann mich nicht bewegen – der
Geruch hier im Zimmer [...]. (G, S. 153)

Der Typus der jungen, etwas naiven Angestellten wandelt sich durch den Sprachgestus abrupt in ein hochreflexives Individuum. Die Ungleichartigkeit der Figurengestaltung durch die ihr zugeordneten Stile übertönt die eindeutigere Außenbeschreibung
– ein Ansatz, der die Lust am Erzählereignis als ein Spiel mit Texten betont. Roland
Barthes verweist in *Die Lust am Text* auf den Körper als Medium des Schreibens: das
Unbewußte, Kehrseite der neusachlichen Rationalitätsgebärde, bildet die Schnittstelle,
an der nichts vergessen wird, die jegliches Diskursmaterial aufbewahrt und neu anord-
net.[63]

Im Gegensatz zur sachlichen Kühle der Sprache des *ordre froid* steht die unterschwellige Idealisierung und Ästhetisierung von Gilgis Körperlichkeit sowie ihrer Lebensform:

Gilgi lacht, rafft mit einer hübschen, leichten Bewegung den Pelz über der Schulter zusammen – am schmalen blassen Ringfinger glimmt der dunkle Amethyst –,
hält mit der Linken Olgas Hand umklammert, gräbt ihr die Nägel in die weiche
Handfläche. (G, S. 110)

Idealisierungen, die durch die Erzählhaltung in den Text eingehen, wirken als Bestätigung der Neuen Sachlichkeit, indem sie ihre inhaltlichen und zeittypischen Ideale verkörpern – sie bedienen sich aber auch an Hypertexten, die den Medien und der Unterhaltungsliteratur entlehnt sind und zum Teil als Propagierung der *Neuen Frau* verstanden werden können. Zum anderen setzen Idealisierungen per se »auf's Sentiment«
und bilden so einen textimmanenten Gegenpol zur Sachlichkeit. An Olga zeigt sich
beispielhaft, wie der Text weibliche Mode- und Schönheitsvorstellungen evoziert und
damit auch die Stereotypen der Warenwelt für die belletristische Literatur nutzbar
macht.[64] Gesellschaftskritik entsteht durch montierte Gegensätze: »[...] Dame ohne
Unterleib, schmutziges Bett, Gestank nach ranziger Margarine, feuchte Wände und
morscher Fußboden. ›Elegante Welt‹. Schönheitsnummer [...] Miß Germany 1931
...« (G, S. 29) Derartige Sprachzitate lassen den Wirklichkeitswert einer Aussage offen,
während die Montage Erklärungsmuster offeriert: im Zusammenspiel von grotesker

---

[63] Vgl. Roland Barthes: Die Lust am Text: »Die Lust am Text, das ist jener Moment, wo mein Körper seinen eigenen Ideen folgt – denn mein Körper hat nicht dieselben Ideen wie ich. [...] sie ist ein
Treiben, etwas, was zugleich revolutionär und asozial ist und von keiner Kollektivität, keiner Mentalität, keinem Idiolekt mit Beschlag belegt werden kann.« (S. 26/34).
[64] In seiner 1951 erstmals veröffentlichten Monographie *Die mechanische Braut* analysiert Marshall
Mc Luhan die Integration von Mythen in der Werbung; diese sei eine neue Form des »Kollektivro-
mans«: »Ständig darum bemüht, auf irgendeine Art Ereignisse auf der inneren, unsichtbaren Bühne
des kollektiven Traums zu beobachten, vorwegzunehmen und zu kontrollieren, verwandeln sich die
Werbeagenturen und Hollywood in einen kollektiven Romanschriftsteller, dessen Charaktere, Symbole und Situationen eine intime Offenbarung der Leidenschaften dieses Zeitalters sind.« (Marshall
McLuhan: Die mechanische Braut. Volkskultur des industriellen Menschen. Amsterdam: Verlag der
Kunst 1996, S. 131. [The Mechanical Bride. Folklore of Industrial Man. New York 1951]. Die Literatur von Irmgard Keun kehrt dieses Verhältnis wieder um und erzeugt so eine Doppelbelichtung.

Häßlichkeit und Armseligkeit, die aus der Sicht des begüterten Mädchens Gilgi nur
verzerrt und schockhaft wahrgenommen werden kann, und dem schönen Schein der
Modewelt wird die Realität als das ganz andere ausgewiesen, das ständiger Korrektur
und Manipulation durch Interpretation unterliegt. So ist die Täschlerpassage (G, S.
32) größtenteils im Dialekt geschrieben, und diese sprachliche Färbung wird von der
Erzählstimme sowie von Gilgis inneren Monologen übernommen (ebd.) – etwas, das
im Zusammenhang mit der Gesamtkonzeption der Hauptfigur befremden muß. Unverkennbar wird die Dominanz von Fräulein Täschler durch die Sprache hervorgeho-
ben – und auf der Folgeseite bereits wieder verworfen: »›Sie sind das Kind!‹, schreit die
Täschler hellsichtig und sinkt auf ihren Stuhl zurück. […] In Gilgis Kopf surrt ein
Ventilator.« (G, S. 33) Hart setzt Keun hier technizistische Metaphern (Ventilator)
neben expressiv-naturhafte Formulierungen (rote Buchstaben in grauem Nebel), wobei diese dadurch auffallen, daß sie keine originären Naturvorbilder mehr erkennen
lassen, sondern eher den Strukturen der Bildmedien entlehnt sind. Der Begriff *Natur*
ist zudem bereits zur Leerformel der neusachlichen Parole degradiert: »Es gibt nichts,
was Gilgi mehr gegen Natur und Gewissen geht.« (G, S. 10) Solcherlei Skurrilität
prägt den gesamten Text – gerade die sogenannten »expressionistischen« Textstellen
gegen Ende der Erzählung fallen durch Stereotypen auf, welche die Dynamik originär
expressionistischer Textmuster zerstören und zu erstarrten Bildern gerinnen: »Brennt
im Blut, brennt im Hirn – brennt, brennt, brennt. Ruhelose Glieder – Sehnsucht
nach Fleisch […].« (G, S. 141)[65]

Die Liebesproblematik wird zunächst noch ausschließlich im neusachlichen Ton
verhandelt (G, S. 87), ein Fazit läßt sich für den humanistisch-aufgeklärten Leser
leicht ziehen: Die Prämissen beider Partner passen nicht zusammen – daher ist keine
»Gemeinsamkeit inneren und äußeren Lebens« (G, S. 86) möglich. Der Ton ändert
sich nach der Spiegelszene (G, S. 90), die Stimmung kippt ins Sentiment, die Handlung implodiert: »Wie ausgehöhlt ist man innerlich, abgetrennt von Menschen und
Dingen […].« (G, S. 92)[66] Neusachliche Trennschärfe führt zur Implosion – in Psyche
und Textkörper, die neusachliche »Maske«, ausgeführt an Gilgis Körperlichkeit und
der neusachlichen Parole, bricht ein: »Gott sei dank, gott sei dank – jetzt ist's nicht
meine Schuld […].« (G, S. 93)[67] Andererseits wird der »Hohlkörper«, die *Persona*[68]
aufgefüllt mit einem Maximum an sinnlicher Empfindungsfähigkeit und so zum Ge-
nerator von Wahrnehmung und Erfahrung (ebd.) – allerdings auch von Sprachlosigkeit. Dies wäre eine Begründung für die stilistischen Wandlung, die das neusachliche
Gebaren in ein zunehmend zwiespältigeres und unwirklicheres Licht rückt: »[…]
formt eine freche, triviale kleine Bemerkung, die auf dem Wege vom Hirn zu den
Lippen bereits verloren geht.« (G, S. 94) Die Kehrseite der kalten Persona offenbart
sich: »Sinkt, fällt, schreit […] und ganz zerfetzt ist man […].« (G, S. 99), (G, S. 102f.)
und zeigt, wie die Sachlichkeit zunehmend einem Gefühl der Hysterie und Panik
weicht: »nein, nein, nein, ich mag nicht« (G, S. 108), etwas, das an die Erzählungen

---

[65] Hier entsteht der Eindruck einer transparenten Figur, die von innen her wie eine elektrische
Glühbirne leuchtet. Ähnliche Bilder des Weiblichen konstruierte Thea von Harbou in den 20er Jahren. Hierzu: Karin Bruns: Kinomythen 1920-1945. Die Filmentwürfe der Thea von Harbou. Stuttgart: Metzler 1995, S. 99f.
[66] Implosion: schlagartige Zertrümmerung eines Hohlkörpers durch äußeren Überdruck. (Duden
Fremdwörterbuch. Mannheim: Bibliographisches Institut & F.A. Brockhaus 1997, S. 351).
[67] Diese Argumentation würde eine Zweiteiligkeit dieses Romanes sinnvoll begründen.
[68] Lethen, S. 12.

von F. Scott Fitzgerald erinnert, in denen die Themen Alkoholismus und Psychose häufig als dunkle Gegenseite der *roaring twenties* und der Grundstimmung sachlicher Gelassenheit formuliert werden: »Ach, Unbekümmertheit ist zur Selbsttäuschung geworden.« (G, S. 144)[69] Dieser Satz gleicht einem Resümee, die Protagonistin spricht vor sich selbst aus, was der Leser bereits unterschwellig ahnte, und macht damit auch die vorangegangene Ambivalenz des Leseeindrucks unwirksam. Andere Konfliktmuster tun sich nun auf, der Besuch bei der Mutter eröffnet stilistisch eine neue Variante der Neuen Sachlichkeit, das *ordre froid* kippt in eine bedrohlich surreale Atmosphäre um (G, 151ff.).[70] Der Ton in Gilgis Sprache ändert sich, auch ist nicht mehr die Rede vom »kleinen Mädchen«.[71] In der Schlußszene schließlich ist die Sprache fragmentiert im Bewußtseinsstrom, die Handlung erfährt eine dramatische Zuspitzung (G, S. 164ff.). Hier entsteht bereits der typische Stilmix, der im *Kunstseidenen Mädchen* dominiert. Die Schnittstelle zwischen dem neusachlichen Ton des Textes und den in seiner Bildlichkeit erzeugten Reminiszenzen an den expressionistischen Film, der sich wiederum stark an Bühnenpräsentationen anlehnt, ist ein Verweis darauf, daß Literaturproduktion in der Rezeption diverser Medien entsteht.

In Irmgard Keuns zweitem Roman überwiegen die Superlative einer subjektiven Stadtwahrnehmung. Ebenso wie in den Gaunergeschichten Walter Serners prägt der Jargon das Stimmungsbild von Gosse und Großstadt.[72] Zum einen unterlaufen poetisierenden Verfahren beständig das Realismusprinzip der Berlin»reportage«, zum anderen bewahrt die Sprache auch in ihrer metaphorischen Dichte eine Härte der Kontur, welche die Exaltiertheit in einem gefrorenen Licht erscheinen läßt: »Berlin senkte sich auf mich wie eine Steppdecke mit feurigen Blumen.« (DkM, S. 43) Metaphern werden erzeugt durch den Vergleich dynamischer Ereignisse oder menschlicher Körperteile mit toter Materie und Alltagsgegenständen, betont wird dabei die glänzende Oberfläche in ihrer Abgeschlossenheit: »Augen wie blankgeputzte blaue Glasmurmeln« (ebd.). Dieser Metapher haftet zum einen etwas Kindliches an, sie verleiht der Darstellung aber auch etwas Bedrohliches, da Lebendiges wie tot erscheint: »[...] und lacht mal zu ihrem wie ein Stein auf Friedhöfen, wenn Sonne drauf scheint.« (DkM, S. 136) Personen erscheinen als »schwarze milde Punkte« (ebd.), schatten- und schemenhaft wie Projektionen auf der Leinwand, bilden sie gestalterische Gegenelemente zur exakten Geometrie der modernen Großstadtarchitektur.[73] Die Architektur

---

[69] Die Erzählung *The Diamond as Big as the Ritz* von F. Scott Fitzgerald schließt mit den Sätzen: »›Everybody's youth is a dream, a form of chemical madness‹ [...] There are only diamonds in the whole world, diamonds and perhaps the shabby gift of disillusion.« (F. Scott Fitzgerald: The Diamond as Big as the Ritz and other stories. Hertfordshire: Wordsworth Editions 1994).

[70] Detaillierte Diskussion dieser Szene: siehe 3.2.

[71] Die neusachliche Außendarstellung von Gilgi als »klein«, »Kleine« oder »kleines Mädchen« entspricht einer zeitgenössisch-männlichen Darstellungsweise.

[72] In *Die Tigerin* heißt es über die Heldin Bichette: »Drei Männer waren ihretwegen ins Gefängnis gekommen, zwei hatten sich ihretwegen erschossen und der unzählige Rest ihrer Liebhaber, die sie alle nach wenigen Nächten abgeschüttelt hatte [...], wären ausnahmslos auf das kleinste Zeichen hin, zu allem bereit, zu ihr zurückgekehrt.« (Walter Serner: Die Tigerin. Eine absonderliche Liebesgeschichte. München: btb-Verlag 2000, S. 6).

[73] Die Verwandlungen des Blicks, wie sie Walter Benjamin in seiner *Berliner Chronik* schildert, zeigen sich auch bei Irmgard Keun. Hierzu bemerkt Stefan Knoche: »An den Blick der Statuen aus dem Zentrum Berlins bindet sich die Erfahrung von Zeit. [...] Überdies verwandeln sich mit der Zeit die Blicke der Statuen in solche von Prostituierten und der Schritt ins Dasein wird als Augenblick der sexuellen Initiation sichtbar [...].« (Stefan Knoche: Benjamin – Heidegger. Über Gewalt. Die Politisierung der Kunst. Wien: Turia 2000, S. 62).

selbst wird durch die Bewegungen lebender Materie dynamisiert: »Ich trieb in einem
Strom auf der Friedrichstraße, die voll Leben war und bunt und was Kariertes hat.«
(DkM, S. 46) Stellenweise gerät die Sprache schon zum reinen Stilzitat: »der Himmel
hat ein rosa Gold im Nebel« (DkM, S. 66). So ist hier die Realität nicht mehr Gegenstand des Erzählens, sondern Literatur wird zur Reproduktion bzw. Erweiterung der
Seherfahrung medial verarbeiteter Wirklichkeiten. Hinter dem Text eröffnet sich
nicht lediglich der Bezug auf ein Zeitgeschehen, sondern eine bereits auf Abbilder dieses Zeitgeschehens zielende Referenz. Es ist eine Schreibweise, die, aus Impressionen,
Formen, Farben und den Zitaten poetisch funktionalisierter Sprache bestehend, sich
die Wirklichkeit nicht unterwirft, sondern die Erfahrung spiegelt, Wirklichkeit nur
noch als ein monumentales, architektonisches Kunstwerk wahrzunehmen: »Ich hatte
in eine Materie zu dringen.« (DkM, S. 67) Die mediale Vervielfältigung provoziert ein
synästhetisches Erleben: Auditive Ereignisse werden visuell oder geschmacklich erfaßt:
»Sprache wie weiche fließende Mayonnaise [...] Musik geblümt wie ein Chiffonkleid«
(DkM, S. 69f.). Die Erfahrung der sinnlichen Außenwelt ist gebannt in erinnerte oder
gespeicherte Bilder: »[...] seine Haut riecht nach schwarzweißen Birken vor Glück,
weil die ja gar nicht riechen – die sieht man nur, und er kann ja nicht sehen – darum
riecht er danach. [...] Es hat nur noch seine Sprache ein Licht.« (DkM, S. 72f.) Überkreuzungen der Sinneswahrnehmung (sehen/riechen) zeigen, wie kognitive Prozesse
forciert werden müssen, um die Wahrnehmungsästhetik und Erfahrung der Moderne
erneut literarisch zu bedienen, da sie sich aus dem Bewußtsein nicht mehr ohne weiteres ausklammern läßt. Deutlich wird die Anleihe an Baudelaires *Correspondances* im
folgenden Wortlaut: »›Doris – ein Wald‹, sagt er. [...] Es ist doch schön und wunderbar, welche Stadt hat denn sowas noch, wo sich Räume an Räume reihen und die
Flucht eines Palastes bilden?« (DkM, S. 74)[74]

Die politische Massenkundgebung (DkM, S. 46) wird in *Nach Mitternacht* nahezu gleichartig wiedergegeben, die »Käseglocke [...] allgemeiner Verbrüderung«
(DkM, S. 47) verhöhnt die Vorstellung irrationaler Begeisterung, in welcher das Individuum zum Schattenwesen verkommt, während die Architektur als autarke Masse
das Bild bestimmt. Neusachliche Statements, die auch *Gilgi – eine von uns* prägten,
wirken hier wie aus lyrischen Texten von Tucholsky ausgeschnitten und in die Romanhandlung eingefaßt: »Und nu sitz ich hier in einem Kaffee – Tasse Kaffee kann
ich mir heute auf eigne Faust leisten.« (DkM, S. 7) Der Romanbeginn präsentiert sich
neusachlich im modernistisch-amerikanischen Shortstory-Modus: »Das war gestern
abend so um 12, da fühlte ich, daß etwas Großartiges in mir vorging.« (DkM, S. 5)
Der abrupte Einstieg besitzt dramatische Qualität und birgt zugleich ein dem gesamten Text immanentes dialektisches Prinzip: scharfe Überzeichnungen im Tageslicht
kontrastieren mit weichen, verschwommenen, beinahe kitschigen Konturen der mit-
ternächtlichen Stimmung: »So knubbelige Finger und immer nur Wein bestellt, der
oben auf der Karte steht [...] und endlich der einzige, den ich wirklich geliebt habe.
Da fühlte ich wie eine Vision Hubert um mich [...].« (ebd.) Die plotbildende Figu-

---

[74]   Zum Vergleich sei der erste Vers von Baudelaires Gedicht in der Übersetzung von Carlo Schmid
zitiert: »Es ist Natur ein Tempel, dessen Pfeiler leben //Und dann und wann ein Wort von dunklem
Sinn verwehen;//drin muß der Mensch durch einen Wald von Bildern gehen,//die aufmerksamen
Augs ihm traute Blicke geben.« Irmgard Keun waren die Werke des französischen Dichters zumindest
bekannt, was folgende Passage belegt: »Auf dem Nachttisch wie Kochkiste auf japanisch Bücher.
Baudelaire. Sicher französisch.« (DkM, S. 109).

renaussage, »daß etwas Besonderes in mir ist, was auch Hubert fand« (ebd.), steht in ihrer motivischen Konstruktion dem neusachlichen Subjektbegriff bzw. der neusachlichen Entsubjektivierung entgegen; weil die moderne Kurzgeschichte vorzugsweise Handlungen um das Scheitern alltäglicher Charaktere, die aber dennoch »das Besondere« als eine vage, zumeist nicht konkretisierbare Utopie suchen, strukturiert, liegt hier auch ein gattungsüberschreitender Ansatz vor, der zwischen Ironie und Affirmation der Darstellung changiert. Person, Kleidungsstil sowie literarischer Stil korrespondieren miteinander. Literarischer Stil ist, vergleichbar mit der Funktion von Mode, zu einem Markenzeichen für den persönlichen Stil einer Figur geworden; poetische Überformung von Sprache wird aus ihrem ursprünglichen Kontext herausgenommen und zum Lebensstil umfunktioniert. Oft zeigen sich Stilwechsel im Zusammenhang mit Charakteren und dem Typus, den sie repräsentieren – etwas, das schon in den Flaneursszenen in *Gilgi – eine von uns*[75] auffällt: Zugleich sind sie Verweise auf unterschiedliche Formen des Erlebens und daher nicht unbedingt als Inkongruenz im Sprechen einer Figur zu bewerten[76], sondern eher als punktuelle psychische Zustandsbeschreibungen. Kollektivträume und -bilder dienen als Transportmittel von Befindlichkeiten: »Ich träume von meiner summenden Sehnsucht nach Franz und von meiner Liebe.« (NM, S. 105) Das süßliche Klischee, zu dem das »echte« Gefühl hier geronnen ist, paßt abermals zum Ton der Erzählung, denn während diese sich in intellektueller Sparsamkeit ergeht, zitiert sie damit gerade den Zeitgeist und transponiert ihn in den Text. Farben wie rosa (NM, S. 104) unterstreichen die bonbonhafte Süße der Unterhaltungsmusik, und die klischierten Wendungen neusachlicher Manier wirken als Stilanachronismus im thematisch-historischen Gepräge der dreißiger Jahre.

2.4.1 Stilwechsel und Repetition sachlicher Gesten in den späteren Texten

Das Dialogprinzip beherrscht die zweite Hälfte des Romans *Nach Mitternacht*; die Gespräche zwischen Heini und Dr. Breslauer zeigen eine politische Satire, die in schriftlicher Form nur noch außerhalb Deutschlands denkbar war. Hier schiebt der Text wieder die schneidende Dialektik nach vorn, welche die neusachlichen Diskurse der Vorgängerromane beherrschte, sich hier aber von solchen Praktiken bereits befreit hat:

> Und Heinis rechtes Auge sieht grausam, sein linkes mitleidig aus. […] Ich erzähle ihm von Bertchen Silias, das gestorben ist. »Ganz schön«, sagt Heini, »Reihendurchbrecherin sieben ist gefallen auf dem Feld der Ehre. Ein schöner Tod für ein neudeutsches Kind, die Eltern werden noch jahrelang davon zehren.« (NM, S. 73)

Die Popularität der frühen Romane Keuns wird in der Forschungsliteratur oft mit der Zustimmung durch Lesergruppen begründet,[77] ihre Romane nahezu ausschließlich

---

[75] *Gilgi – eine von uns*, S. 65ff., S. 94ff.
[76] Vgl. Marchlewitz, S. 111.
[77] Die Neue Sachlichkeit wird häufig als affirmativ angesehen, so zitiert Doris Rosenstein Kreuzers Aufsatz *Kultur und Gesellschaft in der Weimarer Republik* als Beleg dafür, daß »die sich aus der Aufklärungsintention ergebende pragmatische Ausrichtung der Literatur der Neuen Sachlichkeit bei den Keun'schen Romanen unübersehbar (ist).« Hier sei der »Gesichtspunkt der Unterhaltung und des Lesevergnügens […] ebenso berücksichtigt wie der des Identifikationsangebotes für breite Leserkreise.«

dem Genre des Angestellten- sowie des Frauenromans zugeordnet. Die späteren Texte
jedoch werden stilistisch kaum beachtet und analysiert – geschweige denn einer literarischen Strömung zugewiesen.[78] Irmgard Keun hat die Stilprinzipien ihrer frühen
Texte noch in den 50er Jahren verwendet. Zum anderen zeigt sich ein deutlicher Stilwechsel während der Exilzeit: *Kind aller Länder* setzt auf Impressionismus und starke
Naturmetaphern, atmosphärische Orts- und Reisebeschreibungen. Der Roman hebt
sich allein durch diese Schwerpunktsetzung deutlich von den neusachlichen und satirischen Texten ab. Das Kind erzählt nur den Moment, das Unmittelbare so detailge-
treu, daß sich das Ereignis in den Sätzen zu verkörpern scheint – in Assoziationsketten, die über Farben gebildet werden, Strukturen des Erinnerns und der Identitätsbildung nachzeichnen und so eine »Mnemotechnik des Schönen«[79] erzeugen:

> Am besten gefielen mir die Segelboote, denn sie sahen aus, wie das kleine Ge-
> spann aus Schmetterlingsflügeln. Es steht auf ihrem Nähkasten und wird von ei-
> nem kleinen blauen Prinzen gelenkt. [...] Einmal habe ich eine hellblaue Qualle
> entzweigetreten, weil sie schillerte und weil ich sie kaputtmachen wollte [...].
> Dann habe ich ins Meer gespuckt [...]. (KaL, S. 11)

Das Meer, stets motivisch präsent, bildet den erzählerischen Hintergrund und deutet
an, wie alles Erzählte, stets in Bewegung, stets gefährdet, dem Vergessen anheimzufal-
len droht. Zugleich repräsentiert es die Hoffnung, daß Erzähltes bewahrt werden
kann: Die späten Texte Irmgard Keuns sind häufig von einem melancholischen bis resignativen Tonfall geprägt, es zeichnet sich eine Rückbesinnung auf traditionelle Stilmittel ab, die bis ins 19. Jahrhundert zurückreichen: »Fontanes versunkene Welt«
(Bilder, S. 138). Es besteht eine Analogie zu den Erzählungen Martin Kessels, der
ebenfalls neusachliche Elemente und groteske Reminiszenzen mit Strukturen des poetischen Realismus verband.[80] Typisch für Keuns späte, melancholisch-groteske
Schreibweise ist die autobiographische Schrift *Bilder aus der Emigration*. Kältemeta-
phern – ein Stilmittel, das Keun immer wieder verwendet, wirken hier fast deplaziert,
die Hinwendung zu Extremen, typisch für die Stimmungserzeugung in ihren Romanen, durchziehen auch den autobiographischen Text. Der Blick aus der Ferne läßt
Menschen klein erscheinen:

> Es war ein harter, glasheller Frühling in Ostende. Die großen Hotels am Dyk la-
> gen noch im halben Winterschlaf, und das Kasino glich einer gefrorenen Zuck-
> kertorte, einem Gespenst der Jahrhundertwende. Statt mondäner Kurgäste gab es
> vorerst nur einen wüsten salzigen Sturm auf den Promenaden. [...] Von meinem
> Fenster aus sah ich des Sonntags schwarze wimmelnde Scharen von Ausflüglern

---

(Rosenstein: Erzählwerk, S. 109). Das Resümee dieser Autorin zur zeitgenössischen Kritik lautet:
»Trotz der grundsätzlichen Differenzen ist aus den Rezensionen herauszuhören, daß den Fragen, die
die Romane Irmgard Keuns aufwerfen, Tagesaktualität zugemessen wird.« (ebd., S. 121).
[78]   Eine Ausnahme bildet die ausführliche Analyse von Doris Rosenstein zum Exilroman *Kind aller
Länder* sowie – in der jüngsten Forschung zu Irmgard Keun – die Arbeit von Stephan Braese zu *Ferdinand, der Mann mit dem freundlichen Herzen*.
[79]   Manfred Koch: »Mnemotechnik des Schönen«. Studien zur poetischen Erinnerung in Romantik
und Symbolismus. Tübingen: Niemeyer 1988.
[80]   Martin Kessel: Eskapaden. Fünf Erzählungen. Darmstadt/Berlin/Neuwied: Luchterhand 1959.

aus dem Bahnhof strömen und mit verblüffender Schnelligkeit von den umliegen-
den kleinen Bistros verschluckt werden. (Bilder, S. 137f.)

Wenn *Ferdinand, der Mann mit dem freundlichen Herzen* in seine Behausung zurückkehrt, findet er ein karges Zimmer gleich dem vor, in welchem Keuns erster Roman
beginnt. Diese Kargheit ist jedoch nicht neusachliche Ästhetik und Lebensform, sie ist
lediglich das Relikt einer zerstörten Kultur. Johannas Haus wird »wegen Renovierung
geschlossen« (F, S. 263), und Ferdinands Domizil gleicht einem »schlauchartig in die
Länge gezogenen Sarg« (F, S. 18). Die Unbewohnbarkeit der Räume wird in Keuns
Roman zum Symbol für das unbehauste Ich, es dominiert die Kälte der zerstörten
Städte – und so endet Keuns Literatur nicht mit der Zerstörung der kalten Ordnung,[81]
sondern in einer Zerstörung, die als kalte Ordnung markiert ist.

2.5 Simulierte Intermedialität: Schlager und Jazz als strukturbildende Elemente

Die folgende Bekundung des Medientheoretikers Marshall McLuhan erinnert an das,
was die vorangegangenen Analysen über die Erzählverfahren Irmgard Keuns ergeben
haben – und was auch die kunstseidene Doris mit »zick-zack ist die Musik« (DkM, S.
70) dem Jazz attestiert:

> Wenn Jazz als Bruch mit dem Mechanischen auf dem Weg zum Unstetigen, dem
> Miterlebten, Spontanen und Improvisierten betrachtet wird, kann man ihn auch
> als Rückkehr zu einer Art mündlicher Dichtungsform verstehen, bei der die Dar-
> bietung sowohl Schöpfungsakt wie Gestaltung ist. [...] So formuliert, wird sofort
> klar, daß Jazz zur Familie der Mosaikstrukturen gehört, die in der westlichen
> Welt mit den Telefon- und Telegrafenleitungen wieder aufkamen. Er gehört dazu
> wie der Symbolismus in der Dichtung und alle ihm verbundenen Formen in der
> Malerei und Musik.[82]

Fragmentierung und Diskontinuität werden zu neuen Kennzeichen des Kunstwerks,
das sich in »eine Wundertüte oder Rumpelkammer voller zerstückelter Subsysteme,
zusammengewürfeltem Rohmaterial und Impulse[n] aller Art«[83] verwandelt. Irmgard
Keuns persönliche Affinität zu den Formen der populären Musik im Deutschland ihrer Zeit und zu denen des amerikanischen Jazz offenbart sich in der Schlagerzitatmontage, mit der die Autorin ihrer scheinbar willkürlichen Vernetzungskunst eine
eindeutigere Note verleiht. Es sind die einzig deutlich markierten außerliterarischen
Fremdzitate innerhalb von Textgefügen, die, wie in den vorangegangenen Kapiteln an
einer Vielzahl von Beispielen diskutiert, eine Differenz der Stile und Medieneinflüsse

---

[81] Ursula Krechel: Irmgard Keun: Die Zerstörung der kalten Ordnung. Auch ein Versuch über das
Vergessen weiblicher Kulturleistungen. In: Literaturmagazin 10. Hg. v. Nicolas Born, Jürgen
Manthey und Detlef Schmidt. Reinbek bei Hamburg: Rowohlt 1979, S. 103-128.
[82] Marshall McLuhan: Die magischen Kanäle, S. 425.
[83] Fredric Jameson: Postmoderne – zur Logik der Kultur im Spätkapitalismus. In: Postmoderne –
Zeichen eines kulturellen Wandels. Hg. v. Andreas Huyssen/Klaus R. Scherpe. Reinbek bei Hamburg: Rowohlt, S. 45-102; S. 75.

als textuelle Gesamtkonzeption oder zumindest Basisstruktur erkennen lassen. Bislang
wurden die Songtextfragmente (denn häufig sind es lediglich Phrasen oder Strophen-
elemente, die von Keun aus dem bekannten Songtext kopiert und in das Satzgefüge
der Prosaerzählung eingefaßt werden) vorrangig in zwei Zusammenhängen erwähnt:
auf der Grundlage von Adornos Begriff der *Kulturindustrie*[84] und ihrer Infiltrierung
des Bewußtseins wurden sie als gesellschaftskritische Elemente verstanden, oder sie
galten als Textstrukturen von zeitkritischem Wert. Christa Jordan analysiert den Roman *Gilgi – eine von uns* basierend auf der Ambivalenz von »individualistische(r)
Konfliktgestaltung« und »gesellschaftliche(r) Bewußtwerdung«.[85] Während sie den
politischen Diskurs des Romans von »Relativismus« und »bequemem Fatalismus« beherrscht sieht,[86] gesteht sie dem kulturellen Diskurs kritische Ansätze zu: »Flucht- und
Ausgleichsfunktionen der Schlager, ihre bewußtseinsvernebelnden Funktionen werden
kritisiert, durch das Zitieren und Einmontieren von Schlagerversatzstücken, die sich
mit Gedanken überschneiden oder diese ersetzen, auch formal funktionalisiert.«[87] Für
Das kunstseidene Mädchen stellt sie fest: »Stereotypen und Klischees aus Kulturindustrie und Reklame beherrschen Weltsicht und Einschätzung der Menschen [...]. Schlagertext wird zum Identifikationsmuster. [...] Auch in der Schlagerzitatmontage steckt
kritisches Potential.«[88] Ihre ästhetische Bedeutung allerdings ist bei diesen Betrachtungen weniger ins Blickfeld der Analyse gelangt. In einer Zeit, die das Zitat bereits zu einer zentralen ästhetischen Kategorie aufgewertet hat,[89] ist es sicherlich schwer zu
ermessen, welche Konnotationen über den reinen Wiedererkennungseffekt hinaus die
Schlagerzitate in Irmgard Keuns Romanen ihrerzeit für Leser und Leserinnen gehabt
haben mögen. Interessanterweise fallen Keuns Texte in eine Epoche, die erstmals innerhalb der Menschheitsgeschichte mittels authentischer Aufzeichnungsmechanismen
die nahezu vollständige Rekonstruktion der Gegenwart für eine spätere historische Si-

---

[84] Der Terminus ist mittlerweile zu komplex geworden, um ihn als einseitig kritische Kategorie
noch verwenden zu können. Vgl. hierzu auch die Monographie von Roger Behrens: Pop Kultur Industrie. Zur Philosophie der populären Musik. Würzburg: Königshausen & Neumann 1996. Der
Autor konstatiert einen grundsätzlichen Begriffswandel und unternimmt eine geschichtliche Aufarbeitung und Analyse von Adornos Begriff der *Kulturindustrie*, indem er beispielsweise den von
Adorno inszenierten Dualismus von Kulturindustrie einerseits und autonomer Ästhetik andererseits
mit Bezug auf Peter Bürgers *Theorie der Avantgarde* (1974) als bürgerliche Ideologie charakterisiert
(Behrens, S. 62) und ihn als Beschreibungskriterium für Kunst und Kultur generell zur Disposition
stellt. Es gilt zu beobachten, »inwiefern [...] Warencharakter und Werkautonomie verschränkter
sind, als von Adorno selbst schon bemerkt. [...] Eine Dialektik, die umschlägt: der Warencharakter
der Kunst ist ihre Autonomie.« (Ebd., S. 63). Behrens folgert schließlich: »Der Kulturindustriebegriff
kann heute allein Aktualität beanspruchen, wenn die ihm zugrundeliegende Bedeutung von Kultur
transformiert wird, um auch die alltägliche Lebenspraxis der Menschen zu erfassen. [...] gerade die
Autonomie der ernsten Kunst bedingt eine soziale Isolation, die sie zum Freiwild für kapitale Interessen macht. Einzig einer aus der Kulturindustrie heraus geborenen populären Kunst gelingt es in
Kenntnis der Apparatur, den Bannkreis der Kulturwarenlogik mit deren eigenen Mitteln zu spren-
gen.« (Ebd., S. 148f.).
[85] Jordan, S. 63.
[86] Ebd., S. 67.
[87] Ebd., S. 69.
[88] Ebd., S. 84f.
[89] So ist beispielsweise für die poststrukturalistische Philosophin Julia Kristeva, auf deren globalem
Intertextualitätsgedanken die späteren, methodischen Intertextualitätsmodelle aufbauen, jeder Text
bereits Zitat: »[...] jeder Text baut sich als Mosaik von Zitaten auf, jeder Text ist Absorption und
Transformation eines anderen Textes« (Julia Kristeva: Semiotiké. Recherches pour une sémanalyse.
Paris: Ed. du Seuil 1969, S. 348. Zit. in: Grundzüge der Literaturwissenschaft. Hg. v. Heinz Ludwig
Arnold/Heinrich Detering. München: Deutscher Taschenbuch Verlag 1996, S. 441f.).

tuation ermöglicht. Wären die Schlagerzitate nicht in ihrer authentischen Aufführungs- und Aufzeichnungsform bis heute auf archivierten Tonträgern dokumentiert und von späteren Generationen immer wieder adaptiert sowie neu interpretiert worden, so wäre ihre ästhetische Wirkung und Bedeutung für heutige Leserkreise nicht mehr unmittelbar abrufbar bzw. aktivierbar. Diese ist jedoch zugleich auch historischen Veränderungen unterworfen. Um die Problematik zu illustrieren, mag folgender Kerngedanke aus Michel Foucaults Schrift *Die Archäologie des Wissens* hilfreich sein, wonach »das Dokument [...] nicht [...] Instrument einer Geschichte (ist), die in sich selbst und mit vollem Recht Gedächtnis ist [...]«, sondern »die Geschichte ist eine bestimmte Art für eine Gesellschaft, einer dokumentarischen Masse, von der sie sich nicht trennt, Gesetz und Ausarbeitung zu geben.«[90] So setzen die Analysen dieser Arbeit bewußt eine Lesart voraus, die mit dem Hörerlebnis solcher Schlager- und Jazzstandards aus den zwanziger und dreißiger Jahren verschränkt ist, das beim stummen Lesen der Texte mitschwingt.

Durch diese mediale Mehrdimensionalität wird die Kommunikation zwischen Text und Leser subtil gesteuert; die Songtexte mitsamt ihren rhythmischen Figuren funktionieren als Subtexte der Handlung und strukturieren deren Verlauf und Gewichtung. Dabei fallen mehrere graduelle Abstufungen bzw. Formen der Integration ins Auge: 1. Wörtliche Übernahme einer Songtextsequenz (englisch oder deutsch) in den literarischen Text, 2. Fragmentarische oder auch indirekte Zitate, bei welchen Verlauf und Argumentationsweise, sowie isolierte Wendungen des Sprechaktes Reminiszenzen an bekannte Schlager- oder Jazzstandards wecken und diese wiederum unterminieren (Signifying)[91], 3. Textpassagen, welche Stimmungen und Inhalte aus Schlagertexten oder Jazzstandards der damaligen Zeit imitieren oder parodieren, ohne daß zwangsläufig auf einen konkreten oder singulären Text angespielt wird, 4. Direkte Bezugnahme eines Charakters der Erzählung oder der Erzählerstimme auf das Hörerlebnis, 5. Analogien zum Jazz in der Rhythmisierung der Erzählung.

Bereits dieser Versuch der Differenzierung führt vor, wie komplex sich die Verarbeitung von zeitgenössischen popularmusikalischen Elementen in Irmgard Keuns Texten gestaltet – handelt es sich doch hierbei nicht so sehr um eine offen erkennbare sowie eindeutig verstehbare Form der Kritik, als um einen integralen Bestandteil des Erzählens, welcher die Bedeutung des Erzählten entscheidend variiert und prägt. Umso mehr, als dieser nicht lediglich als einfaches Zitat auftritt, sondern sich mit den anderen Erzählelementen auf verschiedenen Stufen verbindet. Bemerkenswert ist

---

[90]   Michel Foucault: Die Archäologie des Wissens. Frankfurt a. M.: Suhrkamp 1994, S. 15.

[91]   Signifying – »Signifyin'«: Der Begriff geht zurück auf den amerikanischen Literaturtheoretiker Henry Louis Gates. Gates bezieht sich dabei auf ein Fabelwesen der afroamerikanischen Volkskultur, den »signifying monkey«, sowie auf »Jazzkompositionen, die das Wort ›Signifying‹ im Titel haben [...].« (nachzulesen in: Stephan Richter: Magic Books and a Jam Session. Das Spannungsfeld von Literatur, Literaturtheorie und Jazz. In: Jazz und Sprache – Sprache und Jazz. Darmstädter Beiträge zur Jazzforschung, Bd. 5. Hg. v. Wolfram Knauer. Hofheim: Wolke 1999, S. 21-36, hier: S. 21, 24). Richter beschreibt S. als »ein Verfahren formaler Revision, eine Methode der Umwertung von Werten innerhalb eines diese Werte anerkennenden Schemas. Eine Form wird erfüllt und in dieser Erfüllung gesprengt [...].« (ebd.). Er führt weiter aus: »Es geht im Jazz um den fördernden, um den ›signifying‹ Dialog zwischen der Form und dem Außerhalb. Das Signifiying, die Ironie, der Protest im Jazz richtet sich zunächst nicht gegen ein politisch-soziologisch beschreibbares Ziel, sondern spielt mit dem Innerhalb-Außerhalb einer musikalischen Form.« (ebd., S. 27). Dieses Prinzip, das grundsätzlich an Bachtins Theorie der *Dialogizität* erinnert, findet seine Analogie in Keuns vordergründig naivem und scheinbar unbekümmertem Umgang mit populärmusikalischen Versatzstücken.

ebenfalls, daß Keun dieses Erzählverfahren (zumindest in den hier untersuchten Romanen, die noch in die sogenannte *Jazz era* vor der Machtübernahme der Nationalsozialisten fallen) auffällig stringent verfolgt, ja es sogar jeweils prononciert in den Anfangs- sowie Schlußsequenzen beider Erzählungen anwendet:

> Das Mädchen Gilgi steht vor dem Spiegel. [...] summt einen melancholischen Schlagertext [...] Reich mir zum Abschied noch einmal die Hände. [...] Sie reicht noch einmal aus dem heruntergelassenen Fenster Pit die Hand – will was wie »danke schön« sagen – bringt kein Wort mehr hervor ... vor der Lokomotive liegt 'ne kleine, gelbe Apfelsine... [...]. (G, S. 5f., 172) Das war gestern abend so um zwölf, da fühlte ich, daß etwas Großartiges in mir vorging. [...] ich hab so Lust – tanze – das ist die Liebe der Matrosen – wir sind ja doch nur gut aus Liebe und böse oder gar nichts aus Unliebe [...]. Lieber Ernst, meine Gedanken schenken dir einen blauen Himmel, ich habe dich lieb. (DkM, S. 5, 140)

Im Mittelpunkt des Leseaktes steht zunächst die Handlung, Songtextzitate erscheinen lediglich als untergeordnete Strukturelemente, die das Geschehen vorantreiben. Nur zwei Zitate drängen in den Vordergrund: *Reich mir zum Abschied noch einmal die Hände* und *Das ist die Liebe der Matrosen*[92] Doch fällt bei genauerem Lesen die thematische Verquickung auf: die Diktion des Schlagertextes erscheint als die Folie[93] der erzählten Wirklichkeit – und umgekehrt. Er fügt sich sowohl inhaltlich als auch semantisch in den Textkorpus ein, der am Schluß des *kunstseidenen Mädchens* zum Großteil aus fragmentierten Songphrasen besteht. Die zitierten Textpassagen lassen jedoch unterschiedliche Verweisstärken auf das Schlagerzitat erkennen, was zeigt, daß die Trennschärfe sich im Verlauf der Erzählung wandelt. Die erste Passage von *Gilgi* zitiert zwar wortwörtliche Zeilen des Schlagers, den die Protagonistin vor sich hinsummt, stellt den Schlagertext also als zweite Textebene vor, sie benutzt ihn aber gleichzeitig als Einstieg in die Gedankenwelt der Figur.[94] Die Melodie wird in den Gedankenfluß integriert und gestaltet ihn unauffällig mit. So wird die Teilhabe an einem kollektiven Unbewußten auf »neusachlich« evoziert – ein Verfahren, das unvermutet

---

[92]   *Reich mir zum Abschied noch einmal die Hände*: Lied und langsamer Walzer aus der Operette *Viktoria und ihr Husar*. Uraufführung: 7. Juli 1930, Städtische Oper Leipzig. Text: Alfred Grünwald/Beda. Musik: Paul Abraham. ©1930 by Dreiklang-Dreimasken Verlag, Berlin/München. // *Das ist die Liebe der Matrosen*: Marsch-Foxtrott aus dem Film *Bomben auf Monte Carlo*. Uraufführung: 31. August 1931. Text: Robert Gilbert. Musik: Werner Richard Heymann. ©1931 by Ufaton-Verlag München. (Alle Nachweise folgen den Angaben in: Lutz-W. Wolff [Hg.]: Puppchen, du bist mein Augenstern. Deutsche Schlager aus vier Jahrzehnten. München: Deutscher Taschenbuch Verlag 1981, S. 60 u. 88).

[93]   Der Begriff ist hier auch im Sinne von Gérard Genettes Terminus der Hypertextualität zu verstehen: »Als Hypertextualität bezeichnet Genette [...] die Beziehung eines Textes zweiten Grades (den Genette Hypertext nennt) zu Prätexten (Genette: Hypotexten), von denen er durch Transformation (Parodie, Travestie) oder Nachahmung (Persiflage, Pastiche) abgeleitet ist.« (Arnold/Detering: Grundzüge, S. 443).

[94]   So leitet Christa Jordan aus diesem Erzählverfahren eine Charakterisierung der Figur Doris ab: »Fast leitmotivisch tauchen die ebenso sinnlosen wie damals gängigen Schlagerzitate [...] auf [...]. Die Texte sind so verlogen wie Doris' anfängliche Männerbeziehungen [...]. [...] Auch wirkliche menschliche Gefühle vermag Doris nur in abgebrochenen Schlagerzitaten und Bibelsprüchen auszudrücken [...].« (Jordan, S. 85).

emotionalisierend wirkt.[95] Am Ende springt die sich in den mechanisierten Rhythmus der Räder einschleichende »Schlagermelodie«, in welcher ein spontaner Gedanke zunächst durch Wiederholung sinnentleert und schließlich durchrhythmisiert wird, in die Gedächtnislücke der Hauptfigur: die emotionale Befangenheit verlangt buchstäblich danach, vom Schlagertext »überspielt« zu werden. Hier setzt Irmgard Keun das Verfahren eindeutiger ein, denn obwohl es sich nicht nachweislich um ein Zitat handelt, wird zum einen durch den Motivcharakter der Apfelsine auf den Schienensträngen, zum anderen durch die direkte Anspielung auf die »kleine dumme Melodie, die sich im Kopf festsummt« (G, S. 171) das musikalische Element der literarischen Motivtechnik verdeutlicht. Die scheinbar sinnfreie Zeile eines Schlagers[96] wird zum Motiv innerhalb des literarischen Textes, und sie organisiert zugleich den Gedankenfluß der Protagonistin, indem sie ihn löscht bzw. dem Moment der Aphasie seine eigene Sprache verleiht. Somit gebraucht Keun keine einsichtige Motivik vergleichbar der, wie sie beispielsweise in der modernen *Short story* häufig Anwendung findet – ein Verfahren, bei dem zumeist ein sinnlich erfahrbarer Gegenstand symbolisch aufgeladen wird und wie ein Generalbaß der Erzählung funktioniert – oder ein Ereignis die Bedeutung der Handlung steuert, sondern die Autorin zitiert, variiert und fragmentiert einschlägige Schlagertexte und -topoi; sie unterbricht und strukturiert hierdurch den Text der Erzählung sowie seine Aussage. Dabei gibt das Zitat oder zitatähnliche Satzelement den Satzrhythmus vor, wirkt wie ein Refrain – daher letztlich wie ein musikalisches Motiv. In diesem dynamischen Wechsel von Wiederholung und Variation wird letztlich eine Parallele zur Rhythmisierung des Jazz erkennbar. Schließlich kann man sogar die Protagonistin Gilgi selbst als Folie eines damals wohlbekannten Schlagertextes und nicht als klassischen literarischen Charakter, wie dies die zeitgenössische Rezeption oft tat,[97] lesen:

Ich bin eine Frau die weiß was sie will.
Ich habe mein Tempo, ich hab meinen Stil.

---

[95] Auch hierin besteht eine Analogie zu postmodernen Schreibweisen. Vgl. dazu Fredric Jameson: »Das heißt nicht, daß die kulturellen Produkte der postmodernen Ära vollkommen gefühllos sind, sondern eher, daß Gefühle, die besser und genauer als Intensitäten zu fassen sind, sozusagen im Raum frei flottieren, nicht mehr personengebunden sind und überdies von einer merkwürdigen Euphorie überlagert sind.« (Jameson: Postmoderne, S. 60).

[96] Keuns »kleine, gelbe Apfelsine« (G, S. 171f.) hat sowohl rhythmische als auch inhaltliche Affinität zu Nonsense-Schlagern der 20er Jahre, so hier: »Was macht der Maier am Himalaya //Wie kommt der Maier, der kleine Maier //auf den großen Himalaya? //Rauf, ja, das kunnt' er. //Ich frag mich aber, wie kommt er runter? //Ja hat er so Angst um den Maier, //er macht 'nen Rutsch und ist futsch.« (Wolf: Puppchen, S. 44). Interessant ist, daß beide Texte in komischer Manier Abstiegsängste sog. kleiner Leute oder die Verirrung an einen »Unort« thematisieren. In Keuns Roman wird mit dieser »Schlagertextmetapher« zusätzlich Gilgis Affäre mit Martin als für sie geistige und körperliche Verirrung näher gekennzeichnet. In gänzlicher anderer Funktion setzt hingegen Marieluise Fleißer die Orange in ihrer Erzählung *Ein Pfund Orangen* ein: hier wird die Frucht zur Sehnsuchtsmetapher innerhalb eines unlebbaren Lebens (vgl. auch: Claudia Albert: Grenzverläufe im Kampf der Geschlechter. Marieluise Fleißers frühe Prosa. In: Reflexive Naivität. Zum Werk Marieluise Fleißers. Hg. v. Maria E. Müller/Ulrike Vedder. Berlin: Erich Schmidt Verlag 2000, S. 130f.).

[97] Die Kritikerin Ingeborg Franke bewertet den Lebensentwurf Gilgis als Fiktion: »Am besten gefällt das Buch denen, die die junge Angestellte von heute überhaupt nicht kennen. In ihrer Ahnungslosigkeit finden sie es herzergreifend – und leider finden das auch viele Gilgis der Wirklichkeit, junge Stenotypistinnen, die zwar niemals das erleben, was ihnen die Phantasie von Irmgard Keun vorzaubert, die das aber brennend gern erleben möchten.« (Ingeborg Franke: Gilgi – Film, Roman und Wirklichkeit. In: Der Weg der Frau 1,3/1933, S. 6).

Ich weiß wie man Golf spielt und wie man chauffiert,
ich bin nicht zu sachlich, nicht zu kompliziert
Ich liebe das Helle, das Schöne, die Kraft,
ich liebe das Geld, weil es Freiheit mir schafft.
Verlang' von der Welt, von mir selber gar viel –
ich weiß ganz genau was ich will![98]

Der Romanbeginn des *Kunstseidenen Mädchens* hingegen erscheint als homogene Prosaerzählung. Nichts deutet zunächst auf ein Zitat oder einer fragmentarisierte Erzählstruktur hin. Die mit Unterbrechungen geschilderte nächtliche Stimmung trägt jedoch immanente Referenzsignale; semantische Strukturen, die geeignet sind, Erinnerungen an gängige Schlager- bzw. Jazzstandardkompositionen[99] der Jahre 1930-32
wachzurufen, beispielsweise:

Night and day, you are the one
Only you beneath the moon or under the sun
Whether near to me, or far
It's no matter darling where you are
I think of you
Day and night, night and day, why is it so
That this longing for you follows wherever I go
In the roaring traffic's boom
In the silence of my lonely room
I think of you
Day and night, night and day [...][100]

Strukturelle und thematische Analogien klingen an: Keuns Romanbeginn blättert die
gängigen Topoi von Cole Porters Komposition innerhalb der literarischen Handlung
auf. Die im Refrain auftauchenden Signalbegriffe »night«, »day«, »moon«, »longing«
sind zentrale Gestaltungselemente der Anfangspassage von *Das Kunstseidene Mädchen*:

---

[98]   Chanson aus der Komödie mit Musik *Eine Frau, die weiß was sie will*. Uraufführung: 1. September 1932, Metropoltheater, Berlin. Text: Alfred Grünwald. Musik: Oscar Straus.© 1932 by Drei-
masken Verlag, Berlin-München. (Wolf: Puppchen, S. 100). Das Entstehungsjahr 1932 belegt, daß
selbst in der Zeit der Weltwirtschaftskrise die Fiktion des *girls* nach wie vor Thema der Unterhaltungsmusik war.
[99]   Zu den kulturhistorischen Zusammenhängen vgl. den Artikel *Tin Pan Alley – die Straße der Standards:* »Wer *Tin Pan Alley* sagt, rümpft dabei meistens die Nase: Der Begriff steht für kommerzielle
Unterhaltung und leichteste Broadway-Kost. Sehr zu Unrecht, denn in ihrer Blütezeit zwischen 1925
und 1945 erlebte die Alley die glückliche Geburt der amerikanischen Klassik aus dem Geiste des Jazz
Age. Von diesen Meisterwerken des *Great American Songbook* profitiert der Jazz bis heute. Es gab eine
Zeit vor der Schallplatte, da machten die Verleger das große Geschäft mit der Musik. In New York
hießen sie Harms, Shubert, Shapiro-Bernstein, Schirmer und Universal und versorgten Musiker und
Fans zwischen Ost- und Westküste mit den gedruckten Noten der neuesten Schlager – in Millionen-
auflage. Ihren Sitz hatten sie in der 28. Straße in Manhattan, zwischen der 5. und 6. Avenue: Dort
klimperten die Klaviere den ganzen Tag und ließen die Luft schwirren und klirren, als würde ständig
ein ganzes Sortiment Blechtöpfe aneinandergeschlagen. Der Songschreiber und Journalist Monroe
Rosenfeld taufte den Häuserzug daher Tin Pan Alley – die Straße der Zinnpfannen. Das war im Jahr
1900.« (www.hjs.jazz.de).
[100]   Komposition und Text: Cole Porter. ©1932 by Harms Inc. New York. (Der Nachweis folgt der
Angabe in Bohländer/Holler: Reclams Jazzführer. Stuttgart: Reclam 1970, S. 921).

»Das war gestern abend so um zwölf [...] der Mond schien mir ganz weiß auf den Kopf [...] auf meinem schwarzen Haar [...]. Ich hatte ein Gefühl ein Gedicht zu machen [...].« (DkM, S. 5) Die Orte der Erzählung sind im zweiten Roman – konträr zu den »Unorten« Himalaya bzw. Eisenbahnschienen in *Gilgi – eine von uns* die Erinnerungsorte des modernen Menschen, an denen sich zwar der Alltag abspielt (roaring traffic's boom – silence of my lonely room), die aber, verknüpft mit der nicht-alltäglichen Situation des (unerfüllten) Liebeserlebens, eine symbolische Aufladung erfahren, welche erneute Sehnsüchte nach diesen Orten weckt und sie so zu romantischen oder utopischen Orten umcodiert. Ein solcher Ort trägt allerdings durch seine Nichtpräsenz bzw. seine Gebundenheit an das erinnernde Bewußtsein immer auch die Bedrohung, in sein Gegenteil umzuschlagen – vom utopischen Ort zum unbewohnbaren Unort zu werden (roaring boom, lonely room). Im *Kunstseidenen Mädchen* sind dies die Räume, die von Doris betreten und verlassen werden, und die sich je nach sozialer wie psychischer Situation der Protagonistin als äußerst wandlungsfähig herausstellen. Die Cole Porter-Komposition dürfte dem damaligen Lesepublikum bereits bekannt gewesen sein und zählt bis heute zu einem der bekanntesten Standards der Jazzgeschichte. Ein textliches Arrangement, das solcherlei außerliterarische Bezüge nahelegt, ohne stets explizit darauf hinzudeuten, weist nicht nur einzelne Passagen, sondern den Gesamttext als intermediales Geflecht aus.[101] So sind auch Vor- bzw. Rückdeutungen möglich, die erweiterte Interpretationsebenen eröffnen oder Figuren näher charakterisieren. Durch die vielfältigen Assoziationen wird die Ebene der Fiktion derart multipliziert und aufgewertet, daß die Schilderungen der nüchternen und ernüchternden Realität darunter zu ersticken drohen – eine Textaussage, die hier formal noch verstärkt ist. Martin Bruck in *Gilgi – eine von uns* ist beispielsweise ein Charakter, dessen Funktion als Geliebter Gilgis romantisierende Erzählverfahren näher bestimmen und ausleuchten. Diese Romantisierung der Figur gewinnt ganz entscheidend an symbolischer Aufladung durch die fast unauffällige Integration von Schlager- und Jazztextelementen in die Beschreibung: »Er ist nicht schön, nicht groß und stark und nicht elegant.« (G, S. 50) Daß der so Beschriebene dennoch »Glück bei den Frauen« hat, versteht sich nach dieser Anspielung fast von selbst. Martin Bruck wird zudem nicht die Operette oder der (deutsche) Schlager (Gilgis Freundin Olga hat »blaue Operettenaugen« [G, S. 133]), sondern der Jazz zugeordnet: Er ist der Figur des amerikanischen Bohemien aus Hollywoodfilmen und Musicals, dessen zu Hause die Straßen und Bars sind, nachgebildet – und nicht nur, wie Doris Rosenstein bereits feststellt, eine Anleihe beim Typus des europäischen Flaneurs:[102]

Planlos streift Martin Bruck durch die Straßen. Mistiges Wetter, klebrig naß. Guckt man nach oben wolkiges schmuddeliges Grau – guckt man nach unten:

---

[101] Man kann hier mit Jens Schröter von einer *intermedialen Repräsentation* sprechen: »Ein Medium verweist auf ein anderes – es kann das repräsentierte Medium dadurch kommentieren, was wiederum interessante Rückschlüsse auf das ›Selbstverständnis‹ des repräsentierenden Mediums zuläßt. Und es kann das repräsentierte Medium auf eine Art und Weise repräsentieren, die dessen lebensweltliche, ›normale‹ Gegebenheitsweise verfremdet oder gleichsam transformiert.« (Jens Schröter: Intermedialität. Nachzulesen auf: www.theorie-der-medien.de/JS/texte).

[102] Vgl. hierzu: Doris Rosenstein: Nebenbei bemerkt. Boheme-Gesten in Romanen Irmgard Keuns. In: Erkundungen. Beiträge zu einem erweiterten Literaturbegriff. Festschrift für Helmut Kreuzer. Hg. v. Jens Malte Fischer et al. Göttingen 1987, S. 216f.

schwärzliches feuchtglitschiges Pflaster. [...] Jazzschlager spülen in kleinen Wellen bis zu den fröstelnden Portiers an den Eingängen. (G, S. 65)

Die Erzählung von Martin Brucks nächtlichem Flanieren im Rheinhafen wird begleitet vom Zitat der Titelzeile des Songs *There's A Rainbow 'Round My Shoulder* aus dem Jahre 1928:[103]

There's a rainbow round my shoulder ... pfeift der Martin und setzt sich zu Gilgi auf den Bettrand. Das blasse Licht der Nachttischlampe streift über seine Hände, seine zärtlichen, lebenverliebten Hände. [...] Ist etwas betrunken, der Martin – there's a rainbow round my shoulder... (G, S. 103f.)

Hier sei zum Vergleich der gesamte Song zitiert:

There's a rainbow round my shoulder
And a sky of blue above
How the sun shines bright
The world's all right
Cause I'm in love
There's a rainbow round my shoulder
And it fits me like a glove
Let it blow let it storm, I'll be warm
'Cause I'm in love
Hallelujah, how the folks will stare
When they see that solitare
That my little baby is gonna wear
There's a rainbow round my shoulder
And a sky of blue above
And I'm shoutin so the world
Will know that I'm in love
Hallelujah, how the folks gonna stare
When they see that diamond solitare
That my own true baby's gonna wear
There's a rainbow round my shoulder
[...]

Der Standard, gesungen von Al Jolson, ist Bestandteil des Tonfilms *The Singing Fool*, der in Deutschland 1929 die Filmtheater erreichte.[104] Die Handlung ist tragisch, der

---

[103] *There's A Rainbow 'Round My Shoulder*: written by Dave Dreyer, Al Jolson and Billy Rose, appeared in the movie *The Singing Fool* (1928) recorded by Al Jolson (1928). Lyrics here from a recording by The Brian Setzer Orchestra also recorded by Bobby Darin, Mandy Patinkin, The Original Wolverines, McKinney's Cotton Pickers and no doubt many more... (www.purelyrics.com).
[104] Hierzu Thomas J. Saunders: »The Berlin premiere of The Singing Fool in June 1929 marked the breakthrough of talking film on the German market. It was both a society event and the occasion for full-scale debate on the possibilities and significance of the new medium.« (Thomas J. Saunders: Hollywood in Berlin. American Cinema and Weimar Germany. Berkely/Los Angeles: University of California Press 1994, S. 225).

Song verklärend.[105] Auf dieser Rezeptionsvorlage sind nun die Figur Martin Bruck und ihre Beziehung zur Protagonistin lesbar. Die sorglose Haltung des Protagonisten steht konträr zum sich zuspitzenden Konflikt im Inneren der Protagonistin. Der Songtext suggeriert eine leichte Romanze, die sich in naiver Freude an materiellen Dingen erschöpft, im Roman wird die Selbstentfremdung Gilgis durch die Liebesbeziehung gerade anhand der Geschenke, die der Liebhaber ihr macht, signifikant: »Muß doch hübsch sein – so ein federleichtes, blasses kleines Mädchen mit dem schweren Schmuck.« (G, S. 108) Leichtigkeit und utopischer Wunschwelt, verkörpert in dem zitierten Song und in der bildhaften Darstellung von Gilgis Emotionen während ihrer ersten Begegnung mit Martin Bruck, steht »das dunkle Knäuel ihrer Gedanken« (G, S. 140) entgegen:

> Sie sitzt auf einer regenfeuchten Kugel – ganz weit, weit am Himmel ist eine Sonne – man fängt mit jeder Hand einen Sonnenstrahl, wickelt ihn sich um die Gelenke, ganz fest, läßt sich hinaufziehen – daß man so schwer ist! Die Sonnenstrahlen können reißen – immer näher rückt man an den apfelsinenroten heißen Sonnenball – immer wärmer wird es […]. (G, S. 52)

Während die englischsprachigen Vorlagen nur sehr subtil in den Roman eingearbeitet sind und keine verbale Distanzierung innerhalb der Erzählung erfolgt, wertet die Protagonistin die deutsche Operette[106] als »süßes Schmalzzeug« ab:

> Gilgi blättert in den Zeitschriften … auch du wirst mich einmal betrügen – auch du – auch du – … Die Leute sollten das Grammophon abstellen, man kann das süße Schmalzzeug nicht immer ertragen. Hier haben wir gesessen vor fünf Tagen: Olga, ich und der Martin Bruck. Und vor zwei Tagen hab' ich hier gewartet, und der Idiot ist nicht gekommen … auch du wirst mich einmal … (G, S. 61)

Metatextuelle Bezüge zwischen literarischem Text und den in ihm enthaltenen Schlagerkompositionen sind durchgängig in *Gilgi – eine von uns* und *Das kunstseidene Mädchen* vorhanden, in ihnen findet der rationalisierende Diskurs über das Irrationale statt, das in den anonymisierten Schlagertexten seine zeitgenössische diskursive Behausung gefunden hat.

Die Beschreibung der eigenen Realität mit Hilfe von Literatur (z.B. G, S. 169: »aus meiner schönen Liebe soll nicht so'n Strindberg-Drama werden«) hat kaum mehr eine andere Funktion als die des Zitats, vergleichbar dem Zitat von Schlagertexten und Werbeslogans. Die Sprache der Liebe schließlich ist gänzlich in der Phrase einer

---

[105] Im Film spielt die Jazzlegende Al Jolson einen Kellner im Nachtclub, der sich in die Entertainerin Molly verliebt und eines Abends auf Anraten des Besitzers für sie singt, in der Hoffnung, von ihr erhört zu werden. Doch nicht sie reagiert auf seinen Gesang, sondern ein bekannter Produzent. Ein Deal wird gemacht, Al und Molly heiraten und starten eine gemeinsame Karriere, bis sie eine Affäre mit Al's Freund beginnt und ihn mit ihrem gemeinsamen Sohn verläßt. Al verliert all seinen Ehrgeiz und taucht unter. Erst die Tatsache, daß sein Sohn im Sterben liegt, führt ihn wieder zu Molly zurück. Die letzte Szene zeigt ihn am Krankenbett des Sohnes wie er *Sonny Boy* für ihn singt. (siehe auch: www.jolson.org).

[106] Robert Stolz 1930: Komposition der Partitur für den Tonfilm *Zwei Herzen im Dreivierteltakt*. Der Titelsong heißt: *Auch Du wirst mich einmal betrügen*. In diesem Film ist der Walzer selbst Inhalt und dramaturgischer Angelpunkt. (www.dhm.de/lemo/html/biografien/StolzRobert).

Schlagertextzeile aufgegangen: »Meine liebe kleine Doris – meine liebe kleine Doris –
meine liebe kleine Doris – auf solche Weise kommt man zu einem neuen Lied, was
ein Schlager ist.« (DkM, S. 118) Die beschwörerische und ritualisierende Wiederholung einer einzelnen Textzeile, zuweilen einzelner Worte oder Satzfrequenzen läßt die
Vorstellung aufkommen, daß die gesamte symbolische Ordnung nunmehr in den
Schlagertext gewandert ist: »Da ist was los mit mir – los mit mir. Man denkt in Schla-
gern, fühlt im Schlagerrhythmus, taucht darin unter – tam-tam-tam-ta – Schlager:
Flucht von und zu –« (G, S. 53)

Keuns Montagetechnik unterscheidet sich deutlich von der in Alfred Döblins
Berlin Alexanderplatz. Döblins montiertes Welterleben ist letztlich rückgebunden an
eine Erlösungsidee des Subjekts, während bei Keun alle referenziellen Verweise in der
Diskursivität ihrer Erscheinungsformen aufgelöst sind. Insofern ließe sich mit Recht
die Differenz »modern« – »postmodern« bei einem literarischen Vergleich von Döblin
und Keun etablieren. Laut Friedrich Kittler kündigt sich die Postmoderne bereits in
der Moderne und ihrer Medienkultur an:

> Was zwischen 1880 und 1920 über Grammophon, Film und Schreibmaschine,
> die ersten technischen Medien überhaupt, zum Papier der überraschten Schrift-
> steller kam, ergibt darum ein Geisterphoto unserer Gegenwart als Zukunft. Mit
> jenen frühen und scheinbar harmlosen Geräten nämlich, die Geräusche, Gesichte
> und Schriften als solche speichern und damit trennen konnten, begann eine
> Technisierung von Information, wie sie im Rückblick der Erzählungen schon den
> selbstrekursiven Zahlenstrom von heute ermöglichte.[107]

Das Schwimmen im Zahlenstrom, die Zerstückelung der Kultur in gespeicherte In-
formationseinheiten verabschieden die Vorstellbarkeit des Ganzen. Das Montagever-
fahren Keuns ist bereits eine Vorausdeutung auf spätere Schnitttechniken in der populären Musik, in der die endlose Wiederholung einzelner Textschleifen ausreicht, um
komplexere Themen zu evozieren und zu assoziieren, unbewußte Zustände und Erinnerungen ins Bewußtsein zu heben: »Mein Herz ist ein Grammophon, das spielt auf-
regend mit spitzer Nadel in meiner Brust« (DkM, S. 38) – etwas, das an archaische
Opfer- und Gewaltrituale erinnert, die dazu dienen, geistige Zustände der Verwirrung
zu löschen: ›ich will mit einem Messer ›lieber Gott‹ in meinen Arm schneiden, ganz
tief, daß Blut kommt – wenn du machst, daß ich heil nach Berlin komme. Es ist ganz
ruhig. Ich beiße in meine Hand – das tut so weh, daß meine Angst aufhört.« (DkM,
S. 39) Das Hörerlebnis erfüllt also zwei gegensätzliche Funktionen: zum einen die des
Erinnerns, zum anderen die, Gedanken und Erinnerungen zu »überspielen«, sie also
zu löschen. Die Vorgänge des Erinnerns sowie diejenigen des Vergessens sind auf solche Weise verknüpft mit den Bedingungen der neuen Aufzeichnungsmedien. Dieser
textuelle Ansatz hebt sich sowohl inhaltlich als auch strukturell von traditionellen Gedächtnis und Kontinuität bildenden Schreibweisen innerhalb der Literatur ab. Der

---

[107] Vgl. hierzu Hansgeorg Mühe über die Sampletechniken der House-Musik: »Aus bereits bekannter
Musik werden Klänge eingegeben, diese werden dann aber gefiltert und durch Wegschneiden, Überlagern, Zerhacken des Klanges (– mit einem Effekt, der an Stottern erinnert –) und durch Transpo-
nieren verändert. Beliebt waren solche Effekte wie Computerstimmen, metallische Streicherakkorde
und halbsynthetische Background-Chor-Klänge […].« (Hansgeorg Mühe: Unterhaltungsmusik. Ein
geschichtlicher Überblick. Hamburg: Verlag Dr. Kovac 1996, S. 224).

Rhythmus des Erzählerkommentars folgt dem Schlagermontageprinzip; er übernimmt die Funktion einer »Überlagerung« des zuvor Gedachten, negiert es, indem er es als flüchtig bewertet: »Spurlos und flüchtig sind Gilgis Gedanken – wenig bewertet und schnell vergessen. Sind da – verschwunden – und nicht mehr gewußt.« (G, S. 67) Schlagerstrukturen werden in lyrisierende Passagen aufgelöst, ein Lebensmotto, das in den Schlagertexten steckt, wird unmerklich zu dem einer Figur: »Rote Backen sollst du bekommen und lustig sein. Und eines Tages pack ich dich einfach in den Koffer und fahr mit dir ab.« (G, S. 88)

Ähnlich wie vorhandenes kulturelles Wissen ohne erkennbare Hierarchie gegliedert wird, steht auch sein Verhältnis zu Tradition, Vergangenheit und Zugehörigkeit generell in Frage, und selbst modernistische Reflexions- und Beschreibungsverfahren wie der Bewußtseinsstrom scheinen innerhalb dieser Logik wenig geeignet, der komplexen Realitätserfahrung noch gerecht zu werden:

> Du, du, du – warum läßt du dir das gefallen! Warum wohnst du hier, warum lebst du hier? Totschlagen sollte man dich, wenn du zufrieden bist! Nebenan spielt ein Grammophon: Trink, trink, Brüderlein trink... Warum bist du zufrieden? – Lasset die Sorgen zu Haus... Warum? Trink, trink... (G, S. 29)

Es scheint fast so, als mache die Schlagertextadaptionen ins eigene Gefühlsmuster und -erleben autonomes Handeln überhaupt erst wieder möglich, nämlich indem es sich deren Quintessenz als eigene, körperliche Erfahrung aneignet und diese dadurch zum Teil transformiert. Auf den folgenden Seiten ahmt Gilgi nach, was der Schlagertext (G, S. 29) vorschreibt, sie »ertränkt« ihre Gefühle: »Noch einen Korn! In einem Zug gießt sie ihn runter. Es schüttelt sie, aber den Brechreiz ist sie immer noch nicht los. Sie hat das Empfinden, sich selbst ganz fremd geworden zu sein.« (G, S. 31) Der Text läßt hier Gilgis innere Stimme mit der Grammophonstimme verschmelzen, Körpermedium und technisches Medium werden bis zur Unkenntlichkeit miteinander gekreuzt. Die fremde, mechanisierte Stimme wird oder ist bereits Teil der persönlichen Gedankenstruktur – und auch das sexuelle Sich-einlassen ist nur als Teil eines Gesamtdiskurses zu lesen, der vom zunehmenden Bewußtsein eines sehr körperlich erlebten Entindividualisierungsprozesses kündet, der nicht mehr durch Wertekonstanz aufzuhalten ist: »fremde Gedanken dringen einem in die Poren, fremde Wünsche, fremde Lust, fremde Schwermut – Fremdes, das sich in einem festsetzt [...].« (G, S. 122)

Empfinden und Erkenntnis gehen eine momentgebundene Synthese ein; der Rhythmus drängt in das Bewußtsein, strukturiert die Zeit: Fünf Minuten, die Gilgi bei Fräulein Täschler zubringt, begleitet sie auch der Schlagertext. Die Zeit im Roman ist durch kurze Sequenzen gegliedert, es ist ein Schreiben im Minuten-, ja Sekundentakt, das die nervöse Unruhe der jungen großstädtischen Jazz-Generation reproduziert und somit auch neue Formen und Tendenzen von Gedächtnis- und Erfahrungsgenerierung für notwendig befindet:

> Moderner Weltschmerz ist mir zum Brechen. [...] Da schreiben welche von moderner Sportjugend, Autofahren, kurzen Kleidern, kurzen Haaren und Jazzmusik und haben ein kolossales Talent, den Nagel gerad' neben den Kopf zu treffen. Die gehen mit der Jugend mit! Als wenn die Wert darauf legte! Und blasen sich auf

mit einer Urteilskraft, die sie nicht haben. Die neue Generation! Die neue Zeit!
Tun so, als hätt ›Die neue Zeit‹ eine Verbeugung vor ihnen gemacht [...]. (G, S.
69)

Die Erzählweise Irmgard Keuns erfüllt für die Literatur genau das, was Andreas Böhn
über die Chansonmontage im Film *On connaît la chanson* von Alain Resnais aus dem
Jahre 1998[108] schreibt: »Ihre Integration in die filmische Erzählung könnte auf den selben Zweck zielen, wie in der Oper oder im klassischen Filmmusical. Dem stehen hier
die genannten Brüche und Divergenzen zwischen der Ebene der Erzählung und der
Ebene der Musik entgegen. Emotionale Intensivierung und ironische Distanzierung
sind in einer instabilen Balance, die es schwierig macht, sich auf eines der beiden zu
konzentrieren und das andere dabei auszublenden.«[109] Böhn verweist aber zugleich
auch auf mediale Bedingungen, die eine solche Rezeptionsform erst ermöglichen:

> Notwendige Voraussetzung für eine solche ästhetische Gestaltung ist [...] zweier-
> lei: Einerseits die technische Aufzeichnungsmöglichkeit und Archivierbarkeit als
> solche, die die Chanson-Stimmen der Vergangenheit auch für die Spätergebore-
> nen wiedererkennbar und reproduzierbar macht, und andererseits die wahrnehm-
> baren Unterschiede der Aufzeichnungen verschiedenen Alters, die auf das Alter
> des Trägermaterials und auf die technikgeschichtlichen Veränderungen zurück-
> zuführen sind.[110]

Letzteres ist für die Literatur als Einzelmedium natürlich nicht realisierbar, dennoch
griffe der Begriff *Intertextualität* zu kurz, da es ja eben gerade das Hörerlebnis ist, das
sich bei Rezeption der Romane wie von selbst wieder einstellt. Es wäre deshalb sinnvoll, hier von einer »stummen« oder *virtuellen* bzw. *simulierten Intermedialität* zu sprechen.

2.5.1 Exkurs: Jazz in der zeitgenössischen Literatur

Autoren der Weimarer Zeit nutzten die Jazzmode auf ganz unterschiedliche Weise.
Die nachfolgenden, in Intention und Wirkung einander diametral entgegengesetzten
Beispiele zeigen, wie die Literatur auf dieses Phänomen der Moderne reagiert: Zieht
man die Texte von Hans Janowitz und Hermann Hesse zum Vergleich mit Irmgard
Keun heran, so fällt auf, daß beide sich dem Thema theoretisch nähern; für Janowitz
wird Jazz zum Initiator eines Romans mit essayistischem Gestus, während der Erzähler
bei Hermann Hesse der Jazzmusik und der für ihn damit verbundenen Lebensform
mit reflektorischer Distanz und kulturkonservativer Skepsis begegnet. Beide Texte
konstruieren durch ihre Perspektivierung einen Wissensvorsprung gegenüber der eigenen Epoche und dem Gegenstand der Jazzmusik, den die Protagonistinnen bei Keun

---

[108] *On connaît la chanson* Komödie, 117 Min. (englische Untertitel) R: Alain Resnais. D: Pierre Ar-
diti, Sabine Azema, Lambert Wilson, Jane Birkin M: Bruno Fontaine. DT: Das Leben ist ein Chanson. (www.jpc.de).
[109] Andreas Böhn: Intra- und intermediales Zitieren in audiovisuellen Medien. In: Maschinen und
Geschichte – Machines and History. Hg. v. Walter Schmitz/Ernest W.B. Hess-Lüttich. Dresden:
Thelem 2003, S. 287f.
[110] Ebd., S. 288.

nicht haben. Dieser Wissensvorsprung wird bei Janowitz durch die Etablierung eines auktorialen Erzählers erreicht; der europäische Chronist aus dem Jahre 1999 tritt als professioneller Kenner des Jazz auf – indirekt Verfechter des europäischen Gedankens – und präsentiert die Formwahl seiner Chronik obendrein als wissenschaftliches Experiment (z.B. Jazz, S. 25). Für den Protagonisten bei Hesse ist die (klassische) Musik Spiegel einer transzendenten Wirklichkeit, und auch die spontan-sinnliche Erfahrung der Jazzmusik, ihre Körperbetontheit und Tanzbarkeit dienen letztlich der Hinlenkung auf ein transzendentales Erleben, das auch ein Verschmelzen von sinnlicher und intellektueller Musikerfahrung in Aussicht stellt:

> Ein neuer Tanz, ein Foxtrott, eroberte sich in jenem Winter die Welt, mit dem Titel »Yearning«. Dieser Yearning wurde einmal ums andere gespielt und immer neu begehrt, alle waren wir von ihm durchtränkt und berauscht, alle summten wir seine Melodie mit.[111]

Der Jazz wird also bei Janowitz und Hesse jeweils in den Dienst einer höheren Ordnung genommen – wenn auch auf einem völlig anderen Hintergrund. Von all diesen Dingen ist bei Irmgard Keun keine Rede – die Musik*erfahrung* in ihren Büchern ist eine rein gegenwärtige und geht vollständig in ihrer Handlung auf.

2.5.1.1 Hans Janowitz: Jazz

Was sich mit herkömmlichen Vokabeln und historischen Beschreibungen nicht fassen läßt, soll hier das Schreibprogramm *Jazz* einlösen: »[…] diese Dissonanz zwischen Ost und West klang grell durch alles Leben der Erde, ja, es war die Zeit eben dieser grellen Dissonanz, aufgewühlter Kontraste […], kurz: das wahre Programm der Zeit hieß: Jazz […].« (S. 6f.) Die Eckdaten Mode, Technik und Amerikanismus (ebd.) sind gleich zu Beginn als die tragenden Pfeiler dieser Konzeption ausgewiesen. Was sich bei Irmgard Keun weitgehend nur zwischen den Zeilen herauslesen läßt, formuliert der 1925 erstmals erschienene Roman von Hans Janowitz als Leitgedanke; die Unterminierung bestehender Ordnungen muß sich in einem ästhetischen Manifest niederschlagen: »Radikale Verjüngung der Welt durch blühenden Unsinn! Die Zeit hatte ihren Offenbach gefunden. Er hieß: Jazz! […] Die Welt war nicht gerade Caligari, aber Jazz war sie geworden, gründlich Jazz geworden.« (S. 8) Die Leserlenkung und -bindung ist eindeutig und streng organisiert. Der Erzähler simuliert ein formalistisches Gattungsverständnis; unternimmt einen zeitlichen Rückgriff auf den Roman des 19. Jahrhunderts, gesteht gestalterische Unzulänglichkeiten in seiner Erzählweise ein, um so den Jazz»roman« als neue literarische Gattung aus der Taufe zu heben:

> So sahen also die Gestalten unseres Romans aus. Ich bin mir dessen bewußt, alle ein wenig oberflächlich und eigenwillig geschildert zu haben, wobei ich gegen das epische Gesetz: die Charaktere im Geschehen zu exponieren, nicht eigentlich die

---

[111] Hermann Hesse: Der Steppenwolf. Frankfurt a. M.: Suhrkamp 1974, S. 185. Zur Überkreuzung der Figuren des Jazzmusikers Pablo und Mozarts als Verkörperer eines transzendenten Harmonieprinzips siehe: Horst Dieter Kreidler: Pablo und die Unsterblichen. In: Hermann Hesses *Steppenwolf*. Hg. v. Egon Schwarz. Königstein/TS. : Athenäum 1980, S. 123-125.

Figuren der Handlung zu »schildern«, manch einen Verstoß gemacht habe, den mir Romanciers von Beruf nicht leicht verzeihen werden. Man erlaube mir, den Umstand, daß ich einen Jazz-Roman schreibe, als Ausrede oder Entschuldigung dafür zu benutzen, daß dieses Buch kein Roman üblichen Schlags wird. Andere Gesetze, so glaube ich, walten über diesem Buche, so wie über einer Jazzpièce andere Gesetze walten als über einer Sonate für Klavier und Geige. (Jazz, S. 25)

Das ästhetische Programm *Jazz* präsentiert sich als eines jenseits bekannter Normen, ist eine Ästhetik des Rollenspiels und der Unernsthaftigkeit (S. 10), welche mit fortwährender Beweglichkeit zusammenfällt (ebd.). Der ständig wertende, seine Wertung jedoch als Meinung präsentierende Erzähler schafft *a priori* eine ironische Distanz zum Sujet – zwischen Wertung und Rücknahme der wertenden Aussage entsteht ein rhythmisches Spiel. Mit gönnerhaftem Gestus attestiert der Erzähler dem Helden Lord Henry und seinen Jazz-Band-Boys: »In ihrer Lebensaufgabe: der Übersetzung der Welt in Jazzmusik, haben sie schöne Fortschritte gemacht.« (S. 24) Daß der Autor für seinen Text ein Gleiches beansprucht, steht außer Frage.

Die literarische Umsetzung deckt sich in vielen Punkten mit den Stilmitteln Irmgard Keuns. Als selbstreflexiver Text thematisiert *Jazz* den Schreibprozeß; das Motto »Saxophon – guter Ton!« (S. 25) verdient seine Bezeichnung nicht zuletzt wegen seiner sprachlichen Griffigkeit. Das wörtliche Zitat einer Romanfigur wird zur Redefigur, das rhythmische Wiederholen von Satzelementen, von Figurenbeschreibungen korrespondiert mit den »Figuren« im Jazzstandard, schlägt das Thema an, das immer wiederkehrt und zudem inhaltliche Mehrfachfunktion aufweist: »So-Etwas ist da, tanzt mit Krethi und Plethi, mein Gott, und mit So-Etwas muß man sich zeigen.« (S. 26) »So-Etwas« fungiert gleichzeitig als Eigenname und Personalpronomen, ist Ausdruck des Ekels und der Ächtung durch Dritte. Überhaupt entsprechen die Gesetzmäßigkeiten des Buches mehr der Lyrik als dem Roman: Interpunktion, Reim, Wiederholungen von Phrasen, Assonanzen, das Verwenden von Klischees (z.B. S. 10f.) sowie die Maskenhaftigkeit der Figuren Lord Henry und Madame Mae R. lenken die Konzentration des Lesers vom Inhalt auf die Struktur, auf die sprachliche Überformtheit des Textes; die Poesie des Blickes. Der Roman führt den Poeten als Augenmenschen mit telekinetischen Fähigkeiten vor:

Der feuchte Schleier, der noch die Glasscheiben blind machte, rieselte herab und ward fortgewischt; er schmolz dahin, mehr unter der Kraft unserer Blicke, meine ich, als unter dem Lappen des teilnahmslos besoffenen Fensterputzers. [...] Ich will nicht zu schildern versuchen, wie unsere Jazzmusik einschlug. Die Passanten tanzten, die fünf Beinpaare konnten nicht länger widerstehen, bald riß der Rhythmus sie mit. (S. 35)

Dieser Augen-Blick ist die spontane Aktion, ist Poesie und Jazz; ähnlich wie in der Eingangsszene von Keuns *Kunstseidenem Mädchen* verbinden sich in ihm filmische Apparate und Sinnlichkeit (DkM, S. 5).[112] Folgerichtig reflektiert der Text eine Seite später die Grenzen der Literatur mit Überleitung zu einer Regieanweisung und filmi-

---

[112] Dazu ausführlich in Kap. 3.1.

schen Aufnahme: »Können wir Lachen und Mienen und Bewegungen, Gesten und Linien junger Mädchenkörper wiedergeben?« (S. 36)

Sieht der Erzähler *Jazz* als ein Erzählexperiment, das mißlingen muß, da die Strukturen sich nicht übertragen lassen? Was hat die strenge Struktur mit der Emotionalität der Jazzmusik gemein? Schildert der Roman das Fehlschlagen eines Brückenbaus zwischen den Medien, weil das, was in der Musik Träger von Emotionen ist, als literarische Kategorie – wenn nicht unfehlbar literarische Komponenten wie Charakterpsychologie hinzukommen – zum reinen Formalismus mutiert? Keun hingegen zeigt die Musikerfahrung als ein innerfigürliches Erleben. In *Jazz* führen die Figuren lediglich Handlungen, bzw. Bewegungen vor, die sie an Gegenstände, Körper binden – währenddessen bleibt die Frage nach ihrer charakterlichen Beschaffenheit unerheblich – sie ist in Gesten und Bewegungen gewandert.

2.5.1.2 Hermann Hesse: Der Steppenwolf

Hesses Schreiben über Jazz ist weder Selbstzweck, noch sozialhistorisch motiviert: Die Popularmusik hat in diesem Roman eine kontrapunktische und metaphysisch-symbolische Funktion.[113] Sie ist als Repräsentant des Tier- und Naturhaften dem Geist der sakralen Musik diametral entgegengesetzt. Ihre Wirkung auf den Protagonisten ist ambivalent: zum einen führt ihre Rezeption gleich der Mozarts die Persönlichkeit aus ihrer geistigen Erstarrung heraus und eröffnet dem Ich neue Dimensionen sinnlichen Erlebens, zum anderen steht sie für den Verfall des Geistigen in der bürgerlichen Kultur – für den Verfall traditioneller Strukturen generell. Somit bürgt der Roman für eine kulturkonservative Position innerhalb der Literatur in der Weimarer Republik:

> Als Hesse den *Steppenwolf* (1927) schrieb, hatte er sich mit der Wahl seines Tessiner Refugiums lange schon gegen die ihn bedrückende Dynamik der Moderne und die seelenlose Maschinerie des Zeitalters entschieden. Was die Nachkriegszeit als Konflikt von Masse und Persönlichkeit, Ichauflösung und Ichbewahrung, als Rückgang auf fundamentale Positionen menschlicher Selbstbestimmung thematisiert, findet sich in diesem Roman in subjektzentrierter Übersteigerung.[114]

Kulturkonservativ ist auch die Gesamtanlage des Romans zu nennen, die sich in vielen Zügen auf den deutschen Idealismus stützt, zugleich durch seinen argumentativen Verlauf seine Unwirksamkeit beweist, aber dennoch bis zum Ende daran festhält. Die Dualismen Geist-Natur; das allgegenwärtige Bewußtsein von einer transzendentalen Ordnung, einer Heilslehre, der die Romangegenstände unterworfen werden, bestimmen den Tenor des Buches und erlauben letztlich keinen Ausbruch aus dieser Struktur.

---

[113] Vgl. hierzu: Theodore Ziolkowski: Hermann Hesses *Steppenwolf*. Eine Sonate in Prosa. In: Hermann Hesses *Steppenwolf*, S. 115-119. Über das Problem intellektueller und sentimentalischer Musikerfahrung bei Hesse vgl. Lynn Dhority: Versuch einer Neubewertung von Stil und Struktur in Hesses Steppenwolf. In: Hermann Hesses *Steppenwolf*, S. 119-122.

[114] Bernhard Weyergraf/Helmut Lethen: Der Einzelne in der Massengesellschaft. In: Hansers Sozialgeschichte der deutschen Literatur, Bd. 8. Hg.v. Bernhard Weyergraf. München: Hanser 1995, S. 653.

3. »DER DOPPELTE ORT DER FRAU«: WEIBLICHE GESCHICHTSSCHREIBUNG UND IDENTITÄTS- KONSTRUKTION

3.1 Literarische Inszenierungen von Weiblichkeit in den Romanen der späten Weimarer Jahre: Filmkultur, Starkult und Selbstkonzept

> Und da fragt er mich: wie siehst du aus?
> Das war mir ganz komisch, ich wollte
> mich selber sehen von außen und nicht
> wie ein Mann sonst mich beschreibt zu
> mir, was ja doch immer nur halb stimmt.
> (Irmgard Keun, Das kunstseidene Mäd-
> chen, S. 62)

Die Keun'sche Heldin Doris präsentiert sich dem Lesepublikum wie die Parodie einer Männerphantasie: Als sie bei einer Aufnahmeprüfung an der Schauspielschule »den Schlager [...] von Elisabeth ihre schönen Beine« (DkM, S. 28) singt, stellen Theaterdirektor und Regisseur lakonisch fest: »eine ausgesprochen komische Begabung. [...] Auch sehr graziös.« (ebd.) Der gesamte Roman ist ein grandioses Puzzle, bestehend aus Doris' Selbstbeschreibungen und -entwürfen – und doch ergeht es der Protagonistin beim Blick auf sich selbst wie dem Kriegsinvaliden Brenner im Nachkriegsdeutschland[1]: sie sieht nichts – bzw. sie benötigt den durch andere vermittelten Blick, um etwas über sich zu erfahren und sich zu beschreiben. Aber auch diese *black box* ist Teil der Selbstbeschreibungen – sie ist »dasjenige, das sich diesen Begriffen entzieht und ihnen zweifellos – wahrscheinlich als ihre Möglichkeitsbedingung – vorausgeht.« So umschreibt der französische Philosoph und Sprachkritiker Jacques Derrida in seiner Schrift *Die Struktur, das Zeichen und das Spiel*[2] das Prinzip des auf einem *Zentrum* fußenden klassischen Strukturalismus bzw. der gesamten abendländischen Kultur und Philosophie. Diese *black box* wäre folgerichtig die Ich-Erzählerin Doris selbst – als sprechendes Subjekt des Textes – oder, in der Tradition der Poststrukturalisten – als Performanz des Sprechens. Laut der dekonstruktivistischen Philosophie Derridas ist jedoch auch die Utopie solch einer »Möglichkeitsbedingung« zerstört. Konsequenterweise *muß* Irmgard Keuns Protagonistin der Versuch, sich von außen als eine im traditionellen Sinne geschlossene Persönlichkeit zu beschreiben mißlingen – ein Parado-

---

[1] »Und es wohnt doch im Haus von uns unten Herr Brenner, der kann nichts mehr sehen und keine Geschäfte und karierten Lichter und moderne Reklame und nichts. Denn er hat die Augen verloren im Krieg.« (DkM, S. 61).

[2] Jacques Derrida: Die Struktur, das Zeichen und das Spiel im Diskurs der Wissenschaften vom Menschen. In: ders.: Die Schrift und die Differenz. Frankfurt a. M.: Suhrkamp 1976, S. 422-442, hier: S. 429.

xon übrigens, wenn man bedenkt, daß diese Idee mit der Tätigkeit der Introspektion einhergeht –, da alle Beschreibungen schon immer Versatzstücke bestehender Diskurse und symbolischer Ordnungen sind, die sich einer Letztbegründung entziehen. An ihre Stelle tritt im Roman das Ziel, ein *Glanz* zu werden – folgerichtig, als ein Außen, eine *Erscheinung* – als textuelle Struktur in die Handlung einzutreten – als ein zweidimensionales Ereignis, das nicht durchstoßen werden kann.[3]

Die Erzählung von Irmgard Keun zeigt diesen philosophischen Paradigmenwechsel in geradezu bestechender Weise anhand ihrer weiblichen Selbstentwürfe. Kein Thema hat die Forschungen zu Irmgard Keun über Jahre so stark bestimmt und wirkt immer noch als Initiator für neue Forschungsarbeiten wie die Frage nach der Integration moderner und modernistischer Frauenbilder sowie Lebenskonzepte in die Romane. Insbesondere das ästhetisch wertvollere und innovativere Frühwerk der Autorin ist durch die Parallelisierung historischer und literarischer weiblicher Lebenswirklichkeit im literaturwissenschaftlichen Diskurs immer wieder aktualisiert worden und erfreut sich auf dem Buchmarkt nach wie vor des Erfolges.[4] Nicht wenige Arbeiten verweisen auf die herausragende Bedeutung der neuen Medien für das fortschrittliche, unkonventionell-spielerische Denken und Handeln Keunscher Frauenfiguren sowie für die ästhetische Gestaltung der Texte.[5] Spielte in den meisten vorangegangenen Untersuchungen jedoch mehr die sozialhistorische Realität der späten zwanziger und frühen dreißiger Jahre des 20. Jahrhunderts eine dominante Rolle, welcher dann die neuen Medien als ein Bestandteil zugeordnet wurden,[6] so soll Ziel dieser Analysen sein, die in den Medien entworfenen Konstruktionen und Fiktionen als eigene, die Realität konstituierende Gegebenheiten zu begreifen und diese mit ihren (Rück)wirkungen auf die Lebensentwürfe der Protagonistinnen (und Protagonisten) Irmgard Keuns zu beschreiben.

Die Lebensentwürfe solcher Figuren wie Gilgi und Doris sowie ihre Selbstbeschreibungen wären ohne das Medium Film nicht denkbar. So heißt es in *Gilgi – eine von uns*: »Kaum, daß hier und da eine winzige Lücke zum Atemholen bleibt. [...] Mit der Mutter zum Kaffeeklatsch gehen, wäre weder Vergnügen noch Arbeit, sondern sinnlos verschwendete Zeit.« (G, S. 10) Jeder Moment ist berechnet. Es sind nur so viele Atemzüge »erlaubt« wie im Tagesplan stehen. Ähnlich wie im Film muß auf Überflüssiges verzichtet werden, während das Wesentliche betont wird. Das Kaffeetrinken mit der Mutter ist schon allein deshalb uninteressant, weil es das Leben, das auf Spannungsbögen, Zeitausfüllung und Bewegung aufbaut, in seinem Rhythmus stört. Makellosigkeit und Schnelle gelten als Gebote in Gilgis Leben: »Sie schreibt

---

[3] Vgl. hierzu sinngemäß Roland Barthes Erörterungen über die Schrift: »Die vielfältige Schrift kann nämlich nur entwirrt, nicht entziffert werden. Die Struktur kann zwar in allen ihren Wiederholungen und auf allen ihren Ebenen nachvollzogen werden [...], aber ohne Anfang und Ende. Der Raum der Schrift kann durchwandert, aber nicht durchstoßen werden.« (Roland Barthes: Der Tod des Autors. In: Texte zur Theorie der Autorschaft. Hg. v. Fotis Jannidis et al. Stuttgart: Reclam 2000, S. 191).

[4] *Das kunstseidene Mädchen* ist mittlerweile zu einem festen Bestandteil des Literaturkanons geworden. Nicht nur die Tatsache, daß der Roman bei dtv zum wiederholten Male als Taschenbuch aufgelegt wurde, sondern auch zahlreiche Bühnenadaption belegen dies: *Das kunstseidene Mädchen* wurde zwischen 1973 und 2004 u.a. in Bremen, Bonn, Stuttgart, Düsseldorf, München, Berlin, Dortmund, Hamburg, Zürich und Salzburg aufgeführt.

[5] Besonders Livia Z. Wittmann: Erfolgschancen eines Gaukelspiels. Vergleichende Beobachtungen zu *Gentlemen Prefer Blondes* (Anita Loos) und *Das kunstseidene Mädchen* (Irmgard Keun). In: Carleton Germanic Papers. Ottawa 1983, S. 35-49.

[6] Siehe hierzu insbesondere die Monographien von Christa Jordan und Doris Rosenstein.

schnell, sauber und fehlerfrei.« (G, S. 12) Etwas, das »Sinn haben« soll, muß diesem
Rhythmus untergeordnet werden. Der Kulturkritiker Georg Simmel schrieb bereits
um 1900: »Ich habe geträumt, die synthetische Zeit sei erfunden worden. [...] Wenn
man nun z.B. zur Untergrundbahn kommt und der Zug will gerade abfahren, dann
zieht man sein Zeitzeug heraus und reißt ein Zündholz an. Man gewinnt eine Minute
und kann den Zug noch erreichen.« Der Filmphilologe Klaus Kreimeier zitiert im Zusammenhang mit der Auflösung der Zeit im Film diese Textpassage und fügt erläu-
ternd hinzu: »Exakt dieses ›Zeitzeug‹ [...] hat der Film erfunden. Es ist die Montage,
der cut, der die Zeit raffen, anhalten oder zurückkatapultieren kann [...].«[7]
    Es hat also in der literarischen Darstellung durch Irmgard Keun bereits eine
Amalgamierung von medialer Konstruktion und realhistorischer Wirklichkeit stattge-
funden, die eine getrennte Betrachtungsweise auf Dauer anachronistisch und unzurei-
chend erscheinen lassen muß. Figurenkonstrukte wie Doris und Gilgi sind schlechthin
nur unter Einbezug medial vermittelter Weiblichkeits- und Realitätsvorstellungen
vollständig beschreibbar. Zum einen, weil die Texte ihre Figuren mit Hilfe filmischer
Erzählungen und Erzählweisen vermitteln, zum anderen, weil die Figuren selbst diese
auf sich projizieren und sich ihre Identitätsstruktur im Text darüber aufbaut. Wo
Identität in der Literatur traditionell über genealogische Zusammenhänge, Psycholo-
gismen oder Erfahrungszusammenhänge konstituiert wurde, herrscht hier eine Konstruktion über medial vermittelte Bilder sowie introjizierte Starmodellierungen vor.
Die Figuren besitzen die filmische Ästhetik der Fläche, und sobald biographische Details erzählt werden, läßt dies sie nicht plastischer erscheinen, sondern sie wirken wie
eine Störung des Erzählflusses – tragen doch eben diese biographischen Erzählungen
nicht zu einer Gestaltung der Figuren bei, sondern erzeugen weitere Klischees oder
strukturelle Verwirrung, gehen zudem häufig im Erzählstrom unter, so daß sie lediglich als momenthafte, groteske Größen memoriert werden können. Beispielhaft dafür
sind im *kunstseidenen Mädchen* vor allem die kurzen Rückblenden, die wie Traumse-
quenzen in die Perzeption der Gegenwart einmontiert sind.[8] Irmgard Keun erzählt
ihre Figuren anders als die Autoren der klassischen Moderne, die tendenziell der Ro-
mankunst des 19. Jahrhunderts verpflichtet waren – und die Aufnahme klassisch-bio-
graphischer Erzählelemente in den Text wirkt stets wie eine Parodie, bzw. sie bekommt den Charakter des Surrealen und Absurden. Walter Delabar führt im Zusammenhang mit den sich verändernden Biographien und Biographiekonstruktionen
in der fortschreitenden Moderne die Begriffe Komplexität, Fragilität, Ambivalenz und
Kontingenz ins Feld. Biographien sind vom Standpunkt des Individuums schlicht
nicht mehr planbar, weil nicht vorhersehbar.[9] Diese Tatsachen erscheinen in Keuns

---

[7] Klaus Kreimeier: Dispositiv Kino. Zur Industrialisierung der Wahrnehmung im 19. und 20. Jahrhundert. In: Die Perfektionierung des Scheins. Das Kino der Weimarer Republik im Kontext der
Künste. Hg. v. Harro Segeberg. Mediengeschichte des Films, Bd. 3. München: Wilhelm Fink 2000,
S. 27.
[8] In *Das kunstseidene Mädchen* sind dies die Erzählungen vom Selbstmord ihres arbeitslosen Vetters
Paul Ruhrbein (S. 60), die von den Ellmanns, »dem struppigen Ellmann, der aussieht wie ein Missi-
onar mit scheinheiligen Augen unrasiert auf einer Insel und frißt arme Neger auf Grund von Bekeh-
rung [...].« (S. 45), oder die von Doris' unehelicher Herkunft (S. 59).
[9] Walter Delabar: Was tun? Romane am Ende der Weimarer Republik. Opladen/Wiesbaden:
Westdeutscher Verlag 1999, S. 55.

Romanen oft als ästhetische Inkonsequenzen oder Brüche, die immer wieder der Kritik ausgesetzt waren.[10]

Die Parallelität filmischer und literarischer Ästhetik ist in Keuns frühen Texten evident und programmatisch; sogar die Schnittstelle bzw. der Übergang vom Stummzum Tonfilm läßt sich in literarischer Transformation ablesen, ebenso tragen die Beschreibungen und Wahrnehmungsweisen der weiblichen Hauptfiguren Züge beider Ästhetiken[11]. Als *Gilgi – eine von uns* entstand, war der Tonfilm gerade zwei Jahre alt: 1929 feierte er Premiere, 1931 wurde der Roman veröffentlicht. Diese Ästhetiken dominieren die Struktur der Texte in solch hohem Maße, daß sie nicht nur den Zeitgenossen auffielen[12], sondern bis heute nichts an Nachvollziehbarkeit eingebüßt haben. Nur auf diesem Hintergrund lassen sich letztlich auch Irmgard Keuns Frauenfiguren begreifen. Referenzielle Bezüge wie die Angestelltenkultur oder die Frauenbewegung werden deshalb in diesen Analysen zurücktreten.

Bilder und Körperbilder sind prägend für die Konstitution weiblichen Selbstverständnisses in Irmgard Keuns Romanen. Ganz klar richtet die Protagonistin Doris in *Das kunstseidene Mädchen* ihr Leben nach diesem Programm aus. Es bildet den Auftakt des Romans und bestimmt den roten Faden des Handlungsverlaufes, der ansonsten aus einer Vielzahl aufgelöster *plots* besteht. Irmgard Keun beginnt den Roman, indem sie Doris ein Bild von sich, von ihrem Körper sowie von der Umgebung, in die ihr Körper eingebettet ist, »zeichnen« oder vielmehr erstellen läßt:

Das war gestern abend so um zwölf, da fühlte ich, daß etwas Großartiges in mir vorging. Ich lag im Bett – eigentlich hatte ich mir noch die Füße waschen wollen, aber ich war zu müde wegen dem Abend vorher [...]. Und dann lag ich so und schlief schon am ganzen Körper, nur meine Augen waren noch auf – der Mond schien mir ganz weiß auf den Kopf – ich dachte noch, das müßte sich gut machen auf meinem schwarzen Haar [...]. (DkM, S. 5)

---

[10]   Vgl. hierzu z.B. Christa Jordan: Zwischen Zerstreuung und Berauschung, S. 71: »Der Rückgriff auf konventionelle Konfliktstrukturen und herkömmliche Handlungsschemata mindert nicht nur die ästhetischen, sondern auch die kritischen Potentiale des Romans [*Gilgi – eine von uns*].«

[11]   Christian Jürgens kritisiert die Kategorie des »filmischen Schreibens« wie folgt: »Eine solche Transposition filmischer Kategorien auf die Literatur erweist sich methodisch aber schnell als ebenso zweifelhaft wie eine Applikation literaturwissenschaftlicher Theoreme auf Filme. Denn beide Verfahren stülpen mittels einer Logik der Analogie eine Beschreibungskategorie von einem Medium auf das andere, ohne deren spezifische Differenzialität Rechnung zu tragen.« Hierin spiegelt sich die Kritik Derridas an der abendländischen Philosophie, welche alle Künste *a priori* der Rede unterwerfe. Dagegen setzt Jürgens den Vorschlag Deleuzes, auf der Nicht-Sprachlichkeit bzw. Vorsprachlichkeit des Films zu bestehen und ihn gerade hierin zu begründen. Er schlußfolgert: »Medien sind nicht übersetzbar«. (Christian Jürgens: Literatur im Zeitalter des Kinos II: Das »Man« ohne Eigenschaften oder: Fluchtlinien literarischer Aufschreibesysteme. In: Die Perfektionierung des Scheins, S. 275-296, hier: S. 276f.). Genau diesem Problem tragen die frühen Romane Irmgard Keuns Rechnung, indem sie das Verhältnis zunächst verkehren: die Wahrnehmungsweisen der Figuren sind vorzugsweise filmisch strukturiert, und Doris verwirft die schriftliche Darstellung der Innenwelt. Zudem zeichnet gerade die fragmentierte Sprache von Doris die Auflösung des Schriftmonopols in der abendländischen Kultur nach.

[12]   So schreibt Elisabeth Fließ: »Das Mädchen von heute, nein das gibt es nicht. Wo soll man es suchen? Neben dem lebendigen Leben; am allerersten noch im Film. Da existiert so etwas wie der Typus – der Saison. [...] Zwei solche Geschöpfe hat Irmgard Keun in ihren Büchern festgehalten.« (Elisabeth Fließ: Mädchen auf der Suche. In: Die Frau. Jg. 40 [1932/33], S. 172).

Die Erinnerung an eine Körpererfahrung und eine spezifische Stimmung wird zum besonderen Erlebnis und gleich darauf zum Bild stilisiert. Das Bild setzt auffällig auf Schwarzweißkontraste, und die offenen Augen der Protagonistin bilden ein *pars pro toto*, das sich gleich einer Kameralinse öffnet, um die Umgebung sowie die Stimmung »abzulichten«. Ganz klar ist die Szene hier an den zeitgenössischen Film und die Fotografie angelehnt. Es scheint, als schaffe sich die Protagonistin für ihr Erleben eine Kulisse; die Beschreibung des Zimmers, durch dessen Fenster der Mond wie ein Scheinwerfer zufällig genau ihren Kopf beleuchtet, wirkt wie eine Film- oder Theaterkulisse. Die Situation gewinnt durch die Wahrnehmung der Ich-Erzählerin den Charakter einer Inszenierung oder, noch präziser, einer filmischen Einstellung. Es kommt wortwörtlich auf den richtigen Schein oder Lichteffekt an, auf den *Glanz*; der Mond beleuchtet das Gesicht so, daß es im Zentrum des Interesses steht, um dann letztlich auf ihren noch offenen Augen zu verharren, damit sie ihre Erzählungen (aus dem Off) beginnen kann. Stumm- und Tonfilmästhetik sind hier miteinander gepaart.[13] Visuelle und akustische Signale lösen in dieser zuvor emotional noch indifferenten Szenerie das Gefühl des »Großartigen« aus. Das Großartige »geht vor« wie eine Bewegung, die von außen ausgelöst wird und nicht primär an einen innerpsychischen Vorgang gebunden ist – auch wenn die Gedanken an den Ex-Geliebten Hubert erwähnt werden, so sind sie doch nicht viel mehr als ein Element, das additiv zur Stimmungserzeugung und -unterstützung eingesetzt wird; zudem bedauert Doris lediglich, daß es »[…] schade [ist], daß Hubert mich nicht sehen kann […].« (ebd.) Die erotische Spannung beim Gedanken an Hubert wird für Doris also zusätzlich durch die Vorstellung ausgelöst, daß Hubert sie sieht als wäre sie ein Film; eine Oberfläche, die er mit den Augen erfaßt und virtuell »befühlt«:

> Da fühlte ich wie eine Vision Hubert um mich, und der Mond schien, und von nebenan drang ein Grammophon zu mir, und da ging etwas Großartiges in mir vor – wie auch früher manchmal – aber da doch nie so sehr. Ich hatte ein Gefühl, ein Gedicht zu machen, aber dann hätte es sich womöglich reimen müssen, und dazu war ich zu müde. (ebd.)

Die Kausalitäten erscheinen also erst einmal vertauscht: Empfindungen und Emotionen werden von Irmgard Keun bzw. ihrer Protagonistin Doris nicht als originäre Er-

---

[13]   Ähnlich strukturiert ist eine Szene in *Gilgi – eine von uns*, in der eine Stimme (vermutlich eine Erzählerstimme »aus dem Off«, möglicherweise auch in Gilgis Gedanken verortet) zu der »Reihe der Angestellten« (G, S. 10) in der Straßenbahn spricht. Dabei ist auffällig, daß unter den »Jungen […] unter dreißig« (ebd., S. 11) bis auf eine Ausnahme Frauen angesprochen werden: »Kleine Blasse mit den hübschen Beinen […] Braunes Mädchen mit den Wandervogelschuhen […] Braves Fräulein aus guter Familie […] Kleiner Rotkopf […]« (ebd., S. 10f.). Diese »Ansprache« entfaltet die Wunschträume der Angestellten über signifikante Äußerlichkeiten wie Kleidung oder Frisur. Die Stars mit ihren »ungewöhnlichen« Biographien fungieren dabei als Hoffnungsträger: »Auch Greta Garbo ist einmal Verkäuferin gewesen. Fahrt ins Geschäft. Tag für Tag« (ebd., S. 11). Dagegen steht die nüchterne Realität »Krankheit, Abbau, Erwerbslosigkeit« (ebd.), gleich einem Gegenstand, der einen Schlagschatten auf die erleuchtete Szenerie wirft. In Gilgis Person wird dieser Kontrast aufgehoben: »Gilgi ist nicht stumpf und glaubt an kein Wunder. Sie glaubt nur an das, was sie schafft und erwirbt. Sie ist nicht zufrieden, aber sie ist froh« (ebd.). Nun entsteht ein fiktiver Dialog zwischen Gilgi und den übrigen Fahrgästen, der an das Solidaritätsgefühl zwischen jungen Menschen appelliert: »Die kleine knappe Bewegung ist ein Händedruck. Also doch! Nicht ich, sondern wir. Wir! Sie hebt den Kopf und hat frohe Augen. Du – du – du – und ich: wir werden es schaffen« (ebd., S. 12).

lebnisse gesetzt, sondern durch äußere, optische oder akustische Wahrnehmungen erst erzeugt. Hier werden verschiedene Kulturstufen und ihre Medien gegeneinander ausgespielt, und das »Gedicht machen«, noch dazu das Reimen, schließlich in den Bereich des Obsoleten verwiesen, während das Bild sich ins Gedächtnis einprägt. Für Doris ist Empfinden bereits »machen«; sie unterscheidet nicht mehr zwischen der an den Körper gebundenen, medial noch nicht übersetzten Empfindung und deren medialer Überführung im Gedicht. Was zählt, ist die Unität von Kulisse und Empfindung. Es gibt in diesem Text offenbar eine Hierarchisierung medialer Vermittlung; das Bild rangiert über der Schrift:[14]

> Und ich denke, daß es gut ist, wenn ich alles beschreibe, weil ich ein ungewöhnlicher Mensch bin. Ich denke nicht an Tagebuch – das ist lächerlich für ein Mädchen von achtzehn und auch sonst auf der Höhe. Aber ich will schreiben wie Film, denn so ist mein Leben und wird noch mehr so sein. Und ich sehe aus wie Colleen Moore, wenn sie Dauerwellen hätte und die Nase mehr schick ein bißchen nach oben. Und wenn ich später lese, ist alles wie Kino – ich sehe mich in Bildern. (DkM, S. 6)

Doris vergleicht sich mit Colleen Moore, der Filmstar wird zu ihrer Deckidentität, wobei Doris' Äußeres sogar noch einige zusätzliche Details enthält, die sie von der Moore abheben: die Dauerwellen sowie die schickere Nase (s.o.). Die Bedeutsamkeit der richtigen Kleidung (DkM, S. 7) unterstreicht einmal mehr die Außenlenkung sowie die visuelle Oberfläche. Keun stößt sich mittels ihrer Figur von einer männlich dominierten Literaturtradition ab und wendet sich dem Medium Film als Vermittlungsform zu, die von ihrer Figur Doris als Verheißung einer neuen Identität aufgefaßt wird. Dieses Oszillieren zwischen Identifikationsangebot bei gleichzeitigem Bewußtsein, daß Identität-als-Frau nur Konstrukt sein kann, macht die Romane Irmgard Keuns inhaltlich eindrucksvoll und zu einem immer noch zeitgemäßen Diskussionsgegenstand. Um es mit Barbara Vinken zu sagen: »›Wie eine Frau zu schreiben‹, bedeutet deshalb nicht, eine Identität oder eine Erfahrung zu wiederholen, sondern die Rolle, die ›Frau‹ als Identität konstruiert, als Frau zu spielen, die sie konstruiert.«[15]
Doris sieht ihr Leben bereits rückblickend als geronnenes Bild und sich selbst in der Hauptrolle als Filmstar – eine Perspektivierung, die ohne die visuellen Medien Film und Fotografie schlichtweg nicht denkbar wäre. Ihr Erleben sowie die Inszenierung ihres Körpers stehen bereits im Dienst des davon abzuleitenden oder noch zu konstruierenden (Film)bildes, das dann in der Rezeption wieder aktualisiert und erneut zum Erlebnis wird. Die Medien dienen hier einer inzestuösen Beziehung zu sich selbst in

---

[14]   Ein Phänomen, das der Filmtheoretiker Rudolf Arnheim 1930 aus einem kulturkonservativen Blickwinkel beschreibt: »Die esoterischen Genüsse der Buchdruckerkunst sollten nun übertrumpft werden durch den nicht minder gehaltvollen Anschauungsunterricht des lebenden Bildes, dessen Lehre sich dem Auge des einfachen Mannes aufs Beste einprägen würde. [...] Denn das Volk will mehr Bild als Bibel. [...] Dem berechtigten Amüsier- und Ablenkungsbedürfnis der Werktätigen [...] kam die Erfindung der lebenden Photographie, des mühelos reproduzierbaren Wirklichkeitsbildes sehr entgegen. Und so entstand schnell ein Bilderkultus, der sich inzwischen zu einer geistigen Epidemie ausgewachsen hat. Überall, wo früher Worte, das heißt Gedanken gestanden hatten, gab es nun die rohe, sinnlose Anschauung.« (Rudolf Arnheim: Die traurige Zukunft des Films. In: ders.: Kritiken Aufsätze zum Film. Hg. v. Helmut H. Diederichs. München/Wien: Hanser 1977, S. 17).
[15]   Barbara Vinken: Dekonstruktiver Feminismus – Eine Einleitung. In: dies. (Hg.): Dekonstruktiver Feminismus. Literaturwissenschaft in Amerika. Frankfurt a. M.: Suhrkamp 1992, S. 22.

mehrfacher Verdoppelung. Die Blicke in den Spiegel erfüllen eine ähnliche Funktion. Welchen Rang haben andere Personen in solch einem Szenario? Sie sind entweder Statisten, Mitspieler oder Rezipienten. Zweimal im Roman wird die narzißtische Isolation, das Eingeschlossensein vom eigenen, immer wieder neu reproduzierten Bild aufgebrochen: das erste Mal durch den Kriegsinvaliden Brenner[16] und gegen Ende des Romans durch Ernst, dem sie ihr »Tagebuch« zu lesen gibt. Beide Personen lösen eine nachhaltige Irritation in Doris aus und zerstören ihren »Film«.

Ob Irmgard Keun in Doris den damaligen Starkult bewußt parodieren wollte, kann nicht mit Sicherheit gesagt werden. Auffällig ist jedoch ihr Umgang mit diesem Thema[17]. Der weibliche Filmstar ist nicht für sich selbst da, er ist von vornherein dem Blick der anderen preisgegeben, ist eine Inszenierung für andere. Das Individuum dahinter erscheint in der Öffentlichkeit lediglich als Person zweiter Ordnung – nämlich in seiner Differenz oder Deckungsgleichheit zur Konstruktion des Stars auf der Leinwand. Doris hingegen entwirft sich als Star zu ihrer eigenen Lust, und auch ihre Liebesaffären dienen neben der Befriedigung materieller Bedürfnisse letztlich diesem Bild. Das zeigt sich unter anderem daran, wie sie die Männertypen hierarchisiert und mit Attributen aus dem Film und dem Starwesen besetzt:

> Und vom Tisch drüben guckt immer einer mit fabelhaft markantem Gesicht und tollem Brillanten am kleinen Finger. Ein Gesicht wie Conrad Veidt, wie er noch mehr auf der Höhe war. Meistens steckt hinter solchen Gesichtern nicht viel, aber es interessiert mich. (DkM, S. 10)

Die hypnotische, fast schon dämonische Wirkung des männlichen Blicks – Conrad Veidts bekannteste Filmrolle ist die des Somnambulen Cesare in *Das Kabinett des Dr. Caligari*[18] – auf das weibliche Ich wird als Oberflächenphänomen entlarvt, die radikale Bipolarität der Geschlechterrollen im Film der Weimarer Republik als Spiel mit fragmentierten und übergestülpten Ich-Identitäten ausgewiesen. Doris entlastet ihr durch

---

[16] An Herrn Brenner zeigt sich jener Schock der Moderne und des Krieges, den Walter Benjamin beschreibt: »Eine Generation, die noch mit der Pferdebahn zur Schule gefahren war, stand unter freiem Himmel in einer Landschaft, in der nichts unverändert geblieben war als die Wolken und unter ihnen, in einem Kraftfeld zerstörender Ströme und Explosionen, der winzige, gebrechliche Menschenkörper.« (Walter Benjamin: Der Erzähler. In: Benjamin: Schriften II, 2, 1991, S. 439).

[17] 1933 veröffentlichte Irmgard Keun in *Der Film und seine Welt* einen filmkritischen Artikel. Das Medium Film sei als künstlerische Gattung neben den »klassischen« Künsten zu begreifen – auch in seinem Unterhaltungswert – Keun sieht darin keinen Widerspruch, sondern eine Chance. (Irmgard Keun in: Der Film und seine Welt. Reichsfilmblatt – Almanach. Hg. v. Felix Henseleit. Berlin: Photo-Kino-Verlag 1933, S. 83f.). In *Blühende Neurosen* (Droste 1962) hat sich Irmgard Keun in 14 Satiren mit dem Starkult und der Filmindustrie auseinandergesetzt. Bezieht man diese von der Forschung bisher kaum beachteten Texte in die Betrachtungen mit ein, erhält man ein sehr viel umfassenderes Bild vom Umgang Irmgard Keuns mit dem Starkult – auch die historische Differenz der beiden Texte zeigt, daß das Thema die Autorin über Jahrzehnte beschäftigt hat – insbesondere die Weiblichkeitskonstruktionen als Invariablen des filmischen Diskurses.

[18] Conrad Veidts (1893 -1943) erste Theateraufführungen gehen auf das Jahr 1913 zurück, erste Filmarbeiten sind für 1916 nachweisbar. Seinen populärsten Film sowie seine eindrucksvollste Rolle hatte er in *Das Kabinett des Dr. Caligari* (1919). Ein Text von Max Kolpe, *Conny Veidt* aus dem Jahre 1929, (nachzulesen auf: www.filmgeschichte.de) zeugt von der oben genannten Wirkung des Schauspielers: »Er hält dämonisch die Menschen in Bann//sogar noch als Wachsfigur//Seine Stirne hört nicht auf, sie fängt nur an.//Er ist im Film der große Mann,//elegant und groß von Natur.//Er spielt sich selber an die Wand://selbst sein Schatten hat noch Gesicht.//Jede Linie an ihm ist interessant,//nervös nur zuckt seine feine Hand,//die mehr als Blicke spricht [...].«

Voyeurismus aufgestacheltes sexuelles Begehren mittels der Spaltung und Brechung des begehrten Objekts: »Conrad Veidt« heißt in Wahrheit Armin – doch auch dieser Name hat seine Entsprechung in einer Kunstfigur: er ist der Protagonist aus einer Werbung für Abführmittel (DkM, ebd.). So verschwindet Doris' neue »Herrenbekanntschaft« hinter diskontinuierlichen Masken noch bevor sie an Identität gewinnt.

Die vollständige Kontrolle über den Körper und seine Gestaltung durch Kleidung, die Beherrschung habitueller Riten der Selbstinszenierung garantieren Unantastbarkeit und Überlegenheit gegenüber einer Außenwelt, die wie ein Reflektor für die Selbstbestimmung funktioniert:

> Und der Kerl drückt der Schildkröte unterm Tisch die Hand, und mich guckt er an mit Stielaugen – so sind die Männer. Und haben gar keine Ahnung, wie man sie mehr durchschaut als sie sich selber [...] Aber ich merke genau, wie er laut redet, damit ich's höre – Kunststück! – ich mit meinem schicken, neuen Hut und dem Mantel mit Fuchs – und daß ich jetzt anfange, in mein Taubenbuch zu schreiben, macht ohne allen Zweifel einen sehr interessanten Eindruck. (DkM, S. 9f.)

An anderer Stelle versagt die Kontrolle über die Selbstinszenierung, und diese gerät durch den Kontrollverlust zur sentimentalen Wunschvorstellung:

> Und der Geiger in der Palastdiele singt wie sanftes Mehl – Gott mir wird so – und muß eine Nacht mit Musik und Lichtern und Tanzen und so ganz aufessen, bis ich nicht mehr kann [...] Ich möchte ein Kleid haben aus blaßrosa Tüll mit silbernen Spitzen [...] ich bin ein Gelbstern – und silberne Schuhe – ... ja so ein Tangomärchen ... was es doch für wunderbare Musik gibt – wenn man betrunken ist, ist sie wie eine Rutschbahn, auf der man runtersaust. (DkM, S. 19)

Kontrolle der optischen Eindrücke und Ereignisse sowie Kontrollverlust stehen im Roman einander unmittelbar gegenüber; der erste Zustand kann unmerklich in den zweiten übergehen. In dieser ambivalenten Haltung verharrt die Protagonistin bis zum Schluß. Eine Lösung offeriert der Text nicht; vielmehr befördert die Identifikation mit den neuen Medien solcherlei ästhetisch. Durch den Tanz wird das Leben gar zur einer »[...] Rutschbahn auf der man runtersaust.« (ebd.) Das Bild aus Frank Wedekinds Drama *Der Marquis von Keith* stellt *Das kunstseidene Mädchen* auch literarhistorisch in den Zusammenhang von Kunst und Kommerz[19], von dionysischem und

---

[19] Christa Jordan kritisiert die Keunschen Darstellungsweisen dahingehend, daß sie die ideologische Verblendung der Angestellten, insbesondere der weiblichen, mit stellenweise zu geringer kritischer Differenz zu den Figuren in das Textgewebe einflechte und somit helfe, kleinbürgerliche Ideologien zu zementieren. Gilgi, in ihrem Streben nach wirtschaftlicher Unabhängigkeit und individueller Freiheit ohne Rücksicht auf sozialpolitische Kontexte vertrete den »bürgerlichen Idealismus«. (S. 65) Dabei hebt Jordan besonders die stellenweise literarisch konservative Präsentationsform (S. 71), sowie die Bevorzugung der »individualistischen Konfliktgestaltung« (S. 63) hervor. Bei aller Kritik am Roman *Gilgi – eine von uns* folgert sie jedoch für *Das kunstseidene Mädchen*: »Einzelne, vor allem kulturkritische Bemerkungen und atmosphärische Schilderungen lassen es fraglich erscheinen, daß Keun ›blauäugig‹ an den Realitäten vorbeisah. Das ein Jahr später erschienene ›Kunstseidene Mädchen‹ zeigt ihre Kritikfähigkeit. Deren Stärke liegt in der Darstellung des gesellschaftlichen Scheins.« (S. 80).

apollinischem Lebensprinzip.[20] Als Sinnbild für das Wagnis des Lebens in einer Rolle wird von Doris schließlich der Begriff *Glanz* (Glamour) gebraucht.[21] Als Gegenentwurf zum (kommerziellen) Film führt Irmgard Keun das Theater ein (DkM, S. 19ff.).[22] Durch die Optik der Protagonistin Doris sowie dadurch, daß die Autorin das Leben hinter der Bühne zeigt, gerät jedoch die Bühnenkunst mit ihrem scheinbar elitären Anspruch gegenüber dem Film zur Karikatur. Schauspieler, Regisseure und die gesamte Hierarchie dieser kulturellen Institution werden als Dilettanten in eitler Selbstbespiegelung, geistiger Veröffung und gesellschaftlicher Unwirksamkeit vorgeführt und lächerlich gemacht. So erscheint das Theater und mit ihm die gesamte traditionelle Bühnenkunst als überholte Institution im Elfenbeinturm, in denen »[...] kein Talent haben [...] schlimmer [ist] als im Zuchthaus zu sein.« (DkM, S. 25) Die von Irmgard Keun gestalteten Schauspieler scheinen jedoch ebenfalls keines zu »haben«, da sie es »machen« müssen: »Und einmal hat Mila von Trapper im Konversationszimmer Talent gemacht.« (ebd.) Die Verwendung der unterschiedlichen Hilfsverben »haben« und »machen« in ein und demselben Kontext zeigen, wie sehr das Theater in diesem Roman zu einem Gaukelspiel ohne substanzielle Bedeutung verkommen ist. Walter Benjamin betont, daß die technischen Bedingungen des Films auch die Schauspielkunst verändern müssen, was nicht ohne Rückwirkung auf theatralische Inszenierungen bleiben kann:

Definitiv wird die Kunstleistung des Bühnenschauspielers dem Publikum durch diesen selbst in eigener Person präsentiert; dagegen wird die Kunstleistung des Filmdarstellers dem Publikum durch eine Apparatur präsentiert. [...] Sachkun-

---

[20] Frank Wedekind: Der Marquis von Keith. Stuttgart: Reclam 1964, S. 87. Der Text, ursprünglich als Ideendrama angelegt, fixiert Erfahrungen in Lebensweisheiten und löst Situationen in Aphorismen auf. Keith setzt die Macht der Sprache ein, um im Lebenskampf Positionen zu erringen. Die geschliffenen, zynischen Aphorismen des Marquis zeigen, wie sehr er die Gesellschaft durchschaut hat; er überschätzt jedoch seine Einsichten, da er glaubt, mit der Erkenntnis der ökonomischen und sozialen Zusammenhänge diese auch zu beherrschen. Der Dialogstil des Stückes entspricht dabei dem Lebensstil des Dramenhelden.: »Zehn Jahre mußte ich meine Kräfte damit vergeuden, um nur das Gleichgewicht nicht zu verlieren.« Keiths Metaphers entsprechen denen der *Zirkusgedanken* (vgl. hierzu Günther Seehaus: Frank Wedekind. Reinbek bei Hamburg: Rowohlt 1993, S. 92). Wie Keith hat auch Keuns kunstseidenes Mädchen keinen »festen Stützpunkt über sich« (vgl. Seehaus, S. 36).
[21] Claudia Albert bezeichnet den Glanz »von Keuns kunstseidene(m) Mädchen als deren unbefragbare[s] Lebensziel.« (Claudia Albert: Grenzverläufe im Kampf der Geschlechter, S. 128).
[22] In dieser Textpassage verwendet Keun einen Wortlaut, der sich ähnlich bei Walter Benjamin wiederfindet: »Das Trapper sagte: ›Leider wird die Kunst immer mehr proletarisiert.‹ Und an ihrem hochgezogenen Hals konnte ich sehen, daß sie etwas Gemeines gegen mich meinte.« (DkM, S. 26). In Benjamins Essay *Das Kunstwerk im Zeitalter seiner technischen Reproduzierbarkeit* heißt es im Nachwort mit Bezug auf den Faschismus: »Die zunehmende Proletarisierung des heutigen Menschen und die zunehmende Formierung von Massen sind zwei Seiten eines und desselben Geschehens.« (S. 42). Dazu an anderer Stelle: »In dem Augenblick aber, da der Maßstab der Echtheit an der Kunstproduktion versagt, hat sich auch die gesamte soziale Funktion der Kunst umgewälzt.« (S. 18). Keuns Roman verweist auf den Konflikt vermeintlicher Originalität der Theaterkunst und der unabschließbaren Imitationstätigkeit der Massenmedien. Hierzu noch einmal Walter Benjamin: »Man kann, was hier ausfällt, im Begriff der Aura zusammenfassen und sagen: was im Zeitalter der technischen Reproduzierbarkeit des Kunstwerks verkümmert, das ist seine Aura. [...] Ihr machtvollster Agent ist der Film. [...] Und wenn Abel Gance 1927 enthusiastisch ausrief: ›Shakespeare, Rembrandt, Beethoven werden filmen ... Alle Legenden sind Mythen [...] und die Heroen drängen sich an den Pforten‹, so hat er, ohne es wohl zu meinen, zu einer umfassenden Liquidation eingeladen.« (S. 14). Da in Keuns Text die Wertigkeiten nicht eindeutig sind wie bei Benjamin, der Anspruch auf Originalität gleichfalls parodiert wird, tritt die Ambivalenz der gesellschaftlichen Schwellensituation als Realität und nicht notwendigerweise zu lösender Konflikt in Erscheinung.

dige Beobachter haben längst erkannt, daß in der Filmdarstellung »die größten Wirkungen fast immer dann erzielt werden, indem man so wenig wie möglich »spielt... [...].«[23]

Dem theatralischen »Talent« stellt Keuns Roman den filmischen *Glanz* (Star) gegenüber. Dieser *Glanz* braucht laut Doris weder Bildung noch Talent, sondern erfüllt sich in sich selbst:[24] »Und die Leute achten mich hoch, weil ich ein Glanz bin, und werden es dann wunderbar finden, wenn ich nicht weiß, was eine Kapazität ist, und nicht runter lachen auf mich wie heute [...].« (DkM, S. 29) Insofern suggeriert das Filmgeschäft – im Gegensatz zur Bühnenkunst – zunächst einmal eine antihierarchische und somit demokratische Institution, in der, nach amerikanischem Vorbild, jeder etwas werden kann. Die Unübertragbarkeit dieses »Mythos« auf die deutsche Gesellschaft der Weimarer Republik hat jedoch schon Katharina von Ankum nachgewiesen.[25] Folgerichtig wird an anderer Stelle des Romans dieser Anspruch aufgegeben; *Glanz* gerät mit einem Mal zum natürlichen Bestandteil einer Person:[26]

[...] wir sahen zusammen in den Spiegel – sie hatte leichte weiße Hände so mit vornehmem Schwung in den Fingern und sichere Blicke – so gleichgültig nebenbei – und ich sah neben ihr so schwer verdient aus. [...] Alles war voll rotem Samt, und eine hat getanzt unter Scheinwerfern, aber sie war auch schwer verdient und mußte sich Mühe geben. Ob man wohl ein Glanz werden kann, wenn man es nicht von Geburt ist? (DkM, S. 31)[27]

Offensichtlich baut der Text auch hier einen Widerspruch auf: die zuvor verkündete Hoffnung auf Gleichstellung durch den Glanz wird wieder nivelliert, indem »Glanzhierarchien« etabliert werden – auch geht es hier ebenfalls um »Echtes« und »Gemachtes«, Original und Kopie – um die Differenz von *Kultwert* und *Ausstellungswert*[28]. Die aufgezeigte Diskrepanz zwischen Film- und Theaterkultur erweist sich also im Textverlauf als wirkungslos – sie besteht lediglich als eine historische und ästhetische Größe ohne fortschrittliche Effekte für die Gesellschaft – eher werden die traditionell

---

[23]   Ebd. S. 23 und ff.

[24]   Dazu Roland Barthes: »[...] die Haut, die zwischen zwei Kleidungsstücken glänzt [...], zwischen zwei Säumen [...]; das Glänzen selbst verführt, oder besser noch: die Inszenierung eines Auf- und Abblendens.« (Roland Barthes: Die Lust am Text, S. 16f.).

[25]   Vgl. Katharina von Ankum: Material Girls. In: Internationale Zeitschrift für Germanistik, Bd. 27. Tübingen/Basel 1994, S. 159-172. Sie hebt besonders hervor, daß das amerikanische »System des Männerfangs« (Irmgard Keun) wie es sich in *Gentlemen Prefer Blondes* darstellt, auf deutsche Verhältnisse nicht übertragbar ist: »That Irmgard Keun's Doris is unable to imitate the lifestyle of the Girl [...] reflects German women's frustration with the Hollywood-born model for the ›New Woman‹« (S. 169). Der Text Keuns inszeniert zudem die Unmöglichkeit, weibliche Geschichte zu *schreiben* als eine diskursive Praktik sowie als lustvolles (Lese)erlebnis.

[26]   Diese Ambivalenz von *Natur* und *Schein* ist im Zitat von Roland Barthes aufgelöst, und anstelle eines Glanzes, der im Zitat aus *Das kunstseidene Mädchen* wie ein Heiligenschein von der sozial herrschenden Klasse auf die weniger Begüterten fällt (vgl. DkM, S. 31), geht hier der Glanz sowohl vom Objekt (Körper) selbst als auch von der ›Lichtquelle‹ aus, die ihn sichtbar macht.

[27]   »Die Einzigartigkeit des Kunstwerkes ist identisch mit seinem Eingebettetsein in die Tradition.« (Benjamin: Das Kunstwerk, S. 16).

[28]   Ebd., S. 18. Dazu Werner Jung: »Benjamins These lautet, daß der ehemalige Kultwert durch den Ausstellungswert verdrängt wird und daß durch die Reproduktionstechniken (Film, Photographie) ›auf immer der Schein [künstlerischer] Autonomie‹ verschwindet.« (Werner Jung: Von der Mimesis zur Simulation Eine Einführung in die Geschichte der Ästhetik. Hamburg: Junius 1995, S. 172).

schon bestehenden Verhältnisse durch Doris' Betrachtungsweise noch zementiert, indem nun *Glanz* als Natur, als *Original* – ganz im Gegensatz zu Benjamins Thesen – codiert wird und dadurch die Frage nach der Möglichkeit, ihn sich zu verdienen, zur Rhetorik erstarrt. Sie ist nunmehr vom Leser mit »nein« zu beantworten. Jemand, der »schwer verdient« (ebd.) aussieht, kann kein Glanz sein – eine Textaussage, die der Argumentation Benjamins vom Verlust der Aura zuwiderläuft, da hier der *Glanz* den Platz von Benjamins Aura besetzen möchte. Keuns Text spielt mit diesen Begriffsverwirrungen, was eine ähnliche Wirkung wie der von ihr häufig als Motiv verwendete Doppelreflex des Spiegelbildes auf das Selbst und die ihm fremd gewordene Erscheinung zur Folge hat:

Das Befremden des Darstellers vor der Apparatur, wie Pirandello es schildert, ist von Haus aus von der gleichen Art wie das Befremden des Menschen vor seiner Erscheinung im Spiegel. Nun aber ist das Spiegelbild von ihm ablösbar, es ist transportabel geworden. Und wohin wird es transportiert? Vor das Publikum. [...] Der Film antwortet auf das Einschrumpfen der Aura mit einem künstlichen Aufbau der »personality« außerhalb des Ateliers. Der vom Filmkapital geförderte Starkultus konserviert jenen Zauber der Persönlichkeit, der schon längst nur noch im fauligen Zauber ihres Warencharakters besteht.[29]

Lediglich die Metaphern und Vergleiche bei Keun sind andere: Zählte auf dem Theater das künstlerische Können und wurde dieser Anspruch anschließend durch die Zeichnung der Figuren der Lächerlichkeit preisgegeben, so geht es nun augenscheinlich um sehr viel mehr, nämlich um Natur und Konstruktion, um »Echtes« und Abbild. Hier trägt der im Text verwendete Glanzbegriff seinen Widerspruch in sich selbst, denn der filmische *Glanz*/Star ist bereits ein Kunstprodukt und nur als solches zu verstehen – nicht umsonst trägt der Roman den Titel *Das kunstseidene Mädchen*. Nun läßt sich vermuten, daß das Interesse an Starbiographien eine zusätzliche Rolle spielt oder zumindest beim Leser evoziert werden kann, wenn Irmgard Keun ihre Protagonistin über das Entstehen des »Glanzes« spekulieren läßt.[30] Nicht umsonst ver-

---

[29] Ebd., S. 27f.

[30] Die in der Sekundärliteratur häufige Gleichsetzung von *Glanz* mit Zerstreuung, Selbstbetrug; Konsumorientierung und Scheinhaftigkeit (z.B. Jordan, S. 82) geht zurück auf Siegfried Kracauers Schrift *Die Angestellten* aus dem Jahre 1930. Dort heißt es im Abschnitt *Asyl für Obdachlose*: »Die Masse der Angestellten unterscheidet sich vom Arbeiter-Proletariat darin, daß sie geistig obdachlos ist. [...] Sie liegt gegenwärtig ohne eine Lehre, zu der sie aufblicken, ohne ein Ziel, das sie erfragen könnte. [...] Nichts kennzeichnet so sehr dieses Leben, das nur in eingeschränktem Sinne Leben heißen darf, als die Art und Weise, in der ihm das Höhere erscheint. Es ist ihm nicht Gehalt, sondern Glanz.« (Siegfried Kracauer: Die Angestellten, S. 91). *Glanz*, hier abgewertet als Subjekt- und Substanzlosigkeit, kann aber auch in seiner changierende Subjekte bildenden Eigenschaft als Teil einer modernistisch-nachbürgerlichen Lebensform begriffen werden – in reflektierter Form allerdings nur bei einer intellektuellen Schicht, zu der die Autorin Irmgard Keun zählte – ihre Heldin Doris freilich nicht – eine Differenz, die jedoch in den verschiedenen Formen des Sprechens nahezu aufgehoben wird (vgl. Kap. 3.4). Kracauer hat dies sogar an anderer Stelle als positive, weil nicht zu vermeidende Zukunftsvorstellung formuliert: »Für die sogenannte Bildungsschicht ist daneben wenig Raum. Sie müssen mitspeisen oder snobistisch abseits sich halten; ihre provinzielle Abscheidung jedenfalls hat ein Ende. Durch ihr Aufgehen in der Masse entsteht das *homogene Weltstadt-Publikum*, das vom Bankdirektor bis zum Handlungsgehilfen, von der Diva bis zur Stenotypistin *eines* Sinnes ist. Larmoyante Klagen über diese Wendung zum Massengeschmack hin sind verspätet.« (Siegfried Kracauer: Das Ornament der Masse. Frankfurt a. M.: Suhrkamp 1963, S. 313).

gleicht sich die Protagonistin mit Colleen Moore; diese stammte einerseits aus der begüterten Mittelschicht, war also nicht im klassischen Sinn eine Aufsteigerin, wurde
zudem durch einen Verwandten, ihren Onkel gemanaged; andererseits hat sie aber
selbst einen entscheidenden Einfluß auf ihre Karriere genommen und kann durchaus
als Beispiel für einen emanzipierten weiblichen Star herangezogen werden.[31] Die
Biographie der Filmschauspielerin ist bei der Rezeption hintergründig wirksam. Im
Bild von Colleen Moore wird also der im Text etablierte Widerspruch wieder harmo-
nisiert, hier vermischen sich »Echtes« und »Gemachtes« in einer biographischen Form
und wirken richtungsweisend für die Textrezeption. Eine von Colleen Moore verfaßte
romanhafte »Autobiographie« erschien 1925 in deutscher Übersetzung in Wien[32]. Ob
Irmgard Keun mit diesem Text vertraut war, kann zwar nicht nachgewiesen werden –
bei seiner Lektüre fallen jedoch die Parallelen zur Selbstinszenierung von Keuns Ich-
Erzählerinnen auf – die Struktur der Starbiographie gleicht zudem auffällig dem Aufbau von *Das Mädchen mit dem die Kinder nicht verkehren durften*. Colleen Moore inszeniert sich als knabenhaftes Mädchen, das die klassischen Rollenzuweisungen bereits
als Kind ignoriert; ihr Selbstbild entspricht den *girl*-Vorstellungen der Zeit. Zwei-
felsohne hat Keun jedenfalls das populäre Muster solcher »Autobiographien« gekannt
und erzählerisch genutzt.[33]

Neben der Bedeutung des Glanzes, des Starkultes stehen im Roman wie selbstverständlich die filmische Wahrnehmung, das Körpergefühl und das filmische Zitat. Zu
dem programmatischen Kerngedanken »ich will schreiben wie Film« (DkM, S. 6) ge-
sellen sich im Verlauf des Textes weitere, nicht minder programmatische Aussagen:
»Mein Leben ist Berlin und ich bin Berlin« (DkM, S. 59), sowie »Da war ich ein Film
und eine Wochenschau.« (ebd., S. 81) Doris' Spaziergänge und Autofahrten durch die
Großstadt bilden das strukturelle Zentrum des Romans: die Haupthandlung treibt die
Protagonistin zunächst nach und in der Folge durch Berlin (ebd., S. 43ff.). Die Ne-

---

[31]   *Colleen Moore*: b. Kathleen Morrison, Aug. 19, 1902, Port Huron, Mich. d. 1988. Popular star of
Hollywood silent and early talkies who at the height of her career personified the independent *flapper*
of the Roaring Twenties and strongly influenced the hairstyle and fashions of the period. The
daughter of an irrigation engineer, she was convent educated and later studied piano at the Detroit
Conservatory. According to her autobiography, *Silent Star* (1968), she was taken into films as repay-
ment by D. W. Griffith to her uncle, Walter Howey (editor of the Chicago Examiner, who was im-
mortalized by Hecht-MacArthur in The Front Page), for helping Griffith clear The Birth of a Nation
and Intolerance through the censors. Contrary to many sources, she never appeared in Intolerance,
not even as an extra, having arrived in Hollywood in 1917, the year following the picture's release.
She began her screen career modestly, as a leading lady in B pictures and Westerns, several times op-
posite Tom Mix, but in the 20s she gained sudden popularity as a star as an exuberant flapper, por-
traying bobbed haired, lighthearted jazz age heroines in many films for First National. Her first of
four husbands, John McCormick, was production head of that company, a subsidiary of Warner
Bros. Her next two husbands were stockbrokers and she herself successfully invested her earnings
from films (she was among Hollywood's highest paid stars) in the stock market. In 1983, aged 81,
she married a building contractor who survived her. She authored, in addition to her autobiography,
a book on investments, *How Women Can Make Money in the Stock Market*, and a book about a prized
collection of miniatures, *Colleen Moore's Doll House*. (Ephriam Katz). www.geocities.
com/Hollywood/Theater/4988/moore.htm.
[32]   Colleen Moore: Colleen Moore. Wien: Knittel um 1925. [Übersetzt von Hans Lefèbre, mit
Illustrationen von Rudolf Matouschek].
[33]   Bereits ihre Geburt inszeniert Colleen Moore als filmreifes Ereignis – und zugleich als Protest:
»Als ich geboren wurde, hieß ich noch Kathleen Morrison und wenn man meine ersten Atemübun-
gen als Kritik nehmen will, so scheint es mir gar nicht recht auf der Welt gefallen zu haben.« (Ebd.,
S. 5).

benhandlungen werden dem Erzählstrom, der sowohl Doris als auch den Leser durch die Metropole führt, untergeordnet. Interessant sind dabei insbesondere die Bezüge zwischen den erzählten Berlinimpressionen und den Selbstbeschreibungen, die Doris immer wieder liefert. Körperbewegungen und -empfindungen bestimmen nachhaltig die Erzählung und wirken gestaltend auf die Schilderungen des Großstadtambientes ein: »[...] und viel eilige Leute wie rasender Staub, bei denen man merkt, daß Betrieb ist in der Welt. Ich habe den Feh an und wirke.« (ebd., S. 44) Die Menschen erscheinen als frei flottierende Körper. Doris' Körpergefühl wird bestimmt von ihrer Wirkung nach außen; wie unter einem Spotlight treten ihr Pelz, dann die schwarzgelackten Dauerwellen blitzartig hervor. Ihr Gesicht erscheint mal plastisch, mal flächig – abhängig von Beleuchtung und Lichtverhältnissen, zugleich reduziert sie ihre Selbstbeschreibung auf signifikante Details und Körperbewegungen. Hier ist die Figur kurz davor, in der Bewegung aufzugehen; Doris berichtet von ihrem Spaziergang durch Berlin, und zugleich *ist* sie der Gang durch die Straße Berlins, die (Kamera)fahrt durch die Großstadt. Nicht so sehr ein Mensch aus Fleisch und Blut, versehen mit einer persönlichen Biographie und einer spezifischen Form von Leiden oder Tragik, bestimmt die Romanhandlung und ordnet ihr die erzählte Außenwelt unter, sondern erzählender Mensch – erzählte Außenwelt verschmelzen in der Erzählung zu einer Einheit, sind *eine* Erzählung; das Berlin der späten zwanziger und frühen dreißiger Jahre erzählt sich selbst. Berlin wird zu einem Film, in dem Doris sich zugleich als Regisseurin und als Hauptdarstellerin sieht, vernetzt mit den Attributen weiblicher Filmstarrollen. War dieses Aufgehen in »ungesichtiger Menge« (G, S. 121) im Debütroman Irmgard Keuns noch weitgehend negativ besetzt und mit Individuationsverlust gleichgesetzt, so wird es für Doris geradezu identitätsstiftend. Die Großstadt Berlin und ihre Attribute sind *der* Identifikator, dessen Gepräge der Einzelne annimmt:

[...] und haben Mundwinkel wie Schauspielerinnen vor großen Rollen und schwarze Pelze und drunter Gewalle – und Schimmer in den Augen – und sind ein schwarzes Theater oder ein blondes Kino, Kinos sind ja hauptsächlich blond [...]. (DkM, S. 66)

Kino und Star – bzw. signifikante Größen des Stars – sowie deren durch Berlin flanierende Kopien werden gleichgesetzt. Doris kommen in diesem Prozeß verschiedene Rollen zu; sie erlebt ihre Existenz als Staffage der Großstadt im Rhythmus der Sprache. Zugleich weist sie als Erzählerin anderen ihre Rollen zu. Dem Leser wird suggeriert, die Großstadt wie Doris zu *sehen*, sie in sich aufzunehmen wie einen Rausch und ihren Glanz zugleich zu reflektieren. Unterschwellig wird dies zur Repräsentation von »ein Glanz werden«. Mit »Ich packe meine Augen aus« (DkM, S. 69) als Synonym für »ich erinnere mich an das, was ich sah«, oder »ich erzählte ihm, was ich sah« wird die Vergangenheit in die Gegenwart zurückgeholt, denn die Augen haben ja bereits gesehen, das Gesehene an das Gehirn übermittelt, welches die visuellen Eindrücke wiederum in Sprache überführt (ebd.). Der Körper, bzw. repräsentativ dafür das Sinnesorgan Auge wird zur Kamera erklärt, die abfilmt und zum späteren Zeitpunkt wiedergibt. Gleichzeitig wird das Auge zum Neuschöpfer der Dinge: Sehen wird zum Schaf-

fensprozeß und zum Mittel des Erinnerns.[34] Dabei besteht nicht der Wunsch, die Eindrücke zu strukturieren und zu hierarchisieren, vielmehr sollen die an das Gehirn
übertragenen Bilder so unvermittelt wie möglich wiedergegeben werden, um den filmischen Effekt hervorzurufen und die rasche Bewegung der Kamera zu imitieren. Die
Körpersprache rangiert über dem gesprochenen Wort:

> Und die Frau mit weißem Gesicht und Erdbeermund gegenüber zieht den
> Skunks hoch über der linken Schulter so mit einer Art – die sagt glatt mit der lin-
> ken Hand zu meinem Russen: »Du Affe gehst mich ja nichts an, aber ich wollte
> doch – du gefällst mir!« [...] (DkM, S. 70)

Doris' Aufzeichnungsprozeß, die Imitation der Kamera, funktioniert zunächst als innerer Monolog. Doch wie ein Seismograph reagiert diese scheinbar vom Menschlichen losgelöste, neutrale Wahrnehmungsapparatur auf Bewegung und Veränderung
der Körper im Raum (DkM, S. 73f.). Der Beginn kritischer Reflexion des Gesehenen
schließlich vermindert das Verschmelzen mit den Dingen und bewirkt deren farbliche
Abblassung, die filmästhetische Technik der Abblende kommt literarisch zum Einsatz:

> [...] welche Stadt hat denn sowas noch, wo sich Räume an Räume reihen und die
> Flucht eines Palastes bilden? Die Menschen sind alle so eilig – manchmal sind alle
> blaß im Licht, dann sehen die Kleider von den Mädchen nicht bezahlt aus, und
> die Männer können sich den Wein eigentlich nicht leisten – ob denn keiner
> glücklich ist? Jetzt wird doch alles dunkel – wo ist denn mein helles Berlin?
> (DkM, S. 74)

Die von der »Kamera« Doris erstrebte neutrale Mimesis der Berlinbilder muß immer
wieder zersplittern – in einem einfachen Sinn deshalb, weil gegenüber der technisch-
entmenschlichten Wahrnehmung die humanistisch geprägten Denk- und Empfin-
dungsstrukturen, literarisiert als Farb- und Lichtübergänge, überwiegen. Ähnlich wie in
Gilgi stehen nämlich auch hier die Erkenntniswünsche über »das Menschliche« dem
Maschinendasein im Wege. »Mensch sein heißt für dich Mensch sein und Frau sein
und Arbeiter sein«, so lautet die Parole im Vorgängerroman (G, S. 172). Die als
Individuen gezeichneten Figuren thematisieren ihre Position der Differenz und suchen, klassisch-weiblich, ihre Aufhebung in der »Liebe« – obwohl das Thema in kli-
schiert-zitathafter Form dargeboten wird, trägt es die Spur existenzieller Ernsthaftigkeit. Doris gelingt es, durch ihre Identifikation mit der filmischen Apparatur diesen
Wunsch teilweise zu verleugnen. Tritt er auf, wird er als Mangel empfunden:

> Und verliebt ist er auch nicht, das wäre ja sonst noch die Rettung der Stimmung
> – aber wir sind ganz eingeschlossen in einen kalten Kreis, der läßt nur noch unse-
> ren Kopf zueinander denken und sonst nichts – und manchmal ist mir, als fliegt
> er mir fort auf einem Haufen von ganz weißem und kaltem Schnee [...] Wo ist
> denn nur Liebe und etwas, das nicht gleich entzweigeht? (DkM, S. 75ff.)

---

[34] Der blinde Kriegsinvalide, Herr Brenner, den Doris durch Berlin führt, erfährt die Großstadt als
etwas völlig anderes: »›Doris, ein Wald‹, sagt er« (DkM, S. 74). Durch das Wegfallen der Seherfahrung werden andere Stimulatoren geweckt, die eine Gegenrealität zu Doris Berlinbildern produzieren.

Traurige Erlebnisse werden an ein subjektives Körpergefühl zurückgebunden. Als beispielsweise die Prostituierte Hulla aus Angst vor ihrem Zuhälter aus dem Fenster springt, mündet dies für Doris prompt in einer visuellen Vorstellung ihres eigenen Körpers: »Manchmal gibt es Spiegel, in denen ich eine alte Frau bin. So ist das in dreißig Jahren.« (DkM, S. 84) Diese Vision der im Spiegelbild eingefrorenen alten Frau findet eine Entsprechung an späterer Stelle im Roman. Hier spielt Doris mit dem Gedanken, sich zu prostituieren. Die filmische Bewegung durch Berlin hat nun den Charakter einer entseelten, maschinenhaften Bewegung angenommen:

> [...] ich sehe in meinen Spiegel – das ist eine Art von Gehen, wie wenn einem das Herz eingeschlafen ist. [...] Und man läßt sich von dem Licht, was aus mehreren Straßen kommt, ein Gesicht scheinen und sieht auf andere Gesichter und wartet auf einen, das ist wie ein Sport und eine Spannung. Immer ging ich weiter, die Huren stehen an den Ecken und machen ihren Sport, und in mir war eine Maschinenart, die genau ihr Gehen und Stehenbleiben machte. (DkM, S. 92)

Fernab von dem Anspruch, explizit sozialkritische Literatur zu produzieren, entwirft hier die Autorin ein bereits medial verarbeitetes Bild der zeitgenössischen Gesellschaft. Die Autorin bedient sich einer Geschichte des Gesichtes sowie dessen Überlagerung und Überzeichnung durch Medien wie Film und Schrift. Zusätzlich wird eine Innen-Außen-Thematik der Körperoberfläche eingeführt. Ein Beispiel aus *Gilgi – eine von uns* mag dies stellvertretend verdeutlichen: »Ihr Gesicht ist gleichmütig, sie reagiert nach innen.« (G, S. 22) In der Kühle dieses Gesichtsausdruckes ist die Assoziation von der Kühle und Glätte der Filmstars zu Beginn des Tonfilms enthalten. Auf der Oberfläche wird nichts erkennbar und nichts geschildert – im Gegensatz hierzu lebte gerade der Stummfilm von der Mimik der Stars. Irmgard Keun favorisiert jedoch zunehmend den inneren Monolog, um Gemütszustände zu kennzeichnen. Was im Stummfilm von außen gezeigt werden muß, ist hier durch die figurale Sicht von innen beleuchtet.

Die Psyche der Figuren wird dennoch – ganz wie im Film – primär über die Fläche des Gesichtes vermittelt. Die Darstellungen in ihren Romanen sind vorzugsweise gesichtszentriert und rücken vor allem weibliche Gesichter in den Vordergrund, um auf diese Weise eine *Geschichte des Weiblichen* zu evozieren:

> Und Gilgi fühlt, wie ihr Gesicht weißer wird und ihre Augen tief in die Höhlen kriechen. (G, S. 30) Gilgi sieht zackige, rote Buchstaben in grauem Nebel: Mensch, was machst du mit deinem Leben! [...] Sie ist ein Ausrufungszeichen hinter roten Buchstaben: Mensch, was läßt du aus deinem Leben machen! (G, S. 33) Gilgi leckt mit der Zunge eine Träne auf, die ihr zeitlupenhaft langsam über das Gesicht gerollt ist. (G, S. 41)

Die Figur sowie das Gesicht werden zur Schrift, zum Medium für das, was nicht offen ausgesprochen, aber gedacht oder durch den Körper proklamiert wird. Gesicht und Gedanken werden zum Plakat, zu Zeichen, zur Schrift. In der Verschmelzung von Person und Medium werden neue Formen von Individualität erkennbar. Gilgis Gesicht, das im Gegensatz zu den »Gesichtslosen« auf eine gigantische Größe angewachsen ist, wird Träger der Emotionen. Unter anderem fühlt man sich bei dieser Darstel-

lung an Fotografien von Man Ray erinnert. Auf der Fläche des Gesichtes ist ein Widerspruch organisiert: Zunächst durch die »Großaufnahme« und Ausleuchtung als
Schönheit, Glätte und Perfektion in Szene gesetzt (vgl. auch G, S. 6), wird dieser
Schein durch die Spiegelung der Emotionen zerstört, die Glätte von Brüchen durchsetzt. War noch beim Theaterschauspieler die gesamte Körperhaltung wichtig, so konzentriert sich die Wahrnehmung im Film zunehmend auf die Gesichter der Schlüssel-
figuren. An dieser Stelle wird die Spiegelmetapher wirksam. Während Gilgi in der
glatten Fläche ihres Spiegels Jugend und Schönheit zurückgeworfen bekommt, ist ihre
Adoptivmutter Fräulein Täschler durch Häßlichkeit gekennzeichnet (G, S. 28ff). Ein
Spiegel in ihrer Wohnung besteht aus »Spiegelscherben« (G, S. 30), wirft also nur ein
gebrochenes Teilbild der Person zurück:

> Pfanne mit klebrigen Bratkartoffeln, Dame ohne Unterleib, schmutziges Bett,
> Gestank nach ranziger Margarine, feuchte Wände und morscher Fußboden […].
> Sie selber findet sich vorteilhaft verändert, als sie in die Spiegelscherben über der
> Kommode guckt […]. Und weil sie jetzt neugierig ist und was erwartet, bekommt
> sie langsam so etwas, das wie ein Gesicht aussieht. Ein graues Gesicht mit klobiger
> Nase, entzündeten Lidern, lippenlosem Mund und faulen Zähnen. (G, S. 29f.)

Fräulein Täschler wird offensichtlich durch die Erzählerin älter und häßlicher gestaltet, als sie tatsächlich ist. Die Gedanken von Gilgi und der Erzählerin zeigen Strukturen einer durch Film beeinflußten Wahrnehmung, in welcher die Kontrastierungen
von hell – dunkel, jung – alt besonders ins Gewicht fallen. So präsentiert die Erzählung das Dunkel der Täschlerschen Wohnung als eine gesellschaftlich marginalisierte
Szenerie, in der Verfall und Verwesung vorherrschen. Keun zeigt hier zwei kontrastierende Weiblichkeitsentwürfe, als mediale Konstrukte: die in trostloser Realität dahin-
vegetierenden Frauen der älteren Generation und die noch Hoffnung schöpfende,
aber bereits in ihrer zur Schau gestellten Sorg- und Makellosigkeit der Filmstars Zeichen des Verfalls tragenden junge Frauengeneration:

> Er biegt ihren Kopf zurück – grell liegt das Licht der Stehlampe auf ihrem Ge-
> sicht. Junges Gesicht. […] Und doch – hier und da, unter den Augen, auf der
> Stirn, um die Mundwinkel – noch keine Runzeln und Fältchen – nein – nur
> leise, entfernte Andeutungen […]. Kleines Mädchen, man muß nett zu dir sein,
> sehr viel ärmer bist du als ich. Tausend eigne und fremde Gedanken, Zeit, Luft
> und Wünsche haben sich frech und unaufgefordert in mein Gesicht eingeschrie-
> ben […]. Was aber, wenn dein blankes, kleines Gesicht zerschrieben ist! (G, S.
> 70)

Die Selbstbeschreibung Martins, metaphorisiert in den Erfahrungen, die sich in sein
Gesicht »hineingeschrieben« (ebd.) haben, muten wesentlich plastischer an als seine
Interpretation von Gilgis Gesicht, das er noch dazu ausleuchtet, als wäre es ein zu er-
forschender Gegenstand. Hier wird die weibliche Angst vor dem körperlichen Verfall
als eine männliche Wahrnehmungsweise imaginiert; männliche Phantasien des Weiblichen werden introjiziert und rückbindend wieder auf eine männliche Figur projiziert

– ein Verwirrspiel mit den Perspektiven, das zeigt, wie das Bestreben, weibliche Geschichte zu literarisieren, sich an vorgegebenen Mustern abarbeiten muß.[35]

Die Gegenüberstellung der Verben »hineingeschrieben« und »zerschrieben« macht die Geschichtslosigkeit von Gilgis Gesicht deutlich. Es wird nicht einmal erklärt, wodurch Gilgis Gesicht zerschrieben sein wird, das Verb gewinnt seine Bedeutung vor allem durch seine Kontrastierung zu dem »blanke[n] […] Gesicht« (ebd.). Während »zerschrieben« suggeriert, daß ein Gesicht mittels der Schrift zerstört wird, so ist »hineingeschrieben« ein sehr viel freundlicheres, weniger auf Zerstörung als auf originäre Erfahrungen angelegtes Verb, das der Persönlichkeit einen individuellen Stempel aufprägt. Dort zerstört die Schrift, hier erschafft sie Persönlichkeit. Warum spricht Martin in seinem inneren Monolog Gilgi eine solche Möglichkeit ab? Der Text begründet dies vordergründig mit der entfremdeten Arbeit, der Gilgi nachgeht – die aber von ihr nicht als solche empfunden wird. In Martins Beschreibungen erscheint Gilgis Gesicht als ein Stereotyp und somit für den Leser distanziert und fast schon irreal. Diese Wirkungsweise bildet einen Gegensatz zu Ausleuchtung und »Nahaufnahme« des Gesichtes in dieser »Einstellung«. Die Freundin Olga erkennt in Gilgis Gesicht dagegen ganz andere Zeichen: »Olga zieht sie neben sich auf den Diwan, sieht sie an mit ihrem erfahrenen Blick: untrügliche Symptome – bißchen schlappe Schultern, unruhige Augen, fremder weicher Zug um Mund und Kinn.« (G, S. 71) Weiterhin gerät Gilgi im Verlauf des Textes in eine Sprachkrise: »Sie hat ja keine Worte, um sich verständlich zu machen.« (G, S. 58) Etwas anderes ist bereits in das Denken eingedrungen: Erinnerte Bilder, Filmbilder, Schlagertexte. Stellenweise nimmt Gilgis Gedankenstrom die Struktur einer Sprache an, die eindeutig von filmischen Vorbildern beeinflußt ist (G, S. 95). Selbst die Funktion der körperlichen Sinne ist vergleichbar mit einem Filmprojektor: »Erinnerung an ein Wort – ein Blick zuckt auf – Wirkliches versinkt […]« (G, S. 93). Es dominieren die sinnlichen Effekte, die im Gehirn anlangen und in Bilder umgewandelt werden – nachgeordnete Momentaufnahmen, die das Bewußtsein registriert, noch bevor es sie zu ordnen beginnt.

Gilgis zunehmende Körperbetonung tritt in Konkurrenz zur sprachlichen Äußerung. Der inszenierte Körper droht sich von ihr abzulösen, führt ein Eigenleben:

> Sie steht vorm Spiegel, pudert sich Nacken und Schultern, sieht schlank, zerbrechlich und fremd aus. Taglos. Unwirklich. Weißes Gesicht mit dunklen Augen, sehr rotem Mund […] Das, was ich im Spiegel seh', hat ein andrer aus mir gemacht […] Ich sehe anders aus, als ich denke. […] Mein Körper ist mir fremd, ist mir jetzt weit voraus an Wissen, Erfahrung ... (G, S. 90)

Assoziativ gesprochen: Schwarz, weiß, rot – die drei Farben der Märchenfigur Schneewittchen beherrschen unwillkürlich Gilgis Erscheinung im Spiegel. Die kulturellen Gemeinplätze Schönheit, Einsamkeit und Tod spielen ineinander und formen

---

[35] Hierzu Claudia Benthien: Haut. Literaturgeschichte – Körperbilder – Grenzdiskurse. Reinbek bei Hamburg: Rowohlt 1999. In Kap. 5, *Seelenspiegel. Die Epidermis als Leinwand* diskutiert Benthien anhand von Balzacs Roman *La femme de trente ans* die unterschiedliche Bewertung »physiognomischer Merkmale […], die sich in das Gesicht gegraben haben.« (Benthien, S. 126) Sie konstatiert eine »Geschlechterdifferenz […] insofern […], als daß das weibliche Gesicht ›furchtbar‹ […] anzusehen ist, während das männliche den Betrachter ›tief beeindruckt‹, durch ›schweren Kummer, der in diese herabgebeugte Stirn eingegraben war‹ oder ›Tapferkeit, die in den Falten seiner welken Wangen eingeschrieben stand‹ […].« (ebd.).

die Figur. Kreatürlicher und inszenierter Körper bilden einen unüberbrückbaren
Kontrast und wirken für die Frau zerstörerisch: der nicht verstandene kreatürliche (ge-
schlechtliche) Körper kann nicht durch Inszenierung und Konstruktion »gebannt«
werden. Die Konstruktion erweist sich zudem endgültig als Fremdbestimmung und
gipfelt in der oben zitierten Textpassage in einem Spiegelbild, das sich einer Filmdiva
angleicht. Gilgi ist also in doppelter Weise von ihrem Körper entfremdet: sowohl von
ihrem geschlechtlichen als auch von ihrem sozialen Körper. Erfahrungen werden für
die Frauen in Keuns Texten gemeinhin als Körpererfahrungen symbolisiert. Keun
setzt dabei häufig auf Hell-dunkel-Kontraste, die an den expressionistischen Stummfilm erinnern. Symbolisch für den noch nicht als entfremdet empfundenen Zustand
in einem alten Restkörper sind die Zeigefinger, »gewöhnliche, robuste Arbeitsinstru-
mente« (ebd.). Gilgi empfindet sie sogar als das Einzige, das noch zu ihr gehört:
»Martin, meine zwei Zeigefinger sind alles, was du mir von mir gelassen hast.« (ebd.)
Identitätsstiftend konnten sie aber nur solange sein, wie Gilgi Arbeit hatte. Werden sie
»nur« Körper, verlieren auch sie ihren Bezug zum Realen und werden Teil eines fiktiven Körperkonstruktes, einer verkörperten Phantasie, »losgelöst vom Achtstundentag«
(G, S. 91).

Martins Perzeption von Gilgis Körper und seine Beschreibungen ähneln eher einer vorfilmischen Wahrnehmungsweise vom Weiblichen, einem humanistischen
Kunstideal: »So schön und vollkommen ist die sanfte, weiche Linie der Waden, so klar
gemeißelt das Knie, daß man Freude dran haben kann, ohne begehrlich zu werden.«
(G, S. 86) Gilgis Wahrnehmung und Wiedergabe von Martin ist demgegenüber filmisch geprägt, dem Moment gewidmet, zu Bild und Empfindung geronnen (vgl. G,
S. 104f.). Auch Gilgis gleichaltriger Freund Pit hat einen von den neuen Medien geprägten Blick auf den weiblichen Körper: »Da wo der Strumpf aufhört, ist ein Streifen
helles Fleisch sichtbar.« (G, S. 25) Hier haben wir erotische Verheißung bei gleichzeitiger Stillstellung des begehrten Objekts. Die Frau wirkt begehrenswert und zugleich
steril wie ein Werbeplakat. Den Klischees von Mann und Frau, wie sie sich in der
Werbung und im Spielfilm der damaligen Zeit präsentierten, einer dichotom angelegten und zuweilen mit ironischem Gestus erzählten Geschlechterpolarität, steht die
Einebnung der Geschlechterdifferenz gegenüber.

Gilgi visualisiert ihre Angst vor etwas, »das man nicht begreift und das kein Wort
ist« (G, S. 99; zu Olga). Sie sieht die Lösung folglich darin, die Oberfläche der Dinge
zu durchdringen. Sie »denk[t] [jedoch] gegen eine Wand« (ebd.). Diese Wand – das
wird in der Metapher bereits deutlich, markiert eine feste Struktur, sie suggeriert
Lichtundurchlässigkeit und Undurchdringbarkeit. Die Figur wird durch ihre eigene
Wortwahl auf die Oberfläche zurückverwiesen. So wie das Medium Film keinen Ausbruch aus der zweidimensionalen Struktur zuläßt, so bleibt auch Gilgi letztlich in
Rollenstereotypen gefangen. Die Rollenhaftigkeit ist das, was dem Text und dem
Funktionieren der einzelnen Personen Struktur gibt. Wahrnehmen und Interpretieren
verlaufen über etablierte Bilder und verinnerlichte kulturelle Konstruktionen. Gilgi
und Martin bleiben Oberflächenphänomene füreinander. Gilgis Leiden erklärt sich
letztendlich aus der Vorstellung, daß es etwas hinter der Oberfläche geben muß (vgl.
ebd.). Ähnlich wie bei Musils Törleß ist in *Gilgi* die Wahrnehmung von etwas Unbe-
greiflichem als »Reaktion auf die systematische Analyse der Sinne« zu verstehen.[36]

---

[36] Christian Jürgens: Literatur im Zeitalter des Kinos II, S. 281.

Daß Gilgi höchstwahrscheinlich durch die in der Beziehung zu Martin gewonnene, innerhalb der Logik der Erzählung jedoch anachronistisch bewertete Reflexiviät »unter die Räder kommen« wird, deutet das Ende des Romans metaphorisch voraus:

> Eine kleine Apfelsine ist den Bahnsteig hinuntergerollt, liegt unglücklich dumm und unzweckmäßig zwischen den geraden, glatten, klugen Schienen. [...] Die vielen eisernen Räder ... vor der Lokomotive liegt 'ne kleine, gelbe Apfelsine [...]. (G, S. 171)

Der Verletzlichkeit der runden Form und des Organischen steht die Gradlinigkeit der Schienenkonstruktion gegenüber. Auch kehrt in der Form der Orange die Erinnerung an die Form von Gilgis »blanke[m] Gesicht« (G, S. 70) wieder. Die Orange bleibt im Text noch eben unversehrt, ihre Zerstörung steht jedoch unmittelbar bevor. So errichtet Irmgard Keun eine Ambivalenz der Etablierung und Zerstörung weiblicher Körper im Zeitalter der neuen Medien. Begriffe wie Individualität, originäre Erfahrung, Freiheit und Unterdrückung werden ihrer Eindeutigkeit beraubt und so in die Textur eingewoben, daß sie kaum mehr voneinander trennbar erscheinen – eine Verwirrung, in der sich die damalige junge Frauengeneration gespiegelt gesehen haben dürfte.[37]

In der Sprechweise und Selbstinszenierung des *Kunstseidenen Mädchens* ist eine (parodistische) Verabschiedung des Geniebegriffs verborgen: Das Genie definiert sich selbst als einzigartig, hat hierin seine substanzielle Bedingtheit. Es setzt einen originären und individualistischen Kunstbegriff voraus, sowie ein kulturelles Klima und Institutionen, die Originalität produzieren und schützen. Mit der Industrialisierung und der technischen Reproduzierbarkeit steht jedoch jegliche Originalität in Frage. Bereits der Begriff »Künstlerische Produktion« setzt Originalität aufs Spiel: Produktion ist im Industrie- und Medienzeitalter nur noch seriell vorstellbar, das »originäre Handwerk« wird in die Provinzialität und die Peripherie abgedrängt. So etabliert sich innerhalb der literarischen Autorschaft allmählich das Paradoxon zwischen »künstlerisch«, das heißt nach der semantischen Ordnung des Geniekultes »originär«, und »Produktion«, die bald nur noch seriell erfahrbar sein wird. Dieses Paradoxon wurde jedoch von der klassischen Moderne weitgehend verdrängt – die (vorzugsweise männlichen) Künstler inszenierten Ich-Auflösung und die Sprachkrise des Subjekts als originäre und individuelle Erfahrungen, sicherten somit den Fortbestand des romantischen Geniebegriffs, retteten ihn hinüber ins 20. Jahrhundert.

---

[37] Auch in ihren Folgeromanen erfindet Irmgard Keun immer wieder Figuren, die partiell wie Imitate weiblicher Filmstars gestaltet sind – auch wenn das Thema längst nicht mehr im Vordergrund der Handlung steht. So zum Beispiel Liska in *Nach Mitternacht* oder Lenchen in *D-Zug dritter Klasse*. Insbesondere die Mutter des *Kind aller Länder*, Anni oder Annchen, wie sie der Vater nennt, trägt Embleme des Stars: sie leidet an »neurotischen« Zuständen, ist kapriziös und blond. Sie erscheint fast ausschließlich in der Darstellung anderer, und ihre Reden sind auf Stereotypen leidender Weiblichkeit und Duldsamkeit reduziert: »Immer muß man warten können und Geduld haben, keine Entwicklung darf man stören, alles muß von selbst kommen.« (KaL, S. 94), » [...] zu wievielen Menschen war ich böse? Ach Kully, in mir war der Teufel!« (S. 95). In Anni findet eine Vernetzung von *femme fragile* und »Star« statt; auch wird die Wirklichkeitsferne solcher Typologien des Weiblichen dadurch artikuliert, daß Anni sich der Erzählerin immer wieder entzieht (vgl. auch Kap. 3.2 dieser Arbeit). Auf diese Weise wird der Mythos dekonstruiert, die Fiktionen des Weiblichen sind im realen Leben des Exils wirkungslos geworden.

Irmgard Keuns frühe Texte bieten eine verblüffende Antwort auf dieses Paradoxon, indem sie jeweils ein nach filmischen Vorbildern konstruiertes weibliches Gesicht in den Mittelpunkt der Handlung stellen – eine Antwort, die nur vom »doppelten Ort der Frau« her denkbar ist.[38] Ähnlich wie der Autorname den literarischen Text, gruppiert der Star die Filmbilder, er wird zum »Sinnsubjekt des Films«.[39] Die Physiognomie steht im Zentrum der Vermittlung, inneres Wesen und äußere Erscheinung fallen zusammen, Charakter und Aussehen sind eins. Der Star ist zugleich ein Bild und eine Verknüpfungsregel für Bilder.

Siegfried Kracauer hat in seiner Essaysammlung *Das Ornament der Masse* reflektiert, wie der damals aufkommende Typus des Medienstars präsentiert wurde:

So sieht die *Filmdiva* aus. Sie ist 24 Jahre alt, sie steht auf der Titelseite einer illustrierten Zeitung vor dem Excelsior-Hotel am Lido. Wir schreiben September. Wer durch die Lupe blickte, erkennen den Raster, die Millionen von Pünktchen, aus denen die Diva, die Wellen und das Hotel bestehen. Aber mit dem Bild ist nicht das Punktnetz gemeint, sondern die lebendige Diva am Lido. Zeit: Gegenwart. Der Text nennt sie dämonisch; unsere dämonische Diva. Trotzdem entbehrt sie nicht eines gewissen Ausdrucks. Die Ponny-Frisur, die verführerische Pose des Kopfes und die zwölf Wimpern rechts und links – alle von der Kamera gewissenhaft aufgezählten Details sitzen richtig im Raum, eine lückenlose Erscheinung.[40]

Um wen es sich bei der »Diva« handelt, ist unwichtig für Betrachtungsweise und Interpretation des Bildes. Die Diva besitzt keine Originalität im Sinne einer dahinter verborgenen Identität oder Person, sondern sie interessiert nur als Gestalt. Sie ist Kunstprodukt und nicht Person, das Abbild der Diva ist Symbol von Tod und Jugend zugleich. Das Bewußtsein von der Vergänglichkeit der Körper und von Identitäten als reproduzierbare »Körper« wird hier von Kracauer evoziert, das Bild gewinnt Vorrang vor der »Natur«. Zugleich wird das Versprechen der Konservierung in der Fotografie heraufbeschworen. Die Diva ist präpariert, sie ist bereits Kadaver, Ausstellungsstück – freigegeben, wiederum reproduziert und interpretiert zu werden.[41]

---

[38]   Luce Irigaray spricht in ihrer Schrift *Das Geschlecht das nicht eins ist* davon, daß die Selbstbezüglichkeit der Frau sowie ihre Sexualität beim Eintritt in die symbolische Ordnung abgeschnitten werden. In dieser anderen Ökonomie befinden sich die Frauen im Zustand einer Maskerade, die jedoch nicht ihrem Begehren entspricht, sondern nur eine Möglichkeit darstellt, in dieser anderen Ökonomie überhaupt zu »erscheinen«, in einer Art Verstellung. Die Frauen gehen aber in dieser Funktion nicht auf: »Sie bleiben ebensosehr anderswo«. Aus diesem *doppelten Ort der Frau* – ihrer Funktion im Symbolischen und im Anderswo, dem Rest, der in ihre soziale Identität nicht eingeht, leitet Irigaray ihre Bewegung der Durchquerung, das Frau-Sprechen ab. Zitiert bei: Sigrid Weigel: »Das Weibliche als Metapher des Metonymischen«, S. 115. (Luce Irigaray: Das Geschlecht das nicht eins ist. Berlin: Merve 1979 [Titel der Originalausgabe: Ce sexe qui n'en est pas un. Paris: Les Editions de Minuit 1977]).

[39]   Lorenz Engell: Sinn und Industrie. Einführung in die Filmgeschichte. Frankfurt a. M.: Campus 1992, Kap.II, 4: Die große Erzählung. Standardisierung und Evolution des Hollywood-Erzählkinos in den 20er Jahren. Die Meta-Mythologie Hollywoods. Interessant ist, das Engell in seiner Analyse meist nur von »der Diva« spricht – obwohl er auch Beispiele für den männlichen Star anführt.

[40]   Siegfried Kracauer: Die Photographie. In: ders.: Das Ornament der Masse, S. 29.

[41]   Eine Erzähltechnik mit einer ähnlichen Funktion konstatiert Silvia Henke bei Keuns Zeitgenossin Marieluise Fleißer: »[...] Aber das Oberflächig-Posenhafte ist natürlich nicht einfach ›fehlende Tiefe‹ – es ist genau das, was über die Schrift hinausdrängt und ihre Pose theatralisch macht. Anders gesagt:

3.2 Das mutterlose girl in der vaterlosen Gesellschaft: Die »gemachte«[42] Identität

3.2.1 *Gilgi – eine von uns* und *Das kunstseidene Mädchen*: Die Mutter als Abjekt und gebrochener Spiegel

In den zwei Romanen *Gilgi – eine von uns* und *Das kunstseidene Mädchen*, welche die junge Autorin in – so mag es im historischen Rückblick scheinen – atemloser Schnelle in den Jahren 1931 und 1932 veröffentlichte, sind ihre ebenfalls jungen Protagonistinnen immer wieder von Spiegeln umgeben. Dieser Blick auf die eigene Person ist nicht nur das alltägliche Ritual, das sich nahtlos in die Beschreibung von Gilgis Morgentoilette (G, S. 5f.) einreiht. Es ist wesentlich mehr: es ist im Roman der erste Blick der Figur auf sich selbst. Nun sind Spiegel und Spiegelbild in der Literatur ein gängiger Topos für Selbstwahrnehmung, Selbsterkenntnis und Selbstverlust – der Roman von Hans Janowitz schließlich übersteigert diese Funktion gar zu einem »Lebensberuf«.[43]

Ein weniger bekannter Adoleszenzroman der Jahrhundertwende, nämlich *Pitt und Fox. Die Liebeswege der Brüder Sintrup* von Friedrich Huch,[44] der, analog einem gängi-

---

Indem der Blick der Ich-Erzählerin in Fleißers Geschichte photographisch vorgeht, kommt in ihm das Mortifizierende ebenso wie das Theatralische der Pose zum Zug.« (Silvia Henke: Augen, Blick und Pose. Fleißers Beitrag zum Geheimnis der »Augenkraft«. In: Reflexive Naivität. Zum Werk Marieluise Fleißers. Hg. v. Maria E. Müller/Ulrike Vedder. Berlin: Erich Schmidt Verlag 2000, S. 109). Vgl. hierzu auch: Roland Barthes: Die helle Kammer. Bemerkungen zur Photographie. Frankfurt a. M.: Suhrkamp 1989.

[42] In seinem Roman *Die Tigerin. Eine absonderliche Liebesgeschichte* aus dem Jahr 1925 läßt Walter Serner seine Protagonistin Bichette sagen: »[...] machen wir doch etwas! Etwas Neues! Etwas ganz Neues!... Machen wir doch – *uns*!« (Walter Serner: Die Tigerin. Eine absonderliche Liebesgeschichte. München: btb 2000, S. 19). Walter Serner gilt als Mitbegründer der Dada-Bewegung.

[43] Hans Janowitz: Jazz, S. 32. Während das transparente Medium Spiegel sich mit dem Betrachter wandelt, verkörpert der Rahmen ein konservatives Moment. Dies expliziert Janowitz mittels einer Personifizierung, in welcher der »stumpfe«, einst »vergoldete« Rahmen die Androgynität der *Neuen Frau* beklagt (ebd.).

[44] Der Roman von Friedrich Huch erschien erstmalig im Jahre 1909. Zitiert wird nach folgender Ausgabe: Friedrich Huch: Pitt und Fox. Die Liebeswege der Brüder Sintrup. Leipzig: Dieterich'sche Verlagsbuchhandlung 1964. Die Auswahl dieses Textes bietet sich vor allem deshalb an, weil dieser nicht zum gängigen Kanon zählende Roman sich streckenweise ganz auf die Wahrnehmung seines Protagonisten konzentriert, an anderen Stellen jedoch noch in der Erzähltradition des Realisten verhaftet bleibt. Auch Irmgard Keuns Roman aus der Zeit der Neuen Sachlichkeit demonstriert, wie traditionelles und innovatives Erzählen in Technik und Themenwahl verzahnt sein können bzw. nebeneinander fortbestehen. Was an Huchs Roman besonders ins Auge fällt, ist der Kontrast zwischen der Modernität des Themas und der antimodernen, konservativen Form, die noch in die vornaturalistische Periode zurückreicht und deren Vorbilder in der deutschen Romanliteratur des 19. Jahrhunderts wurzeln. Huch hat hier, zugunsten der psychologischen Charakterstudie, auf die neuromantischen und frühexpressionistischen Strömungen seiner Zeit verzichtet. Das Einwirken sozialgeschichtlicher Theoreme oder politischer Tendenzen ist diesem Romantypus ebenso fremd. Das (moderne) Phänomen der Ich-Dissoziation, dessen sich insbesondere die Expressionisten in der Nietzsche-Nachfolge bedienten, und das noch in Keuns erstem Roman eine zentrale Rolle spielt, ist jedoch in die psychologische Darstellung Pitt Sintrups integriert: »In ihm begannen die festen Gedanken sich aufzulösen; das ganze Zimmer, jedes einzelne Möbel schien sich plötzlich zu einer unerhörten Bedeutung vorzudrängen; er sah mit einem Male, daß hier ein Bild etwas schief hing [...] und doch dachte er nur an seine Angst [...]« (S. 218). Eine vergleichbare Stelle aus *Gilgi – eine von uns* liest sich

gen Muster der Literatur des Fin de siècle, zwei antagonistische Seiten einer Identität durch ein Geschwisterpaar darstellt, führt das Spiegelmotiv folgendermaßen ein:

> Pitt – so nannte Philipp Sintrup sein Spiegelbild, wie er es als kleines Kind zum erstenmal erblickte und mit dem Finger berührte. Die Familie heftete den Namen an ihn, und mit einer Art von Folgerichtigkeit ward nun sein jüngerer Bruder Fox gerufen. (S. 5)

Während in dem hier zitierten Roman das Spiegelbild jedoch zunehmend zum Symbol für das Eingeschlossen-Sein in der eigenen Individualität wird, aus dem es kein Entrinnen zu geben scheint,[45] so ist das Spiegelbild für die Protagonistinnen Keuns zunächst eine Bestätigung der eigenen Person, eine Selbstversicherung, deren »Funktionieren« »eigenes Verdienst« ist (G, S. 6). Individualität und Individualisierung erscheinen also, im Vergleich mit Huchs Romanfigur, erst einmal entproblematisiert; der Blick in den Spiegel führt hier zu Lustgewinn, nicht zur Selbstreflexion:

> Sie hält es fest in der Hand, ihr kleines Leben, das Mädchen Gilgi. Gilgi nennt sie sich, Gisela heißt sie. Zu schlanken Beinen und kinderschmalen Hüften, zu winzigen Modekäppchen, die auf dem äußeren Ende des Kopfes geheimnisvollen Halt finden, paßt ein Name mit zwei i. (G, S. 5)

Zwischen diesen so unterschiedlich angelegten Romanfiguren Pitt Sintrup und Gilgi[46] liegt eine ganze Generation, die Figur Pitt Sintrup zählt rein rechnerisch zur Elternge-

---

folgendermaßen: »Kein Laut ist im Zimmer – stilles, lastendes Halbdunkel – ein kleiner, stummer, weißer Fleck, das Gesicht der Magazindame. Irgendwo schlägt eine Tür [...] Geräusche, die helfen könnten – man dehnt sich zu ihnen hin, erreicht sie nicht« (G, S. 153).

[45] An folgenden Stellen wird die charakterliche und psychische Disposition des Protagonisten deutlich: »Pitt war jeder Lärm ein Greuel. Er hielt seine Fenster zumeist verschlossen und trug zu Hause fast immer Filzpantoffeln. Ein eigentliches Zimmer für sich besaß er nicht; er wechselte stets. Sowie er anfing, sich gemütlich zu fühlen, glaubte er irgendeinen Mißstand zu entdecken. [...] einen großen Spiegel nahm er jedesmal persönlich mit von einem in das andere Zimmer. Er liebte es, sich vor ihn hinzusetzen, hineinzusehen, alles zu vergessen und gar nichts zu denken. So müßten die Menschen sein! Ganz still und stumm, nur wie Erscheinungen!« (S. 8). Pitt Sintrup ist *das* Beispiel für eine »vaterlose« Figur zu Beginn des 20. Jahrhunderts. Ein »haltloser Mensch« (S. 343), eine Figur, die weder in der bestehenden spätbürgerlichen Gesellschaftsordnung, noch in sich selbst Identität bilden kann und deshalb zur Selbstverdopplung neigt. Seine »Vaterlosigkeit« wird im Roman expliziert, indem der Erzähler ihn mit einem »[...] Waisenkind, das trotz aller jahrelangen Gewöhnung niemals recht häuslich wird im Kreise seiner Pflegeeltern« (S. 6) vergleicht. Pitt Sintrup, eine »vornehme«, feingeistige Hamletnatur, ist ganz der Kontemplation des Lebens zugeneigt. Das Einlassen mit der Realität erträgt er nicht. So ist es denn auch nur logisch, wenn er sich dem Schein der Dinge, zuallererst seinem Spiegelbild zuwendet. Hier ist die Realität verdoppelt und zugleich von sich selbst abgerückt, in die Maske des Scheins gehüllt: »Er preßte seine Wange an ihren Kopf und starrte über ihre Schulter hinweg ins Leere, begegnete aber seinen eigenen Augen, die ihn aus einem gegenüberhängenden Spiegel ansahen. [...] Fasse wenigstens nicht jetzt einen Entschluß, fuhr er fort, ohne sein Spiegelbild aus den Augen zu lassen [...]. Die Lippen des Spiegelbildes schlossen sich: Während der Zeit war es Pitt so gewesen, als wenn der da drüben redete und nicht er selbst, obwohl er wußte, daß er sprach.« (S. 219). In dieser Figur wird dem Publikum ein Gestalt gewordener psychologischer Typus der Jahrhundertwende präsentiert: der nietzscheanische Décadent. Sein Bruder, Fox Sintrup hingegen, verkörpert die andere Seite dieses Phänomens: den Dandy oder Hochstapler (vgl. z.B. S. 137f.).

[46] Der Geschlechtsunterschied wurde hier allerdings bewußt außer acht gelassen. Er fällt bei der Betrachtung auch kaum ins Gewicht, berücksichtigt man, wie wenig beide Protagonisten den klassischen Rollenbildern entsprechen.

neration Gilgis. Daß Pitt Sintrup dem Großbürgertum angehört und seine Mentalität teilt, ist insofern ein Anknüpfungspunkt, als Gilgi im Verlauf des Romans in enge psychische Beziehungen zu zwei Figuren dieser Gesellschaftsschicht treten wird: zu ihrem Geliebten Martin Bruck, einer »antiquiert[en]« Boheme-Figur,[47] die zur Zeit der Romanhandlung 43 Jahre alt ist und somit zur jungen Generation der Jahrhundertwende zählt, und zu ihrer biologischen Mutter, Magdalene Greif. Beide Personen bedeuten für Gilgi eine Gefährdung, denn sie repräsentieren Haltungen, Werte und Selbstkonzepte, die in ihren Lebensentwurf nicht ohne weiteres integrierbar sind. Ästhetisch wird die Protagonistin dem Lesepublikum zu Beginn des Romans als »geschlossene Kontur«[48] vermittelt; die Darstellung verzichtet auf jegliche Psychologisierung. Figurenpräsentation und Alltagsszenerie gehen derart konform, daß die Textstruktur an keiner Stelle eine Brechung oder einen Durchlaß zu eröffnen scheint. Es ist hier noch unwahrscheinlich, daß eine so geschlossen angelegte Figur eine Ästhetik der Entwicklung, der Erweiterung oder des Scheiterns möglich macht. Die literarische Gestaltung erinnert auffällig an die bildende Kunst der Neuen Sachlichkeit.[49] Nicht innere Werte werden über den Blick auf den Körper reflektiert, sondern es geht einzig um die Perfektion der äußeren Erscheinung. Schönheit ist außerdem nicht den Genen zu verdanken; sie wird nicht zur »Natur« erklärt, sondern gezeigt als etwas, das sich künstlich erzeugen, ja »herstellen« läßt wie ein Serienprodukt durch Kosmetik und Kleidung. Ebenso ist morgendliche gute Laune durch Sport und Schlagerrhythmus erzeugbar (G, S. 6). Charakterliche und physiognomische Eigenheiten, die einer familiären Zugehörigkeit geschuldet wären, werden bei dieser (Selbst)betrachtung vollständig ausgeblendet. Der Körper mutiert zum Rohmaterial für die kunstvolle Ausstaffierung:

> Das Mädchen Gilgi steht vor dem Spiegel [...] und betrachtet sich mit sachlichem Wohlgefallen. [...] Bißchen Niveacreme auf die Brauen schmieren, daß sie schön glänzen, ein Stäubchen Puder auf die Nasenspitze. Schluß. Schminken gibt's nicht am Vormittag [...]. Hat was Sympathisches so'n Spiegel, wenn man zwanzig Jahre ist und ein faltenloses, klares Gesicht hat. Ein gepflegtes Gesicht. Gepflegt ist mehr als hübsch, es ist eigenes Verdienst. (G, S. 5f.)

---

[47] Vgl. hierzu: Doris Rosenstein: Nebenbei bemerkt. Boheme-Gesten in Romanen Irmgard Keuns. In: Erkundungen. Beiträge zu einem erweiterten Literaturbegriff. Festschrift für Helmut Kreuzer. Hg. v. Jens Malte Fischer et al. Göttingen 1987, S. 214ff; hier: S. 214.: »Auf verschiedenen Ebenen beleuchtet der Roman diese unbürgerliche, bohemische Züge aufweisende und gleichzeitig in die bürgerlich-kapitalistische Gesellschaft eingebundene Figur, die ihren allerdings zunehmend einschrumpfenden Spielraum einer kleinen Kapitalanlage verdankt. Zur ›neue[n] Generation‹ [...] gehört Martin Bruck nicht, deutlich genug ordnet ihn der Text [...] in die Vorkriegsepoche ein, dem adäquaten Rahmen für seinen Lebensstil, der 1931 als antiquiert und leergelaufen ohne avantgardistische Impulse [...] erscheint.«

[48] Der Begriff geht hier zurück auf Helmut Lethen und beschreibt die »Psychologie des Außen«: »Im neusachlichen Portrait [...] ist die Kontur geschlossen. Die Stirn beschirmt die Augen, die wie Richtungsscheinwerfer die Umwelt abtasten; die Berufsbezeichnung zirkelt den Aktionsradius ein, die Körper [...] sind geprägt von Arbeit und Klassenzugehörigkeit, wie sie sich der wachsam sondierenden Wahrnehmung des Fremden darstellen. [...] In der Neuen Sachlichkeit tritt der Mensch primär als ein agierendes Wesen auf den Plan. [...] Nicht Introspektion, Bewegung ist die Parole.« (Helmut Lethen: Verhaltenslehren der Kälte. Lebensversuche zwischen den Kriegen. Frankfurt a. M.: Suhrkamp 1994, S. 50f.).

[49] So weckt die Darstellung Gilgis Assoziationen an die Selbstportraits Tamara de Lempickas, insbesondere an das *Autoportrait.*

Faltenlos, gepflegt und klar anstatt hübsch. »Geheimnisvoll« wird sie allein durch das »winzige Modekäppchen«, das sie auf dem Kopf trägt (G, S. 5), wobei das »Geheimnis« allein darin besteht, wie jemand sich so effektvoll inszeniert, daß es wie Natur erscheint. Was bleibt, ist ein Kunstprodukt in Verpackung, denn so präsentiert uns Irmgard Keun ihre Gilgi. Nichts an ihr wird als Natur oder Person beschrieben. Die Anlage der Figur erinnert an die *femme machine*, welche die *femme fatale* der Jahrhundertwende in den zwanziger Jahren ablöst und deren Lebendigkeit auf einem Automatismus zu beruhen scheint: eine Puppe ohne Eingeweide, kontrolliert, kontrollierbar, ohne eigene Geschichte.[50] Gleich die allerersten Sätze machen deutlich, daß es um die Darstellung eines Lebensentwurfes geht, der auf Pragmatismus ausgerichtet ist: Leben als etwas Konkretes, Formbares, Faßbares, das man wie einen Gegenstand in der Hand halten kann. Es wird ein Lebenskonzept angerissen, das sich wie ein roter Faden durch den gesamten Roman zieht. Begriffe wie »klein« und »fest« reduzieren den Lebensbegriff auf handhabbare Kategorien und beschreibbare Konstanten. Die Hauptfigur wird sogleich unter zweierlei Namen eingeführt: unter ihrem »bürgerlichen« Vornamen Gisela und – im Kontrast dazu – unter ihrem selbst gegebenen Namen Gilgi. Hier wird die Differenz zwischen eigenem Lebensentwurf und einer von außen gegebenen Bezeichnung deutlich. Der Name Gilgi soll im Gegensatz zu Gisela Authentizität symbolisieren, er ist ein Abgrenzungskriterium. Der Zusatz »Mädchen« verweist zudem auf Jugend. Verstärkt wird dieser Eindruck durch die Beschreibung ihrer Körperhaftigkeit. An späterer Stelle erfahren wir das gegenwärtige Alter der Figur (G, S. 6), doch zunächst erfolgt ein Blick in die Zukunft, der den Eintritt ins Erwachsenenalter möglichst weit hinausschiebt: »Wenn sie fünfundzwanzig ist, wird sie sich Gisela nennen.« (G, S. 5) Dies betont die Vorläufigkeit des präsentierten Lebensentwurfes, es wird bereits angedeutet, daß der Zeitpunkt kommen wird, wo die Figur selbst ihre Integration in die Gesellschaft akzeptiert: sie wird dann ihre bürgerliche Identität anerkennen, indem sie sich Gisela nennt.

Gerade die jüngere Forschung hat in der Darstellung solcher Lebensentwürfe einen Bezug zur Gegenwart erkannt. Die Wirkung von Helmut Lethens Monographie *Verhaltenslehren der Kälte* schlägt sich ebenfalls in der Keun-Forschung nieder. So schreibt Steffen Wedepohl in seinem 1998 erschienen Aufsatz *Die Frau als Single* über den Lebensentwurf Gilgis:

Hier macht jemand etwas aus sich, Gilgis eiserner Wille zwingt Körper und Geist in den eigenen Lebensentwurf. Diese Selbstproduktion findet allerdings nicht in der beschaulichen Atmosphäre humanistischer Persönlichkeitsbildung statt, sondern hat längst die Dynamik der Akkordarbeit angenommen. Gilgi braucht keine Pädagogen: sie hat ihre Erziehung selbst in die Hand genommen [...].[51]

---

[50]   Maria Deppermann: »Femme machine« – Zum filmischen Code in Fritz Langs *Metropolis*. In: Semiotik der Geschlechter. Akten des 6. Symposiums der Österreichischen Gesellschaft für Semiotik. Hg. v. J. Bernard/T. Klugsberger/G. Withalm. Stuttgart/Wien 1989, S. 157-168. Die Maschine im Film verkörpert den »Kontrast von Funktionieren und Explodieren« (S. 160), »Die Kernspaltung im Kraftfeld der multiplen Frau: zwischen dem ethischen Idealbild der sozial engagierten Madonna und der elektrifizierten Triebdynamik des asozialen, amoralischen Vamp [...]« (S. 165).
[51]   Steffen Wedepohl: Die Frau als Single. Irmgard Keun's Roman *Gilgi – eine von uns*. In: Juni Magazin für Literatur und Politik Nr. 27, 1998, S. 116.

Eine grundsätzliche Verschiedenheit, welche durch die Beschreibung der äußeren Erscheinung und Körperlichkeit markiert wird, kennzeichnet das Verhältnis zwischen Gilgi und ihren Eltern, insbesondere zwischen Gilgi und ihrer Mutter in der Eingangsszene des Romans sowie in der darauf folgenden Frühstücksszene (G, S. 7ff.). Es scheint fast so, als sei dort niemals eine Verbindung vorhanden gewesen.[52] Eine Kontinuität der Mutter in der Tochter, der Eindruck der Verbundenheit und familiären Abfolge, wird nicht evoziert. Der Kontrast ist so überscharf gezeichnet, daß der Leser sich kaum wundert, wenn an späterer Stelle die Mutter Gilgi eröffnet, daß sie »nur« ein Adoptivkind ist:

> Frau Kron liest. Sie ist breit und zerflossen. Das Fleisch ihrer Arme und Brüste ist ehrbar schlaff und müde. Sie ist grau und reizlos und hat nicht den Wunsch anders zu sein. Sie kann es sich leisten zu altern. [...] Mit eiligen, aber unhastigen, leichten Bewegungen trinkt Gilgi eine Tasse Kaffee, ißt ein mager bestrichenes Brötchen – man will doch nicht dick werden –, zündet sich ein Zigarette an, macht drei, vier, fünf Züge, drückt die Zigarette auf der Untertasse aus und erhebt sich. (G, S. 9)

Die Mutter *erscheint* nicht nur als das Gegenteil von Gilgi – sie *ist* im Verlauf der Erzählung nicht einmal ihre Mutter. Als ob die Autorin einer zusätzlichen Komponente bedurft hat, um diesen Kontrast zu unterstreichen, erfindet sie die Geschichte Gilgis als die eines Adoptivkindes. Es genügt Keun nicht, den Mutter-Tochter-Kontrast über äußerliche Markierungen, Figurenreflexion oder Dialoge zu inszenieren – sie greift zu Kolportageelementen, um das Offenkundige noch äußerlicher zu machen. Teilweise liegt ein Bezug zum Genre des Märchens nahe. Dieses Verfahren verführt dazu, den Roman in die Unterhaltungsliteratur einzuordnen. Es zeigt aber die Tendenz der Neuen Sachlichkeit zu plakativen Verfahren und zur Veräußerlichung innerer Zustände in Form von Handlungselementen, Übertreibungen und dem Aufbau dichotomer Strukturen.[53]

Wenn nicht Frau Kron Gilgis Mutter ist, wer könnte es dann sein? Mit diesem Leserinteresse spielt Irmgard Keun, und damit alles seine Kolportage-Ordnung hat, wird das eben erwachsen gewordene Mädchen auf die Suche geschickt: an ihrem 21. Geburtstag erfährt Gilgi beim Aufwachen von Frau Kron, daß diese nicht ihre biologische Mutter ist. Dieser Einschnitt in das Leben der Protagonistin wird im Text durch einen größeren Absatz kenntlich gemacht; der neue Abschnitt beginnt wiederum mit einer morgendlichen Szene.[54] Daß diese im gleichen Innenraum angelegt ist, nämlich

---

[52] Klaus Mann wählt als Symbolfigur der jungen Generation den Waisenknaben Kaspar Hauser, der »unberührt vor dem lebendigen Wunder [steht], wurzellos und ein Waisenkind, hingegeben allen Möglichkeiten.« (Die neuen Eltern, S. 65f.).

[53] Volker Klotz spricht im Zusammenhang mit den Besonderheiten der Neuen Sachlichkeit vom Festmachen dessen, »[...] was (schon) fest steht [...]«. Im Gegensatz zu den expressionistischen Autoren, die auf eine Aufhebung der Grenzen abzielen, »gehen die neusachlichen Autoren gerade aufs genau, aufs übergenau Definierte aus.« (Volker Klotz: Forcierte Prosa. Stilbeobachtungen an Bildern und Romanen der Neuen Sachlichkeit. In: Festschrift zum 65. Geburtstag von Joseph Kunz. Hg. v. Rainer Schönhaar. Berlin 1972, S. 245).

[54] Das Motiv einer plötzlichen, schockhaften Erkenntnis der Veränderung oder Verkehrung aller Lebensumstände beim Erwachen aus dem Schlaf findet sich auch in Klaus Manns *Fragment von der Jugend*: »Eines Morgens richtet ein junger Mensch, der einen Traum gehabt hatte, in seinem Bett sich auf, erschrickt und erkennt plötzlich: ›Er hatte die Melodie noch nicht gefunden, er und seine Gene-

in Gilgis Schlafzimmer – dem Ort, der die Figur im ersten Abschnitt des Romans als
eine geschlossene, unverletzbare Kontur vorführt, verstärkt die Wirkung dieses Ein-
schnittes noch:

> Frühmorgens, eine Viertelstunde vor Ablaufen des Weckers, kommt Frau Kron in
> Gilgis Zimmer und setzt sich zu ihr auf den Bettrand. [...] Die vertraute Körper-
> nähe der Mutter, der leichte Kernseifengeruch ihrer Hände versetzen sie in einen
> Zustand nestwarmer Geborgenheit. »Jilgi, mein Kind, du hast mich doch lieb,
> nicht wahr?« »Was ist los?« Gilgi fährt auf und sieht erschrocken und mißtrauisch
> aus. [...] Komische Einleitung. Überflüssige Frage. Sie hat nie darüber nachge-
> dacht, ob sie die Mutter liebhat. Mitleidig streift ihr Blick über Frau Krons brei-
> ten, verfetteten Rücken. »Jilgi, du wirst heute einundzwanzig Jahr alt« [...] »Jilgi!«
> Frau Krons Stimme klingt hoch und trocken, »du bist nämlich nicht unser Kind.«
> »So!« Gilgi begreift nicht ganz. [...] Immer schön fest auf den Füßen stehn, ja
> nicht wackeln. Wenns weiter nichts ist. Ihr Gesicht ist gleichmütig, sie reagiert
> nach innen. (G, S. 21 f.)

Diese Eröffnung erhält den Stellenwert einer verkehrten Initiation: sie kommt einer
endgültigen Ausstoßung aus der Familie gleich, die auf der Oberfläche der Handlung
und in den Gedanken der Protagonistin bereits vollzogen ist. Interessanterweise betritt
die Mutter das Zimmer der Tochter »vor Ablaufen des Weckers« (ebd.). Sie trifft die
Tochter also in einem Zustand an, in dem sie noch nicht vollständig erwacht ist, sich
also noch im Zwischenreich von Träumen und Wachen aufhält. Das Läuten des Weckers markiert eine Grenze: hier findet der Übertritt in das Bewußtsein, in den Alltag
statt.[55] Zugleich bezeichnet es die Trennung vom Traumzustand. Explizit auf diese
Textstelle verweist Heide Soltau in ihrer 1984 erschienenen Monographie *Trennungs-*
Spuren: Frauenliteratur der zwanziger Jahre.[56] Sie diskutiert die Ambivalenz zwischen
dem Wunsch nach »nestwarmer Geborgenheit« und Unabhängigkeit, Distanz zur
Mutter:[57]

> Der in dieser Szene zum Ausdruck kommende Wunsch nach Verschmelzung des
> Ich mit dem Objekt und das im selben Maße vorhandene Wissen um Distanz,
> welches sich schmerzhaft durch alle Szenen zieht, die Gilgi im Elternhaus zeigen,
> tritt indessen nicht als Trauer oder Schmerz auf. Das Leiden an dieser Ambivalenz
> offenbart sich in dem schonungslosen, sachlich-kühl sezierenden Blick, mit dem

---

ration.‹ – ›Was sind wir?‹ schrien sie zu Anfang einander zu. Aber ihm wird alles klar, ›wie in einer
gewaltigen und heftigen Vereinfachung‹«. (Die neuen Eltern, S. 66). Der bekannteste Text der Moderne, der dieses Motiv benutzt, ist natürlich Kafkas Erzählung *Die Verwandlung* von 1912. Ganz lakonisch heißt es dort: »Als Gregor Samsa eines Morgens aus unruhigen Träumen erwachte, fand er
sich in seinem Bett zu einem ungeheuren Ungeziefer verwandelt.« (Franz Kafka: Sämtliche Erzählungen. Frankfurt a. M.: S. Fischer 1969, S. 56). Kafka, Mann und Keun symbolisieren hiermit gleichfalls das Ausgestoßensein aus dem Familienbund.
[55]   Dieser Metapher bedient sich in einem anderen Zusammenhang Ernst Jünger in seiner Schrift
Der Arbeiter (vgl. hierzu: Lethen, S. 22).
[56]   Heide Soltau: Trennungs-Spuren: Frauenliteratur der zwanziger Jahre. Frankfurt a. M.: extrabuch
Verlag 1984, hier: S. 191.
[57]   Wichtig ist auch der Hinweis Soltaus darauf, daß diese Kommunikation »ohne Sprache« (ebd.) erfolgt. Dies ist eine weitere Andeutung eines Erlebens, dessen Ursprung in die vorsprachliche Lebens-
periode zurückreicht.

die Eltern, stets mit Herr und Frau Kron bezeichnet, analysiert und beschrieben werden.[58]

Die Beziehung zur Mutter, die zunächst wie nicht vorhanden erscheint, entpuppt sich in dieser Szene als eine der »primitiven Objektliebe«.[59] Soltaus später angeführte These bzw. Fragestellung an den Text, »ob nicht […] ihre [Gilgis] Wunschstruktur der primären Liebe kennzeichnend ist für ihre weiteren Objektbeziehungen«,[60] wird sich bestätigen[61]. Diese Arbeit konzentriert sich demgegenüber auf die Struktur der Mutterbeziehungen und eher nebenbei auf die Frage, wie Liebesbeziehung und Mutter-Tochter-Beziehung im Text miteinander in einer psychologisch glaubhaften Verbindung stehen. Entgegen des ersten Eindruckes, den man bei der Textlektüre erhält, hat Irmgard Keun im weiteren Verlauf ihres Erstlingsromans die Theorie der Psychoanalyse mit der Ästhetik der Neuen Sachlichkeit literarisch vernetzt, was ein durchaus nicht gewöhnliches, ja sogar in sich widersprüchliches Phänomen ist, da die Autoren der Neuen Sachlichkeit dem Psychologismus eher abgeneigt gegenüberstehen.

Etwas problematisch bei Soltaus psychologischer Literaturanalyse ist allerdings die im o.a. angeführten Zitat auftretende zu geringe Trennschärfe zwischen Erzähler/in und Protagonistin. Dies mag auch in der spezifischen Erzählstruktur Irmgard Keuns begründet sein. Die hier von Soltau als Beleg angeführte Textpassage, die von mir weiter oben schon zitiert wurde (G, S. 9), ist einer Erzählerinstanz zuzuordnen und muß daher nicht mit der Wahrnehmung Gilgis identisch sein. Oftmals scheinen allerdings Erzählerinstanz und Protagonistin im Leseprozeß miteinander zu verschmelzen und sind selbst bei aufmerksamer Analyse nicht immer auseinanderzuhalten. Es liegt an der Erzähltechnik, die Irmgard Keun hier verwendet, diese gleicht einer Kamera, welche schonungslos die Figuren und den Raum abfährt: gleichmäßig, gleichgültig, emotionslos, rücksichtslos. Damit ist der Bezug zwischen Keuns Erzählinstanz und der *kalten persona* hergestellt.

In einer späteren Szene wird Gilgi durch ihren »Fehltritt«[62] den Prozeß der Trennung von der Familie aktiv fortführen.[63] Das, was Gilgi in der o.a. Textpassage nur passiv widerfuhr – daß sie ein Adoptivkind ist, konnte sie nicht beeinflussen –, eignet sie sich nun durch Handeln an. Dies ist nach den Kriterien der »Außenlenkung« notwendig, damit die Protagonistin ihre geschlossene Kontur wiedergewinnen bzw. erhalten kann. So wendet sie die Gefahr ab, »Kreatur« zu werden.[64]

Mit dem Verlust einer unhinterfragten Zugehörigkeit (G, S. 21) setzt nun die Suche nach der eigenen Herkunft, nach Identität ein. Sowohl der Leser als auch die Protagonistin werden von dieser Suche im Verlauf der Erzählung enttäuscht, da Gilgi

---

[58] Soltau: Trennungsspuren, S. 193.
[59] Ebd., S. 191.
[60] Ebd., S. 193.
[61] Hier hat die Forschung Gilgis Beziehung zu Martin Bruck ausführlich untersucht und als die dem Text zugrundeliegende Struktur die Theorie der freudschen Psychoanalyse benannt. Vgl. vor allem die Arbeiten von Irene Lorisika, Doris Rosenstein, Ritta Horsely und Ingrid Marchlewitz.
[62] Gilgi hat die bürgerlichen Moralvorstellungen verletzt, weil sie sich, unverheiratet, auf eine sexuelle Beziehung mit einem Mann eingelassen hat (G, S. 72ff.).
[63] Das Gefühl des Getrennt-Seins von der Elterngeneration sieht Klaus Mann in *Unser Verhältnis zur vorigen Generation* als symptomatisch: »Die ›expressionistische‹ Jugend *kämpfte* gegen das Vergangene, gegen den mächtigen, gehaßten und gefürchteten Begriff: ›Vater‹. Wir fühlen uns dafür zu weit von ihm getrennt.« (Die neuen Eltern, S. 74).
[64] Lethen, S. 12.

zu keiner der »Mütter«, auf die sie treffen wird, einen zufriedenstellenden Kontakt herstellen kann. Schon im Verhalten der Protagonistin wird ein Widerspruch erkennbar: Einerseits begibt sie sich auf die Suche nach ihrer »richtigen« Mutter mit dem distanziert-kritischen Habitus einer Journalistin oder Wissenschaftlerin, die Recherchen unternimmt,[65] andererseits hat die Handlung gerade hier einen Punkt erreicht, an dem die äußeren Ereignisse auf die Protagonistin einzuwirken beginnen und die »selbstgezogene Grenze, die so selbstverständlich war« (G, S. 113), einzubrechen droht:

> Gilgi zieht aus ihrem Täschchen ein kleines Notizbuch: Fräulein Margarethe Täschler, Thieboldsgasse. Da wird man jetzt hingehen. Es interessiert einen ja schließlich, das Wesen zu sehn, das einen zur Welt gebracht hat. War gar nicht so einfach, den Namen von zu Haus rauszukriegen, die Adresse hat sie sich selber gesucht. [...] In der Thieboldsgasse ist's dreckig und dunkel. Es dauert eine Weile, ehe Gilgi die richtige Hausnummer gefunden hat. Im Hausflur stinkt es nach faulem Fisch und alter Wäsche. [...] Das Haus lebt, das Haus atmet. Gilgi werden die Beine schwer. Warum ist sie hergekommen, was will sie hier? Ufff, sie kriegt keine Luft. [...] wie das stinkt hier im Haus, mir wird schlecht – tapp – tapp – tapp [...] (G, S. 26f.)

Dieses Romanzitat ist ein gutes Beispiel für Irmgard Keuns Erzähltechnik: nahezu unbemerkt und übergangslos löst der innere Monolog die erlebte Rede ab. Hier entsteht der Leseeindruck, der weiter oben als Verschwimmen der Sichtweisen bezeichnet wurde. Hat der Leser zu Beginn noch den Eindruck erhalten, Gilgis Person bleibe von der Suche nach der Mutter unberührt, so wird sie kurze Zeit später in den Sog der Atmosphäre des Hauses gerissen – eine Metapher, die für den weiteren Verlauf der Erzählung bedeutsam werden wird.

Die Frage nach familiärer Kontinuität als Teil der Identität bleibt letztlich unbeantwortet, der Text erzählt lediglich die blanken Fakten. Das beginnt schon damit, daß Frau Kron ihrer Adoptivtochter zwar die Wahrheit mitteilt, sie aber mit den emotionalen Konsequenzen allein läßt. Der Vater bringt es auf den Punkt: »[...] denk jaanich mehr an das, was dir Mutter eben jesaacht hat.« (G, S. 22) Dieser Satz klingt nach Befehl: Gilgi hat die Wahrheit zu »schlucken« und gleichzeitig zu vergessen. Droht die Situation zu entgleisen, wird sie oral beantwortet: »Iß Gilgi, trink, Gilgi« (G, S. 25).[66] Das Frappierende an diesem neusachlichen Roman ist, daß die Frage

---

[65] In diesem Habitus wird auch ein zeitgenössisches Phänomen erkennbar: Die Autorinnen der Weimarer Republik arbeiteten zum Teil als Journalistinnen und Redakteurinnen. Ein Beispiel dafür ist Vicki Baum, die seit 1926 Zeitschriftenredakteurin im Ullstein Verlag war und 1931 nach Hollywood übersiedelte. Vgl. zu diesem Thema vor allem den Aufsatz *Haarschnitt ist noch nicht Freiheit* von Irmgard Roebling.

[66] Der Psychoanalytiker Heinz Kohut hat in seiner Theorie über narzißtische Persönlichkeitsstörungen ausgeführt, daß es zu einer Vermischung oder Verwechslung von emotionalen und körperlichen Bedürfnissen kommen kann, wenn beim Säugling jedes Unwohlsein mit Füttern beantwortet wird (Heinz Kohut: Narzißmus. Eine Theorie der psychoanalytischen Behandlung narzißtischer Persönlichkeitsstörungen. Frankfurt a. M. 1973). So entsteht im Verlauf der Zeit eine »orale Fixierung«, das heißt, auch Objektbeziehungen funktionieren vornehmlich auf oraler Ebene. Das Individuum ist dann nicht in der Lage, reife Objektbeziehungen zu bilden. Dies findet eine Parallele in der Erzählung *Gilgi – eine von uns*: Die Problematik der Hauptfigur besteht in der Angst, vom Objekt (Partner, Mutter) entweder verschlungen oder verlassen zu werden. Diese Fixierung geht zurück auf die sog. »orale Phase«, die ca. bis zum Ende des ersten Lebensjahres anhält. Triebziel in dieser Zeit ist die

nach Identität materiell, das heißt durch (biologische) Fakten beantwortet wird. Die Frage nach dem ideellen bzw. dem – etwas zeitgenössischer formuliert – psychischen Aspekt von Identität kommt zunächst gar nicht erst auf; sie ist aber dennoch als unterschwellige Strömung ständig präsent und drängt schließlich, in der »zweiten Hälfte« des Romans[67] an die Oberfläche. Die Mutterlosigkeit wird zum Symbol für die Bindungslosigkeit und die fragile, ständig bedrohte Identität der Hauptfigur, und sie wird so – sieht man einmal von der Liebesgeschichte ab, die einen großen Raum im Romangefüge beansprucht – zu einem dominanten Motiv. Hier wird nun auch die Metapher des Spiegels, deutet man diese im Sinne der Freudschen Psychoanalyse, zu einem weiteren hilfreichen Hinweis: der erste »Spiegel«, in den das Kind nach seiner Geburt blickt, ist das Gesicht der Mutter, hier generiert sich sein Selbst.[68] Die

---

orale Befriedigung, die sich in einer narzistischen Fusion mit den Objekten äußert. Gleichzeitig besteht noch ein symbiotisches Verhältnis zum Körper der Mutter. Die Vermutung, daß die Autorin ebenfalls zeitlebens mit einer »oralen Fixierung« zu kämpfen hatte, liegt aufgrund der biographischen Daten, die wir nun kennen, nahe. Signifikant für dieses Lebensthema ist vor allem ihre Alkoholsucht. Ingrid Marchlewitz sucht in ihrer Dissertation nach einer biographischen Begründung, die Problematik besteht allerdings darin, daß sich ihre These, Irmgard Keun habe sich von ihrem Vater nicht anerkannt gefühlt und deshalb zeitlebens in einem prekären Abhängigkeitsverhältnis zu Männern gelebt, nicht hinreichend belegen läßt. Die Aussagen der Autorin selbst waren nur allzu oft unzuverlässig. Was hier zu dieser Fragestellung beigetragen werden kann, die ja nicht nur die Biographen Irmgard Keuns interessiert hat, sondern auch bei der Interpretation ihrer Texte immer wieder relevant wird, ist eine Strukturanalyse des Romans und eine Parallelisierung mit den vorhandenen Fakten der Biographie.

[67] Die Auffassung von der Zweiteiligkeit des Romans hat Kurt Tucholsky mit seiner Kritik 1932 in *Die Weltbühne* initiiert, und sie wurde von der Forschung weitgehend unhinterfragt akzeptiert; man war sogar bemüht, sie zu untermauern. So zuletzt Ingrid Marchlewitz in ihrer Dissertation *Irmgard Keun: Leben und Werk*, erschienen 1999; die Autorin scheint sogar der Argumentation Tucholskys minutiös zu folgen (Marchlewitz, S. 80): »Offensichtlich kann die Autorin die radikale Desillusionierung dieser sogenannten großen Liebe gedanklich nicht leisten – und daher auch nicht erzählerisch umsetzen. Gerade das macht diese zweite Romanhälfte stellenweise unerträglich [...] die Darstellung der Angestellten [handhabt] Irmgard Keun virtuos [...]«. In Tucholskys Kritik heißt es: »In der ersten Hälfte des Büchleins wimmelt es von ciselierten Einzelheiten. Schilderung der Fahrgäste in der Straßenbahn [...] Wenn Frauen über die Liebe schreiben, geht das fast immer schief: sauer oder süßlich. Diese hier findet in der ersten Hälfte des Buches den guten Ton. [...] Wenn Frauen über die Liebe schreiben, geht das fast immer schief. Diese hier findet in der zweiten Hälfte weder den richtigen Ton noch die guten Gefühle. Dazu kommt eine fatale Diktion: was reden die Leute alle so, wie wenn sie gerade Freud gefrühstückt hätten!« Daß hier die eher subjektive Betrachtungsweise einer Literaturkritik zur Grundlage wissenschaftlicher Analysen werden konnte, zeigt, welche Autorität der Name Kurt Tucholsky im literarischen und literaturwissenschaftlichen Diskurs bis heute für sich beanspruchen kann – auf jeden Fall eine höhere, als der Name Irmgard Keun. Und während die Forschung den – schwer zu überlesenden – Sexismus in Tucholskys Kritik erkannt und moniert hat (z.B. bereits Ursula Krechel in ihrem Aufsatz *Irmgard Keun: die Zerstörung der kalten Ordnung* von 1979, S. 113ff.), so ist bei der Betrachtung der formalen Struktur doch immer wieder die Rede von zwei Teilen. An welcher Stelle im Roman der zweite Teil präzise anzusetzen wäre, wird jedoch nirgends klar dargelegt.

[68] Der Begriff des *Spiegels*, bzw. des *Spiegelstadiums* geht auf die Freud-Lektüre von Jacques Lacan zurück, in der Lacan seine Theorie vom menschlichen Subjekt entwickelt. Er vertrat die Auffassung, die menschliche Psyche bestehe aus zwei verschiedenen Subjekten, aus einem seienden Ich (»moi«), das er als einheitlich definiert, und einem sprechenden (»je«) Subjekt, das in bewußte und unbewußte Teile aufgespalten ist (vgl. Ellie Ragland-Sullivan: Jacques Lacan und die Philosophie der Psychoanalyse. Weinheim und Berlin: Quadriga 1989, S. 23f.). Das Spiegelstadium markiert einen Entwicklungsabschnitt zwischen dem 6. und 18. Lebensmonat des Kindes, in dem es zu einer intensiveren Kontaktaufnahme und einer Identifikation mit der primären Bezugsperson (meist der Mutter) kommt. Auch beginnt das Kleinkind in dieser Zeit sein eigenes Bild im Spiegel wiederzuerkennen. »Diese Identifikation mit einer *Gestalt* seines eigenen Körpers findet ihre Parallele in der Beziehung des Kleinkindes zur mütterlichen *imago*, so als handle es sich bei ihr um es selbst. Die Mutter wird als

Beschreibungen von Gilgi und Frau Kron (G, S. 5 u. S. 9) muten wie symmetrische Gegenentwürfe an, wie Negativ und Positiv einer Fotografie. Gilgi erblickt in der Mutter den Negativentwurf ihrer selbst[69] – nicht einmal eine einfache Modifikation kann sie sein, da sie ihr auch äußerlich nicht ähnelt. Vielmehr bestehen dichotome Strukturen wie beispielsweise »breit und zerflossen« gegenüber »schlank und kinderschmal«. Die Adoptivmutter bleibt eine Fremde.[70] Das, was Gilgi beim morgendlichen Blick in den Spiegel sieht, ist so typisiert und standardisiert, daß es schon fast an ein Serienprodukt aus der Retorte erinnert, an ein Massenprodukt wie die Tiller-Girls.[71] Der amerikanische Autor Aldous Huxley schreibt diese Phantasmagorie im Folgejahr 1932 in *Brave New World* noch weiter, denn in seiner Fiktion fehlt durch die Retortenzeugung jegliche Bindung an die biologischen Eltern. Als einziger »Erziehungsfaktor« treten hier die Gesellschaft und der Konsum in Erscheinung.

Wird die Mutterproblematik auf der Ebene der Handlung in einer eher trivialen Art und Weise verhandelt, so läßt die Sprache Rückschlüsse auf tiefergreifende Bewußtseinsebenen zu. Mittels der figurennahen Erzählmuster legt sich der Text dem Leser wie ein Film auf die Augen, die Distanz zwischen ihm, der Szenerie sowie der Figur wird auf ein Minimum reduziert. Dabei wechselt die Optik ständig zwischen figuraler Sicht auf die Wirklichkeit und objektivierend-distanzierender Darstellung. So kann ein scheinbar triviales und zum Teil auch stereotyp erzähltes Element oder Ereignis durch figurale Emotionalisierung schnell eine gänzlich andere Färbung bekommen. Vielfach ist diese Diskontinuität in Keuns Erzählweise kritisiert worden, erstmalig in der weiter oben angeführten Kritik von Kurt Tucholsky. Für die Gestaltung der Keun-typischen Charaktere und ihre Erfahrungswelt ist sie jedoch grundlegend. So erzielt Keun durch das Verwischen von Erzählerstimme, figuraler Sicht und Beschrei-

---

Objekt *a* (als begehrtes Objekt) introjiziert, was Lacan in diesem Kontext die Repräsentation der eigenen *Gestalt* nennt.« (ebd., S. 49f.).

[69]   Erst die jüngere Forschung fokussiert den Aspekt der »Mutterlosigkeit«, eine Tatsache, die sicherlich auch dem derzeitigen Interesse der Kulturwissenschaften an Genealogie und Gedächtnis als Faktoren der Identitätsbildung geschuldet ist. So verwendet Steffen Wedepohl in diesem Zusammenhang erstmalig den Begriff »Negatividentität« für Gilgis Sicht auf die Mütter. Dabei bezieht er sich auch auf die Schrift von Ritta Jo Horsley, die vom »symbolic identity quest« spricht. (Ritta Jo Horseley: The Problematics of Language in the Early Novels of Irmgard Keun. In: Colloquia Germanica, Bd. 23. Hg. v. Bernd Kratz. Bern: A. Francke 1990, S. 297-313; hier: S. 298f.). Interessanterweise kommen die fruchtbarsten Denkanstöße in diese Richtung aus der amerikanischen Keun-Forschung, zuletzt im Jahre 1995 von Barbara Kosta. Sie spricht sogar von »Keun's radical departure from normative representation of mother-daughter-relationship.« (Barbara Kosta: Unruly Daughters and Modernity: Irmgard Keun's Gilgi—eine von uns. In: The German Quarterly (3) 1995, S. 271-286; hier: S. 275).

[70]   Die Bewegung gegen die Eltern in der Periode der Neuen Sachlichkeit, das Kultivieren von Distanz und Fremdheit zur Verfechtung, aber letztlich Auslöschung und Neukonstruktion der eigenen Identität zeigt sich überspitzt in Bertolt *Brechts Lesebuch für Städtebewohner*. Identität ist zu einem Kampf geworden. Hier lautet der Verhaltensratschlag gegenüber den Eltern: »[…] Wenn du deinen Eltern begegnest in der Stadt Hamburg oder/sonstwo/Gehe an ihnen fremd vorbei, biege um die Ecke, erkenne sie nicht/Zieh den Hut ins Gesicht, den sie dir schenkten/Zeige, o zeige dein Gesicht nicht/Sondern/Verwisch die Spuren!« (Bertolt Brecht: Lesebuch für Städtebewohner. In: Bertolt Brecht. Die Gedichte. Frankfurt a. M.: Suhrkamp 2000, S. 122f.).

[71]   Tiller-Girls: »Fritz Giese untersucht in seinem Buch *Girlkultur* [1925] die Zusammenhänge zwischen den tanzenden Girls auf der Bühne, die in Deutschland 1923 durch die Tournee der Tiller-Girls zum ersten Mal in Erscheinung traten und die als perfekte Verkörperung der Symptome der modernen Industriegesellschaft interpretiert wurden, und dem amerikanischen Frauentyp allgemein.« (Doris Rosenstein: Irmgard Keun. Das Erzählwerk der dreißiger Jahre. Frankfurt a. M.: Peter Lang 1991, S. 15).

bung der Welt der Objekte in *Gilgi* nicht nur den Eindruck des Zusammenbruchs eines Charakters oder einer persona innerhalb der Handlung, sondern sie macht dem Leser diesen Zusammenbruch durch eine synästhetische Schreibweise erfahrbar:

> Man schmilzt auf in ungesichtiger Menge – was ist man denn jetzt noch? Das, was im Raum ist: summende Hoffnungslosigkeit, stimmhaft wie das Weinen eines halbverhungerten Kindes – gebrochenes Wollen ohne Wunschkraft – gestorbenes Warten ohne Worauf – Tappen in Tage – Ruhen im Gestern, keine Kraft zum Morgen – ausgeschlossen aus Gemeinsamkeit [...] an Fremdes gelehnt, an Fremdes gelehnt ... ach, der Atem um mich herum, und wenn man nicht so dicht vor mir stände und hinter mir – ich würde umfallen, aber so kann ich nicht umfallen [...] fremde Gedanken dringen einem in die Poren [...]. (G, S. 122)

Es zeigt sich eine motivische Verknüpfung zwischen der Darstellung des zunehmenden Realitätsverlustes im Horizont der Hauptfigur und der Präsentation ihrer Mutter-Beziehungen, bzw. der Beschreibung ihrer Mutterlosigkeit. Dazu zählen u.a. der Verlust des Gefühls der Selbstbestimmtheit beim Blick in den Spiegel (G, S. 90), die »Gesichtslosigkeit« von Fräulein Täschler (G, S. 28), sowie die Szene, in der Gilgi zuletzt ihrer biologischen Mutter gegenüber sitzt und sie schließlich nur noch als »weiße(n) Fleck« (G, S. 153) wahrnehmen kann. Alle drei Beispiele sind Bezeichnungen sowohl für die »Mutterlosigkeit«, als auch für den zunehmenden Selbstverlust. Was Gilgi zu Beginn des Romans als gesicherte Identität zur Verfügung zu stehen schien, erweist sich schon durch die Mitteilung der Mutter als Konstruktion und bewirkt die erste Irritation im Horizont der Protagonistin. Im Verlauf des Textes gerät dann die Konstruktion allmählich zur Fiktion und droht sich schließlich zu verflüchtigen.[72] Mutterlosigkeit und Realitätsverlust gehen innerhalb der Textstruktur konform. Daß die Kritik den Standpunkt vertritt, Irmgard Keun sei der Text ästhetisch »entglitten«, verweist auf das Verwurzelt-Sein gerade deutscher Kritiker in der humanistischen Bildungstradition, die dem Autor (wenn es denn ein guter Autor ist), Werkherrschaft unterstellt. Dagegen mag die Auffassung von Roland Barthes stehen, der Text schreibe sich selbst. Schließt man sich diesem Diktum an, wäre der Bezug auf die Autorperson Irmgard Keun unerheblich – sie tritt lediglich als schreibende Bewegung oder Figur in Erscheinung.

Die »Gesichtslosigkeit« von Fräulein Täschler[73] (G, S. 28) und von Gilgis leiblicher Mutter (G, S. 153), der sie am Ende der Erzählung begegnet (G, S. 147ff.), das Fremdwerden des eigenen Spiegelbildes (G, S. 90)[74] und das Zerfließen und gleichzei-

---

[72] Hierzu ist allerdings anzumerken, daß sich der »Verlust« auf mehreren Ebenen ereignet: zum einen als ein psychisch-privater und zum anderen als ein sozialer.

[73] In die Erzählung von der Damenschneiderin Fräulein Täschler ist das Märchen *Hänsel und Gretel* integriert: »[...] Gilgi- man ist hergekommen, um sie anzusehen. Weg die Augen von der Dame ohne Unterleib, da steht die Alte in der Ecke und plinkt nach dem Ofen, wo eine gerupfte Katze liegt. Misss, misss, misss – lockt sie und macht dazu einen schauerlich krummen Zeigefinger wie die Knusperhexe aus ›Hänsel und Gretel‹.« (G, S. 28). Deutet man dieses Märchen psychoanalytisch, so kommt hier die Angst der Protagonistin zum Ausdruck, von der Mutter »verschlungen« zu werden.

[74] Auffällig ist, daß Gilgi sich äußerlich und von ihrem Habitus in ihrer Liebesbeziehung zu Martin Bruck immer mehr dem Bild ihrer leiblichen Mutter, Magdalene Greif aus dem Großbürgertum annähert. So heißt es über Gilgis Spiegelbild auf S. 90: »Sie steht vorm Spiegel, pudert sich Nacken und Schultern, sieht schlank, zerbrechlich und fremd aus. Taglos. Unwirklich. Weißes Gesicht mit dunklen Augen, sehr roter Mund [...] Ich sollte so nicht aussehen – so ohne Beziehung zu Straße,

tige Anschwellen der Objekte gegen Ende der Erzählung sind Bilder, mit denen der psychische Zustand einer Regression bzw. Entfremdung nachgezeichnet wird:

> Und Gilgi wartet. Minuten werden so lang, lang, die Dunkelheit ist schwer und traurig, und die Stille hat das böse Summen der Lautlosigkeit, das weh tut und Angst macht. […] und eine Laterna magica ist im Zimmer, Bilder flackern im Dunkel, Vorstellungen – man will da nicht hinsehn, muß sehen, eben weil man nicht will. (G, S. 103)[75]

Ein Zustand, der die Töchter in höherem Maße zu betreffen scheint als die Söhne;[76] Mutter-Sein, sich in der Mutter spiegeln, nach Lacan eine primäre Voraussetzung für das Kind zu einem integrierten Selbst, sind die im Hintergrund wirksamen Zentren dieses Romans,[77] die im Zusammenhang mit dem psychischen Aufgehen in der Liebesbeziehung noch konkreter imaginiert und aktualisiert werden:

> […] drunter die untere Schicht – immer ein Wollen, immer ein Suchen, immer Sehnsucht und Dunkel und Nichtwissen – kein Wissen um Wohin – kein Wissen um Woher. Ein Denken ohne Worte, ein Wissen hinter den Worten – ein Wachsein im Schlaf – hinter Lachen ein Weinen --- die undurchschnittene Nabelschnur – Band an die dunkle Welt. Und die graue Welt und die helle Welt

---

Staub, Alltag […]«, Analog dazu eine Passage, in der Frau Greif beschrieben wird: »Kühl und hemmungslos wie ein Revuetheaterdirektor mustert Gilgi die zierliche, elegante Dame […] Typ: Titelheldin einer mittelmäßigen Magazinnovelle […] Das Gesicht! Ja, wenn man will, kann man da einige Ähnlichkeit finden mit sich selbst – dieselben großgeschnittenen Augen […] Trotzdem ein sehr fremdes Gesicht […] kühl, selbstbewußt und überlegen in der Haltung […] Drüben der weiße Fleck bewegt sich – ein greller roter Mund versucht zu sprechen […]« (G, S. 150ff.). Hinzu kommt noch eine kurz angedeutete biographische Parallele, vermittelt durch die Erzählung von Fräulein Täschler: »Un die Tochter war en nett Mädchen, un so mit zwanzig Jahrn, da hat se sich mit em Kerl einjelassen, der war nichts un hatte nichts […].« (G, S. 34). Gilgis Geliebter Martin Bruck ist ebenfalls mittellos und Gilgi von ihm schwanger. An diesem Beispiel reflektiert der Roman die für Frauen idealtypisch völlig neue sozialhistorische Wirklichkeit, die im Text auch mit dem Aufwachsen in unterschiedlichen sozialen Milieus in Verbindung gebracht wird: Gilgi lebt von ihren Pflegeeltern getrennt, die keinerlei Einfluß auf sie haben. Magdalene Greif hingegen war der Autorität ihrer Mutter noch vollständig ausgeliefert (G, S. 34f.).
[75]   In dieser Passage kommt bereits zum Ausdruck, wie stark Irmgard Keuns Schreiben nicht erst seit dem *kunstseidenen Mädchen* vom Medium des filmischen Sehens beeinflußt wurde.
[76]   Eine Behauptung, die hier auf Julia Kristeva zurückgeht. Dazu führt Inge Suchsland aus: »Frauen sind der Gefahr, depressiv zu werden, stärker ausgesetzt als Männer. Kristeva führt das darauf zurück, daß es Frauen – da Weiblichkeit von der soziosymbolischen Ordnung ausgegrenzt wird, diese ihnen also fremder bleibt als Männern – schwerer fällt, den Verlust des ursprünglichen Objekts symbolisch zu kompensieren. Heterosexuelle Männer und homosexuelle Frauen haben immerhin die Möglichkeit, das Verlorene bei der begehrten Frau wiederzufinden. Von der heterosexuellen Frau wird hingegen das ganz Andere erotisch besetzt, was ›einen ungeheuren symbolischen Kraftaufwand‹ von ihr verlangt ›dessen Zustandekommen man nur bewundern kann‹ (S, 38).« (Inge Suchsland: Julia Kristeva zur Einführung. Hamburg: Junius 1992, S. 120. Die zitierte Passage von Kristeva geht zurück auf: Julia Kristeva: Soleil noir. Dépression et mélancolie. Paris 1987; bei Suchsland abgekürzt als »S« (Suchsland, S. 172).
[77]   Für Barbara Kosta ist die Mutterthematik das zentrale Thema des Romans: »The maternal is the ›dark plot‹ that lies at the center of the narrative; it is the plot that Gilgi undertakes to leave behind, yet it remains performed throughout.« (Kosta: Unruly daughters, S. 272). Kosta bezieht sich an dieser Stelle auf ein Konzept von Marianne Hirsch: »I borrow the concept of the ›dark plot‹ from Marianne Hirsch, *The Mother-Daughter Plot: Narrative, Psychoanalysis, Feminism* (Bloomington: Indiana UP, 1989) 91-121.« (Kosta S. 284).

kennt man und weiß man – und die dunkle Welt wollte man nicht wahrhaben und versucht, sie immer noch fortzulügen. (G, S. 141)

Gilgi ist geradezu inflationär von (falschen) Müttern umgeben; die realen Figuren sowie ihre »Spiegelbilder« erweisen sich jedoch als defizitär für die Protagonistin. Alle drei Mutterfiguren sind *Abjekte* im Sinne Julia Kristevas, die sich an Freuds Konzept der »präödipalen Phase« anlehnt. Diese frühkindliche Lebensphase ist geprägt von dem Wunsch nach Trennung und zugleich von der Angst, von der Mutter wieder verschlungen zu werden. Das *Abjekt* Kristevas ist noch kein Objekt im freudschen Sinn; es ist nichts fest Umrissenes und vom Ich klar Getrenntes – sondern es bedroht die Klarheit einer Grenze. Bewußtsein entwickeln heißt also bei Kristeva: die Mutter abstoßen, sie verlassen. Das Subjekt ist in diesem Stadium jedoch noch zu unentwickelt, um zwischen Innen und Außen klar trennen zu können. Es ist fragil und wird ständig von der Gefahr bedroht, in die Nähe des mütterlichen Soges zu geraten und ihm zu erliegen. Diese Tatsache löst Ekel und Faszination aus, sie markiert den langen Weg einer Trennung. In vielen Kulturen zeigen sich Abjekte in Form von Reinigungs- und Ausgrenzungsritualen, oder in Form von Tabuisierungen; in Themen und Inhalten, die nicht verbalisierbar sind, weil sie jenseits der symbolischen Ordnung abgedrängt wurden. Abjekte sind nicht das »radikal Andere«, sie befinden sich auf einer (prekären) Schwelle von Ausstoßung und Rückkehr in das Ich. In Keuns Roman symbolisiert die Rückkehr zu den Müttern die Regression in einen chaotischen Urzustand. Dieser markiert jedoch nicht den Endpunkt des Erzählens. Vielmehr ist die Regression als eine Bewegung zu werten, der sowohl die Figur Gilgi als auch der Leser ausgeliefert werden, wobei die Dynamik des Erzählsoges – vergleichbar dem Verschlungenwerden durch die Mutter – hier im Vordergrund steht. Regression steht bei Keun nicht für einen zeitbedingten, resignativen Gegenpol zu Aufklärung und bürgerlicher Erziehung, sondern sie ist notwendiger Motor für die erneute Abstoßung und Individuation: Die Texte folgen der Bewegung einer köperlichen und psychischen Entwicklung bzw. Gegen-Entwicklung, die noch über das Ende des Textes hinausweist. Wenn Gilgi schließlich auf ihre biologische Mutter trifft, also im symbolischen Sinne vernichtet und geboren wird, ist sie in der Handlung an einem Tiefpunkt ihrer bisherigen Entwicklung angelangt. Die Textstruktur verweigert jetzt dem Leser die »Realitätsprüfung« in Form einer verläßlichen Erzählerinstanz, bzw. sie verschmilzt Erzählebenen bis zur Unkenntlichkeit. Der Regreß ist vollzogen, die Konstruktion der *kalten persona* entlarvt. Die Handlung kann sich nun umkehren. Gilgi verläßt die leibliche Mutter; zu einem wirklichen Erkennen oder einer echten Begegnung wird das Treffen nicht. Gilgi behält ihre Abwehrhaltung bei und die Mutter bleibt ihr eine Fremde:[78]

[...] Wissen Sie, das erschreckt mich – daß ein Mensch, der Hände und Füße und Augen hat wie man selber, einem so fremd sein kann, daß man meint, es wär' gar kein Mensch, sondern ganz was anderes ... Ach, Sie denken, ich wäre verrückt? Nein, ich bin ganz normal – nur – ich habe gerade das komische Gefühl, als wär' die Welt in zwei Hälften geteilt, und auf der einen Hälfte säßen Sie, und auf der anderen Hälfte säße ich ganz allein [...] (G, S. 152)

---

[78] sechsmal fällt in diesem Zusammenhang der Begriff »fremd«.

Der Zustand, in den Gilgi in der Konfrontation mit ihrer Mutter gerät, ist, nach psychologischen Kriterien, keineswegs »normal«. Vielmehr kommt er einem dissoziativen
Erleben, einer Ich-Spaltung gleich. Die Protagonistin verbleibt im Zustand der Verwirrung, die Maske der Sachlichkeit hat sie notgedrungen abgelegt. Unter der Sachlichkeit verbirgt sich die psychische Diffusion. Gilgi spricht hier in direkter Rede zu
ihrer Mutter, was den Eindruck einer realen Kontaktaufnahme erzeugt. Zu der Entwicklung einer neuen Identität würde jedoch gezwungenermaßen auch ein neues
mütterliches Vorbild gehören. Dies bietet die Erzählung nicht; Gilgi spricht zur Abwehr der Beschämung auch weiterhin aus dem Modus der Verweigerung und hat die
Möglichkeit der Neukonzeption des weiblichen Ichs nach den Gesetzen der Außenlenkung noch nicht aufgegeben.[79] Zugleich demonstriert der Roman das Mißlingen
dieser Utopie:

> [...] --- Ich bitte Sie, sagen Sie etwas – ich ertrage das nicht, daß Sie wie eine Tote
> dasitzen – ich habe das Gefühl, mitzusterben. Und wenn Sie jetzt sprechen – bitte
> lügen Sie nicht und versuchen Sie nicht, mich Du zu nennen – das wäre so be-
> schämend und peinlich, denn Sie können jetzt noch gar kein Du für mich fühlen
> [...]. (G, S. 153)

Dem Text inhärent ist die Suche nach einem positiven Mutterbild, das letztlich nur –
vorausdeutend – von der Protagonistin selbst ausgehen kann, die am Ende selbst
Mutter wird, den Kindsvater ausschließend. Die Zusammenführung der Familien
bleibt eine Utopie im Kopf der Protagonistin und wird nur als eine vage Hoffnung
präsentiert:

> [...] Martin, einmal wirst du doch wieder bei mir sein – muß man ja glauben,
> hält's sonst nicht aus – oh, ich weiß, daß ich dich eines Tages haben werde – für
> immer ... Phantasie – Flucht vor der Wirklichkeit? Flucht in eine bessere Wirk-
> lichkeit? ... vor der Lokomotive liegt ... (G, S. 172)

Wiederum entsteht der Eindruck der Schemenhaftigkeit und Realitätsferne, der schon
beim Blick Gilgis auf die Mutterfiguren deutlich wurde. Dieses Unbehagen, das der
Text vermittelt, sowie das Scheitern sachlicher Lebensentwürfe verweist auf die Entstehung des Textes in den frühen dreißiger Jahren.

---

[79] Helmut Lethen zeigt in seiner Schrift *Verhaltenslehren der Kälte* den nach dem 1. Weltkrieg einset-
zenden »Abschied von der ›Gewissenskultur‹« (Lethen, S. 26) und führt aus: »Die Krise der Gewissenskultur erzeugt das Verlangen nach den Äußerlichkeiten der ›Schamkultur‹. [...] Der Wunsch,
sich die ›ungeheure Komplikation der verschuldeten Person‹, in die die Psychologie des 19. Jahrhunderts das Bild des Subjekts verstrickt hatte, vom Hals zu schaffen, äußert sich im neusachlichen Jahrzehnt in Bildern, die den Menschen als Bewegungsmaschine [...] und die Charaktere als Masken zeigen. Das Verhalten des Menschen wird von sichtbaren Instanzen und externen Regeln gesteuert, sein
›Selbst‹ bestimmt sich aus dem Geflecht der Fremdwahrnehmung. [...] Die neusachliche Intelligenz
geht von der Enttäuschung aus, die ihr die ›Kultur‹ im Krieg bereitet hat, und betont die *Unzivili-
siertheit* einer Kultur, die diesen Krieg führen konnte. [...] Die ›Schamkultur‹ scheint es dem Menschen zu erlauben, aus dem familiären Machtverband, dem ödipalen Dreieck von Vater, Mutter und
Kind, das der Hauptgenerator des Gefühls der Verschuldung ist, auszuscheren und funktionsgerech-
tes Verhalten in einer ›vaterlosen‹ Gesellschaft zu erlernen.« (Helmut Lethen: Verhaltenslehren der
Kälte, S. 26ff.).

Die Erzählung der Mutter in *Das kunstseidene Mädchen* steht auf einer anderen reflektorischen Ebene. Während bei *Gilgi* das Fehlen der, bzw. die Suche nach der »richtigen« Mutter ein Handlungs- und Strukturelement war, das die Dynamik des Regresses begleitete, tritt die Mutter hier nur in der Erzählung der Protagonistin Doris auf. Für den Verlauf der Handlung selbst spielt sie keine Rolle. Dennoch gibt es eine entscheidende Parallele zum *Gilgi*-Text: hier finden wir ebenfalls das Motiv der »vertauschten« bzw. falschen Mutter. Diese Szene ist gleichfalls eine Initiationsszene:

> Und ging in die Garderobe vom Parkett, um meine Mutter zu sehn, die manchmal unter Umständen Verständnis hat. Aber man kann ja nichts verstehn von andern, wenn man nicht alles miterlebt und von demselben Fluidum umhaucht ist [...]. Aber meine Mutter war nicht da – statt ihr die Ellmanns, das Biest, was neben uns wohnt. Die saß da und schlief leidend, weil sie es nicht nötig hat und ohne Grund. Da sah ich an einem Haken einen Mantel hängen – so süßer weicher Pelz. [...] Es sah nach Trost aus und Allerheiligen und nach hoher Sicherheit wie im Himmel. (DkM, S. 39f.)

Die Abwesenheit der Mutter in einem kritischen Augenblick[80] sowie der Schreck, den Doris erleidet, als sie statt dessen die von ihr gehaßte Nachbarin, Frau Ellmann mit den »Stechaugen« (DkM, S. 45)[81] erblickt, löst den Impuls aus, den Pelz zu stehlen: er wird zur Projektionsfläche des mütterlichen Umsorgt-Seins und sogar in die Nähe des Heiligen gerückt.[82] Der Feh, der nie Pelz heißt, ist sowohl der Name eines Muttertieres als auch das Beinahe-Homonym zu »Fee« – die Vorstellung einer mit magischen Kräften begabten Weiblichkeit. Zugleich ist er ein gestohlenes Umsorgt-sein, etwas, das der Protagonistin »von Rechts wegen« nicht zusteht. Sie muß es fortwährend vor dem Zugriff der anderen schützen. Auf der Ebene der Handlung zieht der gestohlene Pelzmantel die Flucht in die Großstadt Berlin nach sich – Doris begibt sich also ebenfalls in einen symbolischen regressiven Sog, der in der Literatur bereits viele Vorläufer hat.[83] Gute und böse Mutterimago[84] stehen auch in diesem Roman einander gegenüber.

---

[80] Doris versucht sich nach ihrer Entlassung beim Rechtsanwalt (DkM, S. 17) als Statistin am Theater. Um rascher aufsteigen zu können und der Beschämung, »bei den Tiefsten« (DkM, S. 28) zu sein, zu entgehen, gibt sie sich als Geliebte des Regisseurs aus und schließt in einer späteren Szene eine Schauspielkollegin auf der Toilette ein. Als sie zum Direktor gerufen wird, glaubt sie, ihr Spiel sei durchschaut. Nun bedarf sie des Beistands durch die Mutter. (DkM, S. 39).

[81] Frau Ellmann ist die Projektionsfläche von Doris' oraler Wut und Angst. In einer Rückblende erinnert sie sich an ein Erlebnis aus ihrer Kindheit, wonach die Familie Ellmann Doris' Katze – vermutlich in einer wirtschaftlichen Notlage während des Krieges oder der Inflationszeit – gebraten und verspeist haben soll. Es wird jedoch nicht klar erkennbar, ob Ellmanns wirklich die Katze verspeist haben, oder ob es lediglich Projektion und Phantasie sind, die Doris hier einen Streich spielen. In diese Rückblende mischen sich Aspekte einer im Unbewußten verorteten Form der Erinnerung, versprachlicht durch den surrealen Gestus der Szene. (DkM, S. 44f.)

[82] Volker Sack sieht den Pelz als ein Motiv an und erwähnt die emotionale Bedeutung für Doris: »Für Doris selbst zählt [...] vor allem das gefühlhafte Moment. Die Beschreibung des Mantels ist zunehmend emotional überlagert. [...] Mit dem Mantel verbindet Doris eine erotische Beziehung, die zum Wir-Erlebnis gesteigert ist [...] Wärme, Geborgenheit und Sicherheit, die sie in der Liebe zu Menschen vergeblich sucht, findet sie im Feh und den Vorgeschmack auf Paradiesesseligkeit, eingefangen in religiösen Metaphern.« (Volker Sack: Zeitstück und Zeitroman in der Weimarer Republik. Stuttgart: Klett 1985, S. 23).

[83] Die Großstadt-Erfahrung der Expressionisten gleicht oftmals einer regressiven Sehnsucht nach der Rückkehr in den Mutterleib. Sie ist Sehnsucht, Verheißung und Vernichtung zugleich. Metaphern

Nach dieser »Initiationsszene« geschieht ein Wandel in Doris' erzählerischer Vermittlung der Mutter: Hat sie zunächst vornehmlich dem Leser (und sich selbst als Tage-
buch-Schreibende) etwas über die Biographie bzw. ihre Wahrnehmung der Mutter
mitgeteilt (z.B. DkM, S. 18), so wird ab dem Moment der Flucht die abwesende
Mutter des öfteren zwischen den Zeilen angesprochen, ja manchmal geradezu beschworen oder angebetet:

> Liebe Mutter, meine Gedanken schreiben Grüße an dich, und grüße Therese. Ich
> fühle Entbehrung nach euch [...] das Neue kann das Alte nicht ersetzen für mich
> – und das Alte nicht das Neue. In mir ist ein Loch und ein Fehlen von euch, und
> in meinem Hals lagern Worte auf Worte, die ich euch nicht sprechen kann – das
> macht mir so furchtbare Liebe zu euch, als wenn man mich durch eine Fleischma-
> schine dreht. (DkM, S. 53)

Die Sehnsucht nach der Mutter wird hier von Doris als eine primär körperliche Erfahrung erlebt: das Gefühl wird zu einer Opfer-, ja einer bildlich absurden Schlächter-
phantasie übersteigert, welche demonstriert, wie ein klar getrennt funktionierendes
Bewußtsein zu einem »Gefühlsbrei«[85] mutiert. In der folgenden Passage beschwört sie
eine nahezu mystisch-aggressive Identifizierung mit der Mutter, die sich in dem Schrei
nach Vernichtung der symbolischen Ordnung durch ein weibliches Prinzip und der
Möglichkeit nach dessen Befreiung offenbart:

> Liebe Mutter, du hast ein schönes Gesicht gehabt, du hast Augen, die gucken, wie
> sie Lust haben, du bist arm gewesen, wie ich arm bin, du hast mit Männern ge-
> schlafen, weil du sie mochtest, oder weil du Geld brauchtest – das tue ich auch.
> Wenn man mich schimpft, schimpft man dich ... Ich hasse alle, ich hasse alle –
> schlag doch die Welt tot, Mutter, schlag doch die Welt tot. (DkM, S. 55)

Hier wird das Bedürfnis nach einer weiblichen Tradition, nach weiblicher Kontinuität
und Geschichte ausgesprochen. Daß es im Text mit »totschlagen« gleichgesetzt wird,
darf nicht Wunder nehmen, wenn man sich an die Konzeption des Weiblichen von
Julia Kristeva erinnert. Julia Kristeva imaginiert das Weibliche als einen Ursprungsort,
von dem alles Symbolische ausgeht und an den es wieder zurückkehrt. Jede symboli-

---

wie »Höllenschlund« (Johannes R. Becher: Die Stadt der Qual), Verfallsmetaphern (ebd.) oder Kör-
permetaphern, die konkret auf den Uterus verweisen, sind keine Seltenheit: »[...] Der Mond liegt wie
im Schleim/Auf ungeheuer nachtendem Velours./Die Sterne zucken zart wie Embryos/An einer unsichtbaren Nabelschnur« (Ernst Blass: Der Nervenschwache; zit. in: Deutsche Großstadtlyrik vom
Naturalismus bis zur Gegenwart. Stuttgart: Reclam 1981, S. 123). Interessant ist natürlich, daß diese
literarische Großstadterfahrung eine vornehmlich männliche Erfindung und Imagination ist. Hier
dagegen wird eine weibliche Großstadterfahrung imaginiert.
[84] In *Das kunstseidene Mädchen* kommen an einigen Stellen solche Nebenfiguren wie Frau Ellmann
vor. Auch die Beschreibung von Frau Brenner trägt Züge einer »negativen« Mutterfigur, wie sie für
Irmgard Keun typisch ist: »[...] er hat die Augen verloren im Krieg. Und seine Frau ist sehr alt und
böse. Alles soll ihr gehören, weil sie alles verdient [...] wenn Frauen was ganz gehört, sind sie
manchmal gut auf eine Art, die glatt gemein ist. Und so eine läßt einem doch keine Luft. [...] sie hat
lange gelbe Zähne [...].« (DkM, S. 61f.).
[85] Ingrid Marchlewitz verwendet ein ähnliches Wort zur Kritik an Irmgard Keun; diese habe mit ihren Darstellungen der Innenwelt Gilgis letztlich nur einen »konfusen Erklärungsbrei« zu erzeugen
vermocht. (Marchlewitz, S. 79).

sche Ordnung kreist um diesen Ursprung, den sie aufgeben mußte, um sich formieren zu können; sie benennt und beschreibt ihn als den fundamentalen Mangel: »für sie [Kristeva] ist Weiblichkeit der Fluchtpunkt aller Vorstellungen, Assoziationen und Empfindungen, die um unsere Körperlichkeit kreisen und sich bemühen, diesen Ursprung der symbolischen Ordnung, der selbst unbenennbar bleibt [...] doch in gewisser Weise zu fassen.«[86] Die zweite Fusion mit ihrem Ursprung liegt deshalb im Tod der symbolischen Ordnung. Wenn also Doris ihre Mutter als ein Symbol des Weiblichen bittet, »die Welt tot[zuschlagen]«, so appelliert sie an deren »Urmacht«, *die* symbolische Ordnung, die den realen Freuen kein Recht auf Selbstbestimmung zugesteht, zu zerstören.

Welche Funktion ist diesen fiktiven Dialogen noch zuzuschreiben? Doris spricht oder ruft die Mutter in einer Situation der Krise oder des Umbruchs, des Rückfalls in ihre soziale Misere an. Im Text sind diese Passagen öfter durch Leerzeilen abgesetzt. Es sind die Brüche in Doris' Erleben, in welche die Ansprache der Mutter hineingesetzt, montiert ist. Sie wirken auch von ihrer sprachlichen Gestaltung her wie Fremdkörper; der Ton wird stellenweise gekünstelt elegisch, ja sentimental und paßt nicht zu der schnoddrigen Umgangssprache, welche sonst typisch für die Protagonistin ist. Die Mutter übernimmt die Funktion einer Schutzpatronin. Diese rituellen Gesten, in welche hier die Tochter-Mutter-Beziehung überführt wird, setzen auch eine Abwendung von der Mutter als Person voraus. Doris hat ihre Mutter hinter sich gelassen, die räumliche Bewegung (nach Berlin) läßt eine Wiederbegegnung mit der tatsächlichen, biographischen Mutter, die noch zu Anfang beschrieben wird, unwahrscheinlich werden. Dem entgegen stehen Mutterimagines wie der regressive Sog der Großstadt, oder die Mutter Gottes, die heilige Mutter als Schutzpatronin. In den von der Handlung und den übrigen Textpassagen abgesetzten Textteilen kommt eine Oben-unten-Matrix zum Vorschein. Der Blick der Protagonistin bei ihren fiktiven Dialogen mit der Mutter ist nach oben gerichtet – der Text »abgehoben« von den übrigen Handlungselementen. Also auch ein trivialisierter »Gott-Vater« wird in diesem Bild evoziert, als eben von Doris doch die reale Mutter gemeint ist – eine Umkehr der christlichen Mythologie, da nur die Mutter angesprochen wird.

Es wäre jedoch zuviel gesagt, wollte man die Ansprache der Mutter schon als Motiv deuten. Irmgard Keun drängt diesen Gestus nicht in den Vordergrund, obwohl er beim Lesen durch seine Form auffällt. Auch finden diese Ansprachen im Textverlauf immer seltener und diskontinuierlicher statt. Es zeigt sich wiederum, daß Irmgard Keuns Verwendung von Mutterfiguren im Grunde sehr sparsam und sporadisch erfolgt. Die Väter spielen eine noch geringere Rolle für die Töchter, sind auch kaum von symbolischer Bedeutung. In *Das kunstseidene Mädchen* verkörpern die Eltern in der Heimatstadt Stagnation, Unbildung und Ursache der Beschämung. Am Anfang der Erzählung reduziert Doris ihre Eltern auf den »beschämenden Dialekt« (DkM, S. 6), den sie ihrer Auffassung nach nicht spricht oder sprechen will; zugleich erfolgt die Konstruktion der eigenen Identität über Fiktionen wie Filmdiven, filmische Wahrnehmungsweisen und das Schreiben. Auch hierin besteht ein Moment der Abgrenzung zu den Eltern, eine Verweigerung der mütterlichen Tradition in der patriarchalen Ordnung, ähnlich wie in *Gilgi – eine von uns*. Während Irmgard Keun Gilgi Identität jedoch anfangs über die strenge Lebensstruktur sowie ein Spiegelbild konstruie-

---

86 Suchsland, S. 110.

ren läßt, deren Reflexion die Protagonistin als ungebrochen und unproblematisch wahrnimmt, hat Doris schon zu Beginn nicht mehr die eigene Person im Blick. Sie hat sich bereits als Fiktion entworfen – auch innerhalb der in den Roman eingewobenen Text(Tagebuch)produktion. Die Eltern werden in *Das kunstseidene Mädchen* in noch stärkerem Maße zu Randerscheinungen oder Fiktionen als in Keuns Debütroman. Allerdings ist die Mutter in Doris' Beschreibungen durchweg positiv konnotiert, was den Kontrast zum Stiefvater (»Klassefrau« mit »Popel«; DkM, S. 18) noch verschärft. Der Leser erfährt wenig konkret Biographisches über Doris' Mutter; lediglich abstrakte Charakterisierungen, vergleichbar der, daß sie eine »Klassefrau« war, die »ein Leben gehabt hat«, kommen vor (ebd.). Auf solcherlei Schemata und Klischees, die keinen persönlichen Bezug erkennbar werden lassen und verallgemeinerbar sind, gründen sich letztlich auch die weiteren Perspektivierungen von Weiblichkeit in diesem Buch. Ein Blick auf das Vaterbild des Romans zeigt, daß dieser als identitätsbildend für die Protagonistin erst gar nicht in Frage kommt:

> Und mein Vater war eigentlich nicht mein Vater, ich bin nur zugeheiratet worden von ihm. Meine Mutter hatte ein Leben, aber war trotzdem solide, denn sie war nicht dumm. Und wollte mich erst nicht und hat geklagt wegen Alimente, was alle in Frage kommen Väter mir persönlich übelnahmen. Und Prozeß glatt verloren. (DkM, S. 59)

Die Zuneigung des Vaters scheint Doris sich verdienen zu müssen, indem sie von ihrem Gehalt abgibt (DkM, S. 28f.). Sie muß bei ihm für ihre Existenz buchstäblich bezahlen. Als sie arbeitslos wird, hat sie ihr Recht auf Zuwendung verloren: »Und dadurch, daß ich ihm nichts gebe, nehme ich ihm was fort.« (S. 29) Wird also die Mutter noch stellenweise als identitätsfördernd von Doris erlebt, so vermittelt der Vater ihr eindeutig die Botschaft, es wäre besser, sie sei gar nicht da – sein Befehl an sie lautet: »sei nicht!«

In Doris selbst manifestieren sich die beiden unterschiedlichen Elternbilder in einem Widerspruch: einerseits glaubt sie, wie ihre Mutter, eine »Klassefrau« zu sein (DkM, S. 7) und ein Glanz *werden* zu können (nicht: ein Glanz zu *sein*); andererseits sieht sie neben einem »echten Glanz« (DkM, S. 31) »so schwer verdient« aus (ebd.). Doris ist *noch* nicht, was die Mutter bereits *war*. Ihre Gegenwart ist eine Fluchtlinie:

> Ich liebe ja meine Mutter mit einer Sehnsucht und bin doch so froh, daß ich fort bin in Berlin, und es ist eine Freiheit, ich werde ein Glanz. (DkM, S. 60)

Der gestohlene Pelz ist der Anlaß für eine unüberwindbare Trennung von der Mutter, denn Doris muß nun ihre Existenz vor dem Gesetz verleugnen. Das Gesetz als Repräsentant der väterlichen Ordnung ist eine Metapher für den Eintritt in die symbolische Ordnung, Individualentwicklungsgeschichtlich-psychoanalytisch gesprochen: in das ödipale Stadium. Ähnlich wie Franz Kafka es in seiner Parabel *Vor dem Gesetz* beschreibt, in der sein Held zeitlebens *vor* dem Gesetz verweilt, da er nicht imstande ist, sich dem Vater zu widersetzen; ihn also symbolisch zu kastrieren, indem er in das Gesetz eintritt, bleibt auch Doris hier in einem prädipalen Stadium stecken. Sie hat zwar das Gesetz verletzt, ist aber nicht bereit, sich dem zu stellen, sondern bevorzugt den umgekehrten Weg in die Flucht (vor dem Gesetz).

Durch die Projektion der guten Mutterimago auf das Kleidungsstück wird eine normale Trennung dramatisiert; es findet eine auffällige Emotionalisierung der Trennungssituation statt, die durch die Orientierungslosigkeit und Einsamkeit in der Großstadt noch verstärkt wird. Dabei sind es wiederum Metaphern der Körpererfahrungen, die den Schmerz der Separation symbolisieren. Körperwahrnehmung und Registrierung der Außenwelt fließen ineinander, so daß sie teilweise als ein nicht mehr voneinander Trennbares erscheinen:

> […] alles ist hin – aber das heißt: alles ist hin, bedeutet mir: alles fängt an. Mein Herz ist ein Grammophon und spielt aufregend mit spitzer Nadel in meiner Brust, die ich nicht habe, weil es sich gemein anhört nach Kindernähren und alter Sängerin von Opern, wo man nicht weiß, ob ihr Busen größer ist oder ihre Stimme. Ich schreibe in Fieber und mit zitternder Hand […] Lieber Gott, meine Buchstaben zittern auf dem Papier wie sterbende Beine von Mücken. (DkM, S. 38)

Die Außenwelt wird zur Innenwelt, die Identifikation mit dem Gegenstand und dem Moment gelingt nahezu mühelos. Zum anderen wird die Trennung von der realen Mutter als Befreiung erlebt. In dieser Ambivalenz zwischen Sehnsucht nach einer realen Mutterfigur und dem Wunsch der Befreiung bei einer gleichzeitigen Projektion der Sehnsucht auf Gegenstände und Scheinzustände (»ein *Glanz* werden«) dynamisiert sich Doris' Erleben – und zugleich bleibt es dort stehen.[87]

3.2.2 Die Mutter in *Kind aller Länder* – eine *femme fragile* im Vorkriegseuropa

Waren die beiden Romane der Weimarer Zeit geprägt von der Perspektive junger Frauen auf dem Weg zu sich selbst und in der Abwendung von einer Mutterfigur, so verlagert sich die Perspektivierung in Irmgard Keuns Exilromanen[88] zurück in die Entwicklungsperiode eines vorpubertären Kindes. Hiermit bekundet die Autorin ihre Weigerung, die immer bedrohlicher und kritischer werdende gesellschaftspolitische Realität seit 1933 aus dem Erwachsenenmodus heraus zu erfassen und zu beschreiben. Wohin bewegt sich nun die Darstellung der Mütter bzw. der Mutter-Tochter-Beziehung innerhalb der Exilerfahrung? Die Ich-Erzählerin Kully entwirft ein Bild ihrer Mutter, das sich zunächst stark von den Mutterdarstellungen in den vorangegangenen Texten unterscheidet:

> »Meine dicke kleine Goldammer«, sagt er [der Vater] immer zu meiner Mutter, denn sie hat goldene federige Haare, eine runde weiche Brust wie so ein Vogel und ängstliche Augen, und immer sieht sie aus, als wollte sie gleich fortfliegen. Sie sitzt

---

[87] Diese statische Dynamik ist bezeichnend für Irmgard Keuns Textverfahren (siehe auch Kap.2).

[88] Hierzu zählen v.a. Keuns große Erfolge *Nach Mitternacht* und *Kind aller Länder*, aber auch die Kindergeschichten *Das Mädchen, mit dem die Kinder nicht verkehren durften*, die zum Teil noch in Deutschland mit kommerziellen Absichten geschrieben worden waren, sowie der wenig erfolgreiche Roman *D-Zug dritter Klasse* und das autobiographische Dokument *Bilder und Gedichte aus der Emigration*.

auch nie richtig breit und fest wie ein Mensch, sondern wie ein Vogel auf einem
Zweig. (KaL, S. 8)

Der lakonische Vergleich der Mutter mit einem Vogel ist für die Perspektive der 10-
jährigen Kully bestimmend und prägt den Gesamteindruck von dieser Mutterfigur.
Kindliche Phantasiewelt und mythologische Darstellungsformen überschneiden einander in der Erzählerin Kully. Der Vogel wird zum Symbol für das Flüchtige,
Un(be)greifbare: Ebenso wie sie ihre Mutter im übertragenen Sinne nicht wird »greifen« können – wie wir sehen werden, kann sie nur ihr Verhalten beschreiben – bekommt sie den Vogel im konkreten Sinne nicht zu fassen, weil er davon fliegt. Dieser
Charakterisierung widerspricht die folgende Beschreibung der Mutter:

> Ich sehe meiner Mutter sehr ähnlich, sie hat nur viel blauere Augen als ich und
> dickere Beine und ist auch sonst viel dicker. Ihre Haare sind sauber gekämmt und
> hinten am Kopf sanft zusammengeknotet. Meine Haare sind kurz und immer
> wüst. Meine Mutter ist viel schöner als ich, aber ich weine weniger. (S. 8f.)

Diese Darstellung erinnert an eine Puppe und evoziert ein Bild der Mutter, das weder
die Option des Fliehens, metaphorisch gesprochen: des Wegfliegens, zu eröffnen
scheint, noch die in der vorangegangenen Schilderung suggerierte Substanzlosigkeit
unterstreicht, ja sie geradezu unterläuft: In der ersten Passage sitzt die Mutter »nie
richtig breit« (ebd.), in der zweiten hingegen wird sie gleich zweimal mit dem Attribut
»dick« bzw. »dicker« (ebd.) belegt. Die Mutter wird also von vornherein widersprüchlich gestaltet; und dieser Widerspruch betrifft sowohl ihre psychische als auch ihre
physische Beschaffenheit. Andererseits sind die Beschreibungen so miteinander verwoben, daß der Widerspruch zunächst kaum augenfällig wird, sondern höchstens als eine
stilistische Kaprice erscheint, die der Leser der gewählten Kindperspektive zuschreibt.
    Die Angst des Kindes vor dem Verlassenwerden durch die Mutter wird bereits an
folgender Stelle deutlich:

> Manchmal hatte ich Angst, daß meine Mutter totgetreten würde, denn der kleine
> Strand war so voll von Bällen und Menschen und Hunden, die hin und her ras-
> ten. Meine Mutter ist auch einmal von einer Welle umgeschleudert worden, ich
> nie. (KaL, S. 11)

Kully betont hier die Zerbrechlichkeit ihrer Mutter, aber zugleich wird noch eine
zweite Bedeutung dahinter sichtbar: Die »Zerbrechlichkeit« der Mutter bezeichnet ein
tiefenpsychologisches Phänomen der frühkindlichen Phase. Sobald das Kind in der
Lage ist, Dinge außerhalb von sich selbst zu unterscheiden, beginnt es ein Bewußtsein
von sich zu entwickeln. Dieses wird zunächst – im Spiegelstadium – über die Mutter
generiert. Zwangsläufig muß sich das Kind für einen Focus entscheiden, den zunächst
die Mutter bildet. Aber mit der zunehmend wichtiger werdenden Außenwelt verliert
die Mutter an Bedeutung: Sie geht in dem »Gewimmel« der anderen Gegenstände für
Kully geradezu unter. Dies löst im Kind ambivalente Gefühle aus; zum einen genießt
es die Distanz zur Mutter und will die Welt erkunden, zum anderen evoziert die Distanz zur Mutter auch Angst. Der Text ist also streckenweise eine kunstvolle
Versprachlichung frühkindlicher Wahrnehmungsformen.

Von einer psychischen Fragmentierung oder gar Auflösung der Mutterfigur für die Tochter kann hier gesprochen werden. Frühkindliche Wahrnehmungsmuster werden von Keun mit dem Denkhorizont einer Zehnjährigen verwoben, und folglich entsteht ein komplexes Psychogramm, das schwerlich einer realen Person zuzuschreiben ist. Die beiden folgenden Szenen schließen an die zuvor zitierte an und machen verstärkt deutlich, daß in dieser Romanpassage frühkindliche Wahrnehmungsstrukturen die Poetik des Textes bestimmen:

> Ich habe im Wasser gespielt und die Wellen angefaßt. Zuerst sind sie immer ein kalter Schreck, doch dann machen sie mich wärmer als die Sonne. Einmal habe ich eine hellblaue Qualle entzweigetreten, weil sie schillerte und weil ich sie kaputtmachen wollte, und weil ich wollte, daß auf einmal viele Quallen da sein sollten. Dann habe ich ins Meer gespuckt, ich habe meine Spucke schwimmen sehen, ich habe mich geschämt und gedacht, ich hätte das Meer schmutzig gemacht. Aber eine Welle hat meine Spucke überschwemmt, auf einmal war sie fort. (KaL, S. 11)

Die Allmachtsphantasien des Kleinkindes werden durch die Welle, welche die Spucke überschwemmt, aufgehoben. Auf der anderen Seite schildert der gesamte Text den allmählichen Verlust und die zunehmende Verflüchtigung der Mutterfigur aus der Sicht eines Kindes auf der Schwelle zur Adoleszenz. Schon zu Beginn des Romans tritt die Mutter in der Erzählung der Tochter Kully widersprüchlich und schemenhaft in Erscheinung. Einerseits wird sie als ein Ideal von Weiblichkeit mit zärtlicher Vorsicht beschrieben, andererseits haftet dieser Charakterbeschreibung der Nimbus des Flüchtigen, Unwirklichen, Unfaßbaren an. Kully steht ihrer Mutter stets in einer räumlichen Distanz gegenüber; sie registriert und beschreibt deren Äußeres, ihre spezifische Mimik und Gestik sowie ihr Verhalten – jedoch als eine scheinbar Außenstehende.[89] Die Mutter tritt kaum als Person in Erscheinung; dies wäre gestalterisch der Fall, wenn Kully die Mutter als ein echtes Gegenüber in die eigene erzählte Welt mit einbinden – oder der Kontakt über Dialoge immer wieder aktualisiert und erfahrbar würde. Zwar existieren Dialoge zwischen Kully und der Mutter im Text, doch sind diese sehr sparsam verteilt und implizieren oftmals ein Noch-nicht-ganz-Verstehen:

> Vor dem Spiegel brennt sich meine Mutter die Haare, sie will links und rechts am Gesicht eine runde Locke haben, dann sieht sie schön aus. [...] Ich beobachte meine Mutter, wie sie ihre Brennschere immer vorher an einer Zeitung ausprobiert, damit sie nicht zu heiß ist. Jetzt macht sie Wellen auf ein Gesicht, und ich sage auf einmal: »Oh, Mama, das ist ja der Onkel Pius« [...] Da ist in der Zeitung

---

[89] Das Phänomen des Außenstehenden hat auch Elfriede Jelinek in ihrer Laudatio auf Irmgard Keun betont: »Die Kinder treten wie Marsmenschen als Fremde, als nicht Verbildete, nicht Vorprogrammierte in diese Welt und filtern die vorgefundene Wirklichkeit durch eine vertrackte Art von Unschuldigkeit, aus Erstlingshaltung sozusagen.« (Elfriede Jelinek: Weil sie heimlich weinen mußte, lachte sie über Zeitgenossen – Über Irmgard Keun. In: die horen, Bd. 4. 1980, S. 221-228, hier: S. 224). Während aber Jelinek der Kindperspektive an dieser Stelle etwas Ungebrochenes, gewissermaßen Ideales zuschreibt (»Erstlingshaltung«), ist doch einschränkend zu bemerken, daß auch die Kinder in Irmgard Keuns Texten immer schon einen Teil der Erwachsenenwelt internalisiert haben. Ihre Haltung reflektiert einen spezifischen Ausdruck der Ambivalenz zwischen eigener Welterfahrung und dem notgedrungenen Gebundensein an die Erwachsenenwelt.

wirklich ein großes Bild vom Onkel Pius, meine Mutter sieht es auch an, dann zittern ihre Hände, und die Brennschere fällt hin. Unter dem Bild steht: »Der bekannte Wiener Arzt hat jetzt in Wien seinem Leben ein Ende gemacht.« »Was hat Onkel Pius getan, Mutter?« »Ach frag nicht, Kully, das verstehst du nicht, die Welt ist so schrecklich.« (KaL, S. 45f.)

Auch hier tritt das Spiegelmotiv in Erscheinung. Zugleich wird das Narzißmus-Motiv über den Einsatz der Brennschere in eine Todesmetapher überführt. Daß Kully sehr wohl über die politischen Umstände (deutsche Besatzung Österreichs) Informationen besitzt, die sie auch richtig zuordnen kann, zeigen die nachfolgenden Erklärungen aus ihrer Sicht (KaL, S. 46). Die Mutter ist hingegen bestrebt, dieses Wissen von der Tochter fernzuhalten. So wird an dieser Stelle obendrein evident, daß Kullys Bewußtseinsstand ein anderer ist als der, den die Mutter ihr zuschreiben möchte. Diese Diskrepanz bewirkt ein weiteres Fremdheitsgefühl in der Schilderung der Beziehung von Mutter und Tochter. Der Blick der Mutter ist zudem auf das eigene Spiegelbild gerichtet; sie nimmt keinerlei Blickkontakt zur Tochter auf, während diese sie erzählerisch vermittelt. Durch diesen distanzierten Beschreibungsduktus bekommt die Mutter die ihr eigene Unberührbarkeit und Schwerelosigkeit: Sie – meist mit sich selbst und ihren Sorgen beschäftigt – erscheint wie ein Wesen aus einer anderen Zeit. Ihre Gestaltung nimmt außerdem Anleihen bei der *femme fragile* der Jahrhundertwende. Die körperliche Schönheit und psychische Zerbrechlichkeit dieser Figur machen sie zu einem Anachronismus und verstärken wiederum den Eindruck des Unwirklichen. Die Mutter ist zu einer imaginierten Figur, zu einer Erzählung geworden; sie hat in der realen Situation des Exils fast keinen Platz mehr. Ihre Blicke und Sehnsüchte sind in die Vergangenheit gerichtet, sie sitzt von der Tochter abgewandt am Fenster, während sie zu ihr spricht:

»Zieh dich an, Kully«, sagt meine Mutter, »und sage mir, was du von Barbarossa weißt.« Meine Mutter sitzt am Fenster und merkt nicht, daß ich mir den Hals nicht wasche. »Barbarossa war ein Kaiser mit einem langen Bart«, sage ich. Ich muß nämlich so was lernen. Ich gehe in keine Schule, meine Mutter unterrichtet mich. Früher in Deutschland war ich in der Schule [...]. (KaL, S. 31f.)

Das alte Europa, das 1938, zum Zeitpunkt der Romanhandlung, immer stärker gefährdet ist, wird hier in Erinnerung gerufen. Stellvertretend für die Restbestände humanistischer (Schul)bildungskultur im Exil mag diese »Geschichtsstunde« stehen. Die im Zusammenhang mit der Zartheit der Mutterfigur leicht verklärt angedeutete ferne historische Vergangenheit veranschaulicht, wie weit das vornationalsozialistische Europa für die Exilierten in die Ferne gerückt ist. Im Roman ist es häufig die Mutterfigur, durch welche Keun in impressionistischer Manier vergangene kulturelle Kontexte evoziert und aufscheinen läßt.

Im Gegensatz zu den frühen Romanen bedient sich Keun hier nicht mehr der Form der Satire und der Karikierung einer Muttergeneration, sondern sie rückt sie in die Ferne; sie wird ästhetisiert, aber nicht idealisiert. Die in diesem Roman vorherrschende Stimmung der Trauer und Melancholie, welche mit Zuständen der Furcht und Angst abwechselt, wird zu einem typischen Moment von Irmgard Keuns Erzählweise während der Exilzeit. Die Mutter erhält in den Beschreibungen Kullys die Attribute einer unaufhörlich Trauernden zugeschrieben. So weint sie meist beim Abschied und wird auch sonst häufig mit Wasser und Tränen in Verbindung gebracht, was die Assoziation des Hinweggleitens und Sich-Auflösens in der Trauer weckt: »Meine Mutter sah aus, als habe sie lange im Regen gesessen. Ihre traurigen Augen waren starr. Sie hob langsam die Hand hoch und wollte die Luft anfassen, doch die Hand fiel ihr wieder schwer in den Schoß.« (KaL, S. 22f.)

Zum ersten Mal in ihrem Romanwerk inszeniert die Autorin eine Mädchenfigur in enger räumlicher Nähe zu ihrer Mutter, bindet sie die Mutter durchgängig – bis auf die letzten Abschnitte in Amerika (KaL, S. 166ff.) – in die Handlung ein. Dies erscheint natürlich zunächst bedingt durch das Alter der Protagonistin, andererseits jedoch würde dies nicht notwendigerweise den Einbezug der Mutter in die Handlung erzwingen – auch ein Waisenkind als Erzählerin wäre denkbar. Die Anwesenheit der Mutter in der Handlung ist also sowohl thematisch als auch ästhetisch von Bedeutung. Werkgenetisch liegt der Bezug zu den Kindergeschichten *Das Mädchen, mit dem die Kinder nicht verkehren durften* nahe – auch weist die Gestaltung und Sprechweise der Figur Kully Ähnlichkeiten mit dem namenlosen Mädchen aus den Kindergeschichten auf.[90] Der grundverschiedene historische Kontext jedoch verändert die Bedeutung der gesamten Familienkonstellation; die traditionellen Funktionen von Vater und Mutter, wie sie die Kindergeschichten, welche im Jahre 1918 angesiedelt sind, noch selbstverständlich und unhinterfragbar gewährleisten, sind in *Kind aller Länder* fast vollständig destruiert. Aus der standardisierten Mutter der Kindergeschichten,[91] welche sich nahtlos in Handlung und erzählte Zeit eingliedern läßt, wird in *Kind aller Länder* eine Figur, die aus dem Handlungsgefüge durch die Poetik ihrer Gestaltung heraustritt und sich nicht ohne weiteres in eine Mutterrolle integrieren läßt. War bereits die Mutter des *Mädchens* nicht unbedingt immer als klassische Mutterfigur imaginiert – obwohl auch noch nicht problematisiert, so wird sie in *Kind aller Länder* fast vollständig aus ihrer Mutterrolle gelöst und verselbständigt sich als Figur – zum einen, weil sie Teile einer kindlich-hilflosen Persönlichkeit trägt, zum anderen, weil sie die klassisch-weibliche Rolle nicht mehr erfüllen kann oder darf. Die beschriebene fragmentarische Familiensituation im Exil erlaubt das Aufrechterhalten von alten Rollenmustern nicht mehr; ja sie werden geradezu Störfaktoren bei dem

---

[90] Auch in den Kindergeschichten klingen Themen wie Mutterlosigkeit, Verlassensein und Tod in Tiermetaphern an: »[...] da fallen manchmal kleine Vögel aus dem Nest. Die ziehen wir dann auf und pflegen sie, aber sie sterben fast immer, weil sie eine innerliche Verletzung haben und zu ihren Eltern wollen und piepsen, bis sie tot sind.« (M, S. 7) »Ich habe an unser Eichhörnchen gedacht, das gestorben ist. Es war so schön wie in einem glänzenden Bilderbuch. [...] Ich wurde auch etwas tot danach, und unsere Wohnung war ganz verändert, nichts war mehr richtig schön.« (ebd., S. 9) Ähnlich wie Kully ist das Mädchen von Tieren fasziniert: »Herrlich puschlige Tiere hatte ich – Löwenraupen in gelb und rot wie kleine Bürsten [...].« (ebd., S. 11).

[91] Als »standardisiert« sind beispielsweise solche Darstellungen der Mutter zu werten, in denen ein »Fehlverhalten« des Mädchens, ihr Abweichen von der Mädchen-Rolle bei der Mutter Trauer und Enttäuschung auslöst: »Wenn ich ihnen sage, daß ich als einziges Kind nicht mitdarf, weint meine Mutter und verliert den Glauben an mich.« (M, S. 11) Zum anderen gibt es Momente der Nähe zwischen dem Mädchen und seiner Mutter, in denen der konventionelle Rahmen andeutungsweise verlassen und die Möglichkeit einer positiven Einheit imaginiert wird, aus der der Vater aktiv ausgeschlossen wird: »»Komm her, mein kleines Mädchen‹, hat meine Mutter gesagt mit einer Stimme wie ein weiches Kissen. Sie hat in einem fremden Bett gelegen, und ihr Gesicht war weiß und fröhlich wie Schnee. Am dunklen Ende vom Bett hat mein Vater gesessen [...]. ›Laß mich mal mit dem Kind allein, Mann – wir Frauen wollen jetzt mal unter uns sein.‹ Und auf ihrem Gesicht war ein Schimmer, der hat meinen Vater glatt fortgeweht.« (M, S. 39).

Versuch, den ungewohnten Alltag zu bewältigen. Die Ambivalenz zwischen der Sehnsucht nach sowie dem Versuch der Aufrechterhaltung der klassischen Familienkonstellation und dem gleichzeitigen Evidentwerden ihres Scheitern kommt in der Gestaltung der Mutterfigur besonders deutlich zum Ausdruck.

Während der Vater mehr durch seine gesellschaftliche Rolle als exilierter Schriftsteller sowie als potentieller Ernährer der Familie in Erscheinung tritt, zudem meist durch direkte Rede innerhalb der Handlung agiert (es bestehen eindeutige Anspielungen, die auf Joseph Roth verweisen),[92] ist die Mutter von ihrer ästhetischen Anlage und Zusammensetzung her die Figur, in welche die Projektionen des kindlichen und weiblichen Ichs sowie seine Vergleichs- und Abgrenzungsversuche verlagert werden.

Kullys Bestreben, die Mutter durch ihre Darstellungen »unverletzt« und in sich geschlossen erscheinen zu lassen, ihr Verhalten nur indirekt zu kommentieren und zu kritisieren, macht ihre Zerbrechlichkeit und Verletzbarkeit deutlich. Das stillschweigende Wissen, daß die Mutter keineswegs eine unverletzbare Figur repräsentiert, ist dieser Darstellungsweise immanent. Nur einmal hat Keun diese Möglichkeit des Verletzt-Werdens, ja des »Auseinanderbrechens« innerhalb der Handlung explizit ausgeführt: Sie wird als »Krankheit« (KaL, S. 87) deklariert und in der nachträglichen Bewertung durch die Erzählerin Kully in die Unwirklichkeit eines Traumes überführt:

> Jetzt schläft meine Mutter. Ihr Gesicht ist wieder wie immer. Etwas Schreckliches ist passiert. Meine Mutter war auf einmal nicht mehr meine Mutter. Ich dachte, sie sei der Krieg und eine Bombe und zerspringt. [...] Sie sprach ganz schnell und heiß und wild, ich konnte gar nicht sagen, warum ich so lange fort gewesen bin. Sie dachte, meine Meerschweinchen seien Ratten, erklären ließ sie sich nichts. Sie flog an die Wand zum Telefon, sie telefonierte mit allen Leuten, die wir kennen, und war böse zu ihnen, ihre Augen wurden immer größer und schwärzer. Ich habe nicht geweint, ich hatte nur Angst. (KaL, S. 91)

---

[92] Der Vater übernimmt mehrere Funktionen im Text. So auch die, aus der Sicht des exilierten deutschen Schriftstellers die Geschichte des Landes als eine patriarchale Machtabfolge zu beschreiben, die auf Unterdrückung jeglicher demokratischer Elemente basiert, schließlich im Nationalsozialismus gipfelt und welche die junge oppositionelle Generation in die Vater(lands)losigkeit geführt hat: »Und Gottesfurcht? Warum? Meinetwegen Gottvertrauen. Aber lieber soll mein Kind Streichholzschachteln oder Likörgläser anbeten, als Angst vor Gott haben. Alles Unheil beginnt mit Angst. Ich sehe nicht ein, warum sich Menschen Gott als einen neuen Diktator vorstellen müssen, der die Leute mit Maulkörben und Handschellen im Kreis herumlaufen läßt. Der ganze Dreck in Deutschland konnte nur entstehen, weil man die Menschen dort seit ewigen Zeiten in Angst gehalten hat. Kaum daß ein Kind geboren wird, hat es auch schon Angst vor Vater und Mutter haben. [...] Dann kommt die Angst in der Schule vor dem Lehrer, die Angst in der Kirche vorm lieben Gott, die Angst vor militärischen oder anderen Vorgesetzten, die Angst vor der Polizei, die Angst vor dem Leben, die Angst vor dem Tod. Schließlich ist ein Volk so versklavt und verkrüppelt durch Angst, daß es sich eine Regierung wählt, in der es in Angst dienen kann.« (KaL, S. 117f.) Diesen Zusammenhang zwischen Angst und Macht hat Heinrich Mann in seinem Roman *Der Untertan* beschrieben. Weiterhin schildert Irmgard Keun mittels der Stimme von Kullys Vater ihre eigene schriftstellerische Situation des Exils, so auch in einem Brief des Vaters an die Mutter und Kully (KaL, S. 54ff.). Es ist die Vaterfigur, die an die reale Vergangenheit in Deutschland anknüpft, explizit Stellung nehmen und berichten darf und somit den Bezug zu konventionellen Formen des Erinnerns und der Geschichtsschreibung herstellt. Diese Redeweisen, an denen sowohl Frau als auch Mann teilhaben (Irmgard Keun als Schriftsteller*in*), die aber in einer männlichen Tradition und Geschichtsschreibung verortet sind, werden hier an eine männliche Figur gebunden, während die beiden Frauen im Text sich dieser Geschichtstradierung entziehen oder verweigern.

[...]

Als meine Mutter aufwachte war sie gesund. Ihre Augen waren wieder weich und blau, ihre Stimme flog wie ein weicher leiser Wind durch das Zimmer. (KaL, S. 94)

Vergleichbares geschieht mit ähnlich angst- oder panikauslösenden Erzählereignissen, die meist im Nachhinein der Harmlosigkeit überführt werden, aber immer wieder beim Leser für Irritation und Angst sorgen. So führt Keun in diesem Text kindliche Ängste, neurotische und psychotische Ängste, sowie Realängste, hervorgerufen durch die bedrohliche politische Situation des Jahres 1938, zusammen und läßt die einzelnen Ereignisse mittels der Erzählerin zu komplexen Verweisen aufeinander werden:

In der Nacht fing die Welt an zu schreien. Es schrie, unser Bett war voll Geschrei, das ganze Hotel war voll Geschrei, es schrie immer mehr, die ganze Welt schrie. [...] Als ich dachte, ich sei totgeschrien, bin ich eingeschlafen. Aber ich wachte wieder auf, es war Morgen. Die Welt war wieder stumm. Eine schöne dicke, braune Frau brachte uns das Frühstück und lachte. [...] Die Welt hatte gar nicht geschrien, auf unserem Platz vor dem Hotel war nur eine Ausstellung von tausend Hähnen gewesen. Und jeder Hahn hatte lauter sein wollen als der andere. (KaL, S. 154)

Die »Krankheit« der Mutter kann ebenfalls als ein solches Ereignis gewertet werden. Von außen erscheint die Konzeption der Mutter zunächst noch in sich geschlossen; doch in Kullys Beschreibungen gibt es von Beginn an gleichzeitig jene Momente der Irritation, die eine solche scheinbar stabile Identität qua Metaphorisierung gefährden, ja unterminieren. Die Mutter wird in Kullys Beschreibungen zu einem offenen Körper, in den andere Formen der Metaphorisierung eindringen und die zuvor konstruierte Geschlossenheit wieder aufheben. Dazu gehören vor allem die immer wieder auftauchenden Tiervergleiche. An einer Stelle wird beispielsweise die Assoziation mit einem Fisch hergestellt:

Manchmal sitzt sie in der Halle in der Ecke, wo die großen Glaskästen mit den kleinen Fischen stehen, die so zart und still schwimmen. Manche sehen aus wie mit goldener Spitze besetzt, wenn sie mich aus runden Augen anschauen. Manchmal schwimmen zwei Fische aufeinander zu und küssen sich. Das ist am schönsten. (KaL, S. 102)

Auffällig ist hier der gleitende Perspektivwechsel: Wird zunächst die Mutter sitzend in der Halle neben dem Aquarium beschrieben, so schaut plötzlich Kully in das Aquarium hinein. Das Verschmelzen zweier identischer Kreaturen (sich-küssen der Fische) deutet schließlich eine Mutter-Tochter-Symbiose an, die in der nächsten Passage in eine gegengeschlechtliche Verbindung überführt wird:

Neben meiner Mutter sitzt oft ein Mann mit dunklen Augen. Er hält ihre Hand fest und küßt sie. Die Hand meiner Mutter zittert leicht wie die Flossen von den kleinen Fischen. Ihre Augen sind riesenhaft groß und blau geworden. (ebd.)

Eine ödipale Konfliktsituation wird hier aus der Sicht der Tochter imaginiert; das ihr ähnlichste Wesen, die Mutter nämlich, ist der Ort ihres Begehrens. Der Mann nimmt ihr die Mutter weg. Kully reagiert regressiv: »Aber wozu soll man eigentlich erwachsen werden, wenn man nur traurig davon wird?« (KaL, S. 103) An einer späteren Stelle heißt es dann schließlich, ganz ähnlich wie in *Gilgi*, »Ich konnte das Gesicht meiner Mutter nicht mehr finden, es war so weit fort.« (KaL, S. 115) Der vorausgegangene Moment der Panik, welche die Mutter befällt, als jemand auf der Straße das Horst-Wessel-Lied pfeift, ist realitätsbezogen. Kully reagiert darauf mit einem magischen Akt, der wiederum an frühkindliche Allmachtsphantasien erinnert: »Da habe ich meine Mutter in Gedanken in einen Baum verwandelt, denn ein Baum ist ruhig, er hat keine Angst.« (ebd.)

Die Mutterfigur wird also von einer externen Quelle her, nämlich durch die Wahrnehmung der Tochter, aufgelöst, zersetzt, verletzt. Durch diese Metaphorisierungen verringert sich die Distanz zwischen Tochter und Mutter; es scheint, als finde hier ein symbolisches Eindringen in die Mutter statt. Sie, die sich ihrer Tochter im Alltag als Person entzieht, wird durch Metaphern wieder gefügig und zu einem Teil des Selbst gemacht. Diese imaginierte Einheit mit der Mutter steht in engem Zusammenhang mit Kullys Ängsten. Im Bewußtsein der kindlichen Erzählerin wird die Grenze zwischen innerpsychischer Angst und realer Bedrohung aufgehoben und über Bilder transportiert. Dennoch bleibt ihre Persönlichkeitsstruktur und ihre Haltung als Erzählinstanz während des gesamten Romans nahezu konstant. Ihre Einsamkeit kompensiert sie durch Aktivitäten, sowie durch die aktive Vermischung realer Ereignisse mit einer kindlichen Phantasie (KaL, S. 184ff.). In einer Schlüsselszene des Romans tritt von außen eine andere Figur an die Erzählerin heran und beschreibt ihre Phantasie in zweifach negativer Form: »Du hast nicht die Phantasie deines Vaters geerbt, du hast auch nicht die wahre Kinderphantasie [...].'« (KaL, S. 52)

Wenn Kullys phantastische Welt also nicht die eines Kindes im herkömmlichen Sinne ist, jedoch auch (noch?) nicht die sublimierte eines erwachsenen, vorzugsweise männlichen Schriftstellers,[93] so muß sie in einem anderen Bereich angesiedelt sein, der, und das scheint mir wichtig, im Roman nicht durch eine konkrete Figur personifiziert wird. Letztlich ist diese Textstelle ein Eingriff in die Erzählstruktur, welche durch Kully repräsentiert wird: ein Hinterfragen der Erzählerinstanz auf ihren Denk- und Empfindungshorizont hin. Dieser wird keinem vorgegebenen Persönlichkeitsbild oder Künstlerkonzept zugeordnet; es haftet ihm somit etwas Hybrides an. Kullys Fühlen und Denken ist in einem Bereich angesiedelt, der zwischen Kindsein und Erwachsensein changiert und dennoch unabhängig davon existiert. Nicht näher benannt, kommt hier die hybride Natur einer Künstlerinstanz zum Ausdruck, die weder

---

[93] Vgl. hierzu auch Sigmund Freud: Der Dichter und das Phantasieren. In: ders.: Bildende Kunst und Literatur. Studienausgabe, Bd. X. Hg. v. Alexander Mitscherlich et al. Frankfurt a. M.: S. Fischer 2000, besonders S. 171: »Sollten wir die ersten Spuren dichterischer Betätigung nicht schon beim Kinde suchen? Die liebste und intensivste Beschäftigung des Kindes ist das Spiel [...].« und S. 178f.: »[...] der Tagträumer [verbirgt] seine Phantasien vor anderen sorgfältig [...], weil er Gründe verspürt, sich ihrer zu schämen. Ich füge nun hinzu, selbst wenn er sie uns mitteilen würde, könnte er uns durch solche Enthüllungen keine Lust bereiten. [...] Wenn aber der Dichter uns seine Spiele vorspielt oder uns das erzählt, was wir für seine persönlichen Tagträume zu erklären geneigt sind, so empfinden wir hohe, wahrscheinlich aus vielen Quellen zusammengesetzte Lust. [...] Der Dichter mildert den Charakter des egoistischen Tagtraumes durch Abänderungen und Verhüllungen und besticht uns durch rein formalen, d.h. ästhetischen Lustgewinn, den er uns in der Darstellung seiner Phantasien bietet.«

dem traditionell männlichen Künstler entspricht noch der spielerischen Kreativität eines Kindes.[94] Diese Künstlerinstanz kann mit dem Begriff »Frau« oder als »das Weibliche« im Sinne Luce Irigarays als Bezeichnung für eine anders geartete Kreativität belegt werden: »Es ist gleichfalls wichtig, daß wir entdecken, daß wir als Frauen immer Mütter sind. Wir bringen andere Dinge als nur Kinder zur Welt, wir erzeugen und erschaffen anderes als Kinder: Liebe, Begehren, Sprache, Kunst, Soziales [...]. Aber dieses Schaffen ist uns jahrhundertelang verboten worden, und wir müssen uns diese mütterliche Dimension, die uns als Frauen zusteht, neu aneignen.«[95] Diese Konstruktion erfolgt jedoch nur unter Vorbehalt. Vielmehr scheint wichtig zu sein, daß auch Kully, ähnlich wie ihre Vorgängerinnen in Keuns Texten, eine Person verkörpert, die sich keiner eindeutigen Strukturvorgabe fügt. Keun macht nicht die traditionelle Entwicklung eines »realen« Kindes zum Thema; ihre Figur bleibt in ihrer Dynamik statisch. So wie es für die Exilierten keine wirkliche Fortsetzung von Tradition und Geschichte gab, ist die Figur Kully Symbol für diese Bewegung ohne Tradition. Andererseits ist Kully auf der Handlungsebene ein zehnjähriges Mädchen, welches das Zerbrechen von Tradition sowie die Heimatlosigkeit als eine sehr körperliche Erfahrung erlebt. Vor diese Erfahrungen heftet die Erzählung keine schützende oder filternde Instanz, sie muß von der Protagonistin vollständig durchlebt und metaphorisiert werden. Zu ihr zählt auch die als unsicher und antiquiert erlebte Mutterfigur. Kully und ihre Mutter verkörpern zu Beginn des Romans zwei unterschiedliche Prinzipien: Während Kullys Wahrnehmung von Anfang an aus Metaphern und Empfindungen lebt, ordnet sich die Wahrnehmung der Mutter (in Kullys Augen und in deren Vergleich mit dem eigenen Erleben) zunächst dem Realitätsprinzip unter, welches auf Verdrängung und Rationalisierung beruht.[96] Im Verlauf des Romans wird jedoch deutlich, das beide jeweils auch Spuren der Perzeption des anderen tragen. Wenn Kully beispielsweise den Gesichtsausdruck der Mutter beschreibt, meint sie, darin et-

---

[94] Vgl. hierzu auch: Friedrich Schiller: Über das Schöne und die Kunst. Schriften zur Ästhetik. München 1984, S. 183. Dazu Werner Jung: »Auf verschlungenen Wegen und in einer nicht immer klaren Ausführung entwickelt Schiller [...] seine anthropologischen Vorstellungen, die von drei Grundtrieben des Menschen ausgehen: dem Stofftrieb, dem Formtrieb und dem – die beiden anderen vermittelnden – Spieltrieb. [...] Im Spieltrieb erlangt der Mensch die wahre Freiheit [...]. Schiller nennt das auch den ästhetischen Zustand; in diesem wird die ›Macht der Natur‹ [...] gebrochen, werden die Naturschranken im Angesicht und in der Auseinandersetzung mit dem schönen Kunstwerk gesprengt.« (Werner Jung: Eine Einführung in die Geschichte der Ästhetik. Hamburg: Junius 1995, S. 73f.).

[95] Luce Irigaray: Genealogie der Geschlechter. Freiburg i. Br.: Kore 1989, S. 41.

[96] In seiner Schrift *Formulierungen über die zwei Prinzipien des psychischen Geschehens* bringt Sigmund Freud die Neurose mit einer Entfremdung von der Wirklichkeit in Verbindung und führt aus: »Wir haben uns in der auf Psychoanalyse begründeten Psychologie gewöhnt, die unbewußten seelischen Vorgänge zum Ausgange zu nehmen [...]. Wir halten diese für die älteren, primären, für Überreste aus einer Entwicklungsphase, in welcher sie die einzige Art von seelischen Vorgängen waren. Die oberste Tendenz, welcher diese primären Vorgänge gehorchen, ist leicht zu erkennen; sie wird als das Lust-Unlust-Prinzip (oder kürzer als das Lustprinzip) bezeichnet. Diese Vorgänge streben danach, Lust zu gewinnen; von solchen Akten, welche Unlust erregen können, zieht sich die psychische Tätigkeit zurück [...]. Erst das Ausbleiben der erwarteten Befriedigung, die Enttäuschung, hatte zur Folge, daß die Befriedigung auf halluzinatorischem Wege aufgegeben wurde. Anstatt seiner mußte sich der psychische Apparat entschließen, die realen Verhältnisse der Außenwelt vorzustellen und die reale Veränderung anzustreben. Damit war ein neues Prinzip der seelischen Tätigkeit eingeführt; es wurde nicht mehr vorgestellt, was angenehm, sondern was real war, auch wenn es unangenehm sein sollte. Diese Einsetzung des Realitätsprinzips erwies sich als ein folgenschwerer Schritt. (Sigmund Freud: Psychologie des Unbewußten. Studienausgabe, Bd. III. Hg. v. Alexander Mitscherlich et al. Frankfurt a. M.: S. Fischer 2000, S. 17f.).

was zu erkennen, das auf primärprozeßhaftes Erleben hindeutet. So zum Beispiel an folgenden Stellen: »Meine Mutter sagte: Ich bin glücklich. Sie war so klein unter diesem riesenhaften hohen blauen Himmel.« (KaL, S. 141), »Meine Mutter wollte mich beschützen, indem sie sich an mir festhielt.« (ebd., S. 144), »Meine Mutter hatte viel mehr Angst vor meiner Großmutter als ich vor meiner Mutter habe. Darum lügt sie auch manchmal vor meiner Großmutter [...].« (ebd., S. 149), »Und ich mußte auch immer an meine Mutter denken, die nie im Leben allein war, nur manchmal ohne meinen Vater. Aber jetzt hatte sie noch nicht einmal mehr mich zum Beschützen. Ich habe mir vorgestellt wie sie weint und aufgeregte Dinge tut.« (ebd., S. 167f.) Kullys Kindlichkeit sowie ihre Ängste sind hingegen von der Exilsituation bereits derart geprägt, daß sie sich nicht mehr in »normaler« Ängstlichkeit und nach außen hin zeigen, sondern lediglich im Inneren der Person angesiedelt sind. Kullys primäre Gefühle sind solche des »Verlorengehens« und des »Wiedergefundenwerdens«, zwischen diesen beiden Polen spielt sich auch die Dynamik der Erzählung ab. So läßt sich letztlich als genereller Tenor für die Mutter-Tochter-Beziehung in Irmgard Keuns Texten festhalten, daß das Moment der Verunsicherung und der Instabilität bei weitem vorherrscht. Die Mutterfiguren Irmgard Keuns sind für ihre Protagonistinnen – wenn auch ästhetisch höchst unterschiedlich gestaltet und motivisch nicht bewußt in den Vordergrund gedrängt – Parameter der eigenen, nicht vollständig abgesicherten Identität. Die Mütter und ihre »Geschichten« werden aus dem Modus der Distanz, Abwehr und stellenweisen Idealisierung geschildert und markieren nur allzu häufig einen Endpunkt, für den es – folgt man der Logik der Texte – keine realhistorische Fortschreibung mehr geben kann und darf.

3.3 Ironisierung weiblicher Literaturtradition in *Das kunstseidene Mädchen*. Der fingierte Tagebuchroman

Zu einem verblüffenden Ergebnis kommt Ingrid Marchlewitz in ihrer Monographie *Irmgard Keun. Leben und Werk* nach einer eingehenden Untersuchung der Erzählhaltung in *Das kunstseidene Mädchen*. Der Schreibstil des Romans kann mit dem Tagebuchinhalt einer 18-jährigen Kleinbürgerin, die zudem Rechtschreibung und Kommaregeln nicht beherrscht, nicht kongruent sein – wegen des durchgängig raffinierten Spiels mit umgangssprachlichen und grammatikalisch falschen Wendungen. Marchlewitz führt deshalb in ihrer Textbetrachtung die dem Roman inhärente Differenz zwischen gesprochener und geschriebener Sprache ein.[97] Freilich ist der Tagebuchroman als Schreibposition ein rezeptionslenkendes Genre von Bedeutung. Gerade weil die Autorin sich auf verschiedenen Erzählebenen von dieser Tradition abstößt, ist es sinnvoll, den Begriff als Analysekategorie zu verwenden – wenn auch in einem uneigentlichen Sinn: Mit ihrem Roman bürstet Irmgard Keun die bisher vornehmlich als klassisch-weiblich geltende Literaturtradition des Brief- und Tagebuchromans gegen den Strich und erreicht so eine Ironisierung der weiblichen Schriftkul-

---

[97] Ingrid Marchlewitz: Irmgard Keun. Leben und Werk. Würzburg: Königshausen & Neumann 1999, S. 97ff. und S. 111ff. Zur Differenz zwischen Schrift- und Umgangssprache siehe v.a. Gerd Schank: Skizze einer Frauensprache. In: Annäherungen: Studien zur deutschen Literatur und Literaturwissenschaft im 20. Jahrhundert. Amsterdam 1985, S. 35-64.

tur, die sich innerhalb der bürgerlich-patriarchalen Gesellschaftsordnung ereignet hat.[98] Gleichzeitig wäre es eine grobe Vereinfachung, die Ironisierung lediglich an Doris' Abkehr vom Tagebuch und der Hinwendung zum filmischen Schreiben (DkM, S. 6) festzumachen.

Während ein Tagebuch vornehmlich aus Einzeleinträgen besteht, die durch zeitliche Markierungen stillgelegt und voneinander abgegrenzt sind, laufen Filmbilder so rasch hintereinander ab, daß die Illusion der Bewegung entsteht. Ebenso scheinen in Keuns Erzählung alle formalen Kriterien des Tagebuches gesprengt, ein Datum vor den separaten Einträgen ist nirgends vorhanden. Der Roman ist stattdessen nach Jahreszeiten strukturiert und besteht aus drei Teilen: Spätsommer, Herbst und Winter. Der Frühling sowie der Frühsommer fehlen. Formal ist er als ein unvollständiger Almanach zu bezeichnen. Demnach wäre bereits die hier im Titel verwendete Bezeichnung »Tagebuchroman« de facto unzutreffend. Der Text vergewissert sich nur am Rande des expliziten und ironisch gefärbten Hinweises auf das Tagebuchschreiben, um zu verdeutlichen, daß es sich bei *Das kunstseidene Mädchen* um eine Erzählung handelt, die aus der Reflexion des Erzählens selbst erst entsteht – ein Erzählen, das nicht mehr ausschließlich in der schriftlichen Fixierung in Doris' »Taubenbuch« statt hat, sondern sich in der Öffentlichkeit[99] ereignet, sich im öffentlichen Raum erprobt:

---

[98] Vgl. hierzu: Barbara Becker-Cantarino: Leben als Text. Briefe als Ausdrucks- und Verständigungsmittel in der Briefkultur und Literatur des 18. Jahrhunderts. In: Frauen Literatur Geschichte. Schreibende Frauen vom Mittelalter bis zur Gegenwart. Hg. v. Hiltrud Gnüg/Renate Möhrmann. Stuttgart: Metzler 1985, S. 83-103. Der Text untersucht u.a. die Funktion und Form des Briefes von Frauen unterschiedlicher sozialer Schichten. Daraus ergibt sich – vereinfacht gesagt – die Opposition eines »gebildeten« sowie »ungebildeten« Briefdiskurses: »In der Literarisierung des Briefes spiegelte sich die entwickelnde sprachliche Ausdrucksfähigkeit der Frauen aus dem Bürgertum. [...] Doch abgesehen von den inhaltslosen Tändeleien nach männlichen Vorstellungen vom schönen Geschlecht, schreiben im frühen 18. Jahrhundert die meisten Frauen (die gelehrte Gottschedin ist da eine Ausnahme) ohne Punkt und Komma, eben wie ihnen der Schnabel gewachsen ist.« (S. 89f.). Das 19. Jahrhundert schließlich verzeichnet die Privatisierung der Briefkultur durch die Ausweitung des Pressewesens: »Was in den Zeitungen stand, die gleichzeitig mit der Briefpost eintrafen, lohnte sich als Briefinhalt nicht mehr. [...] Briefe wurden dadurch nicht weniger geschrieben, aber sie beschränkten sich auf privatere Dinge. Ein wichtiger, umfangreicher Teil der privaten Kommunikation wurde sogar expressis verbis durch die gewandelte Funktion des Briefes erzeugt.« (Rainer Baasner [Hg.]: Briefkultur im 19 Jahrhundert. Tübingen: Niemeyer 1999, S. 5f.). Zugleich findet jedoch eine »Konventionalisierung« (ebd., S. 13ff.) von Form und Inhalt statt: »Briefe zu schreiben und zu empfangen gehörte im 19. Jahrhundert jenseits aller objektiven Notwendigkeit des Informationsaustausches zum guten Ton des gesellschaftlichen Lebens, einer Lebensform zumal, die wesentlich auf guten Ton aufgebaut war und durch ihn ihren Fortbestand garantierte. [...] eine Art schriftlicher Gesprächskultur [...].« (ebd., S. 14) Nimmt man diese historische Situation als Ausgangsbasis, so läßt sich für Keuns Roman folgende Tendenz herauskristallieren: Doris' ablehnende Haltung gegenüber der »Gelehrsamkeit« sowie gegenüber dem konventionalisierten »guten Ton« weist beide nunmehr als Anpassungszwänge an formale Übereinkünfte aus, zeigt sie in den 30er Jahren des 20. Jahrhunderts als sinnentleerte Anachronismen – wohingehen das (selbst-bewußte) Dokumentieren, die Rückbesinnung auf die eigene Unbildung einen Prozeß der Befreiung initiiert. Schließlich überschneiden sich in der Sprache von Keuns *Kunstseidenem Mädchen* »gebildeter« und »ungebildeter« Frauendiskurs. Folgender Bezug macht dies deutlich: Sophie von La Roche, die Autorin des *Fräulein von Sternheim*, gilt als eine der berühmtesten Briefeschreiberinnen ihrer Zeit. Becker-Cantarino beschreibt den Stil ihrer Privatbriefe als »schnell, leicht, wie sie sprach und dachte [...]« (S. 91). Ausgehend von Gellerts *Briefe, nebst einer Praktischen Abhandlung von dem guten Geschmacke in Briefen* (1751) urteilt sie schließlich: »Leicht, natürlich, einfach, ohne gekünstelte Formen und geschraubte Sätze schrieben diese [gelehrten] Frauen [des 18. Jahrhunderts], als ob sie mit ihrem Gegenüber plauderten [...].« (ebd.). Nahezu jeder Beitrag zu Keuns Roman attestiert ihrem Stil vergleichbare Eigenschaften.

[99] Die Opposition privat – öffentlich beherrscht auch den Briefdiskurs im 18. Jh.: »Das lesende und Briefe schreibende Frauenzimmer war eine Erscheinung des wohlhabenden Bürgertums und Adels.

als Medium realitätsgetreuer Wiedergabe, als Schnittpunkt populärer zeitgenössischer
Diskurse, als ein hybrides Sprachsystem.[100] Marchlewitz bemerkt ganz richtig, daß die
Tagebuchaufzeichnungen nur den Rahmen der Handlung bilden, nur als Teil der
Fiktion erzählt werden, während sie als geschriebene Worte dem Leser verborgen bleiben.[101] Indem nun aber infolge dieses Rahmens der Roman eine autoreflexive Ebene
erhält, tritt das Erzählen selbst in den Vordergrund und erzeugt auf paradoxe Weise
seine kritische Reflexion. Dem unbedarften Leser wird suggeriert, daß er an den privaten Aufzeichnungen und damit an den intimen Gedanken der Ich-Erzählerin teil
hat. Es tritt ein Moment der Überlegenheit im Leser ein, der sich in die Position des
Voyeurs versetzt sieht – während doch der eigentliche »Text hinter dem Text«, nämlich Doris' Aufzeichnungen, ihm vorenthalten – also privat bleiben. Einzig eine Romanfigur, nämlich der grüne Witwer Ernst, mit dem Doris einige Zeit lebt, liest das
Tagebuch. Bezeichnenderweise wird von seiner Lektüre jedoch nichts wiedergegeben,
während ansonsten im Roman mehrfach Briefe sowie auf Tonträger aufgezeichnete
Botschaften in voller Länge zitiert werden.[102] Der Roman breitet den Mantel
schamvollen Schweigens über dieses »Buch im Buch«, das man doch die ganze Zeit
über glaubt, enthüllt zu bekommen. Das Tagebuch wird vor dem Leser letztlich zum
verschlossenen Raum erklärt:

> Gott sei Dank habe ich mit dem Onyx auch nicht richtig – ist doch wenigstens
> einer weniger. [...] Nur die Stellen, wo ich schwere Traurigkeit hatte, die hätt ich
> gern zugeklebt. Wo ich ein Biest war – na, schön. Aber wo ich so anders war, das
> ist so peinlich, das bohrt mir im Bauch [...] ich verstehe gar nicht, wie jemand
> Bücher schreiben kann, die alle Menschen auf der Welt dann lesen [...]. (DkM,
> S. 115)

Diese Aussage deutet allerdings auf eine inhaltliche Parallelität zwischen Erzählung
und Tagebuch hin: Die sexuellen Erlebnisse sowie die Schwermut sind auch im »Taubenbuch« aufgezeichnet. Nur: in welcher Form? Begreift man den gesamten Text in
dieser Gespaltenheit, erzeugt die Diskrepanz weitere Neugier, die befriedigt werden
will, es aber niemals ernsthaft wird. In der Suche selbst entblößt sich der Leser als Beobachter. Zugleich provoziert diese Erkenntnis in Verbindung mit dem Tagebuch-
Schreiben als weibliches Metier einen paradoxen Sachverhalt: Die Frau wurde in den

---

Ihre Briefe waren, abgesehen von geheimen Liebesbriefen, selten nur für die Augen des Empfängers
bestimmt; besonders die Freundschaftsbriefe im ›empfindsamen‹ 18. Jahrhundert wurden weitergereicht, Partien daraus abgeschrieben oder ›schöne‹ Stellen ausgewählt und der Familie und den Besuchern vorgelesen. [...] Mit der zunehmenden Privatisierung persönlicher Beziehungen und Individuation der Frauen werden auch ihre Briefe reine Privatbriefe, die – bei den Romantikerbriefen wird das
dann ganz deutlich – nur für eine Person bestimmt sind [...].« (S. 85f.).

[100] Vgl. dazu vor allem die Arbeit von Anke Gleber: The Art of Taking a Walk. Flanerie, Literature
and Film in Weimar Culture. Princeton/New Jersey: Princeton University Press 1999. Zu Irmgard
Keuns *Das kunstseidene Mädchen*: S. 191-213, insbesondere S. 195f.: »Her [...] novel [...] goes so far
as to present a female flaneur as the protagonist, a character who goes on extended excursions into
the exterior world of the city. [...] Keun's female vagabond—herself both spectacle and spectator—
continues to stylize herself as a visual object.«; zum Stil insbes. S. 198ff., sowie S. 102: »The female
flaneur's semiotic focus on the signs of the city and the cinema structures her text and infuses her
prose with a quasi-filmic quality.«

[101] Marchlewitz, S. 111.

[102] Vgl. DkM, S. 79.

privaten Raum verbannt und war dennoch ein öffentliches Diskussions- und Verhandlungsobjekt. An verschiedenen Stellen innerhalb des Handlung beschreibt Irmgard Keun mittels ihrer Erzählerin die gesellschaftliche Situation der Frau als eine Paradoxie, die nach Parodierung verlangt, wie zum Beispiel in folgender Passage: »Er hätte auch Geist. Und Grundsätze. Männer dürfen und Frauen dürfen nicht. Nun frage ich mich nur, wie Männer ihr Dürfen ausüben können ohne Frauen? Idiot.« (DkM, S. 51)

Die Hauptfrage der nachfolgenden Analysen soll sein, wie um den Kern des Tagebuches herum Lebenszusammenhänge sowie der Prozeß des Schreibens präsentiert werden. Dabei wird die im Buch enthaltene Aufspaltung zwischen dem »verschlossenen« Text (Tagebuch) und dem »offenen Text« (Erzählung) eine Diskussionsgrundlage bilden.[103] Während das Tagebuch formale Geschlossenheit suggeriert, ist die Erzählung selbst wie ein unabschließbarer Text mit abruptem Einstieg und offenem Ende gemäß der anglo-amerikanischen Konzeption der *short story* aufgebaut. Dies zeigt, daß Keun in *Das kunstseidene Mädchen* die deutsche Literaturtradition verläßt und sich die modernistische Form des *stream of consciousness* aneignet – eine Technik, die AutorInnen wie Virginia Woolf oder James Joyce dazu diente, die psychische Bewegung einer Figur auf der Ebene zwischen vorsprachlicher Wahrnehmung und sprachlicher Artikulation festzuhalten. Mit der Verwendung dieser Technik grenzt sich Irmgard Keuns Schreiben auch von der Neuen Sachlichkeit ab, obwohl sie deren Elemente auf der Ebene der Figurensprache benutzt.[104] Die Sprache, die Keun in *Das kunstseidene Mädchen* gebraucht, hat ihre Entsprechungen innerhalb der französischen Tradition der Surrealisten sowie in der von Hélène Cixous entwickelten *écriture feminine*, laut der »sich schreibend dem weiblichen Unbewußten anvertrauen, darauf hinauslaufen könnte, sich als Frau in der Schrift zu erzeugen.«[105] Übersetzt im Hinblick auf die Frage nach einer weiblichen Geschichts*schreibung* heißt das: Im Schreibprozeß kann eine weibliche Perspektivierung von Geschichte hervorgebracht werden, in der das Korsett der Tradition teilweise abgestreift wird. Regine Othmer-Vetter beschreibt die *écriture* als eine subversive, mimetische Technik, bei welcher »das Ich darauf verzichtet, sich seiner äußeren Wahrnehmung in einem allgemeinen Sinn zu bemächtigen«:

Als eine ›Arbeit vor dem Wert‹ verweist die Praxis der *écriture* auf den ›anderen Schauplatz‹ des Unbewußten, jenseits und vor der Re-präsentation. Sie will mit der Überschreitung der Repräsentationsfunktion von Literatur zugleich den Begriff des ›Autors‹ abschaffen, eine heilige Kuh der bürgerlichen Ästhetik. Sie [die Sprache] mimt die Gespaltenheit, ja die Pluralisierung des Subjekts, in der un-

---

[103] Ein erzählerischer Trick, der bei genauem Hinsehen die Romanhandlung in die Nähe des (simulierten) realen Erlebens rückt, weil die schriftliche Fixierung auf die Ebene des Tagebuches verlegt ist. Die Erzählung avanciert so zu einem »Text vor dem Text« und ist somit eindeutig als Bewußtseinsstrom lesbar. Innerhalb der Romanhandlung kann ihr somit der Textcharakter abgesprochen werden – insofern das Kriterium eines Textes unter anderem seine Abgeschlossenheit ist.

[104] Neusachliches im Empfinden und Erleben ist stärker in der Psyche der Figuren als in der Erzählform der Autorin zu verorten.

[105] Regine Othmer-Vetter: Weibliches Schreiben. Streifzüge durch Noch-Nicht-Vergangenes. In: Feministische Studien (1). Hg. v. Ute Gerhard et al. 1988, S. 120.

endlichen und unabschließbaren Artikulation einer Differenz zwischen Signifikanten [...].[106]

In *Das kunstseidene Mädchen* fällt vor allem die Hybridität der Figur und der Erzählweisen auf.[107] Der Roman, ein fingierter autorloser und schriftloser Text, ist zugleich
eine Praxis des ständigen Zitierens bei gleichzeitiger Überkreuzung literarischer Dis-
kursformationen, welche den Eindruck der Willkür erweckt.[108] Durch die vollkommen
unterschiedlichen Formen des Erzählens, die zuweilen sogar in ein und demselben
Satz variieren können,

> Und es riecht der Tisch nach so kalter gemeiner Asche und Maggis Suppenwürze
> und hat mir die Klosettfrau ein Zervelatbrot geschenkt, was nach Hygiene
> schmeckt, und das ist medizinische Gesundheit [...] hallo, Frau Wirtin, schnell
> noch einen Humpen – warum macht man denn mit dem Rhein soviel Musik?
> (DkM, S. 91)

sowie durch Formulierungen, die durchaus der Beginn eines schriftlichen Tagebuch-
eintrages sein könnten, wird auch die zuvor lesbare Differenz zwischen mündlichem
Erzählerbericht und schriftlicher Aufzeichnung wieder verwischt. Es entsteht also ein
durchgängiges Unsicherheitsmoment; der Leser kann nie wirklich sicher sein, ob Doris gerade denkt, schreibt oder spricht:

> Und schreibe schnell noch Worte über mein Erlebnis – eigentlich nur, weil ich zu
> faul bin, vom Stuhl mich zu erheben [...]. Ich schreibe auf dem Büro, denn das
> Pickelgesicht ist aufs Gericht. Die Mädchen wundern sich und fragen, was ich
> schreibe. Ich sage: Briefe, da denken sie, das hat mit Liebe zu tun, und das res-
> pektieren sie. [...] Es macht mir furchtbar Spaß, ihr zu erzählen [...] wenn ich ihr

---

[106] Ebd.
[107] Die von Marchlewitz vorgenommene Unterteilung der Figur Doris in ein dummes Erlebendes Ich
und ein kluges Erzählendes Ich (S. 111) ist insofern problematisch, als sie die Rezeption in eine bestimmte Richtung lenkt: Da Doris als Erlebendes Ich aus einem kleinbürgerlichen, wenn nicht proletarischen Milieu stammt und die Rechtschreibung nicht beherrscht, ist sie automatisch dumm. Da
Doris aber ein fiktionaler Charakter ist, kann sie sich mühelos auf mehreren geistigen Ebenen bewegen, und offenbar wird ihre Glaubwürdigkeit von den wenigsten Lesern angezweifelt. Die Figur beherbergt eine letztlich nicht durch Interpretation zu löschende Ambivalenz und schillernde Fragwür-
digkeit, welche das Nachdenken über ihr reales Sein und somit die inhärente Gesellschaftskritik erzwingt.
[108] Eine Auffälligkeit, die Ritta Jo Horsely zu der These bewegt hat, es handle sich bei den Textkör-
pern Irmgard Keuns um den Ausdruck einer Sprachkrise (Horsely, S. 290) – eine Annahme, die
schließlich in dem Versuch gipfelt, in diesem »Schutt des Erzählten« nach biographischen Bezügen zu
graben: »Mehr als viele andere AutorInnen schrieb sich Irmgard Keun aber in ihre Bücher ein, wie
man vor allem seit dem Erscheinen der Briefe und der Biographie erkennt. In den Romanen kommen nicht nur biographische Einzelheiten ans Licht, sondern auch Muster und Motive, die etwas
über die Psyche der Autorin verraten können [...].« (Ritta Jo Horsely: »Auf dem Trittbrett eines rasenden Zuges«. Irmgard Keun zwischen Wahn und Wirklichkeit, S. 282). Die Autorin geht sogar
soweit, Irmgard Keuns Schreibweise mit den in den Briefen an Arnold Strauß beschriebenen Depres-
sionen, die Keun entweder im Zusammenhang mit ihren zunehmenden Schwierigkeiten in Nazi-
deutschland oder mit ihren Menstruationsbeschwerden erwähnt, zu parallelisieren (S. 290). Dies
zeigt unter anderem, wie selbstverständlich und unhinterfragt die Suche nach dem Entstehen einer
weiblichen Literatur an Spezifika des weiblichen Körpers oder an eine Außenseiteridentität im Staat
geknüpft wurde.

nicht erzählen könnte, hätte ich nicht so große Lust, fabelhafte Erlebnisse zu haben. (DkM, S. 12)

Erleben, denken und Schreiben scheinen sich simultan zu ereignen und sind bisweilen nicht voneinander trennbar.[109]

Das Schreiben findet seinen Platz nur noch dort, wo es dazu dient, die Lücke zwischen zwei Erlebnissen zu schließen; es führt überdies die Schreiberin nicht dazu, von diesen Erlebnissen zu abstrahieren, sie zu reflektieren, sondern sie werden im Eiltempo aufgezeichnet – innerhalb eines kurzen Zeitraumes, in welchem die körperliche Bewegung stillgelegt ist – entweder durch das Sitzen im Büro diszipliniert oder durch Trägheit gelähmt. Schreiben wird in diesem Text zu einem in den Alltag mühelos integrierbaren Brückenereignis, zum reinen Aufzeichnungsprozeß, der seinen Bezug zu einem Kunstschaffen jenseits der alltäglichen Erfahrung negiert bzw. verloren hat.[110] Ironischerweise stellt sich die Ich-Erzählerin im ersten Satz der Handlung als eine Person vor, in der »etwas Großartiges« (DkM, S. 5) vorgeht, die erkennt, »daß etwas Besonderes in mir ist« (ebd.), und schließlich ihr Greifen zur Feder folgendermaßen begründet: »Und ich denke, daß es gut ist, wenn ich alles beschreibe, weil ich ein ungewöhnlicher Mensch bin.« (ebd., S. 6) Doris ist natürlich als Figur alles andere als ungewöhnlich für ihre Zeit: sie stammt aus kleinen Verhältnissen, arbeitet als Schreibkraft, in einem Massenberuf also, sie imitiert gängige Modevorstellungen – sie ist als *Das kunstseidene Mädchen* absolut *mainstream*. Dennoch simuliert sie als Ursache des Schreibens einen genialischen Gestus. Dieser Querverweis auf die klassisch-männliche Autorschaft der Weimarer Geniezeit wird vernetzt mit der Hoffnung auf einen im Schreiben entstehenden Lebensentwurf jenseits des grauen Büroalltages, der eine Normierung der Person durch die Schrift einschließt:

Und es wird eine Wohltat sein, mal für mich ohne Kommas zu schreiben und richtiges Deutsch – nicht alles so unnatürlich wie im Büro. (DkM, S. 6)

Dieses Schreiben »ohne Kommas« weckt zum einen Assoziationen an das »entfesselte Schreiben« der Surrealisten. Zum anderen verweist es natürlich auf Doris' Bildungsdefizit[111]. Diese stellt fest: »Dabei hat richtige Bildung mit Kommas gar nichts zu tun.« (ebd.) »Kommas« stehen hier stellvertretend für die normierte Schriftsprache, für Bürokratismus und Gewalt – schließlich sind die fehlenden Kommas in Doris getippten Briefen der mittelbare Anlaß für die Beinahe-Vergewaltigung durch den Chef, das

---

[109] Die erzähltechnische Differenz zwischen Erlebendem Ich und Erzählendem Ich erweist sich hier ebenfalls als Konstruktion.

[110] Literatur bzw. Schreiben als Kunst wird im Roman nur einmal thematisiert, und dort wird in der Beschreibung der »Eliten« ein Verfall der literarischen Kultur registriert: »Und da verkehrte ich einmal Abend für Abend mit einer geistigen Elite, was eine Auswahl ist, was jede gebildete Individualität aus Kreuzworträtseln weiß. [...] Und das Romanische Café ist eigentlich nicht anzuerkennen. Und jeder sagt: Gott, dieses Lokal, wo diese herabgekommenen Literaten sitzen, man sollte da nicht mehr hingehn. [...] Und sie ist literarisch, und die literarische Elite ist ungeheuer fleißig mit Kaffee und Schach und Reden und noch so Geist, weil daß sie sich vor sich selbst nicht anmerken lassen will, daß sie faul ist.« (DkM, S. 66f.)

[111] Als »dumm« kann Doris nicht eigentlich bezeichnet werden; allein schon deshalb nicht, weil sie ihren Mangel an Bildung erkennt. »Dumme« Leute vermeiden das Schreiben zudem in der Regel, weil es zu hohe geistige Anstrengung abverlangt und obendrein Zeugnis von ihrer mangelhaften Bildung ablegen würde.

»Pickelgesicht« (DkM, S. 16f.).[112] Die in den von Doris in ihrer Funktion als Schreibkraft verfaßten Serienbriefen »gefesselte« Schrift, die sich den Normen nicht beugen
kann oder will, wird somit zum Hinweis auf Doris' »gefesselte« Existenz, aus der das
(private) Schreiben ohne Regeln einen Ausweg zu eröffnen scheint. In einem Schreibraum jenseits der Bürokratie mitsamt dem begrenzten Aktionsradius, der für weniger
oder durchschnittlich begabte Frauen vorgesehen war, will die Protagonistin sich als
Individuum erproben. Ein Schreiben für die Öffentlichkeit hat Doris jedoch dabei
nicht im Blick, vielmehr zeigt ihr Umgang mit dem Schreiben Spuren einer Doppel-
wertigkeit aus Selbstüberschätzung und Scham (DkM, S. 114f.). Doris Rosenstein
hebt die »(fingierte) Sprachnot und [den] beiläufigen Rückgriff auf den Stil von Ge-
schäftsbriefen«[113] hervor, der ein Teil des hybriden Sprachsystem des Romans ist
(DkM, S. 119).

Dem privaten Schreibraum »Tagebuch« diametral entgegengesetzt ist im Roman
der öffentliche Raum zunächst des Theaters, später der Großstadt Berlin. Hier kann
Individualität nicht unbeschadet statthaben, sondern sie muß sich permanent selbst
überwachen, neu strukturieren und erproben. Das galt für Frauen in den frühen dreißiger Jahre noch in viel stärkerem Maße als für Männer.[114] Das Tagebuch bietet Doris
eine Schutzzone, in die ihre Individualität sich fallen lassen kann, sobald sie von außen gefährdet ist:

Ich schreibe, weil meine Hand etwas tun will und mein Heft mit den weißen
Seiten und Linien ein Bereitsein hat, meine Gedanken und mein Müdes aufzunehmen und ein Bett zu sein, in dem meine Buchstaben dann liegen, wodurch
wenigstens etwas von mir ein Bett hat. (DkM, S. 91)

Das Bett, in dem Doris zu Beginn der Erzählung lag, ist zur Metapher geworden. Zunächst als Ursprung einer Inspiration situiert (DkM, S. 5), birgt es als Metapher den
Wunsch nach Rückkehr an jenen Ort. Das Bett beinhaltet den Wunsch nach Schlaf,
aber auch eine Todesphantasie: Im Schreiben kann sich der Körper auflösen, bzw. die
physische Existenz verleugnet werden. Der dritte Teil des Buches zeigt die endgültige
Desillusionierung der Protagonistin. Sie trennt den Schreibprozeß vom Körper ab; im
selben Moment, als die Buchstaben als Teil ihrer Persönlichkeit bewertet werden, die
»ein Bett hat« (ebd.), sitzt Doris obdachlos im Wartesaal. Obdach gibt es für sie ge-

---

[112] Fraglich ist allerdings, was die Ich-Erzählerin unter »richtige(r) Bildung« versteht. In Verbindung
mit der Vorstellung von Doris als Tagebuch-Verfasserin stellt sich der Gedanke an die Bildung der
»höheren Töchter« ein. Andererseits scheidet diese Option bereits zu Beginn aus, indem Doris die
Tradition des Tagebuchs ablehnt. »Bildung« scheint zum einen ihre traditionelle Bedeutung einzu-
büßen, zum anderen wird gerade durch Doris immer wieder betont, wie wichtig konventionelle Bildung ist, um innerhalb der Gesellschaft akzeptiert zu werden. Die »richtige Bildung« bleibt somit
eine Leerstelle, die weder von der Protagonistin, noch von einer der Nebenfiguren befriedigend ge-
füllt werden kann. Der Begriff »Herzensbildung« scheidet ebenfalls weitgehend aus, da er durch die
neusachliche Pose der Protagonistin immer wieder durchkreuzt wird: »Und ein Tag hat 24 Stunden,
und die Hälfte davon ist Nacht, bleibt: 12. Und 12 Stunden sind Minuten 12 mal 60 = 720 Minuten, und drei Minuten Gutsein zieh ich ab, und 717 Minuten böser allgemeiner Mensch bleibt. Das
muß man doch wissen, wenn man nicht kaputt gemacht werden will.« (DkM, S. 94) An die Stelle
eines Entwurfs der »richtige(n) Bildung« tritt der »Mangel an Bildung«. (DkM, S. 137).
[113] Doris Rosenstein in Sabina Becker: Neue Sachlichkeit im Roman, S. 282.
[114] Vgl. hierzu insbesondere den Artikel von Katharina von Ankum: »Ich liebe Berlin mit einer Angst
in den Knien«, Weibliche Stadterfahrung in Irmgard Keuns Das kunstseidene Mädchen. Dortmund:
Edition Ebersbach 1999, S. 159-191.

genwärtig nur noch in der Schrift.[115] Damit unterscheidet sich Doris' Situation radikal von den Lebenszusammenhängen der tagebuchschreibenden »höheren Töchter«. Zudem wird von Doris hier eine sonst meist männlich verortete Phantasie vom Schreiben imaginiert: Der Schriftträger, als Repräsentant des Weiblichen, hat ein »Bereitsein«, den (phallischen) Buchstaben aufzunehmen.[116] Mehrfach verwendet Irmgard Keun den Begriff für weibliche sexuelle Lust, die auf passiver Hingabe beruht. Daß Frauen sich diese jedoch nur in sozial gesicherten Verhältnissen vorbehaltlos erlauben durften, macht die oben zitierte Textpassage neben vielen anderen indirekt deutlich.

Gegen Ende der Erzählung herrschen völlig andere Motive vor als jene, die Doris zu Beginn zum Schreiben veranlaßt haben: Der Glaube an die eigene Originalität[117] führte die Protagonistin aus ihren eng gefassten sozialen Zusammenhängen heraus in das kosmopolitische Umfeld und liefert sie dem politischen Tagesgeschehen aus. Den bürgerlichen Brief- und Tagebuchschreiberinnen war dieses Terrain noch weitgehend verschlossen,[118] und auch Keuns Heldin muß erleben, wie ihr Originalitätsanspruch immer wieder durchkreuzt wird. Zugleich findet er seinen Niederschlag eben doch in der Innerlichkeit des Tagebuches und erprobt sich keineswegs öffentlich. Die »öffentliche Doris«, bzw. das, was in der Öffentlichkeit von ihr wahrgenommen wird, ist demgegenüber die gescheiterte Berufstätige, oder sie wird erkannt als die potentielle Geliebte betuchter Männer – als ein Spielzeug, das diese nach Belieben »entsorgen« können, sobald es für sie störend oder peinlich wird. Hier endet für Doris der Traum von der Originalität. Ist sie in der Kleinstadt stellenweise noch diejenige, die weniger

---

[115] Laut Gerd Schank ist ihr selbst dies nicht vergönnt: »Es handelt sich also um Montage, um Sprachmontage! [...] Entwurzelt lebt sie, sich selbst entfremdet, zwischen den Sprachen.« (Gerd Schank: Skizze einer Frauensprache, S. 56).

[116] Das Verhältnis der Geschlechter zum Schreiben hat Friedrich Kittler 1986 folgendermaßen charakterisiert: »[...] die ›Symbole‹ von Mann und Frau [hingen] viel zu offenbar am Schreibmonopol. [...] Der Wortsinn von Text ist Gewebe. Folglich hatten die zwei Geschlechter vor ihrer Industrialisierung streng symmetrische Rollen: Frauen, das Symbol weiblichen Fleißes in Händen, schufen Gewebe, Männer, das Symbol männlichen Schaffens in den Händen, andere Gewebe namens Text. Da der Griffel als singuläre Spitze, dort die vielen Leserinnen als Schreibstoff, den er beschrieb. [...] Wenn Männern die Feder und Frauen die Nadel entfällt, sind alle Hände beliebig verfügbar – anstellig wie nur bei Angestellten. Maschinenschrift besage Desexualisierung des Schreibens, das seine Metaphysik einbüßt und Word Processing wird. [...] Unter Diskursbedingungen der Goethezeit mußte ›Schreib-Maschine‹ ein Unwort bleiben, wie ein anderer Wiener sehr unfreiwillig bewies. [...] Mechanische Speicher für Schrift, Bild und Ton konnten erst nach Sturz dieses Systems entwickelt werden.« (Friedrich Kittler: Grammophon – Film – Typewriter. Berlin: Brinkmann & Bose 1986, S. 277ff., 279). In einigen Metaphern, die Irmgard Keun für den Prozeß des Schreibens, bzw. die Schwierigkeit, Gedanken schriftlich festzuhalten und vor dem Vergessen zu bewahren, verwendet, zeigt sich die von Kittler erwähnte Rollenverteilung der vorindustrieellen Zeit als Ambivalenz der Ich-Erzählerin bzw. des lyrischen Ich im Nekrolog für Joseph Roth. So heißt es in *Nach Mitternacht*: »In meinem Kopf habe ich ein buntes sausendes Wollknäuel von Gedanken, daraus muß ich Worte stricken – einen Strumpf aus Worten muß ich stricken. Das geht so langsam, ich vergeß was ich sagen wollte vor einer Minute – das ist dann, als hätt ich eine Masche fallen lassen.« (NM, S. 31) und: »Ich möchte einen Mantel weben aus dem Leid//Einsamer Stunden, kann man Tote noch beschenken?« (Irmgard Keun: Für Joseph Roth. In: Lyrik des Exils, S. 287). Die rhetorische Frageform verweist auf die Unmöglichkeit des Schreibens im Zustand der Trauer und des politischen Schreckens.

[117] Zur Ambivalenz dieser simulierten Originalität, – im Text auch partiell durch den Begriff *Glanz* (= Widerschein) in paradoxer Form metaphorisiert, vgl. Kap. 3.1 dieser Arbeit.

[118] Vgl. Becker-Cantarino: Leben als Text, S. 86: »Im 18. Jahrhundert waren Frauenbriefe jedoch zumeist unpolitisch und persönlich [...]. Das ›Geschäft‹ der Frauen, die aus ihren Lebensumständen heraus schreiben und diese in ihre Briefe einbringen, ist ihr begrenzter häuslicher und familiärer Kreis [...]. Hier liegt der eigentliche Ort für die Briefliteratur, eben nicht in politischen, gelehrten, religiösen, wissenschaftlichen oder ästhetischen Fragen.«

lukrative Beziehungen beendet oder sich über wenig vielversprechende Männer schreibend erheben kann – wenn auch nur vor sich selbst – (DkM, S. 7f.), so schwinden diese Überlegenheitsgesten während ihres Berlinaufenthaltes zunehmend. Schon beim »roten Mond« macht sie Kompromisse, indem sie ihm in seine Wohnung folgt – obwohl er sie sexuell nicht im geringsten reizt (DkM, S. 51). Wenig später muß sie dann erfahren, wie ihre sexuelle Freizügigkeit sie den Job als Kindermädchen kostet, weil die Männer hinter ihrem Rücken ein Netz von Beziehungen spinnen (DkM, S. 56).[119] Gelebte erotische Libertinage, Intellektualismus sowie materieller Wohlstand außerhalb der Ehe waren in der Weimarer Republik nur ganz wenigen Frauen vorbehalten, später wurden diese Frauen zu »Vorzeigeobjekten« stilisiert.

Im dritten Teil der Erzählung ist das Schreiben zu einem Ort der Flucht mutiert. Zugleich wird es jedoch zu einem Raum, in dem wenigstens teilweise oder zeitweilig Unabhängigkeit von der Zuwendung anderer gedacht werden kann: Doris setzt das Schreiben als Bewältigungsstrategie gegen ihre Müdigkeit ein (DkM, S. 91). Schreiben dient ihr überdies zur Kompensation eines Mangels an körperlicher Zuwendung: »Wir haben getanzt in unserer Wohnung. Aber ganz vornehm und weit voneinander ohne Druck. Und schreibe jetzt nur wegen dem nicht Gedrücktworden.« (DkM, S. 124) Das Tagebuchschreiben ist für Doris sowohl ein Ersatz für als auch ein Zusatz zum Leben. Gegenüber Ernst wird es zu einer Beichte, sie verspricht sich von ihm Hilfe in Form eines »Lebensprogramms«, das die Inhalte des Tagebuches klären und schließlich aufheben soll: »Das grüne Moos ist gut zu mir. Und es hat mein Buch gelesen, da bin ich doch eine, die macht lauter Sachen, und man kann ihr nicht glauben, und da ist so viel, was ich möchte – wer kann mir denn raten?« Die letzte Frage ist nicht nur an Ernst, sondern auch an die Leserschaft gerichtet: wer kann Doris raten, wenn nicht ein imaginäres Publikum, das den Text aus einer historischen oder örtlichen Distanz heraus beurteilt? Ernst hingegen ist nicht viel mehr als ein »es«, das mit Doris Zeitgenossenschaft, zeitgebundene Wertvorstellungen und insbesondere auch den Berufsstand als Angestellter teilt. Kompetenz und Überlegenheit bekommt er zwar als »Mann mit Bildung« zugesprochen – zugleich ist in dieser Zuschreibung aber auch schon eine Horizontbegrenzung enthalten. Hier weist der Text über sich selbst hinaus, gleichzeitig führt er das Tagebuchschreiben nicht als einen Prozeß vor, der die Protagonistin »zu sich selbst« führt und dem eingeschlagenen Lebensweg Kohärenz und Sinnstruktur verleiht, also affirmativ wirkt, sondern es findet eine Entfremdung zwischen Doris als erlebender und Doris als schreibender Person bzw. ihrer Fixierung in der Schrift statt. Die Lektüre des Buches ist nicht erkenntnisfördernd, sondern sie provoziert in Doris ein infantiles Staunen über die Schrift. Es kann also von einem Zerfall ihrer Persönlichkeit gesprochen werden, der aber auch ein Eindringen neuer Perspektiven auf der Leserseite eröffnet, während Nebenfiguren wie Ernst und Hanne in ihrer Geschlossenheit eher blaß und anachronistisch erscheinen. Der Effekt, der

---

[119] Einen Ort der Überlegenheit bietet hier aber weiterhin die Sprache, so karikiert die Erzählerin auf S. 51 den völkischen Schriftsteller »roter Mond«. Die vielzitierte Passage auf S. 55: »Wenn ein junge Frau mit Geld einen alten Mann heiratet wegen Geld [...]« zeigt ebenfalls, daß die Sprache als kritisches Instrument in der Lage ist, die Realität zu überwinden. Daß Sprache ein Machtinstrument ist, wird an anderer Stelle versinnbildlicht: »Fragt mich die Großindustrie, ob ich ein Jude bin. Gott ich bin's nicht – aber ich dachte: wenn er das gern will [...] Und er wird eisig mit mir und stellte sich heraus als Nationaler und hatte eine Rasse [...] Dabei ist man dasselbe wie vorher, aber durch ein Wort soll man verändert sein.« (DkM, S. 30) Dieser Reflexionsansatz provoziert die Frage, inwieweit ideologisches Denken generell in der Lage ist, zwischen Identität und Chimäre zu differenzieren.

beim Betrachten von Doris' Schrift eintritt, ist ähnlich dem beim Betrachen einer Kinderzeichnung. Wir staunen über die Unzulänglichkeit der Weltwiedergabe und sind gleichzeitig überrascht, daß Wesentliches festgehalten werden konnte. Zugleich zeugt die Darstellung in ihrer Unbeholfenheit vom Prozeß ihrer Entstehung und präsentiert sie als Verdoppelung einer physischen Kraft. In dieser Prozeßhaftigkeit verliert jedoch die Schrift von ihrem Bezug zum Gegenstand sowie von dem zum Schreiber, bzw. dieser wird selbst Schrift. Doris stellt – ganz dadaistisch – fest: »Wien, Wien, du bist ein Rhein – denn man macht Musik mit dir – in diesem Moment fühle ich mich wie ein Dichter, ich kann es auch reimen, aber bis zu einer Grenze natürlich, – und da werde ich selbst ein Reim.« (DkM, S. 124)

Neben diesen verstörenden Gestus, in dem sich Schreiben, Schrift und eigener Lebensbericht im Roman präsentieren, tritt die Diskussion gewisser Standardthemen mit Hinwendung an die Leser, die im historisch-kulturellen Kontext klassisch-weiblicher »Gefühlskultur« zu verorten sind: Liebe, Briefe-Schreiben, Moral, – Gefühlsdiskurse generell – Themen, die Gegenstand weiblicher Briefe und Tagebücher waren und sind. Diese Diskurse demonstrieren, wie die scheinbar nur aufgezeichneten Erlebnisse durch tradierte Konzepte strukturiert sind – selbst wenn die Themen mit distanziert-kritischer Stimme präsentiert werden und sich somit oftmals selbst ad absurdum führen. So läßt sich nicht leugnen, daß sie das Leben der Protagonistin bestimmen. Insofern ist sie mit einem Mal doch eine Tagebuchautorin. Interessant für die vorgeschaltete Form des weiblichen Tagebuches sind die sprachliche Aufbereitung der Diskurse sowie ihre literarische Präsentation. Hier fällt sofort folgendes auf: die Grenzen zwischen souverän-ironischer Herrschaft und sentimentalem Beherrschtwerden durch ein und denselben Diskurs sind fließend. Dabei ist natürlich zu berücksichtigen, daß die jeweiligen Darstellungen unterschiedlich perspektiviert werden: je stärker die Protagonistin selbst als Person und Frau in die Zusammenhänge involviert ist, desto mehr scheint ihr die kritische Distanz abhanden zu kommen. Nicht selten stehen aber auch beide Perspektiven nahezu untrennbar nebeneinander. Im folgenden sollen die Diskurse »Briefeschreiben«, »Moral« und »Opferbereitschaft« auf Form und Darstellung hin näher untersucht werden.

Daß das Schreiben von Liebesbriefen für Frauen angemessen und statthaft erscheint, macht folgende Stelle deutlich: Doris, die während ihrer Arbeitszeit gerade Leerlauf hat, wendet sich ihren Aufzeichnungen zu und zieht dabei die Neugier der Kolleginnen auf sich. Doch kann sie sehr schnell wieder von ihrer »unangemessenen« Tätigkeit ablenken, indem sie erklärt:

> Ich schreibe auf dem Büro, denn das Pickelgesicht ist aufs Gericht. Die Mädchen wundern sich und fragen, was ich schreibe. Ich sage: Briefe – da denken sie, das hat mit Liebe zu tun, und das respektieren sie. (DkM, S. 12)

Dieser Respekt vor dem Privatleben der anderen ist gleichzusetzen mit Integration und Akzeptanz, denn der Liebesbrief ist innerhalb der bürgerlichen Gesellschaft in eine feste Kommunikations- und Funktionsstruktur eingebettet. Der Frau ist es erlaubt, im Bezug auf ein »Du« – und sei es auch nur ein gedachtes – ihre Gefühle zu erproben, zu korrigieren und zu einer gesellschaftlich akzeptierten Form der Reife zu führen. Der angesprochene Partner stellt das kommunikative »Korsett« dar, in das die Schreiberin sich hineinzuzwängen hat. Doris hingegen schreibt unbemerkt von den

anderen »für mich ohne Kommas« (DkM, S. 6) – eine stille Rebellion gegen diese
Konvention, die aber andererseits ihr Handeln nach außen lenkt: vor den Kolleginnen
wird diese schreibende Realität wieder vernichtet und von den Begriffen »Liebe« und
»Respekt« verstellt, ja unkenntlich gemacht. Dieses Moment des Austricksens und der
Mimikry weiblicher Konvention zeigt, daß Doris durch das selbstreflexive Schreiben
nicht »innerlich« wird, sondern ihre Identität einen sich verdoppelnden Charakter annimmt. An späterer Stelle wird schließlich demonstriert, daß der Brief als Kommuni-
kationsmedium schon zu veralten droht bzw. durch die neuen Medien verdrängt wird
und somit auch der mit ihm verbundene Normenkatalog allmählich in Vergessenheit
gerät: Doris schickt ihrer Freundin Therese eine selbstbesprochene Schallplatte (DkM,
S. 79). Ihre gesprochenen Worte zitiert sie: »Therese, ich liebe dich und vergiß mich
nicht, vielleicht werde ich eine Kanone beim Film [...]« (ebd.) Diese Worte erinnern
nun wieder an die Gemeinplätze in Liebesbriefen oder Poesiealben. Zur Formel erstarrt, können sie dennoch Signal der Zuneigung sein, dort wo der Sprechenden eine
authentische Sprache offensichtlich fehlt, diese von ihr aber nicht unbedingt vermißt
wird, sondern die Lust an der Äußerung in der Formel selbst aufgeht.[120] Somit wird
die gesellschaftlich akzeptierte Praxis weiblichen Sprechens in ihre Auflösung getrie-
ben und ein Freiraum geschaffen. Die Starre der Formel sowie ihre evidente Aufzeichnung auf dem Schrift- oder Tonträger schafft gerade durch ihre Abgeschlossenheit neben sich die Möglichkeit neuer Diskurssysteme, die jedoch innerhalb des Romans
noch keinen expliziten Niederschlag finden und nur jenseits des Textes aufgespürt
werden können.

So taucht der Begriff der Moral im Text lediglich als ein nach allen Seiten bieg-
sames Klischee auf, hinter welchem Herrschafts- und Machtansprüche aufscheinen.
Moral wird nicht mehr innerhalb eines bestehenden Wertesystems diskutiert und
fruchtbar gemacht, um Werte zu erhalten und zu variieren; die Begriffsverwendung
dient dazu, ein bereits im Niedergang befindliches Wertesystem als Herrschaftssystem
zu entlarven, um es auf diese Weise literarisch trockenzulegen:

> Was er noch sagen wollte, weiß ich nicht, denn es kam so über mich, als er sich so
> aufspielte mit öliger Stimme und großer Moral und erschauerte vor sich selbst
> und hatte eine gequollene Haltung mit Brust raus und Schultern nach hinten ge-
> kugelt wie ein oberster General auf der Kanzel. (DkM, S. 14)

»Moral« wird in diesem Zitat zum Synonym für Fassade, da ihr Kontext funktionslos
geworden ist: Doris' Geliebter Hubert, der vorgibt, eine andere Frau aufgrund ihrer
Jungfräulichkeit heiraten zu wollen, während es ihm höchstwahrscheinlich um die
Rettung vor dem wirtschaftlichen Abstieg geht (ebd.), benutzt die überkommenen

---

[120] Ganz oft sind in die Romantexte kurze oder längere Briefe der Handelnden integriert, um eine
dialogische Struktur zu erzeugen: So in *Gilgi* (Gilgi an Mutter und Martin), Im *kunstseidenen Mädchen*: (Hanne an Ernst, Doris an Pelzfrau), in *Nach Mitternacht* (Franz an Sanna), sowie in *Kind aller
Länder* (Kullys Vater an die Mutter). So wird das »authentische Sprechen« von den Ich-Erzählerinnen
auf weitere Figuren ausgeweitet und die Texte erhalten Protokoll- oder Reportagecharakter. Durch
die vollständig zitierten Briefe werden der Handlung andere Perspektiven und Erzählhaltungen zu-
geführt, welche die Monomanie der Ich-Erzählung durchbrechen. Für Anke Gleber äußert sich auch
in der Wiedergabe des Großstadtlebens die Multiperspektivität: »In letting these many voices express
themselves in her text, Keun offers her female flaneur a more varied texture and differentiated context
within which to perceive the city of Berlin.« (Gleber, S. 206).

Moralvorstellungen als Tarnkappe für ein Motiv, das ihn vor Doris möglicherweise herabsetzen und beschämen würde. Zudem wird diese Vorstellung durch die übersteigerte Körperhaltung verstärkt. Der Überlegenheitsgestus des Mannes gegenüber der Frau erhält so den lächerlichen Charakter eines rettenden Schachzuges innerhalb eines leeren Spieles, zu dem das traditionelle Geschlechterverhältnis verkommen ist. In einer späteren Szene bewahrheitet sich Doris' Vermutung: Hubert steht, nach wie vor unverheiratet und wirtschaftlich unterprivilegiert, vor ihr und bittet sie um Geld (DkM, S. 40).

Während in dem eben genannten Beispiel der Begriff Moral als ein Handlungselement verwendet wird, das den Konflikt zwischen Doris und den Männern näher beleuchtet und somit nicht eigentlich selbstreflexiv ist, zeigt folgende Textstelle die Kontextverschiebung und beliebige Ausbeutbarkeit des Wortes im Bezug auf den weiblichen Verhaltenskodex:

> [...] wenn sie nicht will, dann macht sie sich durch Camembertessen sicher vor sich selbst, indem sie sich Hemmungen macht. Und ich entsinne mich, wie ich mit Arthur Grönland das erstemal ausgehen sollte. [...] so einem mit Kommant imponiert letzten Endes was Solides, und ich brauchte eine Armbanduhr. [...] Ich also an Büstenhalter und Hemd insgesamt sieben rostige Sicherheitsnadeln gesteckt. [...] Aber letzten Endes habe ich viel zu viel Moral, um einen Mann erleben zu lassen, daß ich Wäsche mit sieben rostigen Sicherheitsnadeln trage. Später habe ich sie fortgelassen. (DkM, S. 8f.)

Mit Moral ist diesmal nicht der Verzicht auf sexuelle Freizügigkeit gemeint, sondern die Abwehr der Beschämung. Moral ist nicht mit Gewissen oder Schuld gleichzusetzen. Sie besitzt zudem kein Eigenwert, sondern ist ein Mittel zum Zweck – eine Münze, die eingesetzt werden kann, um einen »Profit« zu erzielen. Dabei ist die Figur allerdings nicht immer logisch nachvollziehbar oder allgemeinverständlich gestaltet. Dem Leser wird nicht plausibel gemacht, wie ein Mädchen aus der Unterschicht die Raffinesse erwirbt, eine derartige Situation souverän und geschickt zu handhaben. Der Text setzt auch hier nicht auf Realismus sondern auf die Moritat bzw. die Satire.[121] Auch ist es gestalterisch folgerichtig, daß der Lebensbericht nicht zwangsläufig eine vollständige Selbsterklärung beinhalten muß.

Die Enttäuschung der Männer über die rasche Verführbarkeit der modernen Frau, welche ihre eigene sexuelle Handlung mechanisch werden läßt und sie jeder Romantik beraubt, offenbart die Ich-Erzählerin an späterer Stelle allerdings unironisch und übernimmt dabei deren Sprachhabitus:

> Nachher bin ich mit Franz, weil ich nicht wollte, daß er soviel umsonst ausgegeben hat. Erst hat er gedrängt, und nachher war er enttäuscht, weil er ein Mädel wollte, das sich nicht so schnell herbeiläßt. Ich hatte es doch nur gut gemeint. (DkM, S. 59)

---

[121] Vgl. hierzu Ingrid Marchlewitz: »Eher liest er (der Roman) sich wie eine Parodie auf die Eingangszeilen der ›berühmten‹ *Confessions*, denn während der autobiographische Held in Rousseaus Lebensroman seine moralischen Empfindungen, die Stimme seines Herzens, zum Mittelpunkt seiner Betrachtungen erhebt, will Doris gerade die Äußerlichkeiten ihres Lebens, vielmehr deren erhofften Wandel, in Form von Filmbildern aufzeichnen.« (S. 100).

Es ist nicht mehr die Rede von Moral, sondern es geht offensichtlich um Lustverlängerung durch vorläufigen Lustverzicht. Damit hat sich der Moraldiskurs selbst aufgehoben. Doris Aufzeichnungen bzw. ihre Erzählung dokumentiert dies.
Die Textstelle eröffnet noch ein weiteres Feld, nämlich das der weiblichen Opferbereitschaft. Es ist der einzige Diskurs, der mit einer gewissen Ernsthaftigkeit verhandelt wird, und dies ist ein Hinweis auf die generelle Befindlichkeit der Tagebuchschreiberin: von Androgynität kann – trotz äußerlicher Modemerkmale wie Kurzhaarfrisur – bei der Ich-Erzählerin Doris keine Rede sein. Sie ist – wenn auch streckenweise ironisch und mit Reflex auf die Gesellschaft – nahezu vollständig mit weiblichen Rollenmustern identifiziert. Nirgends im Text deutet sich das Verlassen der weiblichen Rolle zugunsten eines komplexeren Persönlichkeitsmusters an. Die Reflexionen verharren in diesem rollenspielhaften Kontext:

> Und wenn da immer Männer sind und sind keine – nur Automaten, man will was raushaben aus ihnen – nur was haben und kriegen und wirft sich selbst dafür rein – dann will man auch einen, der kein Automat ist, dem man was gibt. Ich lese jetzt auch wieder viel Romane. (DkM, S. 81)

Doris tritt dem Lesepublikum ausschließlich als »Rollenspiel Frau« gegenüber. Das, was Ursula Krechel bereits 1979 über die Frauenfiguren Irmgard Keuns feststellte, nämlich daß »hinter der künstlich aufpolierten Schnoddersprache […] sich die Aussichtslosigkeit der um ihre Existenz betrogenen jungen Frau, die ihre Identität nicht aus sich gewinnen kann, sondern in der Widerspiegelung anderer, vorwiegend männlicher Vorstellungen lebt, [verbirgt]«[122], zeigt sich ebenso in den ausschließlich weiblich konnotierten Diskursen, die jedoch nicht mehr als unhintergehbare Größen präsentiert werden. Das »Tagebuch«, das in Wirklichkeit eine fingierte Dokumentation, eine Reportage über das Lebensgefühl junger mittelloser Frauen am Ende der Weimarer Republik ist, funktioniert als Rollenspiel, das folgerichtig daran scheitert, daß es sich auf diese Rolle festlegt.

3.4 Der Dandy und das *girl*: Zwei Varianten ironischer Weltbetrachtung und gebrochener Identität

Die in den vorangegangenen Kapiteln diskutierten Aspekte zu Identität und Identitätgewinnung in den Romanen Irmgard Keuns legen die Frage nahe, inwiefern ein derart stark von Ironie und Selbstbespiegelung geprägtes Frau-Sprechen von geistesgeschichtlichen Traditionen[123] zehrt, beziehungsweise diese wiederum verändert oder sie

---

[122] Ursula Krechel: Irmgard Keun: Die Zerstörung der kalten Ordnung, S. 107.
[123] Hierzu Dorothee Römhild: »Wie viele ihrer Generation ist auch Keun in ihrer Schreibpraxis deutlich von der männlichen Traditionslinie geprägt.« (Dorothee Römhild: Weibliche Mittäterschaft und Faschismuskritik in Irmgard Keuns Roman *Nach Mitternacht*. In: Diskussion Deutsch. Jg. 25, H 136, 1994, S. 106.) Die Überschneidung solcher »Traditionslinien« mit der Strategie der Distanz und Ironie eröffnet die für Keun typische Unsicherheit innerhalb der Literaturkritik, in welchem Grad Aussagen und Inhalte wörtlich zu nehmen sind, Klischees lediglich affirmativ reproduziert wurden, oder ob eben gerade durch diese pointierten Übertreibungen ein neuer Ansatz zur Kritik entsteht (vgl. auch Römhild, S. 111).

durch Reproduktion und Fortschreibung wiederholt ins Gedächtnis einer späteren Leserschaft ruft und somit kritisierbar macht. Die Literatur Irmgard Keuns entstand zu
einem Zeitpunkt, als die literarischen Traditionen immer mehr aufzuweichen begannen, und das bürgerliche Zeitalter des 19. sowie die Avantgarde-Strömungen des frühen 20. Jahrhunderts in den Köpfen bereits der Vergangenheit zugeschrieben wurden.
Um so mehr fallen in Irmgard Keuns Texten Konzeptionsansätze auf, die einen Gestus der kontrollierten Persönlichkeit nachahmen, der zwar in den *Verhaltenslehren der
Kälte* (Helmut Lethen) wiederkehrt, jedoch schon in einer früheren historischen Epoche zu verorten ist:

> Der Dandysmus tändelt mit der Regel und respektiert sie dennoch. Er leidet un-
> ter ihr und rächt sich an ihr, während er sich ihr fügt; er beruft sich auf sie, wäh-
> rend er ihr entschlüpft; er beherrscht sie und läßt sich von ihr beherrschen. Ein
> Doppelspiel in stetigem Wechsel.[124]

Die von Barbey d'Aurevilly im Jahre 1845 dem Dandy zugesprochene Ambivalenz aus
Affirmation und Impertinenz, Kritikfähigkeit und scheinbar vordergründiger Selbstinszenierung läßt sich auf Irmgard Keuns frühe Romane übertragen. Annähernd 100
Jahre später kennzeichnet der Soziologe David Riesman einen neuen Typus des Großstadtmenschen, nämlich den *Radar-Typ*, eine Modifikation der *Kalten Persona*. Dieser
funktioniere wie ein Radargerät, indem er die Reize der Außenwelt ortet und aufgreift,
sich an ihnen orientiert, sie jedoch nicht internalisiert, und damit seinen Aktionsradius erweitert.[125] Lethen führt in seiner Monographie aus: »Das Ungewöhnliche an
Riesmans Konstruktion ist, daß er [...] es wagt, *Außenlenkung und Autonomie der
Person zusammenzudenken* [...].«[126]
Während die sonst von Lethen diskutierten Beispiele nahezu ausschließlich von
männlichen Literaten stammen, schreibt er gegen Ende seiner Erörterungen einer
Autorin die Fähigkeit zu, Charaktere zu schaffen, die diese in einem progressiven
Sinne amoralischen Wahrnehmungsformen der Kälte zum Ausdruck bringen:

> Die Heldinnen in Irmgard Keuns Romanen [...] benutzen die Mimikry der Au-
> ßenlenkung als Waffe. Es sind Menschen, die sich permanent im Spiegel der
> Fremdwahrnehmung definieren, Nähe und Distanz auf ihren Bewegungsspiel-
> raum hin taxieren, [...] Moden als Orientierungsmarken benutzen [...]. Der Jar-
> gon, den diese Heldinnen sprechen, zeigt die Forciertheit, die aufgebracht werden
> muß, um nicht ins Sentimentale zu verfallen.[127]

---

[124] Barbey d'Aurevilly: Vom Dandyismus und von G. Brummel, ins Deutsche übertragen und
eingeleitet von Richard Schaukal. Nördlingen 1987, S. 50.

[125] Vgl. Lethen, S. 235ff. Dem Radartypus stellt Riesman den Kreiselkompaß gegenüber, einen
vormodernen Typus, der »den ganzen Nachrichtenstrom in seinem Inneren sucht, um
ihn moralisch zu beurteilen [...].« (S. 236). Der Radartypus hingegen versucht nicht, die medial
vermittelte Umwelt zu werten; sie »dient [...] zur Orientierung seiner Bewegungsabläufe, zum Fest-
stellen des angemessenen Habitus [...]. Er verhält sich sentimental zu den Mitmenschen und zynisch
zu den Institutionen« (ebd.).

[126] Lethen, S. 236f.

[127] Ebd., S. 242.

Im Erzähltom von Keuns Mädchenfiguren überschneidet sich der Gestus der Kälte fast kontinuierlich mit Romantizismen. Diese Überkreuzungen enthalten neben der von Lethen genannten psychologischen Figurengestaltung den Mehrwert einer romantischen Ironie, die allerdings die von der Romantik besetzten kulturellen Ideale, zu denen auch die Versöhnung von Natur und Geist durch die Kunst gehört, längst verlassen hat. Übrig bleibt am Jahrhundertende das ästhetische Gepräge.

Dieser Denkansatz legt es nahe, die Beziehung zwischen dem dandystischen Weltbild[128] und den Romanfiguren einer Irmgard Keun in den frühen dreißiger Jahren des 20. Jahrhunderts zu untersuchen und zugleich ihre Differenz zu beschreiben. Auch wenn dieser Untersuchungsaspekt zunächst untypisch für einen literarischen Entwurf weiblicher Geschichtsschreibung erscheinen mag, so war doch der Typus des Dandys gerade für den Wandel der Geschlechterrollen im ausgehenden 19. Jahrhundert und nachfolgend für das Bild der *Neuen Frau* grundlegend. Die Modeströmungen der 20er Jahre reflektieren dies – insbesondere die Nachahmung männlicher Eleganz in den Kostümen Coco Chanels, die eine Mode schuf, welche »den männlichen Anzug ohne jeden Hauch von Androgynität verweiblichte [...]. Diese Kostüme verwiesen auf die Art erotischer Selbstbeherrschung, in der keine Aggression lag, sondern stattdessen ein Element konstanter, nicht ausufernder körperlicher Freude, eine ruhige, katzenartige Sinnlichkeit, die weder aktive Arbeit noch aktives Denken behinderte.«[129] Mode, die stets auch ein fiktives Element enthält und »im Gegensatz zu traditioneller Kleidung ein ständiger Test des Charakters und der Selbsterkenntnis ebenso wie des Geschmacks ist«,[130] besitzt eine Affinität zum ironischen Gestus, zur bewußten Irritation sowie zur Selbstbeobachtung. Es war Baudelaire, der die Ansicht vertrat, der Dandy müsse vor einem Spiegel leben und schlafen.[131] Daß gerade die *Neue Frau* vom Wesen des Dandys fasziniert war und von ihm profitierte, zeigt sich vordergründig in der Mode der damaligen Zeit, in welcher die Ambivalenz von neuem Freiheitsbewußtsein und dem Weiterwirken überkommener Rollenmuster besonders stark zum Ausdruck kommt.

Vielfach wurde in der Forschungsliteratur die besondere Form der Rollenprosa Irmgard Keuns untersucht, selten jedoch konkrete Traditionslinien benannt. Die dem

---

[128] Hierzu insbesondere: Hiltrud Gnüg: Kult der Kälte. Der klassische Dandy im Spiegel der Weltliteratur. Stuttgart: Metzler 1988.

[129] Anne Hollander: Anzug und Eros. Eine Geschichte der modernen Kleidung. Berlin: Berlin Verlag 1995, S. 212. Hollander unternimmt in ihrem Buch eine Definition des Begriffs *Mode*, die mit dem Schreibprogramm Irmgard Keuns in Einklang steht und auch dem Weltbild des Dandys entgegenkommt, das Gnüg beschreibt. Sie grenzt Mode gegen die traditionelle Kleidung ab und führt dazu aus: »Westler haben das Bedürfnis nach Bezügen in Bildern und Spiegelungen, nach einer Bilderproduktion, die Unbefangenheit verbietet: das bäuerliche oder ethnisch geprägte Bild hatte sich ursprünglich ohne Bezug zu anderen Bildern geformt. Es selbst war das kunstlose Kunstwerk, und kein Spiegel war nötig, um seine Wirkung zu überprüfen, außer den helfenden Händen und Augen der anderen in der Gruppe.« (S. 39). Während die traditionelle Kleidung im »Gefängnis nicht hintergehbaren Weisheit« verharrt, kann die »Mode [...] theoretisch alle sozialen Fakten ihres Trägers maskieren, außer den persönlichen Geschmack, und selbst der kann aus Berechnung unterdrückt werden.« (ebd.).

[130] Hollander, S. 41.

[131] Charles Baudelaire: Kritische und nachgelassene Schriften. München 1925, S. 344: »Der Dandy muß sich bestreben, sublim zu sein ohne Unterbrechung. Er muß leben und schlafen vor einem Spiegel.« [Charles Baudelaire: Oeuvres completes. 2 Vol. Paris: Pléiade, 1975-1976].

Dandy zugeschriebenen Eigenschaften und Sprechhaltungen,[132] mit denen er seine exklusive Sonderrolle innerhalb der Salons markiert, kehren bei dieser Autorin – wiederum ironisch verkehrt – wieder. Der Dandy, eine schillernde und hybride Figur des gesellschaftlichen Lebens, »erweckt nicht ein homogenes Gefühl, […] er löst gemischte Empfindungen aus; und dieser Heterogenität seiner emotionalen Wirkung korrespondiert im literarischen Bereich eine Ästhetik des Interessanten, die Choc und Faszination verbindet. […] So wie die Gesellschaft, in der der Dandy sich bewegt, stets auf eine überraschende Volte des Undurchschaubaren gefaßt sein muß, […] so soll auch der Leser in seinem ästhetischen Erwartungshorizont irritiert werden.«[133]

Ironisch verkehrt erscheint der Typus des Dandys bei Irmgard Keun deshalb, weil die Figuren der Autorin ihrer sozialen, historischen und geschlechtlichen Zugehörigkeit nach unmöglich Dandys im ursprünglichen Sinne sein können, sie sind Kinder des 20. Jahrhunderts, die einen dandyistischen Gestus benutzen, um weibliche Rollenbilder und (literarische) Männerphantasien zu verspotten. Die Figur Doris in *Das kunstseidene Mädchen* ist ein Zitat, ein Phantom, eine Parodie, eine Selbstparodie vertrauter Parodien, wenn man es auf die Spitze treiben will. Als Inkorporation männlicher Bilder des Weiblichen hat sie als Konstrukt teil an der Literaturtradition und macht sie zugleich lächerlich – ein textuales Verfahren, das mit der Präsenz eines fixen Frauenbildes bricht und die Konstruiertheit verbindlicher Traditionen nach ihren bereits erfolgten Brechungen durch ihre männlichen Kollegen in der literarischen Moderne noch einmal anders aufzeigt:

Also ich fliege und bin aufgeregt. Bin gerade nach Hause gekommen. Neben mir steht eine Pralinenschachtel […]. Die Schachtel ist von dem Conrad Veidt – Armin heißt er – eigentlich hasse ich diesen Namen, weil er in der Illustrierten mal als Reklame für ein Abführmittel gebraucht wurde. Und immer, wenn er mal vom Tisch aufstand, mußte ich denken: Armin, hast du heute morgen auch Laxin genommen? Und mußte idiotisch lachen, und er fragte: »Warum lachst du so silbern, du süßes Geschöpf?« Und ich: »Ich lache, weil ich so glücklich bin.« Gott sei dank sind ja Männer viel zu eingebildet, um auf die Dauer zu glauben, man könnte sie auslachen. (DkM, S. 10)

---

[132] Zum Sprachgestus des Dandys schreibt Gnüg: »Der Dandy in seiner Lust, Erstaunen, Verblüffung, Irritation zu produzieren, bedarf im Gegenteil der Distanz, der Aura der Undurchschaubarkeit, um aus dem Dunkel seiner undurchdringlichen Psyche seine Überraschungsblitze abzuschießen, er entblößt sich nicht, genießt es aber, die Blößen anderer mit brillanter Impertinenz, geistvollen Sarkasmen zu entlarven. […] Der Dandy braucht zu seiner Inszenierung ein Publikum, das ihm in seinen Wertvorstellungen, Bildungsvoraussetzungen, Lebensbedingungen vertraut genug ist, damit er als Insider mit eben diesen fraglos akzeptierten Denk- und Verhaltensformen ketzerisch jonglieren kann; seine Bühne befindet sich – modern gesprochen – nie im Underground oder in der Alternativ-Szene, sondern immer in den Szenerien des etablierten Highlife.« (S. 23f.) Die »Bühne« von Keuns Mädchenfiguren hingegen ist eine virtuelle, insofern sie zwar in diese »Szenerien« (falls noch vorhanden) hineindrängen, sie jedoch stets nur partiell besetzen (können). Die High Society bildet einen wichtigen Gegenstand des Erzählens – aber nicht dessen Mitte. Keuns Romane evozieren das Bild der *femme dandy* (Gnüg, S. 160ff.) in ihrer Gebrochenheit und Nicht-Zugehörigkeit.

[133] Gnüg, S. 23f.

Doris' Selbstdarstellung erinnert stellenweise an Frauenbilder wie Wedekinds *Ilse* oder Arthur Schnitzlers *Fräulein Else*;[134] an Bilder des Weiblichen bei Tucholsky oder Kästner. Irmgard Keun weckt mit ihrer Figur Reminiszenzen an solcherlei Bilder und kehrt sie sogleich um.

Das *girl* repräsentiert eine Lebensform, die der des Dandys zunächst einmal diametral entgegengesetzt ist. Die von Keuns Mädchenfiguren erstrebten Werte – sei es nun Selbständigkeit durch eigene Arbeit oder die Identifikation mit einem Filmstar, die für das *girl* zunächst Individualität und Selbstverwirklichung zuzulassen scheinen, sind in Wahrheit an einen Verfall des Individuellen geknüpft.[135] Die *Neue Frau* tritt zu einer Zeit auf den Plan, in welcher der Dandy als literarische und gesellschaftliche Figur bereits verschwunden war.[136] Doch die sich von der der Männer grundlegend unterscheidende historische Situation der Frau legt den Gedanken nahe, daß die zeitliche Verortung von aufstrebenden und verfallenden Individualitätskonzepten nicht ohne weiteres von einem Geschlecht auf das andere übertragbar ist. Der allmähliche Verfall männlich-autonomer Selbstkonzepte geht einher mit dem allmählichen Sichselbst-bewußt-werden der Frau und ihrem Eintritt in die öffentliche Sphäre. Die Romane der Keun sind ein Plädoyer für Jugend und Jugendlichkeit, während das Alter einen denkbar schlechten Stand hat. Der Dandy repräsentierte bereits einen ambivalenten Männlichkeitsentwurf, indem er konventionelle Männlichkeit als trivial ablehnt und ein androgynes Selbstbild pflegt.[137] Klaus Mann charakterisiert in seiner Autobiographie *Der Wendepunkt* Verkleidungssucht und Körperkult der Jugend nach dem ersten Weltkrieg als Reaktion auf ein mittlerweile kontingentes Überangebot an bereits verbrauchtem revolutionären Potential moderner Literatur und Kunst:

> Was gab es noch zu demaskieren an einer Ethik, deren Falschheit und Schädlichkeit längst durchschaut und angeprangert war? Der wütende Kampf gegen die überalterte Pseudomoral, den die ikonoklastischen Genies des späten neunzehnten Jahrhunderts begonnen hatten, war von der Generation unserer Väter fortgesetzt und vollendet worden: Die asketischen Ideale – arg zerzaust von Nietzsche, Whitman, Zola, Strindberg, Ibsen, Wilde – hauchten unter den formidablen Hieben der D. H. Lawrence und Frank Wedekind ihr bedenklich reduziertes Le-

---

[134] Die Form des Inneren Monologs, die Widergabe von Gedankenfetzen in Ellipsen, welche die instabil-exaltierte psychische Verfassung der Protagonistin in *Fräulein Else* dokumentieren, werden auch von Irmgard Keun angewandt. Bei Schnitzler heißt es am Ende der Erzählung: »Nicht wecken. Ich schlafe ja so gut. Morgen früh. Ich träume und fliege. Ich fliege... fliege... [...]« (Arthur Schnitzler: Fräulein Else und andere Erzählungen. Frankfurt a. M.: S. Fischer 1987, S. 160). Irmgard Keuns *Kunstseidenes Mädchen* löst sich jedoch nicht, wie die *femme fragile* des fin de siècle, in ihren Träumen auf, sondern sie verbindet die exaltierte Stimmung mit einer spöttischen Gesinnung, die von sich selbst weglenkt.

[135] Vgl. Gnüg, S. 313ff.: »Das Verschwinden des Dandys im Zeitalter der technischen Reproduzierbarkeit der Kunst«.

[136] Laut Hiltrud Gnüg ist der Dandy zu Beginn des 20. Jahrhunderts erledigt, denn seine Existenz ist an die Vorstellung eines autonomen Subjekts geknüpft: »Mochte der Dandy auch mit verschiedenen Rollen spielen, gehörte die Maske notwendig zu ihm, er ging in seinem spirituellen Selbstentwurf davon aus, daß er selbst frei seine Persönlichkeit modellierte. Ihm eignete zwar das Bewußtsein seiner Zerissenheit, seiner Spaltung in Natur- und Geistwesen, doch durch die wache Bewußtheit seines Geistes suchte er über die Natur zu triumphieren. Sein Dandyismus ist der Versuch, sich als autonomes Subjekt gegen die Mechanik seiner Natur zu behaupten.« (S. 314).

[137] Vgl. Gnüg, S. 54: Die Überkreuzung gendergebundener Merkmale zeigt sich u.a. im Interesse am Schminken, das dazu geeignet sei, »die Natur zu übertreffen«.

ben aus. [...] Inmitten allgemeiner Öde und Zersetzung schien nichts von wirkli-
chem Belang, es sei denn das lustvolle Mysterium der eigenen physischen Existenz, das libidinöse Mirakel unseres irdischen Daseins.[138]

Die konzeptionelle Differenz zwischen Figur und Erzählerstimme in Keuns Erstlings-
roman zeigt besonders deutlich ein Selbstkonzept der desintegrativen Trennungen, das
auch den Dandy auszeichnet und ihn zwingt, sein Bewußtsein permanent zu kontrollieren.[139] Je mehr die Maske der Kontrolle und des Witzes von Gilgi abfällt, desto
mehr verschwindet auch der Witz in der Erzählerstimme. Das Erzählen schmerzhafter
Gefühlszustände zerstört die Maske der ironischen Distanz. Der Roman unterscheidet
drei unterschiedliche Sprechsituationen: Den Persönlichkeitsentwürfen des kühlen
und sachlichen *girls* und der an der Liebe leidenden Frau ist die kommentierende Erzählerstimme übergeordnet, die sich jedoch nicht grundsätzlich von beiden Entwürfen
abhebt, sondern sich ihnen anpaßt und auf diese Weise ihre Funktion als kritisches
Organ immer wieder abgibt. So verschmelzen beispielsweise die Erzählerstimme und
Gilgi im Reflex auf die »Stimme des Blutes« (G, S. 33) und machen diese gemeinsam
lächerlich. Was letztlich von vorn herein die Vermutung nahelegt, daß Gilgi zu einer
höheren gesellschaftlichen Schicht gehört als ihre Adoptiveltern, sind die Form ihres
Witzes, der Koketterie und ihre Fähigkeit zur Reflexion. Diese Bewußtseinsstränge
verbinden sich in den Romanen *Das kunstseidene Mädchen* und *Nach Mitternacht*.
Was Gilgi als Habitus auf den Leib geschrieben ist, wird sich in der Rede der *girls* in
den beiden Folgeromanen fortsetzen. Verfolgt man die Geschichte des *kunstseidenen
Mädchens*, so fällt auf, daß nicht so sehr die erzählte Geschichte Leserhaltung und Le-
sefluß steuert, sondern daß die – scheinbar naiven und unwillkürlichen, in Wahrheit
jedoch hochreflexiven und zielgerichteten[140] – Kommentierungen des Erlebten und
Erzählten bestimmend für den Erzählkorpus sind. *Das kunstseidene Mädchen* ist, wie
der Name schon sagt, eine Kunstfigur – sowohl eine zur Person stilisierte Redefigur als
auch ein »Serienprodukt«, ein Ersatz für echte Seide.[141] Es ist eben gerade nicht das

---

[138] Klaus Mann: Der Wendepunkt. Reinbek bei Hamburg: Rowohlt 1984 [1942], S. 120f.

[139] Der Dandy verachtet alles Natürliche, weil es sein autonomes Selbstkonzept bedroht. Dieser
implizite Widerspruch seines Selbstkonzeptes ist Motor seines ironischen Denkens und Sprechens.
Das Bewußtsein der permanenten Präsenz der eigenen Triebnatur verlangt nach ästhetischer Stilisie-
rung und ironischer Distanzierung. In dieser Trennung ohne Versöhnungsanspruch bei gleichzeitigem Glauben an eine Autonomie des Geistes gegenüber der Natur zeigt sich bereits der Niedergang
des Aufklärungsgedankens im 19. Jahrhundert, wobei nun die Natur ausschließlich als Negation und
Vernichtungsmöglichkeit des Geistigen begriffen wird (vgl. auch Gnüg, S. 63ff.). Die Nähe des dandyistischen Selbstkonzeptes zum Pessimismus der schopenhauerschen Philosophie ist unübersehbar.

[140] Das durch die Sprünge zwischen (Schein)naivität und kritisch-ironischem Kommentar entste-
hende Spannungsfeld eröffnet ein komplexes Denksystem.

[141] Selbstverständlich verweist der Begriff *Kunstseide* auch auf den konkreten Stoff, auf das durch den
technischen Fortschritt serienmäßig und preiswert produzierbare Pendant zu echter Seide. Zur Geschichte dieses Kunststoffes siehe Wiebke Koch-Mertens: »In den zwanziger Jahren nahm der Anteil
der Nitrokunstseide zugunsten der Kupferkunstseide allmählich ab. Die Endlosfäden des ›Rayon‹ –
die amerikanische Bezeichnung der Kunstseide –, die Viscose-Kunstseide und das Acetat – eine weitere Kunstseide auf Zellulosebasis – verhalfen auch weniger begüterten Familien zu modischer Kleidung. [...] Im Jahre 1927 gelang Hermann Staudinger die Herstellung der ersten synthetischen Faser, der Polyoxymethylfaser. Kaum fünf Jahre später entstand im Werk Wolfen der IG-Farbenindust-
rie AG die erste textiltechnisch verwertbare synthetische Faser der Welt. Zur endgültigen Produkti-
onsreife gelangte die Faser allerdings erst 1934.« (Wiebke Koch-Mertens: Der Mensch und seine
Kleider. Teil 2: Die Kulturgeschichte der Mode im 20. Jahrhundert. Düsseldorf/Zürich: Artemis &
Winkler 2000, S. 67). Auffällig ist, daß im Roman, dem es an Verweisen auf zeitgenössische Mode-

Naiv-Kreatürliche, das die Sprechhaltung in diesem Roman regelt, allein schon deswegen nicht, weil diese Scheinnaivität sich permanent selbst durchkreuzt. Die Rhetorik des Mädchens wagt den Drahtseilakt, eine von Männern dominierte, vom politischen und wirtschaftlichen Niedergang bedrohte Realität in ihrer Absurdität und Vordergründigkeit zu kennzeichnen und dabei selbst unterschiedlichste Typologien des Weiblichen in Szene zu setzen. Gerade das Affektierte und Unechte dieser Erzählweise,[142] die Brüchigkeit in der handelnden Person und in ihren Wahrnehmungsmustern erwecken den Eindruck einer farblich schillernden, medial verarbeiteten Umwelt, bestimmen Stilmittel, Geschmacksfindung und Timbre innerhalb der Erzählung. Mal löst sich das Mädchen in Farben und Klängen geradezu auf, dann ist es wieder harte ironische Kontur:

> [...] ein querer Spiegel am Ende – man sieht blaß drin aus aber hübsch [...] zickzack ist die Musik – wie Pauls gesammelte Seesterne kleben getrocknete Lampen an der Decke – die Musik ist geblümt wie ein Chiffonkleid, das immer schnell zerreißt – überhaupt, Herr Brenner – sehen Sie, man sollte nie Kunstseide tragen mit einem Mann, die zerknautscht dann so schnell, und wie sieht man dann aus nach sieben reellen Küssen und Gegenküssen? (DkM, S. 70)

Das Oxymoron wird von Irmgard Keun in besonders raffinierter Weise angewandt: »Coctails sind auch bunt – wie gebleichte Zitronenfalter – man kriegt Kopfschmerzen nach.« (DkM, S. 71) Dieser Nerven und Sinne reizende Effekt einer artifiziellen Sprache, die aus multiplen, simultan wahrgenommenen Impressionen eine einzige macht, bündelt die physikalische Welt im Gehirn des Lesers. Synästhetisches Schreiben, das die Teilhabe an einem exclusiven Sinnenereignis großstädtischer Lebenskultur suggeriert, ist typisch für die Literatur des fin de siècle; Großstadtschreiber wie Keun und deren Nachfolger bedienen sich dieser kühnen Kombination von Wirklichkeitselementen.[143] Die in dem o.a. Zitat enthaltene Anspielung auf den Titel[144] betont das künstliche Moment modischer Stoffe und gerät außerdem zum negativen Reflex der Figur auf sich selbst, denn ihre von Frau zu Mann erzählte Maxime widerspricht ihren realen Möglichkeiten sowie der ihr im Titel programmatisch verliehenen Bezeich-

---

artikel und Kleidung keineswegs mangelt, jedoch bis auf eine Ausnahme (DkM, S. 50) nur edle Stoffe mit Namen benannt werden – allem voran der gestohlene Pelz: Crêpe-de-Chine, Crêpe-Marocain, Chiffon, Bemberg-Seide, Mantel mit Fuchsbesatz... (Vgl. auch Koch-Mertens, S. 67f.). Ein erkenntnisreicher Beitrag zur Mode dieser Zeit ist die Studie von Sabine Harke: Im Spiegel der Mode. In: Frauen in der Großstadt. Hg. und übers. von Katharina von Ankum. Dortmund: Edition Ebersbach 1999, S. 192-213.
[142] Hier wäre vor allem das hybride Sprachmuster zu nennen, sowie das humoreske Element, das den kabarettistischen Effekt hervorruft und somit den Dokumentarcharakter zurücktreten läßt.
[143] Gnüg erwähnt im Zusammenhang mit der oberflächlichen Wiederkehr des Dandys in den Szenekulturen und ihren modischen Konsumeigenarten seit den 60er Jahren des 20. Jahrhunderts aus dem Symbolismus übriggebliebenen Relikte dandystischer Lebenskunst: »Der Wille zu Selbststilisierung und modischer Originalität, das Bedürfnis, Erstaunen zu erregen, verbinden die Typen der neuen Künstlichkeit, die gelassen ihre knallfarbenen Drinks mit dekadenten Namen [...] schlürfen, mit den Dandys des 19. Jahrhunderts, die – wie der britische Urdandy Brummell – ihre Gesellschaftskreise durch das Raffinement eines Krawattenarrangements, durch die Erfindung immer neuer modischer Pointen für sich, d.h. für ihre Selbstinszenierung interessierten.« (S. 9).
[144] Das Buch war zunächst unter dem (Arbeits)titel *Mädchen ohne Bleibe* angekündigt (vgl. Häntzschel, S. 37). Wie es zum endgültigen Titel kam, ist unbekannt – es ist aber wahrscheinlich, daß dieser aus dem Inhalt erst hervorging.

nung. Doris, *das kunstseidene Mädchen*, stellt durch »man« verbuchte Verhaltensregeln auf, die jedoch unverbindlich bleiben. Ein solcher Reflex der Figur auf die eigene Person, der einen melancholischen Unterton enthält, schließt jedoch zugleich die Möglichkeit ein, sich selbst aus dem Regelkanon herauszunehmen, wobei diese Herausnahme den Moment der Leere erzeugt, der vom Leser als Melancholie wahrgenommen wird. Hier verschieben sich Präsenz und Abwesenheit so ineinander, daß weder das eine, noch das andere mehr als flüchtig greifbar wird.

Diese innere Widersprüchlichkeit der Figur und ihr schillernder Wahrheitsbegriff, ihre permanente schlagfertige Präsenz, parallelisiert mit ihrer charakterlichen Unfaßbarkeit innerhalb der Handlung, führt zu einer Verblüffung des Lesers, die an die Gesten des Dandys als Kritiker seiner Zeitgenossenschaft erinnert:

> Der ironische Geist, in der Selbstbespiegelung seiner Tätigkeit, verweigert dem pragmatischen Verstand die geforderten positiven Antworten, [...] erwähnt die Vieldeutigkeit, die Heterogenität, das Paradox, das Zugleich von Bouffonnerie und metaphysischem Ernst [...].[145]

Das figurale Spannungsverhältnis zwischen geistreicher Ironie und kitschiger Gefühligkeit, gespeist aus Versatzstücken der Unterhaltungsindustrie, ist ein weiteres Moment, das diesen Sprachgestus unterstützt. Es zeigt eine Form der Gesellschaftskritik, die sich nicht an einer ideologischen Orientierung festmachen läßt, sondern aus Distanz und Rollenhaftigkeit entsteht. Die Orte von Kritik und Handlung sind dabei nicht kongruent. Im *kunstseidenen Mädchen* werden gesellschaftliche sowie architektonische Fassaden plakativ skizziert und durch paradoxe Stilmittel sowie kommentierenden Wortwitz, der formal wie ein Parallelstrang zur eigentlichen Handlung, bzw. zu den fragmentarisch aufeinander folgenden Ereignissen aufgebaut ist, entblättert – und die handelnden Personen bzw. die beschriebenen Lokalitäten erstarren augenblicklich zu Karikaturen und bunten »Lichtspielen«:

> Und die Menschen am KaDeWe, das ist so groß und mit Kleidern und Gold und an der Tür viele elegante kleine Hunde an Leinen, die warten auf Damen, die kaufen drinnen – und enorm viereckig – und ein kleiner Wittenbergtempel, da fährt unten im Bauch die Untergrundbahn – es leuchtet ein großes Riesen-U. Und ein blonder Mann mit Kneifer ladet mich ein – mit Zähnen wie eine Maus und so einem widerlich kleinen Mund, der glänzt feucht und macht den Zwickermann nackend. (DkM, S. 68)

Günter Oesterle hat, mit Bezug auf Baudelaire, die Karikatur als das Ergebnis modernistischer Wahrnehmung beschrieben:

> Modernität entsteht [...] aus dem durch das Medium der Erinnerung möglichen Zusammenfall von intensiver, ja forcierter Imagination und übertriebener Mimesis. [...] Man kann geradezu pointiert behaupten, daß Baudelaire zur Modernität findet, weil er das von Dilthey später formulierte, klassizistisch zu nennende

---

[145] Gnüg, S. 141.

Bündnis von Erinnerung und Erlebnis als einem »bleibenden« Besitz negiert zugunsten der kühnen Kombination von Erinnerung und Einfall.[146]

Die Aufspaltung der Figur Doris, die Ingrid Marchlewitz festgestellt hat und von der im vorangegangenen Kapitel ausführlicher die Rede war, impliziert auch einen Widerstreit zwischen Idee und Realität, aus dem das parodistische Element dieses Romans erwächst, weil er formal nicht aufgelöst wird. Die Schlegelsche Vorstellung einer Synthese von Ideal und Realität – von Kunst und Natur – ist bei Irmgard Keun buchstäblich in den (Kunst)Stoff gewandert und wird zur »Synthetik« in der ironischen Diktion: »Denn ich sagte auch gestern zu Therese [...]: ›Etwas Liebe muß dabei sein, wo blieben sonst die Ideale?‹« (DkM, S. 7) »Kunstseidene« Idealität als zweite Natur und satirischer Erzählstil gehen ein Amalgam ein; das Spiel mit dem Wort »Kunst« steht stellvertretend sowohl für die *Kunst des Erzählens,* als auch für *Künstlichkeit.* Es ist der Stil des Jonglierens mit affirmativ-romantisierenden Wünschen bei gleichzeitigem ironischen Selbstkommentar, der schließlich auf eine als fragmentiert wahrgenommene Realität verweist. Gnüg setzt die dandystische von der romantischen Ironie durch das Paradigma der Selbstkontrolle ab, welchem das Harmonisierungsideal weicht:

> [...] die romantische Ironie, die den »Widerstreit« zwischen Idealität und Realität kennt und dieses Wissen im Spiel ihrer ästhetischen Setzungen bekundet, gründet in der Idee eines Absoluten, in dem alle Widersprüche aufgelöst wären. »Naturphilosophie« und »Kunstphilosophie« schlössen sich zu harmonischer Einheit zusammen. Die dandystische Ästhetik jedoch, die sich einer absoluten Spiritualität, im Hinblick auf die Wirkung der kalkulierten Überraschung verpflichtet, gibt das idealistische Versöhnungsparadigma auf, sie sucht nicht mehr im Bedingten auf ein Unbedingtes allegorisch zu verweisen [...]. Der permanenten Wachheit des dandystischen Bewußtseins entspricht eine artistische Selbststilisierung, der die Natur – sei es die innere der Empfindungen, Vorstellungen, Stimmungen, sei es die äußere von Fauna und Flora – fremd, ja verdächtig geworden ist. (S. 42)

Wenn Doris' Wünsche sich dem Kitsch annähern, während ihre Ironie geistreich bleibt, werden ihre Wünsche über die Sprache ironisierbar:

> Und dann tue ich etwas ganz Großes. In meinem Negligé, das meine Füße seidig umwallt und meine Knie streichelt, bewege ich mich vor und hebe ganz langsam meine beiden Arme, die von Spitzen überstürzt werden – und an meinen Füßen rosa seidene Pantoffeln mit Pelz dran – und dann hebe ich meine Arme wie eine Bühne und schiebe die große Schiebetür auseinander und bin eine Bühne. (DkM, S. 80)

Der Vorstellung, das Leben finde auf einer Bühne nicht nur statt, sondern die Person in ihrem Erscheinungsbild sei die Bühne selbst, entspricht die Baudelairesche Maxime, man müsse vor einem Spiegel schlafen,[147] eine romantizistische Metapher:

---

[146] Günter Oesterle: Karikatur als Vorschule von Modernität. In: Ästhetische Moderne in Europa. Hg. v. Silvio Vietta/Dirk Kemper. München: Wilhelm Fink 1998, S. 277.
[147] Charles Baudelaire: Kritische und nachgelassene Schriften. München 1925.

Die von Schlegel geforderte Selbstbeschränkung des Künstlers, die nicht Selbstbescheidung, sondern Selbstreflexion der Kunst bedeutet, entspricht der dandyistischen Maxime permanenter Wachheit des Bewußtseins, das sich zuschaut beim Schauen. Der Selbstentwurf des Dandys, der vor dem Spiegel des eigenen Bewußtseins, das zugleich die Sicht der anderen einnimmt, »leben und schlafen« muß, erinnert an Schlegels Postulat, sich über sich selbst hinwegzusetzen, sich in seiner Bedingtheit und Beschränkung in Frage zu stellen und so souverän parodistisch seine eigenen Setzungen spielerisch als einengende Fixierungen wieder zu problematisieren. (Gnüg, S. 40)

Im Romanzitat aus dem *Kunstseidenen Mädchen* erwirkt die sich an dieser Stelle verändernde Sprache, die mit einer Vielzahl beschreibender Adjektive einen verklärenden Gestus annimmt und im Zusammenhang mit der übrigen Erzählweise als affirmativ und konservativ auffallen muß, daß der Leser die Phantasien der Doris als Selbstparodie bewerten kann. Die selbstverständliche Verbindung von Sprache, Inhalt und dem Spiel mit Sprache und Bedeutungen erzielt, daß die Bewertung der Ich-Erzählerin in diesem Roman vielfach gebrochen ist und im Leser die Haltung der Distanz evoziert, die auch Doris größtenteils zu sich selbst einzunehmen scheint.

Wunsch und Realität sind also nicht die Kontrahenten dieser Erzählung, sondern das ironische Sprechen steht beidem isoliert gegenüber. Doris, die ihre »Natur« durch falsche Grammatik entblößt, enthüllt dem Leser Versatzstücke und Fragmente ihrer Masken, die ihr die Fassade einer Dame von Welt für kurze Zeit – für die Zeit eines Schauspiels, möchte man sagen – ausborgt. Diese Brüchigkeit ist Teil der Inszenierung – oder des Selbst, etwas, das nicht mehr trennbar erscheint:

Wenn dem Runden seine Frau kommt von der Reise, muß ich wieder raus aus der Wohnung. Was ist eine Gesellschaft? Bin ich jetzt eine Gesellschaft? Ich habe weiße Seidenschuhe von Pinet zu vierzig Mark und kann olala-c'est ça, daß jeder denkt, ich spreche perfekt Französisch. (DkM, S. 81)

Wenn die Figur, die Männer sich geschaffen haben, ihnen zum Fluch wird, nimmt sie die Sprache von Doris an, die aus ihrer (Frauen)rolle heraus spricht und so ihre »Schöpfer« beleuchtet. Während das Rebenhügelmädchen im Roman vom »Roten Mond« (DkM, S. 54) stumm bleibt, kommentiert Doris die in dieser Figur enthaltene Ideologie: »das geflochtene Mädchen fütterte Hühner, ohne es nötig zu haben, denn sie lebte in gesicherten Verhältnissen.« (ebd.) Diese Kritikfähigkeit, die hier noch im Kleid eines naiven Habitus daher kommt, erscheint als der Idealzustand, aus dem heraus die Welt neu vermessen werden könnte – ein Versuch, die Geschichte literarisch neu aus weiblicher Sicht zu schreiben. Dieser Versuch mündet zunächst darin, daß das weibliche Ich sich in den Raum der Rede zurückziehen muß, um seine Kritikfähigkeit und Mündigkeit dem Lesepublikum gegenüber unter Beweis zu stellen. Dieser Rede kommt die Kühle des Dandyismus entgegen und borgt sich von seinem Habitus das Paradox, unabhängig darin zu sein, in Erkenntnis seiner Abhängigkeit unabhängig zu bleiben. Ebenfalls gibt es den Entwurf einer Zweiteilung von Geist und Fleisch, die als nicht aufhebbar begriffen wird. Der Geist, beheimatet in der witzigen und entlarvenden Rede, wird durch die Bedürfnisse von Körper und Psyche wieder eingeschränkt, die zugleich die alten Geschlechterverhältnisse wieder zu zementieren drohen. Ähnlich

wie vom Dandy, wird von Keuns *girls* Sinnlichkeit als Abenteuer und zugleich als Bedrohung der Freiheit erlebt – der Kuß, der nicht nachbrennt (vgl. G, S. 6), wird nicht
enttäuscht, sondern befriedigt erinnert, weil er den sachlichen, von Selbstkontrolle geprägten Lebensentwurf nicht gefährdet. Dem körperlosen Raum der Rede (bei Gilgi
noch: dem eigenständigen Lebensentwurf) steht der inszenierte Körper entgegen: der
Modekörper, der Arbeitskörper, der Körper als Lustobjekt und als Quelle der Lust-
empfindung. Hierin besteht ein permanenter Widerspruch zu den Möglichkeiten der
Selbstinszenierung: Biologisches ist für das Individuum letztlich derart bestimmend,
daß soziale Bindungen und gesellschaftliches Engagement dahinter zurücktreten. Die
physisch-psychische Beschaffenheit wird letztlich dafür verantwortlich gemacht, daß es
keinen linearen gesellschaftlichen Fortschritt geben kann. Dieser nihilistische Lebensentwurf, der auch die doppelte Natur des Dandys bestimmt, kehrt auch in Keuns
Romanen wieder. Der Humor des *girls* sowie der Handlungsverlauf zielen auf die Verbindung des Alltäglichen mit dem Anachronistischen oder Befremdlichen:

> Vater unser der du bist im Himmel, mache doch mein Inneres so gut und fein,
> daß er mich lieben kann. Ich kaufe ihm eine Krawatte, denn das kann ich. Man
> sagte mir mal, für so was hätte ich ein geradezu männliches Verständnis. Es gibt
> doch Fälle, wo ein Vorleben seinen Wert hat. Vater unser, mach mir noch mit ei-
> nem Wunder eine feine Bildung – das übrige kann ich ja selbst machen mit
> Schminke. (DkM, S. 130)

Es entsteht der Eindruck falscher Verbindungen, die einen neuen Reiz erzeugen. Dennoch bleibt es die Geschichte eines *girls*, also eine Alltagsgeschichte. Das Banale und
das Befremdliche treten ineinander verwoben auf. Wie der Dandy weisen Keuns Romanfiguren nicht über ihre Zeit hinaus, nehmen aber dennoch Distanz durch Rede zu
ihr ein. Sie spielen mit den Konventionen, sind aber zugleich auch Mittäterinnen, als
sie diese in der Rede reproduzieren. Zum einen sind sie als Typus vollständig Teil der
dargestellten historischen Gegenwart, zeigen sich aber nicht leidend an ihr, sondern
sich innerhalb ihrer Grenzen frei bewegend. In ihrem Witz liegt zugleich ein Gefühl
der Ohnmacht, beziehungsweise Witz und Anpassung bedingen einander:

> Ob sie einem im Gefängnis den Puder wegnehmen? Ich war noch nie drin. The-
> rese auch nicht. Gott mein Vater! [...] Da – ich glaube es hat geklingelt – meine
> Augen fallen mit einem Schrei in meinen Kopf zurück [...] ich bin ein
> Detektivroman. Hilf mir lieber Gott – ich will mit einem Messer »lieber Gott« in
> meinen Arm schneiden, ganz tief, daß Blut kommt – wenn du machst, daß ich
> heil nach Berlin komme. (DkM, S. 39)

Das *girl*, eine Konstruktion und Metapher des (männlich-technizistischen) modernen
Zeitalters, zerstört seine Rolle zum einen durch die Sprache, zum anderen erwächst
aus dem Spiel mit den Rollen die Lust am Sprechen. Irmgard Keun hat, ähnlich wie
Oscar Wilde,[148] die Bonmots ihrer Figuren innerhalb der Romanhandlungen separat

---

[148] Oscar Wilde galt als gefürchteter Dandy und »Salonlöwe« im viktorianischen England des
ausgehenden 19. Jahrhunderts. Seine Aphorismen entstanden in den Salons, er, der einmal behauptet
hat, er habe sein Genie auf das Leben verwendet, auf seine Kunst aber nur sein Talent, übte Gesellschaftskritik im Dialog mit seinen Zeitgenossen. »*Heutzutage kennen die Leute von allem den Preis und*

in aphoristisch-satirischer Form veröffentlicht und sie so von der Ebene der Fiktion in den Alltag der Zeitungs- und ZeitschriftenleserInnen transponiert, wo sie die Debatte um die *Neue Frau* beleben konnten. Zugleich zeugt die differente Publikationsform der beiden Texte von Keuns Autorinnenstatus als geistreiche Satirikerin. Beleg dafür sind Parallelen zwischen Figurenaussagen in *Das Kunstseidene Mädchen* und ihrer 1932 im *Querschnitt* veröffentlichten Satire *System des Männerfangs*,[149] die als ungefilterte Aussageformationen der Autorin erhalten sind. Betrachtet man insbesondere *Das Kunstseidene Mädchen* in diesem Zusammenhang, so bestätigt sich die Annahme von Doris als einer Redefigur, die nicht mit dem Attribut »naiver Mädchenwitz« beschrieben werden kann, sondern Anspruch auf Exklusivität und Kritikfähigkeit erhebt. Nahezu alle Texte Irmgard Keuns enthalten zudem dialogisch-dramatische Elemente, die an die Gesellschaftskommödien Oscar Wildes erinnern.[150]

3.4.1 »Jedes Wort ist Krieg, ob es Kampf heißt oder Frieden«: die Zuspitzung der dandyistischen Gesellschaftskritik in der literarischen Darstellung des NS-Regimes

Der dritte Roman der Autorin ist für diese Betrachtungsweise deshalb interessant, weil hier in Verbindung mit dem Leben im nationalsozialistischen Deutschland die Verhaltensmaßregeln der Kälte eine neue inhaltliche Aktualität erfahren. Der Anspruch auf Exklusivität in der Haltung einer scheinbar Naiven kommt in *Nach Mitternacht* auf andere Weise zum Tragen; er erscheint als Luxus, als ein Relikt der Vergangenheit innerhalb des totalitären Regimes. Typologisch kann der Roman nicht ohne weiteres in die Reihe der Romane mit einer scheinnaiven Ich-Erzählerin eingereiht werden, da die brisante Thematik, bei der sich immer auch die Frage nach historischer Wahrhaftigkeit der romanesken Verarbeitung stellt – insbesondere, wenn man berücksichtigt, wie sehr die Erzählweise vordergründig an einen Zeitzeugenbericht erinnert – eine an-

---

von nichts den Wert ist eine besonders gelungene Formulierung, die Wilde darum auch gern in seinen späteren Werken wiederholte.« (Peter Funke: Oscar Wilde. Reinbek bei Hamburg: Rowohlt 1969, S. 117).

[149] Irmgard Keun: System des Männerfangs. In: Querschnitt, H 4 1932, S. 259-261. Dort heißt es: »I. Allgemeine Regeln: der Eitelkeit des Mannes Futter geben. Sein Selbstwertgefühl stärken, ihn stolz auf sich sein lassen. Ihn verstehen, wenn er verstanden sein will, und im richtigen Moment stoppen – mit dem Verstehen [...] Zynische Männer sind am sentimentalsten. [...] man muß ihn taktvoll ahnen lassen, daß man, trotz verhüllender Geistesschärfe, von dem kostbaren weichen Herzen Kenntnis genommen hat [...] Sich politisch aufklären lassen. Sehr dumm sein, aber sehr intelligent fragen. Und nicht sein, sondern reflektieren. Spiegelbild seines jeweiligen Wunsches.« (S. 259). Im selben Jahr erschien *Das kunstseidene Mädchen*. Geistreiche Zynismen, bei denen die Gratwanderung zwischen bewußtem Einüben, Durchschauen und gleichzeitigem Verachten der hier ausgebreiteten Verhaltensanweisungen liegen, heben die Diskurspraktiken zwischen Frau und Mann auf die Ebene des gesellschaftlichen Spiels.

[150] Hierzu Peter Funke: »Alle vier Komödien spielen in jenen obersten Gesellschaftskreisen, die auf Wilde eine unwiderstehliche Anziehungskraft ausübten, Kreisen, denen er anzugehören bemüht war, die er verehrte – und zugleich verspottete. Adlige Herkunft, gesellschaftliches Ansehen und Reichtum beeindruckten ihn; die erstarrten, unterhöhlten Lebensformen dieser Kreise und ihre Heuchelei durchschaute er und zog sie ins Lächerliche. Damit belustigte er wiederum jene, die er verspottete, vergrößerte so seinen gesellschaftlichen Ruhm und verdiente ein Vermögen – das er großzügig sogleich wieder ausgab.« (Funke, S. 128) Dieser paradoxen Situation aus Spott und affirmativer Bewunderung sah sich auch Irmgard Keun ausgesetzt, was unter anderem zu der distanziert-beobachtenden Haltung der Autorin sich selbst gegenüber führte, wie wir sie in den Briefen an Arnold Strauß dokumentiert sehen.

dere Erwartungshaltung konstruiert. Humor, Satire, Schelmenhaftigkeit und scheinbare Naivität sind hier nicht mehr – wie noch im Vorgängerroman – Teile eines
selbstreflexiven Persönlichkeitskonstruktes, sondern sie bewirken hier eine legitime
Grenzüberschreitung des Ethischen, weil durch die Erzähltechnik die Absurdität des
Totalitarismus bzw. der Nazigewaltherrschaft erhellt wird.[151] Die Gewaltherrschaft
und das Lachen darüber bilden die komplementären Komponenten, aus denen sich
dieser Roman zusammensetzt, und die beim Leser einen prickelnden Schauer der
Angstlust hervorrufen – etwas, das in einen Zwiespalt des Bewertens[152] mündet, der so
in den anderen Texten nicht in den Blick kommt. Die Fortschreibung des bereits er-
probten Erzählmusters bewirkt in diesem thematischen Zusammenhang eine noch
gravierendere Irritation. Susanne Moders Erzählung des Nationalsozialismus erinnert
an das, was Wolfgang Kayser bzw. Michail Bachtin im 20. Jahrhundert als Strukturelement des Grotesken bestimmt haben; dessen »Funktion besteht darin, aus einer
eben noch vertrauten eine fremde Welt zu machen [...].«[153] Während jedoch Kayser
das Ziel verfolgt, »das Groteske den vorherrschenden Konzeptionen ästhetischer Theorie anzugleichen«,[154] so hat es bei Bachtin von vorn herein die Funktion einer Antiäs-
thetik und steht der Kategorie des Karnevals nahe:

> Für Bachtin geht es darum, die Andersartigkeit des Grotesken zu betonen, es von
> all dem abzulösen, was für andere ästhetische Begriffe – wie z.B. das Tragische –
> gilt. [...] Die karnevaleske Freude besteht in der Unterdrückung und Umkehrung
> hierarchischer Strukturen [...] und kennt keinen Unterschied zwischen Zuschau-
> ern und Mitspielern. [...] das Groteske [neigt] dazu, all das hervorzuheben, was
> die Vergänglichkeit des menschlichen Körpers betrifft.[155]

Schon im Namen »Moder« steckt die Vorstellung des Verfalls, des morbiden Lachens,
des Tanzens auf dem Vulkan. Die Spannung zwischen jugendlicher Lebenslust und
barbarischer Realität wird im folgenden Zitat scheinbar ausgeblendet und durch die
Vorstellung des Nationalsozialismus als Medienspektakel ersetzt:

> Berühmtheit fordert immer Opfer, das habe ich mal in einem Artikel über Mar-
> lene Dietrich gelesen. Es heißt ja, der Führer würde nur Radieschen essen und
> Schwarzbrot mit Klatschkäse. Das ist auch ein Opfer für den Ruhm. Die Film-
> schauspielerinnen in Hollywood essen manchmal noch viel weniger, weil sie nicht
> dick werden dürfen. (NM, S. 26)

Susannes Diktion ist heiß und kalt zugleich; Wut wird oftmals durch eine vorgebliche
Sachlichkeit abgelöst bzw. zeigt sich hinter der sachlichen Geste, und so gerät Sachlichkeit fast unmerklich zur Satire auf sich selbst. Ihre Stimme ist die Negation der

---

[151] Vgl. hierzu insbesondere auch Gert Sautermeister: Irmgard Keuns Roman Nach Mitternacht. In:
die horen. Jg. 1982/1, S. 48-60.
[152] Hierzu Theodor Adorno: »Das Hinschauen aufs Unheil hat etwas von Faszination. Damit aber etwas vom geheimen Einverständnis.« (Max Horkheimer/Theodor W. Adorno: Dialektik der Aufklärung, Bd. 5. Frankfurt a. M.: S. Fischer 1987, S. 262: »Leeres Erschrecken«).
[153] Elisheva Rosen in: Ästhetische Grundbegriffe: historisches Wörterbuch in sieben Bänden. Hg. v.
Karlheinz Barck et al. Stuttgart/Weimar: Metzler 2001, S. 878.
[154] Ebd.
[155] Ebd., S. 879.

Negativität; neben ihren Geistesblitzen erscheint der »braune Sumpf« von vorn herein morbide, degeneriert, geistlos. Sie beherrscht den Kult der Kälte und der Maske, ist Bedrohung und Bedrohte zugleich, gerät in die Fänge der Gestapo und wird wieder entlassen, weil sie weint – aber nicht aus Reue, sondern weil sie an Flucht aus Deutschland denkt (NM, S. 62). Diese Verstellung und folgende Fehlinterpretation ihres Verhaltens durch die feindliche Seite erfolgt scheinbar unwillkürlich; das zufällig sich Ereignende kann unter den dargestellten Umständen über Leben und Tod entscheiden.[156] Hierin liegt ein besonderes Moment des unkontrollierten Schreckens, der jedoch durch die Erzählerin wieder gebannt wird.

Ähnlich unberechenbar präsentiert sich Susannes Freundin Gerti. Das Freundinnenpaar, zwei weibliche Flaneure, zeigt, wie im Nationalsozialismus selbst das Flanieren zu einem Spießrutenlaufen geworden ist und die Form eines gefährlichen und zugleich reizvollen Spiels annimmt. Sich als Andersdenkender unbeschadet zwischen zwei Orten zu bewegen, erfordert Schlauheit, Raffinesse und äußerste Umsicht, die Fähigkeit zu nuancierter Wahrnehmung und Beobachtung. Wobei »Unbeschadet bleiben« in diesem Kontext nur bedeuten kann, entweder das Land zu verlassen oder die Katastrophen zu kennen, sie bis zu einem gewissen Grad herauszufordern, um dann möglicherweise noch geschickt auszuweichen – schließlich mit der Hoffnung für die Autorin Irmgard Keun, dem Faschismus durch seine Parodierung etwas »gestohlen« zu haben. Einerseits mag es scheinen, daß der Humor dieses Buches vorrangig aus diesem historisch klar fixierbaren Feindbild erwächst. Die Botschaft an den Leser scheint eindeutig, der vordergründig politische Impetus der Erzählung erleichtert die Rezeption. Dennoch geht das Buch in seinem thematischen Aspekt nicht auf; die in unterschiedliche Figuren eingeschriebene Kritik und Satire bricht sich am realistischen Substrat der Geschichte. Neben Sanna und Gerti avanciert im Verlauf der Handlung der Intellektuelle Heini,[157] dessen Reden sinngemäß in den Briefen an Arnold Strauß wiederkehren,[158] zur eigentlichen Stimme der Systemkritik. Er tritt erst in die Handlung ein, nachdem die durch Gerti und Sanna vertretene Figur des Keun'schen *girls* das Leben im Nationalsozialismus bereits in scheinbarem Glanz und Gebrochenheit gezeichnet hat.

Gerti und Sanna sind Komplementärfiguren: Gerti, die wie die Blonde Venus in die Handlung eintritt: »Ihre Locken leuchten dick und blond, ihre Augen leuchten knallblau, ihr Gesicht leuchtet wie eine rosa Wolke« (NM, S. 6), sieht immer aus »als

---

[156] Vgl. Lethen, S. 53ff.: Hier berichtet der Autor über den Romanisten Werner Krauss, der 1943 in Plötzensee zum Tode verurteilt wurde und sich im Gefängnis mit den Grundregeln der Lebensführung des spanischen Jesuiten Gracián, dem *Handorakel*, beschäftigte, die eine Verhaltenslehre der Selbstkontrolle vertritt (Lethen, S. 55/56). »Krauss erkennt in der Lebenslehre des Jesuiten eine Herausforderung zum intellektuellen Training im ›Grenzgebiet zwischen Humanismus und Barbarei‹. Gracián erscheint als Ratgeber für das Verhalten auf vermintem Gelände, auf dem man keinen Schritt tun darf, ohne vorher zu sehen, wo man den Fuß hinsetzt.« (S. 54).

[157] Die Haltung dieses Intellektuellen zehrt besonders stark vom Bild des Dandys. Sein Selbstmord am Schluß der Erzählung ist zwar vordergründig eine Verzweiflungstat, nimmt aber im Handlungszusammenhang den Charakter eines inszenierten Überraschungs- und Schockmomentes an (NM, S. 125).

[158] So die im Brief vom 22.8.1933: »[...] das Bienen- und Ameisenideal ist das absolut nationalsozialistische Ideal – das Kollektiv, die Erstarrung einer in sich geschlossenen Ordnung. [...] Das Unvollkommene hat Sinn und behält Sinn, weil es uns Grund zu leben ist – das Vollkommene ist unbegreiflich [...]. Vorhanden ist es, weil es die Sehnsucht danach gibt.« (Wirbel, S. 26) Vgl. hierzu: *Nach Mitternacht*, S. 86.

habe sie nichts an«, sie ist »so frech mit ihrem Körper und mit ihren Worten und gar nicht geheimnisvoll« (ebd.). Sanna dagegen lebt wie unter einer Tarnkappe, beschreibt ihre Augen als »groß, grau und geheimnisvoll« (NM, S. 7). Zwei Weiblichkeitsentwürfe, die zugleich differente Formen des Sprechens bei Irmgard Keun implizieren: Sprechen, ohne beobachtet zu werden, sowie sprechen, leuchten, um gesehen zu werden. Wieder beschreibt die Erzählerin mit Hilfe einer Spiegelszene sich selbst und ist zugleich der Entwurf einer Sprech- und Spielhaltung, eine weibliche Rollenvariante, die in Keuns Oeuvre immer wiederkehrt (NM, S. 7). Innerhalb der Handlung fungiert Sanna zumeist als Beobachterin, während Gerti das Feld der verbalen Eleganz und Provokation beherrscht (z.B. NM, S. 29). Auf der Vermittlungsebene zwischen Text und Leser jedoch ist Sanna die ausschließliche Instanz, und so müssen die anderen Figuren als von ihr erfundene bzw. als nur auf der Ebene der Geschichte existent begriffen werden. Der Roman enthält drei Varianten des *girls* oder der *femme dandy*[159], die auf unterschiedlichen Erzählebenen agieren: Sanna, Gerti und Liska. Während Sanna als Erzählerin die Rezeption steuert und Gerti durch ihre Provokationen die Handlung vorantreibt, erscheint Sannas Schwägerin Liska fern, abstrakt und wesentlich fiktiver. Nicht durch das Wort zeichnet sich diese Figur aus, sondern durch ihre Lebensweise, die einer *femme dandy* ähnelt und als Anachronismus skizziert wird (NM, S. 79f.).

Das Spiel zwischen den Geschlechtern wird von Sanna sofort als politischer Konflikt inszeniert:

> Gern würde ich in Ruhe mein Glas Bier trinken, aber wenn ich das Wort Weltanschauung höre, weiß ich ja, daß Krach kommt. Die Gerti soll es lassen, einen SA-Mann zu reizen, indem sie sagt: die Reichswehrleute haben schönere Uniformen […] und wenn es schon einer von militärischer Rasse sein müsse, dann habe sie lieber einen von der Reichswehr. (NM, S. 5)

Gerti spielt, indes sie die Nazis provoziert, auf ihre Funktion als Trägerin und Erhalterin der »germanischen Rasse« an. Während Gertis Romanrolle auf die Weiblichkeitsstereotype des Stars setzt, stattet das Biertrinken Sanna mit tertiär maskulinen Zügen aus, ein Faktor, der ihre Geschlechtszugehörigkeit noch stärker neutralisiert und ihren Rollencharakter verschleiert.

Die prekäre Situation der Juden in Deutschland 1936 wird anhand einer Szene im Café am Roßmarkt geschildert: Gerti wartet auf Dieter Aaron, den sie nicht lieben darf, »weil doch Rassengesetze sind« (NM, S. 17). Sanna kommentiert: »Gerti denkt, der liebe Gott wird schon helfen, weil sie so schön ist, und der liebe Gott ist männlich.« (ebd., S. 18). Diese Überhebung über die bedrohliche Situation mittels eines Kommentars, der wiederum an die frühe Satire *System des Männerfangs* erinnert, verweist auf eine nicht nur in der Handlung zu verortende Erzählerinstanz. Die emotionale Rückbindung an die Handlung scheint unvermeidlich und bewirkt, daß auch der Leser zwischen distanzierter Ironie und Auflösung in den Gegenständen changiert:

---

[159] Zum Typus der *femme dandy* (Mit Bezug auf Stendhals *Le Rouge et le Noir* und die Figur der Mathilde de la Mole) vgl. Gnüg, S. 160ff.: »Ihre erotische Faszination ist vor allem ästhetisch begründet, durch den schönen Schein der theatralischen Komposition, das heißt, ihre […] Neigung entspringt nicht dem unreflektierten Gefühl des Herzens, sondern in Kant'scher Terminologie – einem ›intellektuellen Wohlgefallen‹, das die Darstellungs*weise* eines Gegenüber bewundert.« (S. 169).

Im Wein schimmert buntes Licht. Er ist sauer, aber man trinkt heiße bunte Strahlen. Ich bekomme Sehnsucht nach Franz, und überhaupt Gertis Stimme wird klein und zerbrochen. Der Wirt guckt immerzu rüber – vielleicht kennt er die Gerti durch ihr Geschäft und zeigt sie morgen an.« (NM, S. 19)

Der Zynismus der harten Kontur ist am Ende des Zitats wieder wirksam. Gertis rollenhaftes Frausein wird zu einem verbotenen Genuß oder gar schon zu einer gefrorenen Erinnerung erklärt. Sinnlich-lyrisches Sich-Auflösen oder Hingeben an den Moment ist schnell gefolgt von kühler Wachheit. So steigert sich das Tempo der Erzählung bis zur Hysterie, gebannt in ein surreales Genrebild: »Alles und alle sind erstarrt zu einem bunten greulichen Bild. Wir leben nicht, wir sind gemalt.« (NM, S. 125)

Zwei Ereignisse ragen aus der Handlung in *Nach Mitternacht* heraus: Der Hitlerbesuch in Frankfurt sowie die Party von Liska. Sanna gönnt uns ihr persönliches »Führerportrait«, sie hält Hitler durchaus nicht für dumm: »Vielleicht hat der Führer später gedacht, das Volk sei zusammengeströmt aus Liebe zu ihm. Aber der Führer wird zu klug sein, um das zu glauben.« Dieses Bonmot zeigt wieder eine andere Facette der Ich-Erzählerin: Nur der Feind ist ihr ebenbürtiger Gegenpart. Der Erfindung des Wortes zur Standortbestimmung des Ichs steht der Einsatz des Wortes und des Intellektes zur Steuerung der Massen entgegen.

Ein dünner grauer Mann mit einem Fahrrad, der über den Führer schimpft, wird verhaftet (NM, S. 21f.). Dies zeigt, daß Kritik nur noch unter dem Deckmantel des Naiven oder Ironischen, unter der Maske eines kontrollierten und kontrollierenden Bewußtseins möglich ist. Der graue Mann bildet den Kontrast zur Brillianz von Gerti und der phantasiebegabten Erzählerin Sanna, die sich mittels ihrer Erzählerposition und geschickten Impertinenz über die Realität erheben können. Hier allerdings werden sie zwangsläufig zu Mittäterinnen, weil sie zusehen (müssen). Sie geraten zwar in dieselbe gefährliche Situation, haben aber gelernt, sich »den Hut ins Gesicht zu ziehen«.[160] Während in den Romanen der Weimarer Republik die Kehrseite des Kältekultes das persönliche »Sentiment« war, das den Gestus der Kälte aufzuheben drohte, so ist es hier die reale politische Gefahr. Die geistige Brillanz hat ihren Ort nun endgültig in der Fiktion der Sprache, denn verwoben mit der Handlung steht ihr nur die körperliche Lähmung und Einflußlosigkeit gegenüber – etwas, das sich später in der Figur Heini unmißverständlich zeigen wird. Diese Erzählposition drückt sich pointiert in folgendem Satz aus: »Gerti sagte auch, es komme ihr vor, als hätten wir Freikarten für einen Theaterplatz, auf den wir eigentlich nicht gehören und für den wir nicht passend angezogen seien.« (NM, S. 23)

Das Bewußtsein des Lesers darüber, was unter Verkleidung, bzw. was als Anachronismus zu verstehen ist, wird absichtlich getäuscht. Er wohnt zeitgleich mit Sanna und Gerti einem ambivalenten, furchterregenden und ebenso faszinierenden Schauspiel bei; gerade die Tatsache, daß er dem Blick Sannas folgen *muß*, löst das Unbehagen in ihm aus, die nötige historische Distanz könne verschwimmen (NM, S. 24). Auch der kritische Mensch kann zeitweilig zur Maschine der Begeisterung mutieren. Dieses zeigte sich schon in einigen dandystischen Lebensentwürfen der Jahrhundertwende; vorzugsweise der italienischen Futurismus, der schon frühzeitig eine ideologi-

---

[160] Vgl. Brecht, Gedichte, S. 122f.

sche Mischung aus Technikfaszination, Machismo und faschistoiden Tendenzen offenbart, belegt dies nachhaltig.

Schon läßt die Erzählerin der anfänglich aufkeimenden Begeisterung Ernüchterung folgen und setzt den Leser erneut einem Wechselbad der Gefühle aus: »Und langsam fuhr ein Auto vorbei, darin stand der Führer wie Prinz Karneval im Karnevalszug. Aber er war nicht so lustig und fröhlich wie der Prinz Karneval und warf auch keine Bonbons und Sträußchen, sondern hob nur eine leere Hand.« (ebd., S. 24ff.) Das Spiel mit den kulturellen Instanzen des Komischen deutet an, daß die Grenze zwischen den Rollen und ihren gesellschaftlichen Funktionen überschritten wurde. Irmgard Keun, die als Satirikerin teil hat an der »karnevalistischen« Tradition, inszeniert in einem nach dem Krieg verfaßten Gedicht die Ambivalenz von Humor und Schrecken angesichts einer Herrschaftsform, welche die Seichtheit besitzt, das Absolute als Realität einzuführen und die Ambiguität von Tatsächlichkeit und Fiktion damit zunichte macht:

> Mitten im strengsten Dienst verlor ein Hofnarr sein Lachen.
> Da gefroren die Tränen in seinen Augen zu Eis vor Schreck,
> Und er konnte nicht mehr schlafen aus Angst zu erwachen.
> Der König reichte ihm einen Scheck
> Und sagte: nun geh, du bist langweilig geworden.
> Der Narr nahm den Scheck nicht und bekam keinen Orden.
> War er nun kein Narr mehr, oder war er erst jetzt einer geworden?[161]

Hier offenbart sich das Dilemma der vom Literaturbetrieb kaltgestellten Schriftstellerin: Die Metapher des Gefrierens verweist auf den Verlust der Fähigkeit zur Trauer, die Voraussetzung für Ambiguität, doppeldeutigen Witz sowie zur Bildung von Fiktionen ist. Drastischer formuliert es die Autorin durch ihren literarischen Anwalt Heini im Roman: »Man kann weder hier noch im Ausland ein geistreicher und witziger Journalist sein, wenn einem ewig die Schreie aus den deutschen Konzentrationslagern in den Ohren gellen.« (NM, S. 123) Der Eintritt des Schuldbewußtseins und der Verantwortung in das kühle Spiel geistreicher Kritik zerstört dieses.[162] Und ergänzend zu diesem Kerngedanken beschreibt Heini die Situation der Schriftsteller *im* nationalsozialistischen Staat:

> Durch die Diktatur ist Deutschland ein vollkommenes Land geworden. Ein vollkommenes Land braucht keine Schriftsteller. Im Paradies gibt es keine Literatur. Ohne Unvollkommenheiten gibt es keine Schriftsteller und keine Dichter. Der reinste Lyriker bedarf der Sehnsucht nach Vollkommenheit. (NM, S. 85f.)

Eigenartig anachronistisch muten in *Nach Mitternacht* die impressionistischen Schilderungen von Straßen und Lokalen an, ja sogar beim Führeraufmarsch verwendet sie die Autorin. Sehnsucht nach einer vergangenen Ära scheint in diesen Bildern auf (NM, S. 67), die zur Lyrikauffassung des Journalisten und Systemkritikers Heini passen:

---

[161] Irmgard Keun: Der Hofnarr. In: Die deutsche Literatur 1945-1960. »Draußen vor der Tür« 1945-1948. Hg. v. Heinz Ludwig Arnold. München: Deutscher Taschenbuch Verlag 1995, S. 310.
[162] Vgl. Lethen, S. 26ff.

Ich ging aus dem Haus. Blank und schwarz waren die Straßen, wie Aale. Glitschig und naß. Man sah den Atem des Himmels – weißen flockigen Nebel. Noch ist die Nacht ein Haus, aber schon zittern seine Wände, bald brechen sie zusammen. Nackt und ohne Schutz wird man stehen auf der weiten Helle des Tages. [...] Eine giftige Ruhe strich über mein Herz und betäubte meine Angst. Und vernichtete meine Trauer. (NM, S. 99)

»Nackt und ohne Schutz« lebt auch Heini im nationalsozialistischen Deutschland – ein anachronistischer Charakter, der innerhalb des Romans die bereits verstummte oder exilierte Boheme phantomhaft sprechen läßt. Im Verlauf des Textes gewinnt der Leser immer mehr den Eindruck, als habe Keun in diese Figur das gesamte Gegengewicht zum erzählten totalitären Staat gelegt. Der Bohemien Heini, unantastbar und todgeweiht zugleich, gerät zum Mittelpunkt der längst erloschenen großbürgerlichen Elite. Seine angedeutete Spionagetätigkeit: »vor sechs Monaten ist er nach Frankfurt gekommen, wo er allerhand Bekannte hat, mit denen er Politisches bespricht. Und er sammelt Material über das deutsche Volk.« (NM, S. 68) suggeriert die wissenschaftliche Analyse, die er in seinen Reden fortsetzt. Das Spannungsverhältnis von harter, verbal eleganter Faschismusanalyse und melancholischer Todessehnsucht erinnert an die Stimmungen, die Irmgard Keun als typische der Exilanten beschreibt, aber auch an einen Autor des 19. Jahrhunderts, nämlich Heinrich Heine. Bezeichnenderweise ist es Heini, für den Liska das Fest am Schluß des Romans arrangieren wird – ein Fest, das sich den Anstrich eines literarischen Salons gibt, in dem sich die Eliten noch einmal *vor Mitternacht* versammeln, bzw. einander permanent verfehlen.[163] Liskas Liebe zu Heini wird durch das Gespräch mit Betty Raff künstlich erzeugt (NM, S. 71), und ihr Fest gleicht einer dekadenten Selbstinszenierung: »Liskas Karneval! Dabei ist Karneval längst vorbei, Ostern naht, Fastenzeit ist.« (NM, S. 93) Betty Raff als Initiatorin dieser »Liebesgeschichte« kann ebenfalls nur als groteske Figur bewertet werden, als ein Erzählelement, das eben noch bestehende, unhinterfragte Zusammenhänge zu zerstören vermag. Keine dieser »sprachlosen« Figuren ist für sich allein tragfähig, sie sind lediglich als funktionale Erzählelemente zu bewerten:

Heini sagt, er könne nur helle unbefangene Stimmen leiden. Sofort spricht Liska mit einer komisch hellen Stimme und macht starre aufgeregte Kinderaugen wie bei der ersten heiligen Kommunion. (NM, S. 77)

Während die politische Realität verdrängt wird, gerät die Wohnung von Algin und Liska zum sinkenden Schiff, auf dem sich die kranke Boheme selbst noch einmal feiert und zum Schluß in den Zustand des Traumes gleitet:[164]

---

[163] Gert Sautermeister spricht von der Inszenierung der »zerstörten Öffentlichkeit« im privaten Raum (Sautermeister, S. 57).

[164] Auch Sanna kann sich diesem Zustand nicht entziehen. Während sie ihr Erleben erzählt, spricht sie immer wieder die Unsicherheit aus, nicht zu wissen, ob das, was sie sieht, real ist: »Ich träume das Fest, ich träume die tanzenden Engländer, ich träume Mimi Baerwalds gluckerndes Lachen [...].« (NM, S. 105).

Wir stehen vor dem Lokal auf der Straße, trostlos wie verfallene Pfandstücke. [...]
nur mit Anstrengung können wir uns voneinander lösen. Alle sind betrunken und
ihre Sehnsucht ist Beharrlichkeit. (NM, S. 91f.)

Die Korrektur dieses Verfalls bildet der Zynismus Heinis. Sein Intellektualismus hebt
sich vom sonstigen Ton des Buches ab (»Venusberg des Liberalismus«, ebd.). Wie
schon weiter oben beschrieben, ist er eine Doppelnatur: »Heinis rechtes Auge sieht
grausam, sein linkes mitleidig aus« (NM, S. 73). Der »wäßrig-sentimentale[n] Intelligenz« (ebd.) seines Dialogpartners Dr. Breslauer steht sein unbarmherziger Scharfsinn
entgegen. Heinis misogyne Äußerungen: »Weiberfleisch und geschlachtetes Fleisch
muß geschickt beleuchtet werden. Günstige Beleuchtung ist das oberste Geschäftsge-
setz für Schlachterläden und Nachtlokale« (NM, S. 98) steigern seinen ambivalenten
Charakter und bilden eine Analogie zur Haltung des Dandys.[165] Liska hingegen erinnert an einen Frauenentwurf der Jahrhundertwende, oder bemüht sich zwanghaft, dieses Image zu errichten. Dazu muß sie allerdings krank werden (S. 80f.). Die Atmosphäre in der Wohnung unterstützt die Vorstellung des Falschen, Unzeitgemäßen:
»Feuchte Kälte kriecht durch die Fensterritzen, auf hohen fädigen Beinen tastet sich
eine Spinne langsam die weiße Kalkwand herab. [...] alle Möbel leben verkleidet [...]
Die Wohnung riecht heiß und bedrängend nach Rosen. [...] Der Kopf tut mir weh
von dem flirrenden Duft. Es ist kaum Frühling und die Zeit der geruchlosen Blumen.« (S. 96f.) Solche Reminiszenzen an die Literatur der »Nervenkunst«[166], insbesondere an Baudelaires *Fleurs du mal* und ihre Nachfolger im europäischen Sprachraum
kehren in *Nach Mitternacht* parallel zu den Zynismen immer wieder und zeigen Keuns
Affinität zu einer vergangenen Epoche. Die vom Nationalsozialismus zerstörte kosmopolitische Kultur der scheinbar demokratischen Weimarer Republik, die einer Frau
wie ihr den schriftstellerischen und auch marktstrategischen Erfolg eröffnete, scheint
als – bereits welke – literarische Erinnerung noch einmal auf.

Schließlich erlaubt die zunehmende Verengung des Blickwinkels, die das Fest wie
unter einer Hypnose präsentiert (NM, S. 105), den Vergleich mit der in den Innenraum des Ich verlagerten dandyistischen Existenz des ausgehenden 19. Jahrhunderts –
eine Perspektive, wie sie Joris-Karl Huysmans Roman *Gegen den Strich* ca. 50 Jahre
zuvor gezeichnet hat: hier tritt der »Dandy im Exil«[167] in Erscheinung, eine Figur, die
sich vollständig in den privaten Raum abgewandt hat, während der »klassische«

---

[165] Vgl. Gnüg, S. 50ff.
[166] Nach Hermann Bahr ist die Nervenkunst der Jahrhundertwende Zeichen ihrer Modernität und
Indikator eines »neuen Idealismus«, der eine reformierte Symbiose von Kunst und Leben verkündet;
die voluntaristischen Reizungen der Sinne fungieren als Movens poetischer Handlung und ihr »Inhalt
[...] ist Nerven, Nerven und – Kostüm. Die Dekadence löst das Rokoko und die gotische Maskerade
ab. Die Form ist Wirklichkeit, die tägliche äußere Wirklichkeit von der Straße. [...] Wenn erst das
Nervöse völlig entbunden und der Mensch, aber besonders der Künstler ganz an die Nerven hingegeben sein wird, ohne vernünftige und sinnliche Rücksicht, dann kehrt die verlorene Freude in die
Kunst zurück.« Offensichtlich sind die Nerven physiologisch nicht eindeutig lokalisierbar; Körper
und Psyche interagieren als komplexes, ätherisches Netzwerk: »Es wird etwas Lachendes, Eilendes,
Leichtfüßiges sein. [...] Es ist ein Rosiges, ein Rascheln wie von grünen Trieben, ein Tanzen wie von
Frühlingssonne im ersten Morgenwinde – es ist ein geflügeltes, erdenbefreites Steigen und Schweben
in azurne Wollust, wenn die entzügelten Nerven träumen.« (Hermann Bahr: Zur Überwindung des
Naturalismus. Theoretische Schriften 1887-1904. Hg. v. Gotthart Wunberg. Stuttgart: Kohlhammer
1968, S. 88f.).
[167] Anne Amend-Söchting: Ichkulte. Formen gebündelter Subjektivität im französischen *Fin de Siècle*-Roman. Heidelberg: C. Winter 2001, S. 135.

Dandy[168] an die Sphäre der Öffentlichkeit gebunden ist. Huysmans kulturpessimistisches Oeuvre legt das Fazit nahe, daß der Dandy kein Wert an sich ist, sondern eine Rolle, die von der Wirkung auf ihr Publikum lebt. Übertragen auf Keuns Gestalten zeigt sich hier die Spaltung introvertierter, reflexiver Sinnlichkeit und extrovertierter Rollenhaftigkeit in den Weiblichkeitsmustern, eine emotionale Befindlichkeit, welche die Autorin am Schluß von *Nach Mitternacht* in einer fragmentarischen sprachlichen Rezeption der Jahrhundertwendeliteratur artikuliert. Das Regredieren in Traum und Hypnose schließlich kann stellvertretend für ein letztes Tasten nach Individualität in einer Sprache der Sinne gelesen werden: »Wie ein leises, erregt rauschendes Meer tönen Stimmen und Lachen. Meine Lider haben kaum noch Kraft, sich von meinen Augen zu heben.« (NM, ebd.) Keuns *femme-fragile*-Rezeption mutiert schließlich zu einem ichlosen, primärprozesshaften Stimulus.

---

[168] Ebd.

4. VERFREMDUNG LITERARISCHER KONVENTIONEN

4.1 »Das Zeichen einer verwitterten Weisheit«: Konvention als Satire? Der Roman *D-Zug dritter Klasse*

Keuns zweiter Exilroman wird allgemein als mißglücktes Erzählexperiment[1] bewertet und von der Kritik wenig beachtet. Diese Arbeit offeriert eine neue Lesart, die anschließt an die Betrachtungen zum parodistischen Sprechen bei Irmgard Keun: Der Roman funktioniert als Spiel mit literarischen Konventionen und komisch verstellten Zitaten. Keun bedient sich hier der Methode einer satirischen Verrätselung von sieben Biographien; sie erschafft ein Gesellschaftspanorama in Abwesenheit der Realität von Nationalsozialismus und Exil. Während *Nach Mitternacht* überhaupt nur mit Rekurs auf das nationalsozialistische Deutschland zu lesen und zu verstehen ist, sind aus diesem Text die politischen Bezüge weitgehend getilgt[2] – Keun bedient sich hier einer Strategie des Understatements: Liest man den Text mit Bezug auf seine Entstehungszeit,[3] so fällt auf, daß die Lesererwartungen hinsichtlich der Biographien systematisch

---

[1] So schreibt Klaus Mann in seinem Tagebuch am 25.5.1938: »Irmgard Keun ›D-Zug Dritter Klasse‹ zu Ende. Ein schwaches Buch.« (Klaus Mann: Tagebücher 1938-1939. Hg. v. Joachim Heimannsberg/Peter Laemmle/Siegfried F. Schoeller. München: Edition Spangenberg 1990, S. 43). Hiltrud Häntzschel urteilt: »[Das Buch] lässt alle literarischen Qualitäten und speziell die Keun'schen vermissen.« (Häntzschel: Irmgard Keun, S. 99). Ingrid Marchlewitz macht hingegen Keuns Abweichen vom vertrauten Erzählkonzept der »gesellschaftlichen Kämpferin« für das Scheitern des Romans verantwortlich und spekuliert über Keuns Reaktion auf das Desaster: »[Keun zeigt] an ihrer Protagonistin auch ihre eigene unerfüllte (und noch immer unreflektierte) Sehnsucht nach Liebe [...]. Schmerzlich wird sie begriffen haben, daß diese Seite von ihr niemand kennen und wissen oder gar verstehen wollte, daß der Roman von seinem Erscheinen bis heute als der ›schlechteste‹ der ›zeitkritischen Humoristin‹ gilt [...].« (S. 94).
[2] Der Roman schneidet das Thema Nationalsozialismus zwar stellenweise an, beschäftigt sich jedoch auf der Handlungsebene nicht damit. Diese Bezüge vermeiden eine allzu explizite Begrifflichkeit: »Lenchen erfuhr durch Karl, daß Deutschland eine politische Auffassung habe, verschieden von der politischen Auffassung anderer Länder.« (D-Zug, S. 42). Vergleichbar wird die Angst der Verwandtschaft vor der als Erbkrankheit aufgefaßten »Verrücktheit« Tante Camillas geschildert: »Jetzt in der Blüte der Rassen- und Vererbungstheorie war Tante Camilla etwas besonders Peinliches geworden, nämlich ein Erbmasse.« (S. 45) Die Reisemotive der Personen sind entpolitisiert und nicht von den Geschehnissen der Zeit geprägt: »Warum waren Sie im Gefängnis? Haben Sie etwas – ich meine – also eine Freundin von mir hatte einen Bekannten, einen Schriftsteller, der auch – haben Sie etwas Politisches getan?‹ ›Keine Spur‹, sagte der junge Mann [...]« (S. 67). Auch die Geisteshaltung der behäbigen Frau, ihre Unerbittlichkeit im Umgang mit »Volksschädlingen« (S. 75) ist auf andere Zeiten übertragbar – nur der Terminus evoziert den Kontext. Ganz nebenbei finden wir einen versteckten Hinweis auf die zum Alltäglichen gewordene Exilierung aus Deutschland: »Menschen reisten von Köln nach Leipzig, Menschen reisten nach Wien, nach Budapest, nach Rußland. [...] Das war so alltäglich, daß man's noch nicht mal mehr täglich in der Zeitung las.« (S. 57).
[3] Der Roman entstand 1937, erschien 1938 erstmalig in Amsterdam. Zum Zeitpunkt der Handlung vgl. Ingrid Marchlewitz: »Den Rahmen der Handlung dieses seinem Umfang nach kürzesten Romans von Irmgard Keun bildet eine etwa zwanzigstündige Fahrt eines D-Zuges von Berlin nach Paris an irgendeinem Tag im Juni 1937, wobei die Jahreszahl im Text nicht genannt ist, sondern sich lediglich aus zwei für den Handlungsverlauf eher unerheblichen Andeutungen ergibt: Zum einen wird berichtet, man lebe in ›der Blüte der Rassen- und Vererbungstheorie‹, und ein ›jüdischer Großvater wäre für

unterlaufen und in die Suche nach symbolhaften Verschlüsselungen umgelenkt werden:

> [...] Jetzt hatte sie keine Zeit mehr für die Menschen, die um sie waren. Sie schrieb ein Werk, in dem sie das Treiben der unterirdischen Mächte aufdeckte, die sie ins Irrenhaus gebracht hatten. Sie arbeitete, um eine Erbschaft aus Amerika zu erhalten, die ihr gebührte und unterschlagen worden war. (D-Zug, S. 44)

Die Frustration an dieser Erzählung entsteht daraus, daß man sich einerseits weigert, den Text auf der vordergründigen Handlungsebene zu lesen, er aber andererseits zu viele uneindeutige und diskontinuierliche Referenzsignale aufblättert, so daß die Bilder zu kontingent und offen bleiben, um wirksam als solche funktionieren zu können. So verharrt die Rezeption in einem unbefriedigenden Schwebezustand zwischen der Enttäuschung von der Banalität der Handlung und der Möglichkeit, ihre Versprachlichung in den Blick zu nehmen, somit ganze Texteinheiten als Verfremdung von oder Satire auf literarische Konventionen zu lesen und der Handlung so eine sehr viel weiter reichende, symbolisch aufgeladene Bedeutungsebene zu unterlegen. Martin Kessel, ein Zeitgenosse Irmgard Keuns, der erst durch seinen 2001 wieder aufgelegten Angestelltenroman von 1932, *Herrn Brechers Fiasko*[4] hierzulande wieder in das Blickfeld der Leserschaft gerückt ist, hat in treffender Weise die Bedingungen satirischen Schreibens beleuchtet:

> Es ist aber auch eine Errungenschaft des satirischen Geistes [...], daß unter seinem Narrenzepter das Banale und Triviale anerkannt und in die geistig-künstlerische Sphäre hereingenommen wird, allerdings nur als Mittel; denn schließlich ist das Banale und Triviale [...] das Zeichen einer verwitterten Weisheit, und die Beispiele sind nicht selten, wo die Weisheit sich dessen erinnert. Sie bedienen sich dann des Banalen und Trivialen zur Travestie und Parodie [...].[5]

Ähnlich, wie sich der Leser genarrt fühlt, indem er sich als Rezipient eines slapstickartigen Unterhaltungsromans erfährt und andererseits das Gefühl erhält, der Text spiele mit diesem Genre und verweise auf ein ernstes Thema, vermittelt die Erzählung die Lebensumstände der handelnden Personen und das Ambiente des fahrenden Zuges. Es ist ein D-Zug, der zwischen zwei Metropolen Europas – Berlin und Paris – verkehrt, ein kosmopolitisches Reisemittel also – doch die focussierten Personen reisen dritter Klasse – ein Mißverhältnis, mit dem bereits der Titel auf die realhistorische, absurde Exilsituation hindeutet, in der die sozialen Hierarchien teilweise außer Kraft gesetzt werden. Hinzu kommt, daß es korrekterweise heißen müßte *D-Zug, dritter Klasse* – also: eine Reise in einem D-Zug *und* in einem Abteil dritter Klasse. Doch Keuns Titel, ohne Komma, besagt, daß der D-Zug *selbst* das Reisemittel dritter Klasse ist: Logische Unlogik, Versehen oder Absicht? Auffällig widersprechen äußere Kennzeichen sozialer Identität wie Bekleidung dem Selbstbild der Figuren, die sich als deklassiert empfinden

---

die gesamte Familie vernichtend gewesen‹ (80), zum anderen wird auf die in Paris gerade stattfindende Weltausstellung hingewiesen (86).« (Marchlewitz: Irmgard Keun, S. 86).

[4]   Martin Kessel: Herrn Brechers Fiasko. Frankfurt a. M.: Schöffling & Co 2001.

[5]   Martin Kessel: Vom Geist der Satire. In: ders.: Ehrfurcht und Gelächter. Literarische Essays. Mainz: Hase & Koehler 1974 [1947], S. 133.

oder den Eindruck hinterlassen, ihre eigentliche Identität verfehlt zu haben – über referenzielle Gründe kann der Leser wiederum nur spekulieren: »Das schlingerte da von der ersten Klasse zum Speisewagen, erwischte ihn als Mitinsassen dieses Kleinbürgerabteils.« (D-Zug, S. 9)

Die Konventionalität der Eingangsszene, die sich in atmosphärischen Schilderungen mit einem leicht schwebenden Timbre ankündigt und den Leser in ein impressionistisches Genrebild entführt, ist für den Kenner Keunscher Texte bereits das Referenzsignal einer kommenden Irritation, wenn nicht einer Täuschung: Was als harmonische Bahnfahrt beginnt, erfährt eine plötzliche Wendung, um schließlich von Chaos und Verlassenheit abgelöst zu werden. Das Ausspielen der detailgenauen Perzeption gegen seine Auflösung in einem Zustand der Verwirrung führen in das Zentrum Keunscher Erzählkunst der Beobachtungsgabe, die sich in den Texten der Autorin oftmals in dem bipolaren Strukturwechsel von impressionistischer Nahaufnahme Zweigscher Provenienz und satirischem Brennspiegel niederschlägt:

> Enteilt ist der Zug dem heißen, grauen Lärmgewoge des Bahnsteigs, den bahnhoflich dürftigen Waren, der trüben Betriebsamkeit fliegender Händler mit fliegenden Kunden. [...] Orangenrotes Sonnenlicht flimmerte durch die Scheibe, mischte sich mit den ersten zaghaften und bläulich aufsteigenden Rauchwölkchen einer Zigarette. [...] Ein dicker mondgesichtiger Herr, Bewohner eines Fensterplatzes, wischte sich mit einem großen, weißen Tuch Schweiß von der Stirn [...]. (D-Zug, S. 5)

Keun nutzt die Technik des atmosphärischen Verwischens als Irritationsmoment, sie bricht und fragmentiert die Handlung immer wieder in anachronistische, einander widersprechende und dennoch strukturell ineinandergreifende Erzählverfahren: klassischmoderne Psychologie alterniert mit Travestie und Satire. Das Leitmotiv dieser Erzählung, welches auch die Begründung für die bipolare Erzählstruktur liefert, ist jedoch die Angst – eine Angst, die im Verlauf des Geschehens über Einzelbiographien in Rückblenden konkretisiert und somit »ruhiggestellt« wird (z.B. D-Zug, S. 17ff.), die jedoch dauerhaft als eine vage, schwer faßbare und existenzielle Bedrohung in der Atmosphäre der Erzählung verankert ist: »Der Zug fuhr nach Paris. Er fuhr seit einer halben Stunde, und die Reisenden zählten nicht mehr angstvoll ihre Gepäckstücke in den Netzen.« (D-Zug, S. 5)

Es ist bezeichnend für die Gesamtkonzeption des Romans, daß er der existenziellen Erfahrung der Angst nur unbefriedigende und bruchstückhafte Begründungen liefert; nahezu pausenlos werden Signifikanten der Angst errichtet, welche den Leser nicht aus ihrem Bann entlassen, sondern ihn in eine Mischung aus Lachen und Erschrecken hineinziehen. Martin Kessel wertet dieses Darstellungsprinzip als einen ästhetischen Weg der Krisenbewältigung:

> Dort aber, wo wir unsere Zustände und Krisen erleiden, ohne das satirische Bewußtsein dabei zu verlieren, dort erfahren wir auch, in welch unheimlichem Maße das Angstvolle dem Satirischen benachbart ist und daß es das Einfachste von der Welt ist, lächerlich zu werden aus purer Angst. Wir schlottern dann, daß es uns selber erbarmt, wir erkennen uns als Ritter von der traurigen Gestalt, und da die Erbärmlichkeit wie das Mitleid mit uns unseren Stolz widerlegt, reagieren wir zur

Wiederherstellung unserer Selbstachtung gegen uns selber satirisch: wir befreien uns von der Fatalität dieses Druckes durch Selbstparodie.[6]

Das Adjektiv »angstvoll« (D-Zug, S. 5) schleicht sich beiläufig in die geschlossene und friedlich erscheinende Szene ein. Anstelle einer Erklärung erfolgt sogleich eine perspektivische Wende, eine Vorausdeutung auf das dialogische Prinzip, das sich aus den Rahmenbedingungen der Erzählung ergibt: dem zufälligen Zusammentreffen einer Personengruppe auf engstem Raum für eine begrenzte Zeit.[7] Dabei übernimmt der auktoriale Erzählerkommentar zunehmend die Funktion einer Regieanweisung:[8] »[...] als wolle er die Mitreisenden auffordern, gemeinsam ein Liedchen zu singen.« (ebd.) Dieser Satz dient zum einen der Charakterisierung des dicken Früchtehändlers (D-Zug, S. 10), er ist aber zugleich auch die Initiation einer Gemeinschaft mit komödiantisch-theatralischem Gepräge: im gemeinsamen Singen deutet sich ein spielerisches Element an, und das »Liedchen« als kleine Form des Liedes verweist auf die Tradition der Komödie im Gegensatz zum Ernst der Tragödie.

In dem Moment, als der Erzählerbericht plötzlich durch den prophetisch sein wollenden Satz eines weiteren Mitreisenden unterbrochen wird, erhält die Erzählung das Gepräge eines Kammerspiels:

> [...] er öffnete den breitlippigen Mund, vielleicht wollte er ein paar allgemeinverständliche Worte über die Hitze sagen. »Der Zug wird entgleisen.« Der Zug fuhr unter einem Viadukt her, sekundenlang flimmerte kein Sonnenlicht durch die Scheibe, im Zug herrschte knisterndes Schweigen. Ein junger Mann, er saß auf einem Eckplatz am Gang, hatte den unheilvollen Satz gesprochen, lächelnd und leise. Eine feine, kleine Verbeugung hatte er dazu gemacht, als stelle er, ein unbedeutender junger Mensch, sich einer würdigeren Gesellschaft vor. (D-Zug, S. 5f.)

Die Überleitung vom dicken Früchtehändler zu der noch unbekannten Figur des jungen Mannes erfolgt gleitend; die Erzählerstimme enthüllt uns den Sprechenden erst im Nachhinein – im selben Augenblick, als er sich der Reisegesellschaft im Roman vorstellt. Wiederum fühlt sich der Leser genarrt und muß einsehen, daß er vom Geschehen nicht mehr begreift als die übrigen sechs Personen im Zugabteil. Überdies ist eine Interpretation dieses sich so bedeutungsschwanger gebenden Satzes nicht möglich – oder besser: er eröffnet lediglich Interpretationsmöglichkeiten, die sich jenseits des Textes auftun. Zugleich liefert das Auftreten des jungen Mannes, sein Erscheinungsbild sowie die Gestik, den Hinweis auf seine Funktion und darüber hinaus auf den formalästhetischen Aspekt des gesamten Romans: er fungiert als Clown[9] inkognito un-

---

[6]   Martin Kessel: Vom Geist der Satire, S. 131.

[7]   Der Text versucht jedoch immer wieder den Ausbruch aus der vorgegebenen Struktur. Rosenstein spricht bezüglich der Biographie von Lenchen von einen »Roman im Roman« (Rosenstein: Erzählwerk, S. 171).

[8]   Der Text setzt bei Personenbeschreibungen aufs Regiehafte, Visuelle – beim Lesen entsteht der Eindruck, daß dieser »Roman« als Film oder Theaterstück funktioniert. In den Vordergrund gerückte Signifikanten, die an die Requisiten einer Theateraufführung erinnern, belagern die Szene: »feuerrote Ledertasche« (D-Zug, S. 7). Lenchen spielt die ganze Zeit »ihre Rolle«: »sie weinte wie ein Schulkind« (ebd.), die Beschreibung ihrer Gestik, Bewegung, Mimik wirkt übertrieben theatralisch: »ihr Haarknötchen wippte« (ebd.).

[9]   Der Text enthält noch weitere Anspielungen auf Clownfiguren: »Drei elegante Herren drängten sich durch den Gang, einer von ihnen stieß den älteren Herrn an [...]. Der muntere Elegante verab-

ter einer Maske, er trägt oberflächliche Attribute eines Dandys bzw. eines *Dilettanten*[10].
Ähnlich wie der Protagonistin Lenchen haftet ihm etwas Artifizielles und Kindliches, ja
Puppenhaftes an, das ihn innerhalb der Erzählung auf eine zweite fiktionale Ebene erhebt: »Seine blauen Kugelaugen blickten kindlich verträumt, aus dem Gepäcknetz fie-
len rosa Blütenblätterchen in sein helles Haar. Seine gefalteten Hände ruhten auf seinen mageren Knien und badeten im warmen, milde verglühenden Licht der unterge-
henden Sonne.« (D-Zug, S. 6). Stärker als zuvor arbeitet Keun in diesem Roman mit
der Methode des gender-crossings sowie mit der Doppelrolle einer Figur: Der junge
Mann, der hier von der Erzählerstimme in das Gewand eines Rokokojünglings geklei-
det wird – begleitet vom »Untergang der romantischen Sonne«[11] – konterkariert in seiner später erzählten Biographie alle traditionellen Erwartungen an das Männliche: Die
Geschichte seiner Kindheit sowie des jungen Erwachsenenalters zeigen ihn als einen
passiven Menschen, der die Disziplinierungsmaßnahmen seines Elternhauses widerwil-
lig, aber ohne jede Eigeninitiative erduldet (D-Zug, S. 67f.). Statt dessen ist er vom
Reichtum der höheren Schichten geblendet: Nach einem erfolglosen Bewerbungsge-
spräch eignet er sich im Hotel eine liegengebliebene Brillantnadel an und landet
schließlich im Gefängnis (D-Zug, S. 69) – eine kleinbürgerliche Gaunerepisode, deren
»Held« zu allem Überfluß dumm genug ist, sich erwischen zu lassen.[12]
    Analog zur Figur des jungen Mannes treten zwei Frauenfiguren auf den Plan: Len-
chen und Tante Camilla. Während Lenchen eine inverse Form des gender-crossings

---

schiedete sich eilig und ohne Wärme« (D-Zug, S. 8f.) Auch Karl ist mit solchen Zügen versehen und
entspricht nicht wirklich dem Klischee des gewalttätigen Mannes: »Wenn er lachte, sah man, daß ihm
ein oberer Schneidezahn fehlte. Er sah dann weibisch aus und etwas hexenhaft.« (S. 32).

[10]   Die modernistische Prägung des Begriffs geht auf Paul Bourget zurück. Vgl. hierzu: Bengt Algot
Sørensen: Der »Dilettantismus« des Fin de siècle und der junge Heinrich Mann. In: Orbis Literarum,
Vol. XXIV 1969, S. 251-270: »Bourget [...] isoliert [...] *eine* Komponente der traditionellen Bedeutung des Wortes, nämlich die spielerisch distanzierte Unverbindlichkeit der dilettantischen Haltung
schlechthin. Indem dieser eine Zug des Dilettantismus verabsolutiert wird, gewinnt der Begriff eine
neue Dimension. Er bezeichnet von nun an bei Bourget eine Geisteshaltung, die dazu neigt, sich
nacheinander und nebeneinander verschiedenen Formen des Lebens und des Geistes zuzuwenden,
ohne sich je einem besonderen ganz hinzugeben oder sich mit einer einzigen völlig zu identifizieren.«
(S. 252) Über die Bedeutung der Figur bei Keun lässt sich jedoch nur spekulieren: Wollte sie, an-
knüpfend an *Nach Mitternacht*, eine humoristische Gegenposition zur Realität von Nationalsozialismus und Exil entwerfen und hat dabei auf diese bekannten Typologien zurückgegriffen? Überzeu-
gende Charaktere hat sie in diesem Roman nicht geschaffen – der Text bewahrt den Duktus des Skizzenhaften und muß auch auf diesem Hintergrund ausgelotet werden.
Einen Zeitbezug zu Irmgard Keuns Roman bietet der 1939 veröffentlichte Essay *Bruder Hitler* von
Thomas Mann, der eine Einschätzung des deutschen Diktators zeigt, die sich mit der Charakteristik
des Dilettanten überlappt: »Der Bursche ist eine Katastrophe [...]. [...] eine unsäglich inferiore, aber
massenwirksame Beredsamkeit, dies platt und hysterisch geratene Werkzeug, womit er in der Wunde
des Volkes wühlt [...]. [...] Märchenzüge sind darin kenntlich, wenn auch verhunzt (das Motiv der
Verhunzung [...] spielt eine große Rolle im gegenwärtigen europäischen Leben): Das Thema vom
Träumerhans, der die Prinzessin und das ganze Reich gewinnt [...] man hat das längst bemerkt und
kennt die gut begründete [...] Verehrung, die der politische Wundermann dem künstlerischen Be-
zauberer Europas widmet, welchen noch Gottfried Keller ›Friseur und Charlatan‹ nannte.« (Thomas
Mann: Reden und Aufsätze, Bd. 4. Frankfurt a. M.: S. Fischer 1990, S. 846ff.).

[11]   Charles Baudelaire: *Le Coucher du soleil romantique/ Untergang der romantischen Sonne*: »Wie schön
die Sonne in des Aufgangs erster Frische,//Wenn sie uns prallend herschießt ihren Flammen-
gruß!//Und glücklich, wer da kann mit einem Liebeskuß//Die Traumglut grüßen, die sich ihrem
Scheiden mische! [...]« (Charles Baudelaire: Die Blumen des Bösen. Übersetzt von Carlo Schmid.
Frankfurt a. M.: Insel/Suhrkamp 1976, S. 242).

[12]   Einen ähnlichen Antihelden des Männlichen hat Keun mit ihrer Figur des »Kriegsheimkehrers«
Ferdinand geschaffen.

verkörpert, indem sie zum einen als handelnde Person durch verschärfte Typisierungen des Traditionell-Weiblichen gekennzeichnet ist und diese durch ihre Theaterrolle als »jugendliche Sentimentale« (D-Zug, S. 17) sowie ihre naiven Phantasievorstellungen auf der zweiten Ebene nochmals überboten werden (z.B. D-Zug, S. 12f.),[13] zeigt Tante Camilla Weiblichkeit als einen dekonstruierbaren Leerkörper[14]: »Sie war nicht angezogen, sondern verkleidet.« (D-Zug, S. 6) Diese Figur ist eine weitere Instanz des Komischen und kann, vergleichbar dem jungen Mann, als eine gedankliche Leitfigur angesehen werden. Oberflächlich gelesen, erscheint sie als frauenfeindliches Klischee – als eine Person, die im Umgang mit Technik scheitert und dabei zum Gespött der Verwandtschaft wird. (D-Zug, S. 44f.) Doch als Handelnde innerhalb der Gruppe verkörpert sie das Unvorhersehbare, ihre Sprachlosigkeit wird zum Zeichen: »Die Tante war ruhig. Sie lächelte still und listig vor sich hin, als wisse sie manches, was andere nicht wußten.« (D-Zug, S. 6) Auch ihre Versuche und Erfindungen, die sich in einer Zerstörung vermeintlich fester Ordnungen äußern, sind Ausdruck des Unbestimmbaren: »Sie schnitt Klubsessel entzwei, um aus dem Leder Handtaschen zu nähen.« (D-Zug, S. 44) Von vorn herein durch ihr groteskes[15] Wesen gekennzeichnet, das die Umgebung im Ungewissen über Sinn und Absicht seiner Taten hält, gerät sie zum Element der Auflösung innerhalb der Gruppe und ihrer Zielsetzungen. Auch wenn sie als »lebende Sparkasse« (D-Zug, S. 50) tituliert wird, so gibt dies nur den Eindruck wieder, den die Erzählerstimme von ihr hat. Diese Person, scheinbar zu einem reinen Objekt degradiert, entwickelt immer dann ein erstaunliches Eigenleben, wenn es am wenigsten erwartet wird. Ihre Zutraulichkeit zu Karl ist nur solange von Dauer, wie sie nicht in einer unbeobachteten Situation eigenmächtig handeln kann. Sie ist die Triebfeder der Angst. Da sie zur Hoffnungs- da Geldträgerin gemacht wurde, steigt mit ihr auch diese Hoffnung aus:

> Eine Dame mit zwei schweren Koffern sei ausgestiegen, sagte der Schaffner, eine berühmte Erfinderin in schwarzem Mantel. Und er solle bestellen, daß sie ihr Geld selbst brauche und sich nichts fortnehmen lasse und sie würde in einen anderen Zug steigen und nach dem Süden fahren zu ihrer Erholung. (D-Zug, S. 96f.)

---

[13] Zugleich enthält die Rolle des »Weihnachtsengels« ein androgynes Moment. Analog zum Geschlechterdualismus steckt in dieser Rolle der Dualismus zwischen der Last der Flügel und der Leichtigkeit des Fliegens (D-Zug, S. 12).

[14] »Damit der weibliche Körper, der Rätselleib, die Philosophenreden hervorlocken kann, muß er dekontextualisiert sein. Er muß ein unbegreifliches Ereignis sein. [...] geläufige Methoden, diese semiotische Bedingung sicherzustellen, sind Entkleidung des Körpers oder Versenken in den Schlaf.« (Manfred Schneider: Liebe und Betrug, S. 74). Keuns Figur verkehrt dieses Verhältnis: sie ist nicht mehr »Rätselkörper« (ebd.), sondern lediglich Be-, Verkleidung, narratives Ereignis – Endpunkt einer Entwicklung, an dem »Allegorische weibliche Rätselkörper [...] in ihren Tiefen und auf ihren Oberflächen ganze Lexika an [...] Universalien und neuzeitlichen Allgemeinbegriffen [beherbergten] [...].« (ebd.) »Eine große Kappe aus schwarzem Wachstuch hatte sie tief in die Stirne gezogen. [...] Sie trug einen kläglich geschnittenen schwarzen Lodenmantel mit schwarzem Wachstuch besetzt an; darunter trug sie eine Art Panzer, etwas sich wölbendes Metallenes, das mit einem schwarzen Strickstoff mangelhaft umkleidet war. Das Panzerartige endete in der Taille, wo der Rock begann, ein Rock aus dunkelrotem Plüsch mit eingepreßten Mustern – aus einem Stoff, wie er früher für Sessel und Polsterstühle verwandt wurde.« (D-Zug, S. 6f.).

[15] Der Begriff »grotesk« steht hier besonders der Definition durch Michail Bachtin nahe (vgl. auch Kap. 3.4.1 dieser Arbeit).

Weiter oben wurde bereits angedeutet, daß der Roman Brüche in den geregelten Ablauf integriert, die einen plötzlichen Stimmungswandel hervorrufen oder zu einer Erschütterung vorgefertigter Meinungen bei den Reisenden führen (D-Zug, S. 74f.). Dieses Motiv der Hoffnungs- und Harmoniezerstörung wird auch in den rückblickenden Erzählungen der einzelnen Reisenden deutlich: Lenchens Traum vom Märchenprinzen findet in Karl keine Erfüllung, Karl kann den Traum von seiner glänzenden Karriere nur durch Alkoholkonsum aufrecht erhalten, der fröhliche Früchtehändler hat einen Mord begangen und die behäbige, umsorgende Frau entpuppt sich als Verfechterin einer unerbittlichen Rechtsauffassung.

Indem sie dem Pathos einer liebenden, aufopfernden Frau das Profane des Materiellen gegenüberstellt, erreicht Keun ebenfalls eine ironische Brechung:

> So lange ich lebe, werde ich nur Karl lieben, dachte Lenchen. Alle Männer sind Schweine, aber Karl ist ein Engel. Ohne ihn müßte ich sterben. Wie gut, daß ich mich für ihn opfern kann, wie gut, daß ich ihm meine Liebe beweisen kann – wie gut, daß das mit den neuntausend Mark geschah. Im Frühjahr geschah das mit den neuntausend Mark. (D-Zug, S. 39)

Auch andere »tragische« Liebesverhältnisse werden durch groteske Übertreibungen und das Eintreffen unerwarteter Ereignisse in ihr komisches Gegenteil verkehrt. Diese privaten »Tragödien« tragen slapstickartige Züge und dienen der Vernichtung erhabener Augenblicke. So verleiht die Autorin Situationen, die sich durch ein gewisses ernsthaftes Pathos auszeichnen, etwas durchweg Absurdes und Lächerliches. Sie setzt auf die Ironie des Schicksals, das mit Hilfe aberwitziger Vorkommnisse die Geschicke der Menschen unvorhersehbar lenkt:

> Erregt und gespannt wartete man auf das Läuten der Neujahrsglocken. Man fühlte bereits ihr Schwingen. Helmi Kanister schoß, aber es war noch zu früh. Irgendwo öffnete sich ein Fenster und jemand schrie: Fröhliche Weihnachten! Der alte Herr, der vorhin die Anekdote aus dem Siebenjährigen Krieg erzählt hatte, äußerte sich mißbilligend über den Mangel an militärischer Exaktheit bei Frauen. Und dann fiel beim ersten Klang der ersten Neujahrsglocke der Balkon ab. (D-Zug, S. 90)

Der Eindruck, einem Schauspiel beigewohnt zu haben,[16] wird nach dieser eingeschobenen Passage dreifach evoziert: Auf der Handlungsebene erzählt der alte Regierungsrat, die direkte Rede ist aber als auktorialer Erzählerbericht abgefaßt; die »Abblende« auf der folgenden Seite verfremdet die Mitreisenden zum Publikum eines Kinofilmes oder einer Theateraufführung: »›Zum Lachen war es nicht‹, sagte er verweisend. ›Nein‹, sagte Lenchen, ›das ist es bestimmt nicht.‹ [...] Lenchen sah Karl an und flüsterte: ich liebe dich. Karl sah Lenchen an. Sie verstanden sich.« (D-Zug, S. 91) Die Binnenerzählung selbst schließlich enthält Anspielungen auf mindestens zwei Dramen der

---

16 Das Wechselspiel von Voyeurs- und Objektstatus spiegelt sich auch in der beobachtenden und autoritär erscheinenden Instanz der behäbigen Dame wieder: »So eine Reise hatte etwas von einem Kinobesuch, und es war hübsch und interessant zu wissen, welche Beziehung gemeinsam reisende Paare miteinander verband.« (D- Zug, S. 51) Die spielerische Neugier wird plötzlich zu etwas Gefährlichem; die Strategie der Frau, Informationen aus anderen herauszuholen, wird von Lenchen interpretiert: »Die dicke Frau schien eine Art Standesamt, umgänglich, nett und unerbittlich. Man hatte ihr nichts zu erzählen, man hatte vor ihr Bekenntnisse abzulegen.« (ebd.).

Weltliteratur: zum einen auf die Balkonszene aus *Romeo und Julia*; zum anderen ist der Ausspruch »Ah, Luft« der »zukünftigen Verlobten« (D-Zug, S. 90) dem letzten Satz der sterbenden Marie in Goethes Trauerspiel *Clavigo* analog. Auch hier also eine komische Entstellung des Tragischen durch das Zitat.

Weiterhin tauchen im Roman des öfteren romantische Motive auf, zumeist, wenn es sich um Vorstellungen der Hauptfigur handelt – sie dienen dazu, Lenchens Projektionen den angemessenen literarischen Rahmen zu verleihen. Keun verwendet für ihre Protagonistin ein konventionalisiertes Vokabular, das negative und problemhafte Zustände idealisiert oder ausgeblendet:»Lenchen fand, daß ihr Beisammensein mit dem jungen Mann etwas Edles, Verklärtes hatte.« (D-Zug, S. 64) So unterscheiden sich ihre gegenwärtigen Gedanken in keiner Weise von denen ihrer Kindheit:

> Lenchen hatte Jahre hindurch abendliche Stunden damit verbracht, in den weißen baumwollenen Nachthemden ihrer Mutter vor dem blinden Spiegel in ihrem kleinen Zimmer zu stehen, zu knien, zu gehen, die Arme auszubreiten, die Hände zu falten. (D-Zug, S. 13)

Für sich betrachtet, könnte es sich bei diesem Ausschnitt um eine rührende Darstellung jungmädchenhafter Phantasien handeln, aber ebenso um eine karikierende Beschreibung, die aufzeigt, welche Lächerlichkeit in diesem sentimentalen »So-tun-als-ob« liegt. Da die Autorin sich hierbei nicht zu Wort meldet, fällt eine Bewertung dieser Beschreibungen zunächst schwer. Keun setzt jedoch diesen Glücksträumen die Zustände der Angst entgegen. Dies verstärkt den Eindruck, daß es sich bei Lenchen um eine der Realität hilflos ausgelieferte Frau handelt, deren Träume immer wieder mit den Tatsachen kollidieren – und die dennoch weiter in absurder Auswegslosigkeit an ihnen festhält: »Lenchen war blöd und verstört geworden wie eine Hummel, die sich in ein Zimmer verflogen hat und taumelnd umhersurrt – unfähig, den Weg durchs weit geöffnete Fenster zu finden.« (D-Zug, S. 50)

Die im Modus der Neuromantik gehaltenen Rückblenden um Lenchen wandeln sich oftmals unversehens in Parodien auf das symbolistische Erzählen, und erreichen einen Gipfel in der kulissenhaften Ruderpartie mit Bruno Gottlob – eine kolportageartige Theatralik, die sich selbst parodiert:

> Es war im Mai, als Bruno seinen Weihnachtsengel in einem breiten schweren Kahn durchs Alsterbecken ruderte. Der Mond schien, ein weißer Schwan blühte still und müde auf dem blanken Dunkel des Wassers. [...] Bruno ruderte das Boot ans Ufer unter eine jung grünende Trauerweide, deren Blätter im Mondlicht aussahen wie klein geschnipselte Büchsenbohnen. Lenchen spürte Hunger und schämte sich. [...] in einem Kindermärchenbuch würde sie leben. (D-Zug, S. 18f.)

Bereits die Eingangsszene des Romans vermittelt den Eindruck des Kulissenhaften; die Nahaufnahme der Reisenden und ihrer Requisiten gleicht einer Kamerafahrt auf engstem Raum. »[...] und ließ ein Ei fallen, das rund und weiß zwischen die blank geputzten und arg geflickten schwarzen Schuhe eines alten, weißhaarigen Herrn rollte. Die junge Frau hob den Kopf und putzte sich die Nase. Karl trommelte mit den Fingerspitzen Marschtakte auf seinem Knie.« (D-Zug, S. 7) Die Marschtakte, das Weinen von Lenchen, das heruntergefallene Ei – Handlungsketten, die keinerlei Referenz auf die Außenwelt erlauben und zu unheimlichen Signifikanten ohne Referenten aufsteigen – bedrohlich und steril wie die Bilder von René Magritte aus den dreißiger Jahren – oder eben komisch. Die Personen sind als entmenschlichte Kreaturen hinter ihren Masken und Bekleidungen verschwunden: »sie liebte solche Mäntel mehr als die Männer in ihnen. [...] Lieben und bewundern konnte sie einen Mann nicht mehr, der sich ausgezogen hatte. Er war dann so unnatürlich geworden, und sie mußte sich etwas für ihn schämen. Und Grauen und Mitleid empfinden wie für ein Tier, dem man das Fell abgezogen hatte.« (D-Zug, S. 65f.) Der Eindruck des Lächerlichen einer »Führerpersönlichkeit«, die von der (scheinbar) verrückten Tante Camilla genarrt wird, gipfelt in dem ironischen Kommentar der Erzählerin: »Karl entwickelte feldherrlich seinen Plan« (D-Zug, S. 85). Alles nur Zufall oder gezielte Anspielung? *D-Zug dritter Klasse* verweist aufgrund seines skizzenhaften Charakters intensiv auf die in allen Texten präsenten divergierenden Richtungspunkte in Irmgard Keuns Schreiben, hier paart sich kolportagehafte Erzähltechnik auffallend krude mit ihrer Überschreitung im Zitat. Die auf langen Strecken durchgehaltene Glätte gewohnter erzählerischer Konvention prallt stets auf singuläre störende Satzelemente:

> Ja, die Vorfälle dieser Reise boten Stoff für viele, künftige, romantische Liebesgespräche. Lenchen überlegte, wie sie Karl am besten veranlassen könnte, vorerst allein nach Zürich zu fahren. Als sie sein strahlendes Gesicht sah und ihn sich ahnungslos im Basler Zug sitzend vorstellte, wurde sie traurig. Nein, sie würde ihn doch nie verlassen. [...] Karl entwickelte feldherrlich seinen Plan. Man würde in Paris mit einem Taxi gemeinsam zu Lenchens Tante Bianca fahren und Tante Camilla dort abgeben, dort würde Lenchen das Geld von ihr bekommen. (D-Zug, S. 85)

4.2 Abschied vom Phänomen Liebe? Die romantische Liebe als dysfunktionaler Diskurs

> Leute, die in Büchern und Zeitungen schreiben, die Liebe sei ausgestorben, sind ahnungslose Weltfremde. Sollten sie mir entgegnen, daß sie die romantische Liebe meinen, so kann ich ihnen nur sagen, daß jede Liebe romantisch ist. Seit Adam und Eva ist die Liebe zwischen den Geschlechtern die gleiche geblieben. (Irmgard Keun, *Ferdinand der Mann mit dem freundlichen Herzen*, S. 179)

Keuns letzter Held konstatiert die Beständigkeit der *romantischen Liebe* – und diagnostiziert damit paradoxerweise zugleich ihren Tod – zumal die Aussage dem im Text erzählten biographischen Erleben des Protagonisten vollständig widerspricht:

> Luise ist ein gutes Mädchen, und ich habe nichts gegen sie, aber ihre Gegenwart wirkt bedrückend auf mich. Ich habe mich mehrfach geprüft und bin zu der Fest-

stellung gekommen, daß dieses Gefühl der Bedrückung keine Liebe ist und keine
Voraussetzung für eine Ehe, noch nicht mal für eine unglückliche. (F, S. 86)

In dieser programmatischen und somit unhintergehbar erscheinenden semantischen
Verknüpfung ist die *romantische Liebe* bei Keun nunmehr zu einem rhetorischen Muster geronnen[17] – und Ferdinands Aussage muß zynisch erscheinen: *Die* Modernisten,
welche das Ende der *romantischen Liebe* verkünden, gelten hier als »ahnungslose Welt-
fremde« (F, S. 179), weil, wie der Protagonist schon vorausahnt, die Trivialität des
Stoffes sehr viel zäher in der literarischen Tradierung verankert ist als dessen avantgar-
distischer Widerruf. Das Phänomen der *romantischen Liebe*, die Projektionen sowie
Möglichkeitskonstruktionen, welche sich um dieses Thema ranken, sind untrennbar
mit der Fiktionalisierung von Wirklichkeit in der Literatur verbunden. Nach wie vor
behauptet das Phänomen im literarischen Diskurs seinen vorrangigen Platz – selbst
wenn dieser unverkennbare Konkurrenz durch den Hollywoodfilm bekommen hat.
Dies hängt eng mit der gesellschaftlichen Funktion von *romantischer Liebe* und Literatur zusammen: Beide gehören in das Reich des Utopischen und dienen der Korrektur
des Realen.[18]

Wir finden in Irmgard Keuns Texten sowohl narrative Verarbeitungen des Themas als auch abstrakte Reflexionen. Vielfach wird eine Bewertung oder Bestandsaufnahme der Geschlechterbeziehung wiedergegeben, wobei auffallend häufig der Begriff
»Liebe« fällt. Diese Darstellungen changieren zwischen Psychologie und Ironie, denn
die Portraits der Liebenden in den Erzählungen nehmen bisweilen den Charakter von
Karikaturen an. Die Sprechenden, die sich den Begriff »Liebe« in ihrer Rede gestatten,
gleiten aus ihrer anfänglichen kritischen Distanz plötzlich in einen Zustand der Verzü-
ckung, der sich als Stammeln oder Stottern[19] äußert:

---

[17] Vgl. hierzu auch Manfred Schneider: Liebe und Betrug. Die Sprachen des Verlangens. München:
Hanser 1992, S. 49f. Dort heißt es über Rodolphe Boulanger, den ersten Liebhaber der Madame Bovary: »Rodolphe gehört nach unserer Klassifikation zu den Komödianten. Doch schon nach kurzer
Zeit suchen ihn die ersten Müdigkeiten bei der zärtlichen Konversation heim […]. Rodolphe litt
gottlob weder an Stockungen noch an Sprachfehlern, sondern an Überdruß, den ihm die Repetition
seiner Rolle verursachte. […] der Logos [vernimmt] die Wahrheit über sich selbst und langweilt sich
vermutlich über der Liebhaber der Madame Bovary, der sich und Emma die immergleichen verliebten
Worte sprechen hörte.«
[18] Zur gesellschaftlichen Bedeutung von Liebe in der Moderne vgl. Walter Delabar: »[…] Das Risiko
der Paarbildung liegt freilich im selben Umstand begründet, der ihre Bedeutung in der modernen Gesellschaft ausmacht: Sie bleibt den Beteiligten weitgehend selbst überlassen – im Unterschied zu jenen
Bereichen, in denen individuelles Handeln starken externen Steuerungen unterworfen ist. Zur Verfügung steht ihnen dafür das Vokabular der romantischen Liebessemantik, das die moderne Kultur
auf allen Ebenen und in allen Medien demonstrativ vorgeführt wird. […] Aber die Totalität dieser
Semantik gefährdet zugleich die Dauer des Paars. Die faktische ›Unsicherheit‹ mag in ›subjektive Ge-
wißheit‹ übersetzt worden sein, die unpersönlichen Beziehungen mögen einen kompensatorischen Bereich persönlicher Beziehungen nahe legen: Die relative Beliebigkeit, mit der die Paare gebildet werden, […] erhöh[t] zugleich die Wahrscheinlichkeit, daß die Paare wieder zerfallen. Sei es, weil die
Glücksverheißungen der Liebessemantik nicht zu realisieren sind und damit der Grund für die Beziehung verloren geht, sei es, weil ›persönliche Beziehungen‹ als die moderatere Form von ›Liebe‹ der
Austauschbarkeit der Beteiligten […] widerspricht. Was sich relativ beliebig zusammenfügt, trennt
sich auch relativ leicht wieder, vor allem dann, wenn die ›enorme[n] Eigenleistungen‹, die Paare zur
Gestaltung ihrer Beziehung aufbringen müssen, die Möglichkeiten der Beteiligten übersteigen oder in
Anbetracht des Ertrags als sinnlos angesehen werden. Die ›Steigerung der Erwartungen‹, die sich nicht
zuletzt in der alltäglichen und medialen Präsenz des Themas ›Liebe‹ erweist, korrespondiert mit der
Fragilität der Paare.« (Walter Delabar: Romane am Ende der Weimarer Republik, S. 54f.).
[19] Vgl. Manfred Schneider: Liebe und Betrug, S. 48ff.

»Liebe ist mehr«, sagt Brenner. »Liebe ist allerhand und Verschiedenes«, sage ich.
»Liebe ist kein Geschäft«, sagt er. »Hübsche Mädchen sind ein Geschäft«, sage ich,
»was hat das mit Liebe zu tun« – ich weiß ja, ich weiß ja – Liebe – ja – aber ich
will nichts wissen, ich will nicht. »Aber ich habe eine Sehnsucht«, sagt der Brenner
[…]. (DkM, S. 71)

Durchgängig hat Irmgard Keun das Liebeserleben ihrer Heldinnen (und Helden) se-
ziert. Doch als sie, stellvertretend für die weiblichen Ich-Erzählerinnen, in ihrem Roman von 1950 den schwächlichen und weitgehend desexualisierten Ferdinand[20] über
dieses Thema philosophieren läßt, spiegelt sie mitnichten seine romanimmanenten Erfahrungen wider. Vielmehr fällt hier die implizite Autorin ein Urteil über ihr eigenes
Schreiben – und somit auch über die Diskursivierung des Liebesthemas innerhalb der
literarischen Tradition und Konvention, die *romantische Liebe*[21] wird als ein statisches
und homogenes Konzept erfahren, als ein Topos,[22] der sich historischen
Kontextualisierungen weitgehend entzieht – und somit wiederum eine Herausforderung für den Schriftsteller bzw. die Schriftstellerin darstellt. Das Zitat kundet zudem
vom Dilemma der signifikanten Engführung, der Begriff »Liebe« ist konnotativ so fest
an die Vorstellung des Romantischen gebunden, daß seine Darstellung unwillkürlich
danach verlangt. Indem sie jedoch Ferdinand ihre Sprache verleiht, hat sie ihre vorma-
lig weiblichen Stimmen totgeschrieben:[23] »Ich habe mir ernsthaft überlegt, welche

---

[20] Höchstwahrscheinlich hat Keun hier ein reales Problem benannt. Dazu Stephanie Hoffmann: »Die
medizinische Forschung analysierte 1956 als typisch sexuelles Problem der Heimkehrer neben körperlichen Beeinträchtigungen den Symptomkomplex ›impotenter Held‹ […]. Sexuelle Probleme als Folge
des zerstörten Selbstbewußtseins der Männer im Gegensatz zum gesteigerten Selbstwertgefühl der
Frauen infolge ihrer Leistungen in den Notzeiten stellten einen gewichtigen Faktor der Eheprobleme
der Nachkriegszeit dar […].« (Stephanie Hoffmann: ›Darüber spricht man nicht?‹ Die öffentliche
Diskussion über die Sexualmoral in den 50er Jahren im Spiegel der Frauenzeitschrift *Constanze*. In:
Die Ordnung des Paares ist unbehaglich. Irritationen am und im Geschlechterdiskurs nach 1945. Hg.
v. Johanna Meyer-Lenz. Hamburg: LIT 2000, S. 71).
[21] Die *romantische Liebe* ist zwar ein feststehender Topos in der Literatur – ihre Darstellung ist jedoch einem zeitlichen Wandel unterworfen und eng verknüpft mit historischen und gesellschaftlichen
Veränderungen sowie Verschiebungen – hier insbesondere mit dem Verhältnis der Geschlechter zu-
einander. Deshalb ist die Frage spannend, welche Formen der Diskursivierung und literarischen Verarbeitung die Autorin Irmgard Keun gewählt hat, die in einer Zeit historischer Umbrüche und des
Wandels von Geschlechterbildern schrieb, und wie sie das konventionelle Sprechen über Liebe verfremdet hat.
[22] *Topos* hier nach Ernst Robert Curtius, der den Begriff in Anlehnung an die Archetypenlehre C.G.
Jungs im Sinne von »Klischees, die literarisch allgemein verwendbar sind« benutzt (E.R. Curtius: Europäische Kultur und lateinisches Mittelalter. Tübingen/Basel: Francke [11]1993, S. 79f.). Dazu zählen
»Stoffe, Motive, Bilder, Beispiele, Zitate, konventionalisierte Formen von Lob, Klage oder Personenbeschreibungen […]« (ebd.).
[23] Die einzig couragierte und durchweg sympathische Figur im Roman ist dennoch eine Frau: Ferdinands Cousine Johanna. Sie ist paradox konzipiert: zum einen gerinnt sie durch den Erzähler zu einem weiblichen Stereotyp: »Sie trug ein violettes weich-bauschiges Kleid und machte mir den Eindruck einer Glockenblume, die Amok läuft.« (F, S. 201), zum anderen kommt sie als Kritikerin des
Protagonisten unmißverständlich zu Wort: »Du hast keinen Grund überheblich zu werden, weil du
im Augenblick mal satt zu essen hast, indem du bei Liebezahl den ratgebenden Dorftrottel spielst.«
(ebd.) Eine erotische Beziehung zu der von Ferdinand positiv erlebten Frau ist interessanterweise
durch die Inzestschranke ausgeschlossen. Gleiches gilt für die Mutter Laura: »Das Schönste an Laura
sind ihre Augen und ihre Stimme. Sie hat sehr große Augen wie aus dunklem Goldlack und schwere
Lider mit langen Wimpern.« (F, S. 132) Diese Gestaltung erinnert an eine Filmdiva, nicht an eine
reale Person, sie ist so vollkommen und damit »unmenschlich«, daß mit ihrer Darstellung das Genre

Möglichkeit ein Mädchen hat, sich eines Mannes zu bemächtigen, der sie nicht mehr will.« (F, S. 179) Undenkbar, daß sich hinter diesem Klischee noch die Autorinnenstimme verbergen könnte. Woher rührt diese Ambivalenz?

Für Ferdinand, den *Mann mit dem freundlichen Herzen* als Schreibenden ist die Liebe das Thema, das sich literarisch am allerwenigsten darstellen läßt. Scheinbar scheitert die Umsetzung am realistischen Anspruch des Schreibers (F, S. 37), eine Textstelle, die auf Irmgard Keun als Satirikerin für den Rundfunk in den Nachkriegsjahren verweist[24] – Ferdinand möchte nämlich seine »Liebesgeschichte« mit einem »realistischen Dialog« (ebd.) beginnen, zitiert diesen (ebd., f.), und stellt alsbald fest: »Liebe läßt den üppigsten Wortschatz dahinschmelzen wie glühende Lava den Schnee.« (F, S. 38) Der anfänglich realistische Anspruch Ferdinands entlarvt sich in diesem Kommentar als Ironie und Irreführung des Lesepublikums. Denn die Wortwahl des Protagonisten zeigt an, daß er sich bereits mitten in der literarischen Diskursivierung des Themas befindet: Die Verben »dahinschmelzen«, das Äquivalent »wie glühende Lava den Schnee« sowie die Gegensätze von Hitze und Kälte verknüpfen Naturphänomene mit emotionalen Befindlichkeiten. Weiterhin ruft die literarische Verarbeitung von Liebe sogleich ein zusätzliches Feld wach, das den literarischen Diskurs regelt: die Zensur – ein Gedankensprung, der aufgrund der historischen Nähe zum gerade überstandenen Nationalsozialismus nahe liegt.[25] Die Sprache des Protagonisten nimmt sich hier stark zurück zugunsten tradierter Bilder und Formen des Schreibens und zugelassener Konventionen, die auch verbieten, sexuelle Inhalte allzu offen zu verhandeln: »Es ist nicht einfach, heute in Deutschland eine Liebesgeschichte zu schreiben. Es herrschen strenge Gesetze. Außereheliche Liebesszenen darf man nur unter bestimmten Voraussetzungen stattfinden lassen.« (F, S. 38) Die Hermann Löns-Romantik,[26] welche der Erzähler daraufhin ironisch zitiert (ebd., f.), ist durch die Ankündigung des Erzählers vom literarischen Anspruch vollständig befreit; ihre Funktion beschränkt sich darauf, die Sympathien des konservativen Lesepublikums zu gewinnen:

> Für einen normal veranlagten Menschen ist eine Liebesszene in einer Scheune kein Vergnügen. Wahrscheinlich ist das der Grund, warum die Gewitter-Scheunen-Liebe literarisch gestattet ist. Was keinen Spaß macht, ist weniger sündig. Auch läßt starke Naturverbundenheit dem Leser Entgleisungen in verzeihlicherem Licht erscheinen. (F, S. 39)

---

des Zeitromans eindeutig gesprengt wird. Die Figur und ihre Familie erscheinen von der Zeitgeschichte vollständig unberührt.

[24] Von 1946 bis 1948 arbeitete Irmgard Keun für den NWDR (Nordwestdeutscher Rundfunk).

[25] Zur Literatur unter dem NS-Regime vgl. beispielsweise: Hans Sarkowicz/Alf Mentzer: Literatur in Nazi-Deutschland. Ein biographisches Lexikon. Hamburg: Europa 2000. Zu Irmgard Keun (S. 230-233): »Keuns gerichtliches Vorgehen gegen die Beschlagnahmung ihrer Bücher hatte keine Aussicht auf Erfolg. Ein Roman mit dem Titel *Der hungrige Ernährer*, an dem Keun 1933 arbeitete, wurde vom Ullstein Verlag abgelehnt und ist nie erschienen.« (Ebd., S. 231).

[26] Vgl.: Ulrike Haß: Vom »Aufstand der Landschaft gegen Berlin«. In: Literatur der Weimarer Republik 1918-1933. Hg. v. Bernhard Weyergraf. Hansers Sozialgeschichte der deutschen Literatur, Bd. 8, S. 340-370. Die o.a. Passage aus *Ferdinand, der Mann mit dem freundlichen Herzen* ist eine Parodie auf die Literatur der sog. »antimodernen Verweigerer« (Haß, S. 344), zu denen u.a. auch der »Heimatdichter« Hermann Löns zählte. Die Oppositionen *Boden* und *Großstadt* (ebd., S. 340) bestimmten zwischen den Weltkriegen nicht nur das sozialpolitische, sondern auch das literarische Feld. Keuns letzter Roman liest sich streckenweise wie ein literarischer Reflex, eine Replik auf dieses Phänomen.

Nicht die Liebe selbst ist mehr Thema des Romaninhalts, sondern sie wird im Austausch von fiktivem Zitat (F, S. 38f.) und metatextuellem Bezug kommentiert. In seiner Abhandlung *Liebe als Passion* schreibt Niklas Luhmann über die *romantische Liebe* in der Literatur:

> Vergleicht man Romane aus dem Anfang des 18. Jahrhunderts mit denen aus dem 19. Jahrhundert, so tritt der Dialog der Liebenden zurück; er wird ergänzt oder nahezu ersetzt durch die Verzauberung der Objekte, an denen in bezug auf den anderen die Liebenden ihre Liebe erfahren. Wenn Liebe derart von ihrem eigenen Erfahrungsraum lebt, dem die Liebenden – und das eben ist Liebe – sich ausliefern, dann wird es kaum mehr möglich sein, hier eine Theorie des Staates oder eine Theorie der Wirtschaft anzuschließen; aber das Konzept entspricht genau dem, was als Liebe, als vorbehaltloses Eingehen auf die Einzigartigkeit der Welt (und nicht nur: der Eigenschaften) des anderen zu erwarten ist.[27]

Spricht Luhmann für das 19. Jahrhundert von der »Verzauberung der Objekte« (ebd.), so zeigt sich in Irmgard Keuns Schriften zunehmend die Ambivalenz zwischen Verzauberung und Entzauberung, zwischen affirmativer Konventionalisierung und kritischer Distanz. Dies läßt sich sowohl inhaltlich als auch formal am Wechsel der Erzähl- und Stilebenen ablesen.

Die Aufspaltung *sowohl* weiblicher als auch männlicher Figuren in erotisierte und enterotisierte Erzählobjekte erreicht in Keuns Nachkriegsroman eine quantitative und qualitative Zuspitzung, die Züge des Grotesken annimmt: »Kurz darauf entzweiten sich die Damen eines sanft schiebenden Theologiestudenten wegen, dem Frau Stabhorn hundert elastische Strumpfbänder in Kommission gegeben hat.« (F, S. 19) Der Name Stabhorn wirkt hier als Metapher, er erinnert an ein gepanzertes Insekt, oder, in einer sprachlichen Doppelung – an das männliche Genitale – etwas, das jede Vorstellung des Weiblichen von der Figur nimmt. Keun schlüpft hier in die Rolle des Sexisten, um speziell ihre Frauenfiguren entweder erotisch aufzuladen oder sie der Lächerlichkeit preiszugeben. Ferdinand sieht sich in die unmännliche und unmenschliche Rolle eines Publikumsunterhalters hinabgedrückt: »Leierkastenaffen sind rührende Tiere. Ich würde aber lieber etwas imponierender aussehen.« (F, S. 28) Geschlechterrollen und deutsches Spießertum werden in *Ferdinand, der Mann mit dem freundlichen Herzen* ähnlich eng geführt wie in Ödön von Horváths neusachlichem Roman *Der ewige Spießer*, welcher von einer fingierten Autorpersönlichkeit als ein sachliches, wenn nicht gar wissenschaftliches Experiment angekündigt wird.[28] Eine vergleichbare Vivisektion der Liebe mittels geborgter Sprachen führt Keun durch, ohne dies jedoch näher zu deklarieren. Metaphern und Requisiten erotischer Verführungsgewalt werden in ihrer Abgelebtheit vorgeführt und in Zusammenhänge gebracht, in denen sie unpassend und daher auffällig, zitathaft hervortreten. Der Typus der *femme fatale* wird un-

---

[27] Niklas Luhmann: Liebe als Passion. Frankfurt a. M.: Suhrkamp 1984, S. 168.

[28] »Der Spießer ist bekanntlich ein hypochondrischer Egoist, und so trachtet er danach, sich überall feige anzupassen und jede neue Formulierung der Idee zu verfälschen, indem er sie sich aneignet. [...] Es soll nun versucht werden, in Form eines Romans einige Beiträge zur Biologie dieses werdenden Spießers zu liefern. Der Verfasser wagt natürlich nicht zu hoffen, daß er durch diese Seiten ein gesetzmäßiges Weltgeschehen beeinflussen könnte, jedoch immerhin.« (Ödön von Horváth: Der ewige Spießer. Gesammelte Werke, Bd. 12. Hg. v. Traugott Krischke. Frankfurt a. M.: Suhrkamp 1987, S. 129).

terminiert durch Absurdität; die Liebhaber, mit denen Ferdinands Kusine Johanna abwechselnd verkehrt und die sie wie Einrichtungsgegenstände auswechselt, sind allesamt Karikaturen bürgerlich-männlicher Lebensentwürfe, Reduktionen auf absorbierte Haltungen, vergleichbar der Figurenkonzeption des Kaufmannes Kobler in Horváths Roman. Das Zitat solcher »Verse« wie: »Peipels Nudeln sind die besten, Alltags und bei frohen Festen« (F, S. 61) zur Charakterisierung von Johannas Liebhaber Albert Theodor Peipel, dem dichtenden Nudelfabrikanten (F, S. 60ff.) eignet sich den Vorführcharakter der Werbung an, ähnlich wie Horváth in seinem Roman die Beschilderung an der österreichischen Grenze sowie die in der Zugtoilette zitiert.[29]

Der Krieg und die Zerstörung haben offensichtlich den »klassischen« erotischen Diskurs zwischen den Geschlechtern aufgelöst: Liebe ist hier nur noch in der Form der Erzählung, auf zweiter Ebene präsent. So kommt es, daß Keun in ihrem Spätwerk die konventionellen Mythen über die Liebe und das Weibliche schon fast lustvoll zelebriert. In *Das kunstseidene Mädchen* heißt es: »Liebe ist noch ungeheuer viel mehr, daß es sie wohl gar nicht, vielleicht kaum gibt.« (DkM, S. 56) – und weil es sie eben nicht *gibt*, ist es für Keun konsequent, sie auf den Platz des bereits Literarisierten zu verweisen[30] – mitunter heißt das eben auch: auf den Platz von Kitsch[31] und Klischee: »Johannas Liebe nahm gigantische Dimensionen an, da die Umwelt sich ihrem Unternehmen feindlich gegenüberstellte. Ich glaube, auch die Liebe von Romeo und Julia zehrte zum großen Teil von den Störungen, denen sie unterworfen war.« (F, S. 59)

Aspekte der romantischen und versachlichten Liebe durchkreuzen sich bereits in Irmgard Keuns erstem Roman *Gilgi eine von uns*: Die Struktur des Romans steht stellvertretend für den Versuch, das Konzept der *romantischen Liebe* in den Text aufzunehmen, was sowohl erzähltechnisch-stilistisch als auch inhaltlich reflektiert wird:

Es ist wohl nichts Neues, daß einem vor lauter Liebe ganz anders wird. Schlimm ist nur, daß man zur einen Hälfte verändert ist, zur anderen nicht, und jetzt besteht man aus zwei Hälften, die ganz und gar nicht zusammenpassen, immer im Streit miteinander liegen, und keine will um Haaresbreite nachgeben. (G, S. 81)

---

[29] Ebd., S. 163, 170.

[30] Beispiele dafür aus *Ferdinand, der Mann mit dem freundlichen Herzen* sind: die Binnenerzählung von Johanna und ihrem amerikanischen Soldaten (F, S. 119ff.): »Man könnte sie betiteln: Johanna und die weiße Rose, eine Ballade in Prosa. [...] Trotzdem sind die Damen Klatte nicht empört genug. Die Romantik der weißen Rose hat einen günstigen Eindruck gemacht.« (ebd.), die Passage von Ferdinand und Luise auf der Parkbank (F, S. 98f.), die sich auch als Parodie auf die sogenannte »Kriegsidylliteratur« lesen läßt – sowie Ferdinands Kinobesuch mit Luise: »Einige Tage zuvor hatten wir einen Film gesehen, in dem der Held sich an den gewaltigen Busen der noch unverdorbenen Natur stürzte. Die liebende Heldin folgte ihm. Sie ließ Nylonstrümpfe, Schönheitskonkurrenzen und New Look angewidert hinter sich und durchwatete sturmflutumheulte Dünen bis zum nahezu nackten Zusammenbruch. Und alles wurde gut und schön.« (F, S. 108).

[31] Die Darstellungen demonstrieren, wie *Liebe* zum *Effekt* verkommen ist. Hierzu Umberto Eco: »Definiert man Kitsch als *Kommunikation, die auf die Auslösung eines Effekts zielt*, so wird verständlich, weshalb Kitsch und Massenkultur gleichgesetzt wurden [...]. Rückt die Avantgarde bei der Kunstproduktion die Verfahrensweisen [...] in den Mittelpunkt, so hebt der Kitsch die Reaktionen hervor, die das Werk inszenieren soll [...]. Dies schließt im Grunde an jene Unterscheidungen an, die heute von der Kritik favorisiert werden: Von den Romantikern bis heute habe sich die Dichtung immer stärker zum ›Diskurs‹ spezialisiert; das Werk selbst sei nichts anderes als ein kontinuierlicher Diskurs über seine eigene Poetik oder vielmehr die Poetik seiner selbst.« (Umberto Eco: Apokalyptiker und Integrierte. Zur kritischen Kritik der Massenkultur. Frankfurt a. M.: S. Fischer 1986 [1964], S. 64f.).

Irmgard Keuns Sensibilität für das, was Frauen wiederfährt, sobald sie sich sexuell involvieren; die Genauigkeit ihrer Schilderungen bürgt für die Authentizität der Schreibweise sowie für die Weigerung der Autorin, den Mythos fortzuschreiben, weibliche »Selbstverwirklichung« führe über den Weg der Liebeserfahrung: Das hier geschilderte Liebeserleben wird deshalb innerhalb der Forschung zu Recht als Beleg für das weibliche Schreiben Keuns genannt.[32] Von besonderem Interesse sind hierbei die Passagen, welche in *erlebter Rede* verfaßt sind: In dieser Technik sind Selbsterleben und Fremdbestimmung bis zur Unkenntlichkeit miteinander verschmolzen.[33] Die Liebesgeschichte selbst bricht in ihrer äußeren Struktur zunächst kaum mit Konventionen: der Reifeprozeß einer jungen Frau wird durch die Begegnung mit der »großen Liebe« eingeleitet, die für den weiblichen Part typischerweise Fremdidealisierung und Selbstabwertung implizieren: Gilgi idealisiert ihren Freund Martin; sie unterwirft sich streckenweise vollständig seiner Person und Lebensform. Dies wird durch äußere Faktoren befestigt: Gilgi ist 21, Martin 43 Jahre alt; sie entstammt dem Kleinbürgertum, er stellt eine bohemienhafte, wirtschaftlich gescheiterte Existenz aus dem Großbürgertum vor.[34] Die Erzählung ist darüber hinaus von einem didaktischen Diskurs durchsetzt, die an eine »Liebesschule für Frauen« erinnert:

> [...] erst führst du dich auf wie 'ne kleinbürgerliche Ehefrau [...] das verträgt doch kein Mann, plötzlich zu entdecken, daß er einer Frau zu Dank verpflichtet ist. Na, und jetzt – gibst alles auf [...]. Gott, warum nicht mal hemmungslos sein! Aber gleich so restlos auf seine ganzen früheren Interessen verzichten! – Und eines Tages wirst du sehen, daß der arme Mann dir unmöglich gleiches mit gleichem vergelten kann, und dann bist du's, die ihm ihre eigenen Dummheiten nicht verzeiht. (G, S. 98)[35]

---

[32] So zum Beispiel Barbara Kosta: »Keun breaks with the normative trope of female seduction, betrayal, and abandonment which features the male's sexual irresponsibility and a woman's victimization.« (Kosta: Unruly Daughters, S. 282). Für Ritta Horsley ist der Liebesdiskurs sogar Ausdruck einer weiblichen Sprachkrise (z.B. Ritta Jo Horsley: »Warum habe ich keine Worte? ... Kein Wort trifft zutiefst hinein«. The Problematics of Language in the Early Novels of Irmgard Keun. In: Colloquia Germanica. Internationale Zeitschrift für germanische Sprach- und Literaturwissenschaft. Hg. v. Bernd Kratz, Bd. 23. Bern: A. Francke 1991, S. 297-313).

[33] Zum Komplex der *Erlebten Rede* im Roman der Weimarer Republik siehe: Claudia Albert/Andreas Disselnkötter: Tatort Sprache. In: Jahrbuch zur Literatur der Weimarer Republik 5, 1999/2000, S. 253-281. Hier schreibt Claudia Albert über Marieluise Fleißer: »Der vermeintlichen Ruhigstellung des aufkeimenden Bewußtseins von den falschen Verhältnissen dienen Fleißers Techniken der Verschleierung subjektiver Interessen und Intentionen zugunsten überkommener Normen. [...] Die Überdeterminierung durch die »Stimme« der Vergangenheit [...] entspricht deren erzähltechnische Vagheit.« (S. 257) *Erlebte Rede* wird in diesem Artikel reflektiert als eine »Vielheit von Stimmen«, als »Dissoziation zwischen (imaginiertem) subjektiven Bewußtsein der Figuren und jenen ideologischen oder psychologischen Mächten, denen sie ausgesetzt sind.« (S. 254).

[34] Diese Auffassung über die Gestaltung der »großen Liebe« bei Keun teilt auch Ingrid Marchlewitz (Marchlewitz: Irmgard Keun: Leben und Werk, S. 76ff.).

[35] Auch in populären Organen der 50er Jahre wurde die Verantwortung für das Gelingen einer Beziehung ausschließlich den Frauen zugewiesen. Dazu ein Zitat aus *Constanze*, 6.Jg./1953, H. 23, S. 56: »Und ein Mann braucht nicht mehr untreu zu sein, wenn ihm die eigene Frau erfüllt, was er von einem Seitensprung erwartet – die notwendige Bestätigung seiner selbst.« (Zit. in: Stephanie Hoffmann: »Darüber spricht man nicht?«, S. 61).
Ein zeitgenössischer Rezensent schrieb: »Irmgard Keun schildert das Leben eines jungen Mädchens, das, tüchtig und unsentimental hinter ihrer Schreibmaschine, sauber auch in Leben wie Wünschen, doch vor der Liebe zu einem Manne versagt.« (In: Die Literarische Welt, 1.1.1932). Der Eindruck des

Was dem Leser als konventionell romantisches Liebeserlebnis vorgeführt wird, ist jedoch die Montage eines romantischen Topos in einen neusachlichen Roman.[36] Die *romantische Liebe* avanciert in diesem Text nicht zur Alternative einer »versachlichten«
Gesellschaftsform, sondern erfährt eine Dekonstruktion, die sich auch in der Textgestalt niederschlägt. Man kann von einer doppelten Negation sprechen: Ungebrochene
Konkurrenz bekommt die *romantische Liebe* zum einen durch das neusachliche Lebenskonzept Gilgis, das wie ein Rahmen für die gesamte Erzählung fungiert und immer
wieder den romantischen Diskurs durchbricht und stört, zum anderen vernichtet sich
das romantische Liebeskonzept im Verlauf der Romanhandlung selbst durch seine inhaltliche und formale Logik. Gilgi ist »keine sentimentale Gans« (G, S. 62) – das heißt,
sie ist vielmehr ein in der Wortwahl gegen literarische Konventionen – und hier ganz
besonders gegen weibliche Liebeskonzepte gestalteter Charakter – und nicht, wie Walter Delabar behauptet, eine »arg synthetische Figur«[37]. Romantik ist demzufolge für sie
zunächst nichts anderes als eine »Betriebsstörung«, eine vom normalen Zustand abweichende Körpererfahrung. Eine Reizung der Nervenenden durch das Ausschütten von
Botenstoffen im Gehirn – ein physiologischer Vorgang, der prinzipiell auch durch mechanisierte Arbeit oder Tanz ausgelöst werden kann:

> [...] daß ein freundlich verliebtes Gefühl für einen Mann sich je zur Betriebsstö
> rung auswachsen könnte, das wäre das letzte gewesen, das Gilgi für möglich
> gehalten hätte. Und nun! Der Martin ist eine Betriebsstörung. Und das schlimm
> ste: diese Störung ist ihr lieber als der ganze Betrieb zusammen. (G, S. 71)

Zwei romantische Liebesentwürfe scheinen aus dem Text hervor: Zum einen präsentiert sich die Liebe als Gefährdung des Subjekts, zum anderen wird sie zum utopischen
Gegenentwurf gegenüber der gesellschaftlichen Kälte – dies jedoch erweist sich im
Textverlauf zunehmend als dysfunktional.[38] Wie wir sehen werden, hat Keun die
romantische Liebe in ihren Romanen später nur noch als Utopie eingeführt. Sie wird
meist ironisch antizipiert, denn ihre Unmöglichkeit und ihr Scheitern an einer ganz
anders gearteten Realität, die zunächst noch in einem neusachlichen Ton vorgeführt
werden, ist so inszeniert, daß der Topos nicht schadlos erhalten bleibt. Bis auf das
Erstlingswerk *Gilgi – eine von uns*, das in seiner Mitte die *romantische Liebe* noch als –

Versagens ist im Text durch die Sprache der Figuren angelegt. Eine ironische Gegenposition aus
männlicher Sicht ist in *Ferdinand, der Mann mit dem freundlichen Herzen* zu finden: »Sobald ich auf
etwas besonders Weiches in einer weichen Düne treten würde, müßte ich doch denken: jetzt trittst du
auf die irdischen Überreste deiner liebenden Braut, die sich auf der Suche nach dir verirrte. Du trittst
auf das Opfer deines brutalen, männlich feigen Egoismus.« (F, S. 109). Diese Textstelle weckt Erinnerungen an den weiblichen Opfermythos der Jahrhundertwende, respektive an einen Romantitel von
Gabriele D'Annunzio, *Das Opfer.*

[36] Vgl. hierzu auch: Erich Kästner: *In der Seitenstraße* – eine Anspielung auf die Versachlichung und
den Warencharakter der Liebe: »Da stehn wir nun in einer Seitenstraße und haben uns ›nur zur Verrechnung‹ lieb.« (Deutsche Großstadtlyrik vom Naturalismus bis zur Gegenwart. Hg. von Wolfgang
Rothe. Stuttgart: Reclam 1981, S. 257). Barbara Kosta erwähnt ein Zitat von Max Brod: »[...] This
tendency seems to be in step with what Max Brod observes as a trait that characterized the youth of
the 1920ties: ›It is unacceptable either to sing or to speak of love,‹ he writes. ›It is incompatible with
›objectivity‹ the supreme postulate of the present.‹ He explains that the younger generation's suspicion
springs from the disillusionment of a postwar generation whose system of beliefs was betrayed.« (Kosta: Unruly Daughters, S. 273).

[37] Delabar, S. 107.

[38] Hierauf verweist bereits die Begriffswahl »Betriebsstörung« bzw. »Störung«.

schreibend erfahrene – Möglichkeit vorführt, dann aber systematisch ihr Scheitern schildert, hat dieser Topos bereits zu Beginn der Texte einen verletzten, zerstörten Charakter, er erscheint höchstens in ironischer Brechung und Distanz, ist fragmentarisch in die Gesamtstruktur des Textes eingewoben. Der Typus der *Diva*, wie ihn Elisabeth Bronfen und Barbara Straumann in ihrer gleichnamigen Publikation herauskristallisiert haben[39] und deren »Erfindung« darauf abzielt, romantische Wunschvorstellungen – zumindest in der Fiktion – zu bestätigen, erweist sich als eine treffende und hilfreiche Determinante für die Anlage von Keuns Figur. Gilgi, die sich auf Wunsch ihres Geliebten von der Angestellten zur Diva wandelt (G, S. 90), verweist auf die Fragilität des Divenmythos. Keuns Roman führt die Diva in ihrer Gebrochenheit vor, indem er den Blick hinter die Kulissen wagt. Der Divenmythos erweist sich nämlich als männliche Neuerfindung des weiblichen Körpers:

> [...] Will einen schönen Pelzmantel für Gilgi kaufen – da muß Olga mit aussuchen helfen – und Stoff zu einem veilchenblauen Kleid, dazu einen Schmuck aus dunklen Amethysten in altsilberner Fassung. [...] Muß doch hübsch sein – so ein federleichtes Mädchen mit dem schweren Schmuck. [...] und hält fast ehrfurchtsvoll so ein Stückchen Seide in der Hand, ängstlich, als könnt's zwischen seinen Fingern zu brennen anfangen. (G, S. 108f.)

Im weiteren Verlauf wird Gilgi schwanger, ihr Naturkörper[40] tritt hervor. Dies kommt einer Zerstörung des Kunstkörpers gleich, den sie für ihren Geliebten inszeniert hat – ein Antagonismus, den Keun aus dem Diskurs der Jahrhundertwende borgt. Als Stellvertreter der Literatur jener Epoche führt der Text August Strindberg ein, die Inhalte seiner Dramen werden als nachahmenswerte bzw. hier: nicht nachahmenswerte Lebenskonzepte erwähnt. Die Inszenierung dient dabei der Befriedigung von Wunschvorstellungen des Partners und somit einer Annäherung an ihn, zugleich markiert sie aber auch die Unmöglichkeit der Annäherung außerhalb dieser Rolle. Gilgi kann sich ihrem Partner also nicht als Naturkörper präsentieren:

---

[39] Elisabeth Bronfen/Barbara Straumann: Die Diva – Eine Geschichte der Bewunderung. München: Schirmer/Mosel 2002. Die Autorinnen Bronfen und Straumann beschreiben die Diva als einen Unfall im Zeichensystem des Starkults, als einen Kollaps, in dem Sein und inszenierte Darstellung zusammen fallen – in dem kein Doppelleben wie beim Star existiert. Eine Rezensentin schreibt: »Oft stammt die Diva ursprünglich vom Rand der Gesellschaft, hat eine von ihr selbst als ungenügend empfundene Biographie. Sie erfindet sich deshalb neu bis in die äußerliche Erscheinung hinein, hungert sich in anderthalb Jahren über die Hälfte ihres Körpergewichts herunter wie die dicke Griechin Maria Kalogeropoulos alias Maria Callas oder verwandelt sich von der dunkelhaarigen Norma Jean Baker in die blonde Sexbombe Marilyn Monroe. Und muß dann miterleben, wie das Publikum nicht mehr den wahren Kern von der aufgesetzten Überfigur trennen kann [...]. [...] Diven changieren zwischen realer Person und fiktionaler Figur. Sie bestehen aus zwei Körpern: ihrem Leib und dem produzierten Image.« (Ingrid Scheffer: Das Phänomen der Diva. www.goethe.de).

[40] Zur Debatte um den Geschlechtskörper bzw. des »Natürlichen« als soziale Konstruktion vgl. vor allem: Judith Butler: Körper von Gewicht. Die diskursiven Grenzen des Geschlechts. Frankfurt a. M.: Berlin 1997. Im klassischen Diskurs wird Natur, bzw. das biologische Geschlecht, in Opposition zum Sozialen definiert und gilt daher als unantastbar bzw. unbeeinflußbar: »Die Kategorie des ›sex‹ ist von Anfang an normativ [...].« (Butler, S. 21). In Keuns Roman, der »ein gepflegtes Gesicht [als] [...] eigenes Verdienst« (G, S. 6) der ungewollten Schwangerschaft (G, S. 116f.) gegenüberstellt, manifestiert sich diese Vorstellung.

»[...] Aber jetzt! Durch das Kind – plötzlich und gezwungen! Und ich würd' immer nervöser und angstvoller und immer, immer kraftloser und wär' nur noch auf ihn angewiesen ... ach Pit – aus meiner schönen Liebe soll nicht so'n Strindberg-Drama werden...« (G, S. 169)

Daß Gilgi sich in ihrer Mutterrolle als nervöse und abhängige Frau antizipiert, reflektiert die scharfe Trennung und das anhaltende Bewußtsein von der Absolutheit diverser Frauenbilder und -rollen in der damaligen Zeit. So erzwingt die Rolle der Diva, in der Gilgi sich ausschließlich zusammen mit ihrem Geliebten bewegt, das ihr inhärente Paradoxon von Verheißung und Verzicht, sie ist zugleich Mittel der Nähe und der Distanz – ein Gilgi-typisches Kommunikationsmodell. Gilgi sichert sich die Zuneigung des Partners, zugleich aber geht ihre Person in der Rolle nicht auf: »Ich gehöre mir ja nicht mehr. Das, was ich im Spiegel sehe, hat ein anderer aus mir gemacht, ich kann nicht stolz darauf sein.« (G, S. 90)

Die Vorstellung vom weiblichen Naturkörper spiegelt sich als Schreckensvision in dem durch mehrere Schwangerschaften entstellten Körper von Gilgis Freundin Hertha (G, S. 136), die am Schluß der Erzählung vielleicht auch deshalb sterben muß, weil sie ihren Körper nicht »überleben«, also von außen steuern und gestalten kann – eine Fiktion, die hinter der Darstellung des sozialen Elends aufscheint und den realistischen Anspruch der Erzählung stellenweise zerstört:

Gilgi gegenüber sitzt Hertha – eine müde blonde Frau mit schweren, langsamen Bewegungen. [...] Immer schwerer und drückender wird die Atmosphäre im Raum – voll gewußter und ungewußter Hoffnungslosigkeit. Man sieht das kranke Flimmern in der Luft. [...] »Wie habe ich ihn manchmal gehaßt, wenn ich im Spiegel sah, daß von der heiß geliebten Schönheit nichts mehr übrig war [...].« (G, S. 135f.)

Nur in der existenziellen Notlage, die zugleich durch die Schwangerschaft markiert ist, nivellieren sich die Rollenbilder. Dies verleiht dem Roman einen beunruhigenden Charakterzug.

In *Das kunstseidene Mädchen* kündigt sich indessen die Konstruktion des Mannes als Liebesobjekt an:

Hubert wurde eine gestorbene Erinnerung und saß nicht lebendig da – ich wollte Gefühle aus mir reißen für ihn, und es war so, wie wenn ich seine Photographie ansah, wenn ich betrunken war und wollte glauben, sie spricht mit mir, und wenn ich furchtbar viel Kraft aus mir riß, konnte ich das manchmal glauben. Und ging dann mit ihm. Und habe mit einer Photographie geschlafen. (DkM, S. 41)

Hier zeigt sich die Konstruktion eines romantischen Gefühls um seinen Gegenstand, die jeweils im Widerspruch zur wirklichen Situation steht. Die reale Person schrumpft im Moment der gescheiterten Hoffnung zur Photographie: Während diese vormals dazu diente, die abwesende Person zu substituieren, ein vorhandenes Gefühl zu verstärken, wird sie nun zum Signal des Gefühlsverlustes – im Zeichen beider Situationen erscheint nun die forcierte Emotion als das einzig Reale. Konsequenterweise erwächst aus dieser Wahrnehmung die Fertigkeit, den Mann auf der Stufe des Objekts durch ein

Kleidungsstück zu ersetzen: »so hochelegant bin ich in dem Pelz. Der ist wie ein seltener Mann, der mich schön macht durch Liebe zu mir.« (DkM, S. 41) Der Begriff *Liebe* selbst, bzw. das durch den Begriff heraufbeschworene Gefühl erscheint nun als ein Objekt, mit dem sich nach Belieben jonglieren, das sich herstellen und auch wieder löschen läßt.[41] Die Figur hat ein Loch dort, wo der klassische Sitz des »Ich« ist,[42] obwohl sie geradezu inflationär »Ich« sagt. Die Überbetonung der Körperinszenierung, die bereits Ursula Krechel hervorhebt,[43] dient nicht allein der Vermarktung und dem Gelderwerb, wie diese schlußfolgert. Vielmehr sind Keuns weibliche Figuren in ihrer inszenierten Körperlichkeit Teil eines literarischen Verfahrens, das Individualität als Illusion entlarvt und beides wieder verwischt; es sind Zeichen, die darauf verweisen, daß erwachendes Selbstbewußtsein von unbewußt wirksamen Konventionen durchsetzt ist.[44]

Der erste Roman zeigt die *romantische Liebe* noch – in sichtbarer Anlehnung an die klassische Literatur – als affirmative, verschlingende Macht. Die stilistische Dissonanz des Textes, die schon Tucholsky feststellte, entsteht zu großen Teilen aus der unterschiedlichen Handhabung zweier Liebeskonzepte. Die kameradschaftliche, »neusachliche« Liebe, das Programm der Gegenwart, wird mit einem ironischen Augenzwinkern erzählt, während die »gefährliche« Liebe, das klassische Konzept, bei dem die gesamte Persönlichkeit involviert ist und schließlich zerstört zu werden droht, hier ganz ohne jede ironische Distanzierung präsentiert wird – als dionysischer Kampf um Selbsterhalt und Selbstbehauptung.[45] In den Folgeromanen spielt Keun nun immer wieder unterschiedliche stilistische und erzähltechnische Möglichkeiten durch, speziell die *romantische Liebe* zu ironisieren. Insbesondere in *Nach Mitternacht* wird dies evident; während die Autorin zur Zeichnung von Sannas Beziehung zu Franz eher das Muster der kameradschaftlichen Liebe verwendet – weitgehend ohne es zu ironisieren – schildert sie gerade die *romantische Liebe* aus einem Modus der Distanz, der sie schließlich ins Surreale kippen läßt. Der Roman löst das Prinzip der scharfen Trennung unterschiedlicher Formen imaginierter Weiblichkeit erzähltechnisch ein und spaltet auch die *Neue Frau* in verschiedene Identitäten auf; schafft Platz für Typisierungen des Weiblichen, auf die auch der Liebesdiskurs abgestimmt wird:

> Nie ist die Liska weitergekommen mit dem Heini als bis zum Fadenabnehmen. Und jetzt ist sie wie in hunderttausend Teile gespalten, wie Staub fliegt sie umher in der Luft. Immer wieder setzt sie sich auf andere Art zusammen wie ein kunstvolles Mosaik, von dem sie denkt, es könnte dem Heini gefallen. Das ist eine unerhörte Anstrengung für eine Frau. (NM, S. 77)

---

[41] In *Nach Mitternacht* erzählt Sanna ihre Version vom Verlauf einer Liebe: »Das ist ebenso, als wenn man ein wunderbares Gedicht liest und auswendig lernt aus Begeisterung und um es aufsagen zu können. Na, und wenn man's dann auswendig kann, dann kann man langsam anfangen, es wieder zu vergessen. Was man auch meistens tut.« (NM, S. 79).

[42] Auf diesen Zeitdiskurs verweist *Moralische Anatomie*, ein frauenverachtendes Gedicht von Erich Kästner: »[...] An der Stelle wo andere moralisch sind, da ist bei ihr ein Loch.« (Erich Kästner: Zeitgenossen, haufenweise. Gedichte. Hg. v. Harald Hartung. In: ders.: Werke. Hg. v. Franz Josef Görtz. München/Wien: Hanser 1998, S. 47).

[43] Krechel: Die Zerstörung der kalten Ordnung, S. 109.

[44] Vgl. auch hierzu Albert/Disselnkötter: Erlebte Rede.

[45] Dieser Begriff bietet sich aufgrund der Sprache an, die Keun verwendet: »Ein Denken ohne Worte, ein Wissen hinter den Worten – ein Wachsein im Schlaf – hinter Lachen ein Weinen --- die undurchschnittene Nabelschnur – Band an die dunkle Welt.« (G, S. 141).

Das Motiv der Persönlichkeitsspaltung in Verbindung mit dem romantischen Liebestopos kehrt hier wieder, aber während es in *Gilgi* an einen psychologisch nachvollziehbar gebauten Charakter geknüpft war, wird Liska durch die Erzählerin von vornherein als Weiblichkeitsmythos, als vorrangig männliche Konstruktion des Weiblichen eingeführt und erhält keinen Charakterstatus:[46]

> Früher hat es dem Algin gefallen, daß die Liska die Natur einer Haremsfrau hat. Er hatte einen Haß auf Frauen, die arbeiteten, ohne es nötig zu haben. Denn fast alle hätten die Natur von Haremsfrauen, ohne es um Gottes willen zuzugeben. Sie lebten geistig und arbeitsam ihrer Natur zuwider – und um mal normal, ihrer Neigung entsprechend leben zu können, flüchteten sie sich in die Krankheit. (NM, S. 79f.)

Hier wird der doppelte Umbruch in der Perspektivierung[47] einer weiblichen Figur sichtbar. Die Erzählerin zitiert sinngemäß den Schriftsteller Algin und somit den Machismo des männlichen Schriftstellers im allgemeinen, den sie anschließend zum Anlaß nimmt, »aus dem Leben« der »Haremsdame« Liska zu erzählen – sicher nicht auf eine Weise, wie es ein männlicher Schriftsteller getan hätte. Die Herausstellung des Naturbegriffs im Bezug auf das Weibliche, der Subjektstatus des Mannes und das Wissen, was eine Frau *ist*, müssen hier ironisch erscheinen. Indem der Roman zusätzlich ganz anders geartete Weiblichkeitsdarstellungen mit einschließt, straft er das Klischee in diskreter Form Lügen und wertet es um zum Rollenspiel.

Das Gespräch über Liebe in Liskas Wohnung[48] (NM, S. 81) ist keine Plauderei, sondern ein inszeniertes Gesamtkunstwerk, ein privates Schauspiel des »Ich-Kultes«,[49] mit einem en detail durchgeplanten »Bühnenbild«, das den gesamten Tagesablauf bestimmt, und in dem, nach Baudelairescher Manier, alle Sinne im Einklang miteinander

---

[46]   Die hier dargestellte Veränderung ihrer »Persönlichkeit« kann deshalb nicht, wie bei Gilgi, als Entwicklung bewertet werden, sondern eher als Modifikation – überspitzt gesagt – als die fortwährende Neubekleidung einer Ausziehpuppe.

[47]   Im Roman *Nach Mitternacht* treibt Irmgard Keun ein mindestens vierfaches Rollenspiel mit ihrer Autorpersönlichkeit und stellt einen Bezug zur dramatisch-dialogischen Ausdrucksform (z.B. NM, S. 74ff.) mit typisierten Figuren her: die Erzählerin Sanna ist eine eher blasse Randfigur – Keun als Beobachterin und Erzählerin –, während Gerti, Liska und Heini unterschiedliche Anteile in Anspielung auf Keuns Biographie verkörpern: die Frauen repräsentieren die extravertierte Schönheit, als die sie von ihren Schriftstellerkollegen beschrieben wurde, sowie die faule »Haremsdame« (dazu: Irmgard Keun: Frau mit schlechten Eigenschaften. In: Westdeutsches Tageblatt Nr. 11, 14.1.1958: »Ich bin faul. Wenn ich einen ganzen Tag hindurch nichts tue, habe ich nicht eine einzige Sekunde Langeweile und nicht ein einziges Mal das Bedürfnis zu arbeiten.«). Hinter der männlichen »Tarnkappe« Heini versteckt sich die scharfsinnig-intellektuelle Autorin.

[48]   Die Szene erinnert stark an ein surrealistisches Experiment, an die sogenannten Schlafzustände surrealistischer Künstler der 20er und 30er Jahre: »Die sieben oder acht jungen Leute leben überhaupt nur noch um dieser Augenblicke des Vergessens willen, worin sie, während alle Lampen ausgeschaltet sind, ohne Wachbewußtsein aus der Trance reden und in der gewöhnlichen Atemluft dahintreiben wie Ertrunkene im Wasser.« (Aragon: Une Vague de rêves [Eine Flut von Träumen]. In: Commerce, Herbst 1924. Zit. in: Maurice Nadeau: Geschichte des Surrealismus. Reinbek bei Hamburg: Rowohlt 1965, S. 53).

[49]   Zu diesem Thema vgl. Anne Amend-Söchting: Ichkulte, S. 135. Die Autorin definiert »Ichkult« als »die ästhetische Haltung der Selbstbespiegelung, das Bestreben, allen Objekten den Stempel des eigenen Ichs aufzudrücken, einhergehend mit der Gebärde des Rückzugs, dem Bemühen, sich eine Enklave der Selbstbezogenheit inmitten einer meist schillernden Objektwelt zu schaffen.« (S. 4).

wirken müssen.[50] Mithilfe der Synästhesien wird ein Gefühl im romantizistisch-dekadenten Modus[51] konstruiert und heraufbeschworen, das einige Passagen zuvor in Sannas »neusachlicher« Schilderung als »vergessen« (NM, S. 79) beschrieben wurde:

> Liska wacht morgens auf [...]. Sie will nicht aufstehen, sondern noch halb schlafen, halb träumen. Lauter bunte schwimmende Träume, zu denen sie Lust hat. [...] man muß ihr Zigaretten holen und den Manikürkasten auf den Nachttisch stellen und Lavendelwasser. [...] Frau Winter muß die blauen Vorhänge zusammenziehen – leises blaues Tintenlicht füllt das Zimmer. [...] Liska spricht mit Frau Winter über Männer und Liebe. Frau Winter weiß viel. [...] Bei Gräfinnen hat sie früher gedient und versteht was von Männern und der Schönheit weiblicher Körperformen und wie man sie hebt. [...] Voll von Frauen ist Liskas Zimmer [...]. (NM, S. 80f.)

Schon die stellenweise Rhythmisierung der Erzählung provoziert die Vorstellung einer Trance.[52] Die Redeweise »über Männer sprechen« erlaubt dabei der Phantasie des Lesers sehr viel Freiraum, sie verfremdet das Gespräch zu einem im Dämmerzustand stattfindenden urszenenartigen und dionysischen Spektakel: »Und in dem runden, tintig blauen Schimmer des Raumes reden alle Frauen so nach und nach Dinge, die sie bei hellem, hartem Licht sicher nicht sagen würden.« (NM, S. 81) Die Kombination des Namens Frau Winter mit dem Blau[53] des Schlafzimmers hat einen poetischen Effekt: sie potenziert den Eindruck des Mystischen, der allerdings durch die Berufsbezeichnung »Putzfrau« schon wieder gebrochen wird. Es entsteht das Gefühl eines zeitlichen Abgrundes, könnte sie doch durch die anklingende Charakterisierung als ehemalige Kammerzofe die Figur eines historischen Romans sein.

---

[50] Baudelaires Gedicht *Correspondances* (*Bezogenheiten*) evoziert ein Konzert der Sinne: »Wie langer Widerhall, der ferne sich vermenge//Und sich in tiefen Einklangs Dämmertone bricht//– Weit wie die Nächte sind und grundlos wie das Licht – //Antworten sich im Ruf die Düfte, Farben, Klänge.« (Charles Baudelaire: Die Blumen des Bösen. Übersetzt von Carlo Schmid. Frankfurt a. M.: Insel/Suhrkamp 1976, S. 18).

[51] Liskas Wohnung in ihrer hermetischen Atmosphäre erinnert an die Schilderungen in Karl Joris Huysmans *Gegen den Strich*: »Die Wohnung wurde eingerichtet mit teuren Teppichen und Kissen. [...] Die Wände sind teilweise ausgehöhlt, damit man Bücher reinstellen kann. Diese Wohnung war für den Algin eine große Theatervorstellung, die er aufführte.« (NM, S. 15).

[52] Insbesondere zwei Sätze fallen in ihrer metrischen Struktur auf: »Frau Winter, die Putzfrau, vergaß sie zu stopfen« sowie »Langsam und matt und stundenlang« (NM, S. 80). Eine vergleichbare daktylische bzw. trochäische Sprechweise finden wir auch in Stefan Georges Gedicht *Das Jahr der Seele*: »Es lacht in dem steigenden Jahr dir//Der Duft aus dem Garten noch leis [...].« (Stefan George: Das Jahr der Seele. Sämtliche Werke in 18 Bänden, Bd. IV. Stuttgart: Klett-Cotta 1982, S. 89).

[53] Vgl. hierzu die Monographie von Angelika Overath: Das andere Blau. Zur Poetik einer Farbe im modernen Gedicht. Stuttgart: Metzler 1987. Die Farbe Blau hat einen starken Symbolwert, sie wird mit Kälte und dem Zustand des Gefrorenseins (Winter) assoziiert, bezeichnet aber auch elegische Stimmungen (*l'heure bleue*; Overath zu George und Benn, S. 77ff.; 159ff.) sowie den reinen Geist der Langeweile – »die Exklusivität des Unzugänglichen« (dies. mit Bezug auf Mallarmé, S. 54) und des Nichts (dies. mit Bezug auf Goethe, S. 22f.). Die Wirkung der Farbe Blau als poetische Metapher liegt in ihrer Bipolarität, ihrer Ambivalenz: »Als Farbe, die wie keine andere in der Spanne von Schwarz und Weiß steht, kann Blau in sich allein die Dialektik von unbewußtem Dunkel und transparenter Bewußtheit, Hingabe und Konstruktion, Verstummen und Sprachfindung entfalten. Die Energie der Farbe, die dank ihrer Vertiefungsgabe das Nahe auf eine unendliche Ferne hin durchsichtig macht, hat sie zur Farbe der Utopie werden lassen.« (S. 197).

Auch hier eine ironische Verkehrung: Liska wird nicht vor Liebe krank, sondern
sie wird krank, um sich als Liebende inszenieren zu können. Wenn dieser Text die traditionell verwandten Topoi *Liebe* und *Krankheit* – scheinbar beziehungslos –
nebeneinanderstellt, so erlebt der Leser auch hier eine Verfremdung bzw. Umgestal-
tung seiner »klassischen« Leseerlebnisse: *Liebe* und *Krankheit* werden als singuläre Er-
zählereignisse in ironischer Verzerrung sprachlich dekontextualisiert. Sannas sachlicher
Kommentar, der an die »wissenschaftliche« Sexualaufklärung junger Mädchen erinnert,
zerstört die mühevoll aufgebaute Stimmung: »Zuerst habe ich mich immer geschämt
bei diesen Gesprächen, aber nun bin ich schon fast dran gewöhnt, und interessant und
lehrreich (Hervorhebung von mir) sind solche Unterhaltungen ja auf jeden Fall.«
(ebd.)[54] Der Pathologe und Arzt Gottfried Benn führt in seiner Dichtkunst eine
Idiosynkrasie aus Vernetzungen klassisch-romantischer Topoi mit medizinischer Wissenschaft vor. Ähnlich zynisch kristallieren bei Keun der Journalist Heini und Dr.
Breslauer, Antagonisten von Kälte und Sentiment, in ihrem Dialog ein monomani-
sches Interesse an der Krankheit heraus, das den Arzt und möglicherweise auch den
Künstler über moralische Verpflichtungen erhaben sein läßt:

> »Ich sage es Ihnen noch einmal, Breslauer: Krankheit ist Ihr Lebenselement, Ihre
> Heimat. Und überall auf der Welt werden sie Krankheit finden [...]. Erzählen Sie
> mir nicht, daß Ihnen Wandern im Taunus interessanter ist als Wandernieren und
> Krebsgeschwüre. Erzählen Sie mir bitte nichts vom Arzt aus Menschenliebe. Den
> meisten guten Ärzten liegt wenig daran, Menschen zu helfen. Ihnen liegt an der
> Krankheit.« (NM, S. 83)

Das erklärt auch, warum ein »gefühlvoller Arzt« »so zum Kotzen sentimental« (NM, S.
83) ist.

Was sich in *Nach Mitternacht* erstmalig konkret und in monochromer Manier her-
auszuschälen beginnt, nämlich die Erfindung eines Gefühls,[55] die Konstruktion einer
Liebe nach den Mustern internalisierter Topoi – setzt die Autorin auch in ihrem Folgeroman *D-Zug dritter Klasse* fort – das Experiment mißlingt jedoch auf weiten Strecken,
weil Keun sich nicht für eine eindeutige Perspektivierung entscheidet. Schon allein
aufgrund der Figurenzeichnung spiegelt die Beziehung zwischen Lenchen und Karl
Bornwasser mitnichten die Liebesbeziehung zwischen Irmgard Keun und Joseph Roth
wider. Allenfalls als eine Parodie oder eine einseitige Überzeichnung ihrer negativen
Aspekte könnte man diesen Interpretationsansatz gelten lassen. Keuns Amalgamierung
einer psychologischen Figurenskizze mit einer Karikatur[56] ist allerdings ein er-
zähltechnischer Fauxpas.[57]

---

[54]   In mehreren Betrachtungen zum Thema *Liebe* und ihrer Diskursivierung in den Künsten bzw.
literarischen Gattungen merkt Keun an, daß die Prosaerzählung zur Darstellung »pikanter«, also erotischer oder möglicherweise sexuell eindeutiger Szenen nicht geeignet ist. Den Grund sieht sie vor allem
in der Zensur, die einen narrativen Umgang mit solchen Themen schwer möglich macht, die in lyri-
scher Darstellung zulässig sind: »Singen darf man alles, sprechen nicht und unter keinen Umständen
in Prosa aufgelöst schreiben. Warum? Gelegentlich werde ich mal darüber nachdenken.« (F, S. 40).
[55]   In einem Satz wird auch ein Bezug zu Walter Serners Gaunergeschichten evoziert: »Dann hatte sie
Karl kennengelernt. Seinetwegen würde ihr Leben im Zuchthaus enden.« (D-Zug, S. 26).
[56]   Manche Textstellen legen nahe, daß sich hinter der Konstruktion von Lenchen auch eine Karikatur der »deutschen Frau«, dem von den Nationalsozialisten propagierten weiblichen Idealbild, sowie
deren Verarbeitung in der zeitgenössischen Literatur verbirgt: »Sie war hübsch, gesund und jung,
mittelgroß und gerade gewachsen. Ihre Stimme war hell und klar, ihr Gesicht zart und leuchtend, ihre

In den Rückblenden wird deutlich, wie wenig Eigeninitiative die Protagonistin Lenchen in ihren Männerbeziehungen bislang gezeigt hat. Ihr Verhalten ist vollständig abhängig von den Erwartungen und Komplimenten des Mannes. Sie huldigt einer frühkindlichen, phantastischen Märchenwelt (D-Zug, S. 13). Die Sprache, die Keun in diesem Abschnitt verwendet, führt eine klischierte junge Frau vor, die in eine realitätsferne und unkritische Sozialisation während des NS-Regimes hineinwuchs, und sie zitiert zugleich trivialisierte Nacherzählungen germanischer Mythen:

> Alles, was mit den wallenden Gewändern zu tun hatte, war schön, geheimnisvoll, gut und edel. [...] Germanenjungfrauen zogen mit weißen wallenden Gewändern in die Schlacht, und schlanke Burgfräulein standen weißwallend gekleidet nächtlich auf Altanen, um goldene Locken wehen zu lassen und von kühnen Rittern auf weißen Zeltern entführt zu werden. Arm und kalt war das Leben einer Frau ohne die wallenden Gewänder. (D-Zug, S. 13)

D-Zug dritter Klasse erzählt von einer Liebe, die Lenchen in der Situation des Kennenlernens, bzw. in den ständigen Reflexionen über die Beziehung zu Karl (z.B. D-Zug, S. 26f.) erst erfindet:

> Sie hatte sich gefürchtet vor ihm von der ersten Sekunde an, in der sie ihn kennenlernte. [...] Er machte einen welterfahrenen, weltbeherrschenden Eindruck. Er gefiel ihr nicht, und sie fürchtete sich vor ihm. [...] Lenchen sah ihm nach und dachte hinter ihm her. Von hinten war er nicht häßlich. Er hatte eine schöne Figur. [...] Sein Hemd war aus weicher, elfenbeinfarbener Seide. Er war in edle Stoffe gekleidet. Er war bedeutend angezogen. (D-Zug, S. 30f.)

Ähnlich wie im *kunstseidenen Mädchen* zeigt sich auch hier die plötzliche Erotisierung eines Mannes durch den weiblichen Blick. Dabei heftet Lenchen die optische Fixierung auf das Sichtbare, die Kleidung, die Mode, sie tastet Karls äußere Erscheinung ab. Ihre Wahrnehmung schlägt dadurch urplötzlich um. Die Vorstellung, daß sich zwischen Lenchen und Karl eine Liebesbeziehung anbahnt, weckt diese Passage allerdings nicht, vielmehr wird eine abstoßend wirkende Melange aus Bewunderung, Abneigung, Furcht und Mitleid von Lenchen allmählich zur Liebe verkehrt und umgewertet – ein

---

Augen waren rund und blau.« (D-Zug, S. 17) Ihre Unterdrückung durch Karl wäre somit auch als Verweis auf die Unterdrückung der Frau im Nationalsozialismus lesbar. Die Lesart als Parodie nationalsozialistischer »Heimat«literatur setzt allerdings ihre Präsenz im kommunikativen Gedächtnis voraus. Mir scheint die Darstellung zu wenig pointiert, als daß eine solche Rezeption wirksam werden könnte.
57 Karl wird zwar als Alkoholiker beschrieben und seine krankhafte Gefühlswelt, die ausschließlich aus Hass und Zorn besteht, der nicht personen- oder situationsgebunden ist, wird dem Leser glaubwürdig mitgeteilt, aber die in Lenchens *erlebter Rede* enthaltenen scharfsichtigen Psychologisierungen seiner Person wirken aufgrund der sonstigen Schlichtheit als ein Bruch in der Figur. Die Wirkung ist grausam und komisch zugleich, auch hier kommt ein surreales Element zum Tragen, das aus einer Mischung von Psychologie und grotesker Überspitzung resultiert: »Sie blieb allein und so verwirrt, daß sie Sterne für Aschenbecher halten und zugeben würde, ihren Vater mit Rattengift umbringen zu wollen oder sündige Neigungen zu ihrer Tante zu haben, wenn Karl das wollen würde.« (D-Zug, S. 27) Hier wird die Verbindung zu Tante Camilla hergestellt, auch verbal durch die »sündigen Neigungen«, eine erzähltechnische Verbindung, die auch teilweise gelungen scheint, doch insgesamt zu wenig zugespitzt wird: der Übergang vom »normalen« Missklang der eigenen Gefühlswelt zum Pathologischen scheint fließend zu sein.

sehr rational anmutender Vorgang – vergleichbar dem Lügen (D-Zug, S. 31)[58]. Die »Liebe« ist nicht einmal durch ein sexuelles Verfallensein an Karl begründet – wie dies z.b. in *Gilgi – eine von uns* der Fall war. Im Gegenteil: Sie schläft mit Karl, weil er »das so wollte« (D-Zug, S. 35). Die Unfähigkeit Lenchens, eigene Wünsche und Bedürfnisse Karl gegenüber zu formulieren; ihre Gefühle der geistigen Unterlegenheit sowie der Angst, Wut und Frustration, sind überzeugend gestaltet (D-Zug, S. 27). Zum anderen stehen die Gefühle zu Karl bezugslos und blutarm nebeneinander und verbinden sich nicht zu einem plastischen Portrait. Daß die Gestaltung Irmgard Keun so wenig gelang, daß sie wie eine Karikatur ihrer selbst wirkt, obwohl die Autorin sie an anderer Stelle des Textes ernst genommen wissen will,[59] liegt daran, daß Keun hier auf die kunstvolle Verschleierung, die ihrer Schreibweise sonst eigen ist, verzichtet hat. Der mit Keuns Texten vertraute Leser ist geneigt, an eine Parodie zu glauben – doch dieses Versprechen wird nicht eingelöst. Und zu grobrastig sind die Übergänge zwischen den einzelnen vollständig konträren Emotionen gegenüber Karl, als daß Lenchens Konzeption nachvollziehbar werden könnte:

> Lenchen ging zurück ins Abteil und streckte Karl ihre schmutzigen kleinen Hände hin. Karl nahm die Hände und sagte: mein Liebling, mein Lenchen. So lange ich lebe, werde ich nur Karl lieben, dachte Lenchen. Alle Männer sind Schweine aber Karl ist ein Engel. Ohne ihn müßte ich sterben. (D-Zug, S. 39)

Figurenpsychologisch gedeutet, erscheint Lenchen als Opfer ihrer momentanen und wechselhaften Gefühlswelt – unfähig, ihre inneren Widersprüche in einen logischen Zusammenhang zu bringen und davon zu abstrahieren. In der Unfähigkeit dieser Erkenntnis liegt, so die Logik des Textes, auch die Unmöglichkeit zu weiblicher Emanzipation. Problematisch ist dieser Interpretationsansatz jedoch deshalb, weil er den Text in die Nähe von Vorstellungen über den natürlichen Geschlechtscharakter rückt. Durch Karls Verhalten wird die weibliche Zwickmühle als Resultat einer Sozialisation deutbar: »Ein wenig später sagte er ihr, daß es ein Beweis ihrer leichtfertigen und halt-

---

[58] Die Motive »weinen« und »lügen« analogisieren mit Gefühlsmustern aus Schlager und Film, so auch mit folgendem Refrain: »[...] Nur nicht aus Liebe weinen//Es gibt auf Erden nicht nur den einen//Es gibt so viele auf dieser Welt//Ich liebe jeden, der mir gefällt.//[...] Und darum will ich heut' dir gehören//Du sollst mir Liebe und Treue schwören//Wenn ich auch fühle//Es muß Lüge sein//Ich lüge auch und bin dein.« (Aus dem Film: *Es war eine rauschende Ballnacht* von 1939 (Regie: Carl Fröhlich, Drehbuch: Geza von Cziffra nach einer Idee von Georg Wittuhn, Jean Victor, Frank Thies (Dialog) Mit Zarah Leander, Marika Röck [Tschaikowsky-Film]). Die Assonanz von »Liebe« und »Lüge« macht beides zusätzlich ununterscheidbar – ähnlich wie für Lenchen in *D-Zug dritter Klasse*. Diese Schlagertexte erinnern an die Verflachung komplexer Gefühle, die so phrasenhaft, aber pointiert präsentiert sind, daß sie ironisch-satirisch lesbar werden. Ebenso, wie eine unterhaltsame Filmhandlung bzw. ein Schlagertext solche Vereinfachungen erfordert, steht in *D-Zug dritter Klasse* das Komplexe in Nachbarschaft zum leicht Billigen bis Anrüchigen, Triebgesteuerten. Der eigene Ekel vor solch »primitiven« Gefühlen wie Liebe und Hass bricht sich bei der Autorin Bahn; Keun, die sensible Intellektuelle, ist der »Gegenspieler« zu der kindhaften Gefühlswelt Lenchens.

[59] So beispielsweise in der Rückblende, die einen Blick auf Lenchens Kindheit und Jugend frei gibt: »Lenchens Mutter wußte, daß ihr Mann weinen würde, wenn sie starb [...]. Das Wissen um diese Tränen war Sinn und Erfüllung der Ehe. Und es langte doch nicht, um die Spanne zwischen Anfang und Ende auszufüllen. Lenchen sehnte sich nach einem anderen Frauenleben.« (D-Zug, S. 16) Die Tatsache, daß die Protagonistin unfähig ist, dieses zu verwirklichen, bekommt hier einen schmerzlichen Charakterzug, während es an anderer Stelle eher einen komischen Effekt erzielt.

losen Lebensführung sei, mit einem fremden Mann in ein Bierlokal zu gehen und Schnaps zu trinken.« (D-Zug, S. 31)[60]

Doch die widersprüchlichen Erzählelemente erhellen sich blitzlichtartig, sobald man sie textübergreifend betrachtet und ein Zitat aus *Ferdinand, der Mann mit dem freundlichen Herzen* zur Betrachtung heranzieht. Dies bietet einen Hinweis, welcher Konzeptionsgedanke hinter dem Roman *D-Zug dritter Klasse* steckt. So macht Keun in ihrem Roman zumindest eins deutlich, nämlich die Auflösung zwischenmenschlicher Beziehungen und den Zusammenbruch kommunikativer Verständigungsmöglichkeiten:

> Die eingebildete Liebe ist allerdings hartnäckiger als die echte Liebe, denn sie entspringt einem irregeleiteten, als Idealismus proklamierten Selbstgefühl. Die meisten Menschen verfallen ihrem Irrtum restlos und werden ihm hörig, sobald sie die Unbefangenheit ihrem Irrtum gegenüber verlieren und ihn als Irrtum erkennen. Harmlose Gläubige werden meistens erst dann zu Fanatikern, wenn sie nicht mehr fähig sind, an das zu glauben, was sie für ihre gute Sache hielten. (F, S. 213)

Die verblüffende Antwort am Ende dieses Romans lautet: Frauen und Männer wollen einander im Grunde gar nicht – sie getrauen es sich nur nicht einander einzugestehen. Es gibt also letztlich – nach der Logik von Ferdinand – gar keine Liebenden, sondern nur Verlassene bzw. Liebe heuchelnde Personen. Das häufiger beschworene »Liebesideal« war stets nur Pose: »Vielleicht sollte ich ihnen ihre Liebesleiden gönnen und nicht zu heilen versuchen.« (F, S. 185)

Die Argumentation des Erzählers könnte eine Charakterstudie sowohl Lenchens als auch Karls sein, und die Betrachtung der übrigen Texte belegt sogar, daß sich diese Denkweise wie ein roter Faden durch das Gesamtwerk zieht. Dieser bei Keun weiblich konnotierte Fanatismus in der Liebe gerät zunehmend zur hohlen Phrase, die auf Gehirnwäsche beruht und für die Person keinen Mehrwert besitzt: Lenchen schließlich entwickelt den Wunsch, einen Mann, der weder als erotischer Liebhaber oder väterlicher Freund und Beschützer, noch als Versorger taugt, davon »zu überzeugen, daß sie weder ein leichtsinniges Mädchen [ist], noch unfähig zu lügen.« (D-Zug, S. 31) Die Maske der Außenlenkung ist hier (1937) vollständig funktionslos geworden: in Lenchen zeigt sich die Armseligkeit der Kreatur, die hinter der von Lethen beschriebenen *kalten persona* lauert; die fehlschlagende Konzeption der Figur demonstriert, daß die tradierten Geschlechterrollen und Liebeskonzepte für beide Teile dysfunktional geworden sind.

Dagegen stehen im zweiten Exilroman isoliert gelungene Passagen, die den Liebesdiskurs versachlichen, beispielsweise die Umschreibung der pornographischen Postkarten: »Sie stellten Vorgänge des menschlichen Liebeslebens dar.« (D-Zug, S. 29) Hier wird Erotik in ihrer medialen Verarbeitung vorgeführt und im wörtlichen Sinn greifbar gemacht, die Liebe verflacht zum medizinisch-wissenschaftlichen Diskurs. In ähnlich konturierter Form wird Keun die Themen Liebe und Erotik in ihrem letzten Roman gestalten. *Ferdinand, der Mann mit dem freundlichen Herzen* verbindet den Zu-

---

[60] Diesem Satz liegen authentische Erlebnisse zugrunde: Keun ging regelmäßig allein in Lokale um sich zu betrinken, und hat möglicherweise Vergleichbares des öfteren gehört. Im literarischen Umgang mit dieser Erfahrung von Frauendiskriminierung und -benachteiligung zeigen sich die ambivalenten Spuren in der eigenen sozialen Identität.

stand des Verliebtseins mit dem Essen: »In früheren guten Zeiten hat mich mal eine unglückliche Liebe geradezu gefräßig gemacht« (F, S. 49), oder er fungiert als zynischer Analytiker des weiblichen Liebeslebens: »Vielleicht reizt es Johanna, die erste Frau zu sein, die an einem Nudelfabrikanten zugrunde geht. Vielleicht lechzt ihr Unterbewußtsein nach dem Mut zur Lächerlichkeit.« (F, S. 62). Hier finden wir ein ähnliches Motiv wie in den frühen Romanen Keuns und Marieluise Fleißers: die Liebe als Sport – »Mut zur Lächerlichkeit« erinnert an Mut zum Risiko.[61]

Warten ist ein Hauptgefühl – und der Liebesdiskurs erschöpft sich letztlich in der Kontemplation eines Dramas – nicht in einem »echten« Erleben: »Fräulein Kolbe fühlt sich zu Johanna hingezogen. Sie findet Johanna lasterhaft und wartet fasziniert auf den Augenblick, an dem sich Johannas lockere Lebensauffassung bitter rächen wird.« (F, S. 63) Eine Intensivierung, die im völligen Gegensatz zur »ereignislosen« Gegenwart steht und somit natürlich ins Leere läuft (F, S. 64). Ähnlich wie im *Kunstseidenen Mädchen* geht Keun auch hier mit den Begriffen »erste große Liebe« und Moral um: »Die bürgerliche Moral verlange von einer Frau Tugend und Reinheit und stelle strenge Gesetze auf.« (F, S. 66) Doch nicht die bürgerliche Moral ist Teil des textinternen Diskurses, sondern ihre Karikatur, bzw. ihr Rest im kulturellen Gedächtnis. Zugleich leben die Figuren selbst diese verbliebenen Klischees. Der mentalgeschichtliche Kontrast zwischen den späten vierziger bzw. frühen fünfziger und den zwanziger Jahren des 20. Jahrhunderts ist an keiner Stelle so deutlich wie in den kontrastierenden Bildern der Schlagermusik: »Jemand singt ›Küß' mich nochmal um Mitternacht‹. Die Stimme klingt höflich, als bitte jemand im Hotel das Zimmermädchen um ein frisches Handtuch. Ich bekomme Sehnsucht nach einem ungarischen Stehgeiger mit dunkler Schmalzlocke, der den Damen in die Ohren fiedelt und in den Ausschnitt sieht. Feurig und diskret.« (ebd.)

---

[61]   Zum Wesen des Sports und seiner soziokulturellen Bedeutsamkeit während der Zeit der Weimarer Republik vgl. vor allem den Essay von Marieluise Fleißer *Sportgeist und Zeitkunst. Essay über den modernen Menschentyp* von 1927: »Was ist Sportgeist? Echter Sportgeist ist die aggressive Einstellung eines Menschen zu seinem eigenen Körper, wobei er an Hand bestimmter schwer zu erreichender Leistungen die Linie seines natürlichen Körperwiderstandes durch seinen Willen zurückzudrängen versucht. […] Der Mensch geht sozusagen eine vorübergehende chemische Verbindung mit einem Wesen anderer Dimensionen ein.« (Dies. in: Gesammelte Werke, Bd. 2. Hg. v. Günther Rühle. Frankfurt a. M.: Suhrkamp ²1983 [1972], S. 318f.). Im Rahmen seines Habilitationsvorhabens über den Sport in der Literatur urteilt Michael Gamper – schließlich mit Bezug auf den Roman *Mehlreisende Frieda Geier*. »Marieluise Fleisser hat 1927 den Text Sportgeist und Zeitgeist […] verfaßt, der sich am zeitgenössischen Sportdiskurs orientiert, Pathos und Terminologie des Expressionismus mit der Brechtschen Hochschätzung des Sports vereinigt und den ›Sportsmann‹ als ›Repräsentant des modernen Zeitgefühls‹ begreift. […] Körperlichkeit erscheint im Roman-Text von Fleisser zunächst als sexuelle Anziehung. Eigentlich liegt zwischen Gustl Amricht […] und der Mehlreisenden Frieda Geier […] ein Graben […]. Die Einsicht in die Getrenntheit entfaltet ein Faszinationspotential, das die beiden antreibt, im Zeichen von Liebe und Sport die Grenzen zwischen sich zu überschreiten.« (Michael Gamper: Wiederholung der Wiederholung. Sport-Literatur als Diskurskritik. www.entwuerfe.ch). Für Keuns Protagonistin Johanna im Nachkriegsroman *Ferdinand* hingegen geht die sportliche Veranstaltung in der fortwährend wechselnden Inszenierung ihres Körpers auf; diese markiert die Verteidigung der »selbstgezogene[n] Grenze« (G, S. 113), welche die Liebesbeziehung von vorn herein als Farce entlarvt. Die Verkleidung des Körpers wird hier schließlich in die Nähe des Karnevalesken gerückt; die Inszenierung des Komischen, bisweilen Lächerlichen gerät zur sportlichen Darbietung.

4.3 Erzählte Gegenwart – Erzählte Geschichte: Brüche in der ästhetischen Vermittlung

Den bislang überzeugendsten Grund für Irmgard Keuns »Abbruch« des Schreibens, bzw. ihr zunehmendes Vergessenwerden nach der Gründung der Bundesrepublik liefert Stephan Braese in dem 1998 unter seiner Herausgeberschaft erschienenen Sammelband *In der Sprache der Täter*, in welchem er sich als erster ausführlich mit dem historischen und ästhetischen Stellenwert von Keuns Nachkriegstexten befaßt.[62] In seiner Arbeit stellt Braese Keuns Ästhetik der Satire, welche auf einer Aneignung und Parodierung der »Tätersprache« beruht, der Einfühlungsästhetik einer Gruppe 47 gegenüber.[63] Keuns Satire mußte im selben Moment unwirksam werden, als sie die bereits angelaufene Schuldverdrängung im Nachkriegsdeutschland konterkarierte. Noch rezipierte sie zwar die Hörerschaft des Nordwestdeutschen Rundfunks – ihre Funktion jedoch hatten die Satiren verfehlt: »eine meßbare Nachfrage nach ›Hilfe‹ durch ›rasiermesserscharfen Spott‹ blieb aus«.[64] Braese zitiert Keuns Briefe an Hermann Kesten aus den Jahren 1946 und 1947, analysiert auf diesem Hintergrund die Funktion der Nachkriegssatiren sowie ihren Roman *Ferdinand, der Mann mit dem freundlichen Herzen* und stellt abschließend fest:

> Keun hatte keinen Zweifel gehabt, daß solche poetische Erinnerungsarbeit in der ›Sprache der Täter‹ möglich sein müsse. Wohl mochte ihr jenes ›moderne‹ Bewußtsein dieses Begriffes fehlen, das die […] großen erinnerungspoetologischen Arbeiten jüdischer Autoren deutscher Sprache […] bestimmt. Doch steht Keuns Schreiben gerade für die Erfahrung ein, in welcher Intensität noch diesseits dieser modernen Anschauung die Sprache der Deutschen als Medium der NS-Verbrechen wahrnehmbar gewesen war. (Braese, S. 78)

Das gängige Rezeptionsmuster, das Keun als scharfsichtige, humoristische Chronistin ihrer Zeit und ihres Alltags beschreibt – als eine Autorin, der jedoch – so betont auch Braese – ein »›modernes‹ Bewußtsein[65] in der Sprache noch weitgehend fehlte – erweckt wiederum den Anschein, mithilfe der sozialhistorischen Methoden sei die Bedeutung ihrer Texte weitgehend und richtungsweisend entschlüsselt.[66] Dies verstellt den Blick auf die ästhetische Seite, den Kunstcharakter der Texte. Braeses Analyse steht dennoch auf der Schwelle zu einem neuen Verständnis von Keuns Schreibweise: Obwohl Irmgard Keun keine »hermetische« Prosa im Sinne Paul Celans oder Ingeborg

---

[62] Stephan Braese: Irmgard Keun im Nachkriegs-Deutschland. In: In der Sprache der Täter. Hg. v. Stephan Braese. Opladen: Westdeutscher Verlag 1998.
[63] Ebd., S. 60ff.
[64] Ebd., S. 50f.; Zitat S. 77
[65] Ebd.
[66] So geht der Entwicklung dahin, die literarischen Brechungen zeitgenössischer Typologien und Folien – hier vor allem *Neue Frau*, Technik und Medien – detailliert in den Blick zu nehmen. Es sind zumeist komparativistisch sowie intertextuell verfahrende Arbeiten, die neben ihrer sozialhistorischen Provenienz auch den Trend zu diskursanalytischen Methoden erkennen lassen. Herangehensweisen, welche die Texte stärker in die Literaturtradition einbinden und auf ihre Literalität eingehen, sind eher selten, oder solche Hinweise erfolgen sporadisch. Die amerikanische Forschung ist neben den sozialhistorischen Aspekten nach wie vor von einem Blick auf die spezifischen psychischen Befindlichkeiten der *Neuen Frau* innerhalb der sozialen Situation in der Weimarer Republik gekennzeichnet. Immer noch widmen sich nur wenige Analysen den späten Texten von Irmgard Keun.

Bachmanns schrieb, setzen ihre literarischen Interpretationen der Nachkriegszeit die emotionale Befindlichkeit ihrer Protagonisten nicht als Möglichkeit zur Verständigung und Annäherung zwischen Leser und gestaltetem Zeitabschnitt ein. Sie etablieren eine Position der Differenz.[67] Die Heterogenität der Erzählmuster und -stile, welche bereits die frühen Erzählungen Keuns auszeichnet und welche auch die Darstellungen von Zeitgeschichte, Historie sowie deren innerliterarische Reflexionen bestimmt, ist ein Ansatz, die Präsentation und Wertigkeit des Geschichtlichen neu auszuloten. So wird die Zeitgeschichte in allen Texten durch alternierende ästhetische Praktiken vermittelt und somit auch zu einem selbstreflexiven Gegenstand. Die parodierende Sprachmimesis, die in dieser Arbeit ausführlich analysiert wurde, ist nur eine Methode Keuns: eine andere ist die metaphorische Verschlüsselung von historischen Zusammenhängen. Eine damit einhergehende Auffälligkeit insbesondere der späteren Irmgard Keun ist das zunehmende Hervortreten von historischen Differenzen in der Ästhetik – der literarische Anachronismus avanciert von einer zunächst marginalen Finesse zu einem literarischen Hauptmerkmal.[68]

Irmgard Keuns Texte errichten oftmals Assoziationsketten um zeitgenössische Ereignisse und Sachbestände der Alltagskultur, die den unkundigen Leser auszuschließen scheinen, während sie den wissenden Leser ins Vertrauen ziehen, ihm die Möglichkeit eröffnen, einen ihm bekannten Tatbestand aus einer Perspektive zu erleben, die seine Undurchschaubarkeit imaginiert:

> Und ich erfuhr, daß große politische Franzosen angekommen sind vor mir, und Berlin hatte seine Massen aufgeboten. Sie heißen Laval und Briand. [...] Und machte noch einen Versuch und fragte, ob Franzosen und Juden dasselbe wären und warum sie Rassen sind und von den Nationalen nicht gemocht werden wegen dem Blut [...]. (DkM, S. 46f.)

Die parataktischen Reihungen gleichen einem Würfel[69] mit Seitenumbrüchen. Der Text setzt auf die Simultanität von Erleben und Reflektieren – und blockiert zugleich Kohärenzbildung sowie Sinnstiftung – in dem Maße, wie die Erzählerin die Sprache, das Medium zur Vermittlung historischer Sachverhalte, nicht beherrscht, erscheint auch der Inhalt als Rätsel. Zugleich eröffnet diese Technik die Möglichkeit, den aus der Nähe betrachteten Gegenstand in kindlicher Manier zu »begreifen«, ihn gleichzeitig aus unterschiedlichen Perspektiven wahrzunehmen und zu erzählen – einschließlich der Möglichkeit, daß eine leicht veränderte Sicht den erzählten Gegenstand als einen

---

[67] Darunter fällt auch der Aspekt der »inszenierten Naivität«. Weiterhin wird auch hier wieder Oesterles Verständnis der Karikatur wirksam: »Ein künstlerisches Verfahren ist gefragt, das sich auf die Gegenwart und das moderne Leben sympathisch einlassen kann, um es zugleich polemisch zu destruieren. [...] Die Karikatur ist das Modell, an dem [...] entwickelt [wird], wie der anvisierte Naturalismus durch Erinnerung gebrochen und gefiltert, der angestrebte Surnaturalismus dagegen durch die subversive Kraft der Ironie verfremdet wird.« (Oesterle, S. 285).

[68] Braese sieht hierin unter anderem die »Sprache der Täter« umgesetzt (ebd., S. 48). Als Referenztext zieht er Hermann Kestens Kritik zu *Ferdinand* heran (ebd., S. 73).

[69] Auf die Struktur des Würfels, welcher bei einem raschen Seitenwechsel eine labyrinthische Bewegung erzeugt, nimmt auch Hans Janowitz in *Jazz* Bezug – zum einen zur Veranschaulichung einer rätselhaften Figur und ihrer diffusen Identität (Mr. Astragalus – Mr. Würfel), zum anderen indirekt zur Charakterisierung der Jazzmusik und des Tanzes: »[...] daß das Oberste wiederum zu unterst und das Unterste zu oberst zu liegen kommt, um immer neu von oben nach unten und rechts nach links und links nach rechts, quer hinauf und quer hinunter gewirbelt zu werden.« (Jazz, S. 76).

vollkommen anderen erscheinen läßt. Das Fragmentieren bzw. Umbrechen eines Su-
jets in einander fremde und widersprüchliche Einzelheiten, sowie das Löschen der bewußten Sinnstiftung bringt die Geschichte als das fremdgewordene Rätsel hervor, das
es für die individuelle Erfahrung letztendlich war und ist.

Objekte und Personen in Keuns Erzählungen geraten oftmals von scheinbar be-
langlosen Requisiten eines Gesamtensembles zu symboltragenden Einheiten, die »Spuren« der Geschichte tragen, über welche dann historische Assoziationen, bisweilen sogar Oppositionen zur erzählten Gegenwart ermöglicht werden. Dieses Erzählen, das an
der Oberfläche der Dinge entlangzugleiten scheint, vermittelt bei genauem Hinsehen
komplexere Zusammenhänge und Strukturen kollektiver Gedächtnisinhalte, wobei
Komik bzw. Verblüffung oftmals dadurch entstehen, daß unvereinbar scheinende Stilebenen parallel geschaltet werden und auf diese Weise ein Gefühl des Anachronistischen erzeugen. So parodiert *Ferdinand, der Mann mit dem freundlichen Herzen* die de-
solate Situation im Nachkriegsdeutschland periodisch durch eine antiquierte »Dichter-
sprache«:

> Durch die türenlose Öffnung zur Küche strömen die Stabhornschen Enkel. Sie
> schaukeln gern an der klebrigen Portiere, die mein Zimmer von Stabhorns Schlaf-
> raum trennt. Nachts höre ich Frau Stabhorn schnarchen. Tagsüber fällt alle zwei
> bis drei Stunden die Portiere herunter. (F, S. 19f.)

Die literaturtheoretischen Überlegungen der letzten Jahrzehnte haben gezeigt, wie eng
Geschichtschreibung und fiktive Narration von ihrer Bedingung des Schreibaktes her
miteinander verwandt sind.[70] Hierdurch wächst rückwirkend auch dem literarischen
Text eine veränderte Wahrnehmung zu: Ebenso, wie Geschichtsschreibung den Regeln
der Narration folgt, enthält das literarische Erzählen spezifische Konstruktionen des
Geschichtlichen, deren Versprachlichung bei Irmgard Keun ich näher in den Blick
nehmen möchte.

Die soziokulturellen Formationen in Keuns Texten sind nicht nur Teil der nach-
weislichen Faktizität und Zeitbezogenheit, sondern sie haben auch eine ästhetische
Funktion: Sie zeigen spezifische, bisweilen befremdliche Befindlichkeiten innerhalb einer historisch eindeutigen Situation. Der Eindeutigkeit faktischer Zuordnungen steht
dabei die Vielschichtigkeit der Spiegelungen und Brüche gegenüber. In den dargestellten Befindlichkeiten zeigen sich Stufen historischer Entwicklung und Fehlentwicklung;
in aufgezeigten und meist wieder verworfenen oder unterminierten Entwicklungsmög-
lichkeiten werden Ansätze von Utopien und kulturgeschichtlichen Alternativen sichtbar, die jedoch erzählerisch nicht stringent durchgeführt werden. Durch die oftmals
ernüchternden oder offen gehaltenen Ausgänge der Romane und Erzählungen wird der
utopische Anspruch innerhalb des Textgeflechtes verwischt und bisweilen unkenntlich
gemacht.

Die Sicht auf die erzählte Gegenwart in Keuns Romanen wird zudem dadurch
dominiert, daß sie den Fokus auf die erlebenden Frauenfiguren legt. Diese Tendenz

---

[70] Vgl. hierzu auch: Hayden White: Literaturtheorie und Geschichtsschreibung. In: Der Sinn des
Historischen. Geschichtsphilosophische Debatten. Hg. v. Herta Nagl-Docekal. Frankfurt am Main: S.
Fischer 1996, S. 67-106: »Unsere Erfahrung von Geschichte läßt sich nicht von unserem Diskurs über
sie trennen.« (Ebd., S. 106).

prägt insbesondere die Bewertung der frühen Romane und erhebt die Figuren Gilgi und Doris mitunter zu Fürsprecherinnen einen ganzen (Frauen)generation:

> [...] Gilgi leaves the Krons and the confines they represent. With her departure, she writes herself out of the »bourgeois dramas« of previous centuries, in which daughters such as Lessing's Emilia Galotti, Schiller's Luise Miller, and Hebbel's Maria Magdalena paid for their adventures with their lives.[71]

Interpretationsansätze, die Irmgard Keuns Romane als Texte festlegen, die Geschichte ausschließlich aus weiblicher Sicht schildern – und damit ist auch schon ein Ursprung für die »befremdliche« Art ihres Blickes benannt – werden immer dann unbrauchbar, wenn es um die Bewertung der späteren Texte geht, die mit dem Muster brechen.[72] Dagegen zeigen die Untersuchungen in Kapitel 3.4 dieser Arbeit, daß die Autorin an »männlich« konnotierte Traditionslinien anknüpft ohne spezifisch weibliche Geschichtserfahrungen zu verleugnen. Durch das Zitat der männlichen Traditionslinie von Seiten der weiblichen Protagonistinnen wird diese einer erneuten Reflexion ausgesetzt, und die Untersuchung zeigt, in welcher Form sich Geschlechterbilder und -konstruktionen literarisch produktiv überkreuzen können.

4.3.1 Erstarrte und bewegte Bilder: Die Vergangenheit als Artefakt in der beschleunigten Gegenwart

Im Kapitel *Das mutterlose girl in der vaterlosen Gesellschaft* wurde dargelegt, wie sehr die Protagonistinnen der frühen Keun, insbesondere die ehrgeizige Gilgi – eher eine Utopie für viele junge Frauen der damaligen Generation denn ein realistischer Lebensentwurf – mentalitätsgeschichtlich der von Gertrude Stein und F. Scott Fitzgerald beschriebenen *Lost generation*[73] angehören. Daß die *Neue Frau* die Geschichte nicht wie einen Klotz am Bein mit sich herumträgt, sondern die Chance hat, sich und ihre Weiblichkeit erstmalig neu zu entwerfen, ist eine Maxime dieser Denkrichtung. Interessant ist bei der Betrachtung dieses Problems ein Blick auf den Text, der ja genau diesen Widerspruch in der Biographie Gilgis etabliert: Der Roman spielt das Bedürfnis nach dem Abstreifen der Traditionen gegen die Suche nach der eigenen Geschichte aus.[74] Die Gegenwarts- und Zukunftsbezogenheit der Protagonistin läßt den Aspekt

---

[71]   Kosta: Unruly Daughters and Modernity, S. 277.
[72]   So hat bereits Irene Lorisika auf die Ambivalenz der Keun'schen Frauenfiguren als Charaktere innerhalb der Handlung hingewiesen: »Keine dieser ›positiven Frauen‹ Irmgard Keuns ist eine intellektuelle Frau, eine Frau, die auch allein leben könnte. Und alle Frauen Keuns richten ihre Hauptbestrebungen entweder auf einen besonderen Mann oder auf die Männer allgemein [...].« (Lorisika: Frauendarstellungen bei Anna Seghers und Irmgard Keun, S. 246).
[73]   Gertrude Stein und F. Scott Fitzgerald parallelisieren die Konzepte von Freiheit und Einsamkeit. Die Beziehung zwischen beiden bleibt jedoch weitgehend ungeklärt. Ist Einsamkeit ein Mittel zur Freiheit? Freiheit scheint Verlassenheit zu implizieren, beide Begriffe sind in dieser Konzeption unlösbar aneinander gekoppelt: Dem Glück der Freiheit steht der Schmerz des Verlassenseins gegenüber.
[74]   Vgl. hierzu auch den Artikel von Irmgard Roebeling: »Haarschnitt ist noch nicht Freiheit«. Das Ringen um Bilder der *Neuen Frau* in Texten von Autorinnen und Autoren der Weimarer Republik. In: Jahrbuch zur Literatur der Weimarer Republik, Bd. 5. St. Ingbert: Röhring 2000, dort insbesondere S. 13: »In den zwanziger Jahren wird der Begriff *Neue Frau* zum Topos, der auf sehr verschiedene

der Vergangenheit zunächst außer acht. Der Roman bringt ihn schließlich als einen Rekonstruktionsakt hervor, zunächst in einer Suche nach den »richtigen« Fakten, dann als eine durch andere Figuren eingeführte Erzählung – letztlich als fremde Biographie, die von außen an die Person herangetragen und von ihr nicht integriert wird, sondern sie in einen Sog der Entpersonalisierung hineinzuziehen droht: »Und da sagtse, daße mit ihre Tochter son Mallör hätt [...]. [...] Un das Wurm war bei mir, son mickriges Ding, un bekam die Flasche.« (G, S. 34f.) So ist *Gilgi – eine von uns* nicht nur aufgrund der Gestaltung von Lebensgefühlen einer jungen Generation ein Zeitroman, sondern ebenso durch sein besonderes erzählerisches Verhältnis, das er zur Vergangenheit sowie zum Thema der Figurenbiographie einnimmt. Diesbezüglich fällt auf, daß im Bewußtsein der Protagonistin beides fehlt. Sie zeigt kein Interesse an der Historie:

Gilgi ist auf dem Heumarkt angelangt, vor ihr liegt der Rhein. Sie schwenkt rechts in die Seitenstraßen. Dufte Gegend. Enge Gassen, schmale gebrechliche Häuser. Sie kommt auf den Alten Markt, ein zauberhaftes Stückchen Mittelalter liegt vor ihr, aber Gilgi hat weder sonst noch heute sonderliche Vorliebe für Mittelalter. [...] Gilgi tippt Herrn Mahrenholz' Kriegserinnerungen. Eine langweilige, uninteressante Arbeit – findet sie. (G, S. 36/66)

Ob es sich nun um die Architektur Kölns und ihre Geschichte handelt oder um die Kriegserlebnisse des ehemaligen Offiziers – für die Protagonistin bleiben sie Abstrakta – deutungs- und bedeutungslose Zeichen: »bißchen Degengerassel – ganze Kompanie halt! Hin und wieder philosophische Betrachtungen, die Gilgi nicht imponieren, obwohl sie ihr unverständlich sind.« (G, S. 67) Zugleich bildet die Architektur jedoch das deskriptive Umfeld der Erzählung, in das auch die Protagonistin eingebettet ist: der Konservatismus Kölns steht den scheinbar fortschrittlichen Lebenskonzepten gegenüber, die durch Gilgi repräsentiert werden, und macht sie stellenweise schon im Vorfeld der Liebesaffäre unwirksam, indem er ein quantitatives (wenn auch durch die Behandlung der Erzählerstimme nicht qualitatives) Gegengewicht errichtet. Gilgis Diskurs erweist sich im Verlauf der Erzählung dann auch als wesentlich konservativer, als ihre anfängliche Haltung vermuten läßt. So bemüht sie für ihr regionales und nationales Zugehörigkeitsgefühl, das sie rational nicht zu fassen vermag, das Konzept der Mutterliebe:

Trauriges Land, sagst du? Martin, ich habe mich schon auf der Schule geschämt, wenn ›Deutschland, Deutschland über alles‹ gesungen wurde – so ein widerwärtiges Lied – so fett zu denken, den ganzen Mund voll Lebertran. [...] Häßliches Land! Vielleicht. Aber eine Mutter liebt ihr Kind ja auch, wenn's furchtbar häßliche krumme Beine hat [...]. (G, S. 92)

Während Mutterliebe innerhalb der Handlung problematisiert wird, indem sie diese vornehmlich an soziale und nicht an biologische Fakten bindet, wird sie im Diskurs Gilgis zunehmend als ein zeitloses und unhintergehbares Faktum verbalisiert und wieder enthistorisiert – insbesondere in den immer abstrakter werdenden inneren Mono-

---

neue Frauenbilder als Leitbilder für reallebende Frauen der Zeit wie auch als idealtypische Konstruktionen in der Literatur verweist.«

logen der Protagonistin: »die undurchschnittene Nabelschnur – Band an die dunkle
Welt.« (G, S. 141) Hier etabliert der Roman eine kulturpessimistische Haltung: Das
aufgeklärte und fortschrittsgläubige Bewußtsein kann nur solange standhalten, wie es
nicht vom »Unbewußten« – besser: vom Biologischen überrollt wird: »Immer wirrer
wird das dunkle Knäuel ihrer Gedanken.« (G, S. 140) Die Textstruktur hält den Zwiespalt aufrecht: Mutterliebe als positive, wenn auch konservative Utopie kontra erotische Bindung als Vernichtung des Sozialen und Geschichtlichen. Der integrative Aufbau des Textes, seine Eigenart, zeitnahe Ideologeme und Strömungen aufzunehmen
und sie sprachlich neu zu konstruieren, bisweilen aber auch zu repetieren ohne sie einer Reflexion zu unterziehen, veranlaßt Hiltrud Häntzschel zu einem Tabubruch, der
wegweisend für eine weitere Beschäftigung mit Irmgard Keun werden könnte: Sie stellt
einen intertextuellen Bezug zu völkischer Literatur, wörtlich zu Ina Seidels Roman *Das
Wunschkind* von 1930 her, der sich in Textstellen wie der folgenden ablesen läßt: »Warum das Gesetz der Nacht im Blut – der ewig verlangende Schoß [...].« (G, S. 171)[75] –
eine Sprachebene, die Keun im Folgeroman nur noch ironisch verwendet: »[...] wo er
noch dazu so unanständige Worte gebraucht hat wie nackt und mein Blut drängte
[...].« (DkM, S. 17)

Irmgard Keun läßt ihre Protagonistin den Sachverhalt auf den Punkt bringen, der
neben seiner handlungsimmanenten Bedeutung auch ein Dilemma des Romans demonstriert: »Warum habe ich keine Worte – kein Wort trifft zutiefst hinein [...].«[76]
(G, S. 141) Gilgi liefert ebenfalls den möglichen Grund für den vielfältigen Zitatcharakter des Textes nach, der aus den Fragmenten einer expandierenden Medienland-
schaft angeordnet ist, ohne sich noch oder schon eines Überblickes bemächtigen zu
können: »Die Alten! [...] Ach, und die haben sich und uns überfüttert mit ihren fetten
Worten und ihrem ewigen Gequatsche.« (G, S. 69) Hier schreibt eine Generation, die
selbst im Kreuzfeuer literarischer und journalistischer Kritik steht: »Entweder sie
schimpfen auf die neue Generation oder verherrlichen sie – in jedem Fall: Wenn wir
unter dreißig uns nur halb so wichtig nähmen, wie die uns nehmen – wir wären schon
allesamt erstickt an unserem eigenen Größenwahn.« (ebd.)[77]

Keun schreibt Texte ohne Machtansprüche – Texte, die ein Signum für die mentale Überforderung der sehr jungen intellektuellen Generation im Umgang mit der Historie und ihrer zeitgenössischen Vertextung sind und zugleich den Versuch demonstrieren, sich die eigene Epoche sprachlich anzueignen, indem sie ihre Diskurse schreibend erproben.[78] Der Kontrast von Gegenwart und Vergangenheit manifestiert sich in

---

[75] Häntzschel, S. 31. Der Roman endet mit einem Antagonismus: Gilgi reist nach Berlin, und sie bekommt ein Kind. Wiederum Tatsachen, die an die soziale Realität gemahnen, aber auch ideologisch
besetzte Antipoden transportieren: Großstadt und Mutterschaft. Hierzu Lethen: »Rituale, Gesten und
Lebensstil schreiben sich als Spur der Trennung in die Welt der Fusionen ein: in die Vorstellungs-
räume der Geburtserinnerungen, der Hoffnung auf einen geschlossenen Lebenszyklus, des Verlangens
nach Vertrautheitssphären, des Lobs der Wärmezonen und des Hangs nach Ursprungsmythen. Die
Aufspaltung in die extremen Sphären von Schmerz und Fusion ist verhängnisvoll, weil sich um beide
Pole politische Lager bilden und festschreiben.« (Verhaltenslehren, S. 133f.).
[76] Die Kritikerin Ritta Jo Horsley macht diesen Satz sogar zum Titel ihres Aufsatzes, der in dieser Arbeit bereits mehrfach angeführt wurde. (Ritta Jo Horsley: »Warum habe ich keine Worte? ... Kein
Wort trifft zutiefst hinein«. The Problematics of Language in the Early Novels of Irmgard Keun).
[77] Die Gleichsetzung von Gilgis Aussage und Irmgard Keuns Schreibsituation ist hier gerechtfertigt,
weil Autorin und Protagonistin ein und derselben Generation angehören.
[78] Der Text bringt beispielsweise die Frau aus ihrer Objektrolle innerhalb der Geschichte heraus,
wenn er Gilgi folgendes äußern läßt: »An dich hab' ich geglaubt, Junge – an deine Fähigkeit, gerecht

Keuns Roman *Gilgi – eine von uns* in antagonistischen Bildern: Während sich die erzählte Gegenwart derart prozeßhaft und dynamisiert präsentiert, daß nahezu jede Entwicklung innerhalb der Handlung möglich scheint,[79] so zeichnet sich die Gestaltung
der Vergangenheit durch Erstarrung aus: »Na, aber wenigstens zu dem alten Petrefakt
brauchtest du doch nicht mehr!« (G, S. 84) Alle Figuren, welche einen Vergangen-
heitsbezug erlauben, erscheinen dem Leser tatsächlich wie die Versteinerungen von
Tieren und Pflanzen, wie Wachsfiguren in einem Panoptikum, die vom Besucher mit
Befremden registriert und bestaunt werden (G, S. 7f.).[80] Inhaltsleere spiegelt auch die
Beschreibung der Zier- und Kultgegenstände wider: hier werden Symbolträger deutscher Selbstgefälligkeit in einem Aufriß dargeboten und ridikülisiert, die bereits zu verbrauchtem Material entwertet sind und in ihrem nunmehr musealen Charakter zu
»Monumentalbild[ern]« (G, S. 7) geronnen sind. Um zu zeigen, wie das kulturelle Gedächtnis der Krons strukturiert und determiniert ist, bedarf es keiner Erläuterungen,
lediglich einer »Bildbeschreibung«, einer Bestandsaufnahme. Der Umgang mit der Geschichte durch Frau Kron beschränkt sich auf die additive Geläufigkeit von Namen
und Würdenträgern; in einer Selbstverständlichkeit, die sich jeder Befragung entzieht,
dienen sie subtil der eigenen Identitätsbildung – und sind doch schon Geschichte zum
Zeitpunkt des Erzählens: »Washington, Ziethen, Bismarck, Theodor Körner, Napo-
leon, Peter der Große und Gneisenau verschwimmen für sie zu einem.« (ebd.) Das dieser Szenerie als Gesamt übergeordnete Losungswort lautet: *Patriotismus* (vgl. ebd.). Die
Vorstellung von der (deutschen) Geschichte als Ganzem ist in ein Rechteck eingefaßt –
ein Petrefakt – und verharrt im verschlossenen Raum.

Auch Gilgis »Portrait« gerinnt hin und wieder zu einer solchen Momentaufnahme,
tritt sie eingereiht in die Familie ihrer Pflegeeltern auf: »Trautes Heim – Glück allein.
Die Familie ist beisammen. Vater, Mutter und Tochter.« (ebd.) Stellenweise knüpft
ihre Gestaltung an das Bild der Hausfrau an – erinnert aber bereits an die medialen
Verarbeitungen auf Werbeplakaten: Gilgi, die den küssenden Bruder von Olga vergißt,
legt ihre Hingabe nun in den Akt des Waschens und Spülens: »Gilgi [...] befaßt sich

---

zu sein. – Laß dich begraben mit deinem ganzen Sozialismus und deinen Weltverbesserungsideen,
wenn du zu denen gehörst, die's einer Frau übelnehmen, wenn sie durch Gott weiß welchen Blutszu-
fall nicht mit ihnen schlafen will.« (G, S. 114).
[79] Diese Ästhetik des Antagonistischen findet ihr Pendant in politischen und soziologischen Schriften
des frühen 20. Jahrhunderts. In seiner Monographie *Das Webersche Moment. Zur Kontingenz des Politischen bei Max Weber* schreibt Kari Palonen: »Das Webersche Moment bedeutet einen Stellenwechsel
der Kontingenz. [...] Das Verhältnis des Regelmäßigen und des Zufälligen bei Weber kann nun so
präzisiert werden, daß das Regelmäßige normal geworden ist, daß es aber das Zufällige nicht abschaffen kann und selbst von kontingenten Voraussetzungen abhängig ist. [...] Gegen den Hintergrund
der universellen Bürokratisierung blieben die Weberschen Handlungskategorien keine bloßen philosophischen Thesen, denen man zustimmen konnte oder nicht. Sie wurden zu Gegenbegriffen gegen
eine dominierende Tendenz, gegen die Weber trotzdem Handlungsspielräume und auch strategische
Möglichkeiten aufzeigt, die Brüche in der Universalisierung der Bürokratie sichtbar werden lassen.«
(Ders. Opladen: Westdeutscher Verlag 1998, S. 209/215).
[80] Vgl. hierzu: Joseph Roths Text *Panoptikum am Sonntag* von 1921: »Es war, als ob der Sonntag, zu
dem sie ausgezogen waren, ausgefallen sei. An seiner Stelle befand sich eine Art verregneter und trüber
Lücke [...] in die verlorenen Spaziergänger umherschwankten, geisterhaft und körperlich zugleich
und alle wie aus Wachs. Mit ihnen verglichen waren die wächsernen Puppen im Musée Grevin auf-
richtigere Imitationen. Die Gestalten der Geschichte und die bescheinigte Authentizität ihrer Gesichter [...] die unheimliche Stummheit, die lebende Zeitgenossen und längst Verstorbene gleichmäßig
ausströmten [...].« (In: Joseph Roth: Orte. Leipzig: Reclam 1990, S. 7). Hier erscheinen Menschen
und Geschichte als verschlossene Räume in einer zeitlichen »Lücke«. Es gibt zu beidem keinen Zugang
– aber es führt auch kein Weg heraus.

hingegeben mit Lux-Seifenflocken, waschledernen Handschuhen, Kragen und Seiden-
bluse.« (G, S. 7) Fragmentierte Informationen geben schließlich Aufschluß über Zeitgeschichtliches, gefiltert durch das Bewußtsein eines »typischen« Zeitungslesers:

> Ein anständiger Mensch kann unmöglich ein vergnügtes Gesicht machen, wenn er
> liest: Polnische Infanteristen auf deutschem Boden. Schweinerei sowas. »Europäi-
> sches Manifest«: Briand legt der Schlußsitzung des Europaausschusses eine Kund-
> gebung für den europäischen Frieden und Wiederaufbau vor. Die nachfolgenden
> Ausführungen begreift Herr Kron nicht ganz – ein Grund, doppelt sorgenvoll zu
> blicken. (G, S. 8)[81]

Der Lesakt von Herrn Kron ist der Anlaß für die Erzählerstimme, Zeitgeschichtliches
zu berichten. Geschichtliche Erfahrungen existieren nicht oder kaum in diesem Roman, und wenn sie statthaben, werden sie bereits in ihrer medialen Abgefaßtheit antizipiert: »Und tonlos und stockend erzählt Gilgi dem Freund, was heute abend in der
Zeitung stehen wird, erzählt noch ein bißchen darüber hinaus...« (G, S. 167) Der Versuch, Geschichte in ein »Rechteck«[82] einzufassen, mißlingt. Tradierte Auffassungen, die
im Untergrund des Bewußtseins weiterwirken, obwohl »man« modern zu sein glaubt,
ziehen sich durch den gesamten Text und sind nicht an Personengruppen gebunden:
»Gilgi hat das *dunkle Empfinden* [Hervorhebung von mir], daß ein Mädchen, das seine
Strickjacke sauber stopft, nicht Straßendirne zu sein hat.« (G, S. 39) Nirgends wird die
Diskrepanz zwischen dem Bewußtseinsstand der Figuren und den Anforderungen der
sozialen Realität so deutlich wie in diesen beiläufigen Sätzen und Gedanken. Es gibt
auch keine Antwort auf das, was *ist* (ebd.) – eben weil die geschichtlichen, sozialpoliti-
schen Zusammenhänge nicht ausreichend durchdrungen werden können, die Wahrnehmungen durch tradierte Auffassungen strukturiert und blockiert sind. Die Beunruhigung durch das, was ist, provoziert einen Denkvorgang, der durch unreflektierte
Emotionen determiniert ist und deshalb nicht wirksam werden kann, sondern sich gegen sich selbst zu richten beginnt.[83] Es ist aber eben nicht ihr »Schicksal«, ihre

---

[81] Johanna Schorm hat nachgewiesen, daß die zitierten Schlagzeilen aus dem Kölner Stadtanzeiger
authentisch sind: »Leider konnten die Schlagzeilen wegen fehlender Bestände nicht im *Stadtanzeiger*
verifiziert werden, jedoch belegen die Überschriften in der Morgenausgabe der *Kölnischen Zeitung* vom
22.1.1931, die nur geringfügig von den zitierten Schlagzeilen abweichen, daß es sich hier um authen-
tisches Material handelt.« (Johanna Schorm: »Heimat ist da, wo man gut behandelt wird.« Großstadterfahrung und Regionalität in den frühen Romanen Irmgard Keuns. Magisterarbeit unveröff. 1998, S.
23).
[82] Ein Bild von der täglichen Datenflut, die, in ein »Rechteck« eingefaßt, rasch zu Altpapier wird,
zeichnet folgende atmosphärische Szene aus *Das kunstseidene Mädchen*: »Es standen verheiratete Betten, und auf einem war Zeitungspapier in Mengen gebreitet, wegen der Motten und ohne Stimmung.« (DkM, S. 54) In *Ferdinand, der Mann mit dem freundlichen Herzen* schließlich ist das Vergessen von Geschichte(n) über folgende Metapher gestaltet: »Was bringen eigentlich unsere gängigen
Nachkriegszeitschriften? Ich kann mir kein einheitliches Bild machen, denn meine Lektüre be-
schränkte sich bisher nur auf das zerkleinerte Zeitungsmaterial, das als Klo-Papier auf dem Flurklosett
hängt. Derartige literarische Fragmente können reizvoll sein, aber auf die Dauer hinterlassen sie doch
nur eine etwas oberflächliche Bildung.« (F, S. 34) Die heiratende Prinzessin Elisabeth (ebd., S. 35) ist
ein dennoch Thema für »weite Leserkreise« (ebd.): Der Boulevardjournalismus hat die Funktion von
Literatur, Geschichte(n) zu erzählen, übernommen.
[83] Gilgi imaginiert an einer Stelle ihre Existenz als reversiblen Prozeß – gebunden an biographische
und sozialhistorische Zufälle: »Wenn die Krons sie nun nicht adoptiert hätten, wenn sie von der
Täschler aufgezogen worden wäre, hinten in der Thieboldsgasse, wenn sie – man lieber gar nicht dran
denken ---« (G, S. 39) Bewußt wird die letzte Variante, die Abtreibung durch ihre Mutter, nicht aus-

»Schuld«, wie Gilgi es nennt, sondern der fehlende Einblick in Zusammenhänge, die man aus einer Position der historischen Distanz überhaupt erst erkennen kann.

Der Roman erzählt nicht nur Zeitgenössisches aus der Endphase der Weimarer Republik, sondern er erzählt Gründerzeit, Jahrhundertwende, Vorkriegszeit in Fragmenten mit. Die Proletarierin Täschler ist in diese Periode, von der nichts als Verfall geblieben ist, einzuordnen:

> Fräulein Margarete Täschler, Damenschneiderin, zweimal schellen, man muß sie ansehen, Gilgi – man ist hergekommen, um sie anzusehen. [...] Dame ohne Unterleib [...] Das ist sie. Sie ist mager und vertrocknet, und ein Gesicht hat sie gar nicht, das hat sie verloren. Sie hat eine Bademütze auf dem Kopf, graugelbe Haarsträhnen hängen darunter hervor. (G, S. 28)

Die Bilder von Fräulein Täschler und der Probierpuppe »ohne Unterleib« überlagern sich in der Szene: durch diese Verdichtung wird suggeriert, daß Fräulein Täschler keine eigenen Kinder hatte. Im Blick Gilgis wird ihr das Gesicht ausgelöscht, ihren Kopf muß sie verstecken. So ist ihr Körper bereits bildhaft fragmentiert, wenn nicht gar getötet, auf einen Torso reduziert. Übrig bleiben ihre Stimme und die »Hexenfinger« (ebd.), die Gilgi »an der Taille rumfummeln«, sowie ihr »übelriechender Atem« (G, S. 29). Sie wird zum Gespenst, zu einem Signifikanten des Todes und der Verwesung. Zugleich macht die Erzählerin deutlich, daß dieses Schreckensbild eine Angstphantasie Gilgis ist. Die Geschichte von Fräulein Täschler wird über ihren Körper bzw. die Zerstörung ihres Körpers erzählt sowie über den Kontakt zu Gilgi. Das Geschichtsbewußtsein der Hauptfigur ist ebenso fragmentiert und zersetzt wie der Körper Fräulein Täschlers. Die Romantisierung der Gründerzeit im Modemagazin von 1931: »[...] die schöne Großmama schreibt ihrer Enkelin [...]« (ebd.) muß im Kontrast mit dem Zimmer und Gilgis erster Ziehmutter zynisch erscheinen, zugleich appelliert sie aber an das gängige Bild der Vorkriegsära in den Köpfen der Menschen: »Karneval, ach, der war zu unserer Zeit noch toll und köstlich [...].« (ebd.) Das Schicksal des Proletariats ist hier keine Erzählung, kein geschichtlicher Prozeß, sondern ein bildhafter Zustand, und selbst wenn die Autorin später Fräulein Täschler sprechen läßt (G, S. 33ff.), so ist ihre Sprache von den zuvor produzierten Bildern bereits überlagert. Der Horizont des Lesers ist auf weiten Strecken mit der Wahrnehmung der jungen Protagonistin verschmolzen. Andererseits läßt Gilgi sich von Fräulein Täschler »Maß nehmen« (G, S. 29). Der Körperkontakt, bei dem Gilgi durch diese lebende Leiche vermessen wird, enthält ein unbewußtes Verhältnis zur Vergangenheit. Die Ziehmutter unterliegt ihrer eigenen gebrochenen Wahrnehmung, in welcher unschwer der Einfluß

gesprochen. Sie wäre eine naheliegende Möglichkeit gewesen; nur zwei »Glückszufällen« hat es Gilgi zu verdanken, daß sie – erstens – : lebt, und daß sie – zweitens – noch dazu ein bislang unbeschwertes Leben führen konnte. - Diese »Glückszufälle« setzen sich, nüchtern betrachtet, zusammen aus Formen der ethischen Hemmung bzw. der sozialen Intoleranz: Dem Gesetz, das eine Abtreibung verbietet, und der gesellschaftlichen Ächtung einer ledigen Mutter. So lebt Gilgi schließlich in gesicherten Verhältnissen. Die Erzählung macht nachvollziehbar, daß Gilgi teilweise ein konservatives Bewußtsein bewahrt. Doch auch die fortschrittliche Variante, bei der Gilgis Leben wiederum eine Chance gehabt hätte, wird bedacht: Gilgi will sich selbst als ledige Mutter durchbringen und beschließt, ihr Kind nicht abzutreiben. Auf der historischen Achse jedoch muß diese »Utopie« noch über 50 Jahre auf einen gesicherten Platz warten.

der Modejournale erkennbar wird – diese Sicht bricht aber auch mit der Angstphantasie einer geschichtslosen gespenstischen Erscheinung:

> Sie ißt wie eine sehr vornehme Dame mit Messer und Gabel. [...] Fräulein Täschler bestellt einen Cherry Brandy und ist überhaupt so vornehm, daß der Kultusminister oder Hindenburg oder Frau von Kardorff oder ... man kann da nichts vergleichen, denn so was furchtbar Vornehmes gibt es eben seit der Revolution nicht mehr in Deutschland. (G, S. 31 f.)

Das »name-dropping«-Prinzip erinnert an die imaginierten Helden der Geschichte von Frau Kron. Im Gegensatz dazu ist in der »Moritat« von Gilgis Mutter (G, S. 34 f.) ein Stück individuelle Realgeschichte und persönliche Erinnerungskultur enthalten – die bis dahin surrealste Figur der Erzählung stellt für die Protagonistin zum ersten Mal so etwas wie Kontinuität her.

Diese Inszenierungen, verfremdet durch die psychische Verfassung der Figuren, kontrastierten mit formelhaft-theoretischen Formationen, in denen Begriffe wie *Schuldbewußtsein* oder die vitalistische Lebensauffassung durch Gilgi,[84] sowie fragmentarische Wirtschafts- und Sozialdiskurse durch Pit in den Roman einfließen. Zwischen Theorie und erzählter Erfahrung tut sich eine Wissenslücke auf, die nicht geschlossen wird – eine Leerstelle im Bewußtsein der Figuren sowie in der Erzählung. Die »Pluralreden« Gilgis (G, S. 108) sollen diese Lücken füllen helfen.[85]

In Pits »Sozialismus« schließlich offenbart sich der Idealismus und Selbsthaß der Deutschen: »[...] ›ach, du kannst mich lange nicht so ekelhaft finden, wie ich mich finde. Ich bin so voll Bitterkeit und Haß, ich seh' nur noch Ungerechtigkeit und Verbohrtheit.‹ Und dann fängt er wieder mit seinem Sozialismus an [...]« (G, S. 39). Die Abwehr der eigenen Gedanken sowie des Befindens, bzw. ihre sprachliche Unterminierung durch Allgemeinplätze ist die ästhetische Übersetzung eines Krisen*gefühls*: »Jetzt hat sie ihm immer noch nicht ihre Geschichte erzählt, hat auch keine Lust mehr dazu. Die ganze Atmosphäre hier, das Halbdunkel – sie kann's nicht mehr vertragen.« (G, S. 41) Der Text verweist den Leser auf die Kontingenz der individuellen Handlungen, welche auch die Bürokratie von Staat und Gesetzen mitbestimmt: »[...] und der Para-

---

[84] Zu Schuldbewußtsein bzw. *Schuldkultur* und *Schamkultur* vgl. Helmut Lethen: Verhaltenslehren, S. 26ff. Dem Lebensbegriff (G, S. 141f.) steht im Roman das soziale Elend der Realgeschichte gegenüber – eine Ästhetik der Trennung: »Die bürgerliche Kultur der Schattierungen und gemischten Temperaturen weicht einer Ästhetik der Entmischung, der Polarisierung aller Lebenssphären, die Faszination der ›scharfen‹ Grenzziehung und klarer Kontur.« (ebd., S. 133) *Vitalismus*: Über ein volles Jahrhundert hindurch, von der Mitte des 18. bis zur Mitte des 19. Jahrhunderts, blieb in der Medizin, und speziell in der Physiologie, die alte Anschauung herrschend, daß zwar ein Teil der Lebens-Erscheinungen auf physikalische und chemische Vorgänge zurückzuführen sei, daß aber ein anderer Teil derselben durch eine besondere, davon unabhängige Lebenskraft (*Vis vitalis*) bewirkt werde. Bedeutendster Denker dieser philosophischen Richtung um die Jahrhundertwende war Hans Driesch. Konjunktur hatte der Vitalismus in der Zeit der sog. Lebensreformbewegung bis in die 20er Jahre. (Hierzu: Andreas Schwab/Claudia Lafranchi (Hg.): Sinnsuche und Sonnenbad. Experimente in Kunst und Leben auf dem Monte Verità. Zürich: Limmat 2001).
[85] Vgl. hierzu auch die Diskursanalysen von Claudia Albert zu Marieluise Fleißer (Albert/Disselnkötter, S. 257f.). Während Albert bei Fleißer jedoch die »semantische Enteignung der Individuuen« (S. 257) durch die Sprache als Teil eines permanenten Geschlechterkampfes (S. 258) erkennt, so zeigen Keuns Figuren Lust am sprachlichen Rollenspiel, das aus einer Notlage erwächst, die sowohl rational als auch lebenspraktisch von ihnen nicht zu bewältigen ist (G, S. 94, 109ff.).

graph 218 – gewiß hätte der schon längst abgeschafft werden müssen, obwohl sie ihm vielleicht das Leben verdankt [...].« (G, S. 39f.)

Daß der Umgang mit der Vergangenheit nicht durch realitätsbezogene Kontext-bildungen bestimmt ist, welche den Figuren eine Standortbestimmung ermöglichen würden, erhellt in spiegelverkehrter Form die Passage, in der Gilgi, dem Arbeitsalltag bereits entfremdet, durch Kölns Altstadt flaniert (G, S. 95ff.). Gemeinsam mit Martin scheint ihr der Anschluß an die Kulturgeschichte zu gelingen – doch beide unterliegen schließlich der Illusion, die mit der Fiktionalisierung von Geschichte einhergeht (G, S. 78f.). Der Bummel durch die Kölner Altstadt wird zu einer Reise in die Vergangen-heit, die nunmehr jeden Realitätsbezug bewußt ausblendet und eine Flaneur-spezifi-sche *Rêverie* simuliert; geschaute Gegenstände dekontextualisiert, um sie schließlich ins Märchenhafte zu überführen: »Dahinter zusammengepfercht alte Kleider und Anzüge, Schokoladentafeln, so alt wie ein Yoghurt-Reklame-Bulgare, Uhren, die ein heiliges Gelübde abgelegt haben, nicht zu gehen [...].« (G, S. 95) Die Situation der Juden in Köln wird nicht problematisiert, sondern im Stile einer alttestamentarischen Theatra-lik, die an Figuren wie Salomé erinnert, durch Martin romantisiert: »Und hat eine Vi-sion von einem wunderschönen, geheimnisvollen Judenmädchen mit schwarzen Lack-haaren und sanften Mondaugen und zauberhaften Wimpern – erfindet gleich eine abenteuerliche Geschichte [...].« (ebd.) Diese Erzählung thematisiert nicht Geschicht-liches, sondern den Vorgang einer forcierten Inspiration: die bewußte Fragmentierung der eigenen Wahrnehmung und infolge dessen Verfremdung der Realität als Methode der Ideenfindung, die aber hier nicht schöpferisch wirksam wird, sondern in Desillu-sionierung versandet: »[...] vom schönen Judenmädchen keine Spur. Und Martin hat ein Paar Hosenträger gekauft – lila mit grasgrünen Tupfen, und Gilgi findet, daß eine verlorene Illusion mit 75 Pfennig immer noch zu teuer bezahlt ist.« (G, S. 96)

4.3.2 Dekonstruktion des Historischen: »Ich bin ganz kaputt von Erinnerung«

Das kunstseidene Mädchen lenkt die Aufmerksamkeit weg vom eigenen Körper. Das mag zunächst verblüffen, da der gesamte Roman eine Inszenierung des Körpers ist – nämlich Doris als Coleen-Moore-Verschnitt. Diese Körperinszenierung bleibt jedoch derart konstant, daß sie im Leserbewußtsein nahezu erlischt, während die materielle Welt in den Vordergrund tritt.[86] Der Roman ist die personifizierte Geschichte und Topographie der Stadt Berlin der Jahre 1931 und 1932.[87] Doch nur ein einziges politi-sches Ereignis wird geschildert – für einen Zeitroman eher wenig:

---

[86] Daß Doris' Körper zunehmend im Bewußtseinsstrom der Empfindungen und Nervenreize auf-geht, verrät sehr konkret ihre Liebesbeziehung zu Brenner, dem Kriegsinvaliden. Der Körper als sicht-bare Oberfläche und Kontur verschwindet hinter den Bildern und Metaphern, ausgelöst durch den Tastsinn: »Und er faßt meine Füße mit Fingern wie Weihnachtskerzen aus Wachs [...]. Und es ist eine Stille und so feuchtes Gedampfe und am Fenster die graue Mauer, das fällt alles auf uns. Ich sitze und pudre mich wegen seiner Hände. Und male mir den Mund. Aber er sieht es ja nicht, wenn ich hübsch aussehe. Ich bringe ihm Berlin, das in meinem Schoß liegt.« (DkM, S. 64f.) – ein Berlin ihrer Imagination also. Zum einen dominiert zwar der Sehsinn die Wahrnehmungen Berlins (ebd., S. 65f.) – Doris' Körper schrumpft zunehmend zu einem Auge – andererseits funktioniert dieses Auge wie ein äußerst sensibles Tastorgan (vgl. auch Lethen über Riesmann: Verhaltenslehren, S. 235f.).

[87] Die erzählte Stadt wird in der Moderne zu einem neuen »Epos« (Andreas Freisfeld: Das Leiden an der Stadt: Spuren der Verstädterung in deutschen Romanen des 20. Jahrhunderts. Köln/Wien: Böh-lau 1982, S. 155, hier zu: *Berlin Alexanderplatz*). Als klassisches Vorbild der »vertextete[n] Stadterfah-

> Und ich erfuhr, daß große politische Franzosen angekommen sind vor mir, und Berlin hat seine Massen aufgeboten. Sie heißen Laval und Briand – und als Frau, die öfters wartend in Lokalen sitzt, kennt man ihr Bild aus Zeitschriften. [...] Und wir haben alle vom Frieden geschrien – ich dachte, das ist gut und man muß es, denn sonst wird Krieg. (DkM, 46ff.)

Es liegt nahe, *Das kunstseidene Mädchen* einmal nicht als Zeitroman zu lesen, sondern als einen Text, in dem die Zeitgeschichte systematisch »durchlöchert« und gelöscht wird. Die konstruierte Naivität der jungen Doris verstellt dem heutigen Leser den Blick auf die Geschichte, weil sie vertrautes Wissen nicht vertieft, sondern negiert. Die zahlreichen Versuche der Forschung, die Zeitgeschichte dieses Romans in einem aufwendigen hermeneutischen Akt zu rekonstruieren, ist im Grunde schon ein Beleg für diese These[88].

Der Text der Großstadt ist für den Sinnstiftungsprozeß weitgehend verriegelt: »Und Berlin ist sehr großartig, aber es bietet einem keine Heimatlichkeit, weil es verschlossen ist.« (DkM, S. 55) Heimatgefühl ist gebunden an Orte persönlicher und körperlicher Erinnerung: »Ich hatte bekannte Straßen bei euch mit Steinen, die Guten Tag sagten zu meinen Füßen, wenn sie drauf traten« (DkM, S. 53) In Berlin, das nicht durch Erinnerungen strukturiert ist, können Zeit und Raum sich auflösen: »Berlin ist mir ein Ostern, das auf Weihnachten fällt, wo alles voll schillerndem Betrieb ist. [...] Aus Kinos kommt eine Musik, das sind Platten, auf denen vererbt sich die Stimme von Menschen.« (DkM, S. 61) Die im Aufzeichnungsmedium angedeutete Gleichzeitigkeit von Vergangenem und Gegenwärtigem bestimmt auch die Stadt Berlin und die Lesart ihrer »Requisiten«. In der Wahrnehmung monumentaler Architektur offenbart sich dieses Gefühl der Ungleichzeitigkeit: »Und gegenüber ist eine Gedächtniskirche, da kann aber niemand rein wegen der Autos drumrum, aber sie hat eine Bedeutung, und Tilli sagt, sie hält den Verkehr auf.« (DkM, S. 44) Die Statik der Historie konkurriert mit der bewegten Gegenwart; der Erste Weltkrieg dokumentiert sich beispielsweise in der »Glatze vom Stahlhelmtragen« (DkM, S. 36) oder in den ausgeschossenen Augen von Herrn Brenner (DkM, S. 61), und dies macht aus menschlichen Körpern groteske Monumente der Zerstörung. Possierlich wie ein kleines Kind sein Spielzeug in einer Schürze trägt, bringt hingegen Doris Herrn Brenner ihre Eindrücke von Berlin – die Stadt und ihre Geschichte wird zum Märchen für zwei Menschen ohne Zukunft: »Ich bringe ihm Berlin, das in meinem Schoß liegt.« (DkM, S. 65) Diese Miniaturisierung wird wiederum konterkariert durch die Vision einer Geisterstadt: »lauter gestorbene Grabsteine gehen« (DkM, S. 75). Das surreale Spektakel halluziniert eine Gesellschaft in den letzten Zuckungen: »[...] da sind Reden aus vielen Mündern, die fließen aufeinander zu wie ein Fluß mit ertrunkenen Leichen, das sind ihre lustigen Worte, die sind schon versoffen, bevor sie beim Ohr vom andern sind und kommen tot an [...].« (DkM, S. 76) Die Gedächtniskirche, welche der Auflösung standzuhalten scheint, für die moderne Infrastruktur jedoch ein Hindernis darstellt,[89] ist kein Ort der Zuflucht

---

rung« kann James Joyce's *Ulysses* von 1922 gelten. (Eckard Lobsien: Großstadterfahrung und die Ästhetik des Strudelns. In: Die Großstadt als »Text«. Hg. v. Manfred Smuda. München: Fink 1992, hier S. 183).

[88] Richtungsweisend hierfür war und ist vor allem die Arbeit von Doris Rosenstein (Zur Großstadterfahrung der Protagonistinnen siehe Rosenstein: Erzählwerk, S. 60ff.).

[89] Vgl. hierzu Roskothen, S. 14: »Taxifahrten, Ampellicht [...] dies sind die Signaturen einer universalen Bewegtheit; ihr unterliegen sogar die Relikte ehrfurchtheischender historischer und religiö-

mehr, sondern ein ebenfalls verschlossener Raum: »[…] eigentlich lügt die Gedächtniskirche, daß sie eine Kirche ist – denn wenn sie es wäre, müßte man jetzt doch rein und
mal dableiben.« (DkM, S. 77)

Das frappierendste Beispiel für die Löschung von Geschichte ist eine scheinbar ne-
bensächliche Szene. Schon fast am Ende ihrer Odyssee durch Berlin angelangt, gerät
Doris in einen »proletarischen Klub« (DkM, S. 97). In einer Rede,[90] die nur noch um
die eigene Person kreist, in der von der Außenwelt nur ein Echo des Selbst zurückgeworfen wird: »[…] da sind so weiße lackige Kacheln wie'n Spiegel für meine Stimme«
(DkM, S. 96), werden Fakten zunehmend aus ihren Zusammenhängen gelöst und ver-
rätselt. Doris' »Bildungsjargon« dekonstruiert geschichtliche Zusammenhänge. Damit
konform geht der Narzißmus der Protagonistin, der allein schon eine Provokation darstellt. Viele Stellen halten den Gestus des Naiven kaum durch; scheinbare Naivität
bricht um in eine bewußte Dekonstruktion von Bedeutungsträgern (DkM, S. 71f.).
Daß hierin einzig der Bildungsjargon einer unterprivilegierten Frau umgesetzt ist, wie
Gerd Schank[91] feststellt, will nicht vollständig einleuchten – es sei denn, man interpretiert den Roman lediglich als Analogon zur sozialen Realität und nicht als Kunst-
schöpfung – etwas, das den Gestaltungswillen der Autorin radikal reduziert und verkürzt. Übrig bleibt eine sichtbare Wirklichkeit, die sich bar jeder Interpretation präsentiert:

> Geh ich mit in' Klub hinten beim Alex. Er zahlt mir die Fahrt. Er hat gerade Ar-
> beit. Das ist ein proletarischer Klub. Ist nur der kleine Schanewsky da und vier
> Mädchen den Abend. Auf der dritten Etage zwei Zimmer, viele Bücher und so ge-
> stürzte Buchstaben an den Wänden und in einer jüdischen Sprache. […] und es
> wurde ein Krach – Schuhe, lauter Schuhe kamen […] im Zimmer war ein Gewühl
> von zehn blonden Windjacken – das sind Feinde von denen und wieder was mit
> Politik. (DkM, S. 97)[92]

---

ser Tradition: die Gedächtniskirche ist wegen des brandenden Verkehrs unnahbar […]. Die mutmaß-
liche ›Bedeutung‹ des in die Republik hineinragenden wilhelminischen Symbols wird nicht realisiert;
Doris' Freundin Tilli nennt sachlich den Grund, der die Gedächtniskirche zum dysfunktionalen, aus
der Epoche fallenden Relikt stempelt: Sie störe den *Verkehrsfluß*.«

[90]   Die gewollte Unlogik des Kunstgeschöpfes Doris zeigt sich nirgends stärker als in der Szene, in der
sie von den »Eliten« aufgenommen wird (DkM, S. 66f.) – trotz ihrer Unbildung. Eine Kleinbürgerin
hätte den Schritt in das Romanische Café wohl kaum gewagt. Keun macht dies durch den folgenden Satz
deutlich: »Da saßen *wir* als Künstler unter *sich*« (DkM, S. 67) [Hervorhebung von mir]. Anhand der
im Text verwendeten Synästhesien läßt sich auch verfolgen, wie eine elitäre Sprachform der Poetisie-
rung und Erotisierung sich einen Platz in Mode und Alltagskultur erobert hat: »Und hatte mir von
meinem letzten Geld ein braunes Honigkleid gekauft mit gleitenden Falten so sanft und ernst, wie
Frauen vergessen zu lachen, wenn sie einer küßt, den sie mögen.« (DkM, S. 56).

[91]   Schank: Skizze einer Frauensprache, S. 49. Zum Sujet des *Bildungsjargons* vgl. Ödön von Horváth:
»Nun besteht aber Deutschland, wie alle übrigen europäischen Staaten zu neunzig Prozent aus vollen-
deten oder verhinderten Kleinbürgern, auf alle Fälle aus Kleinbürgern. Will ich also das Volk schildern, darf ich natürlich nicht die zehn Prozent schildern, sondern als treuer Chronist meiner Zeit, die
große Masse. Das ganze Deutschland muß es sein! Es hat sich aber nun durch das Kleinbürgertum
eine Zersetzung der eigentlichen Dialekte gebildet, nämlich durch den Bildungsjargon. Um einen
Menschen zu schildern, muß ich also den Bildungsjargon sprechen lassen.« (Ödön von Horváth:
Prosa und Verse 1918-1938. Hg. v. Traugott Krischke. Frankfurt a. M.: Suhrkamp 1988, S. 894f.).

[92]   Zum Berliner »Scheunenviertel« vgl. beispielsweise: Das Scheunenviertel. Spuren eines verlorenen
Berlins. Hg. v. Verein Stiftung Scheunenviertel. Berlin: Haude & Spener 1994.

In dieser Beschreibung wird das Hebräische zu einem unverständlichen und unheimlichen Geheimcode, das Adjektiv »gestürzt« verweist zum einen auf die unentzifferbare Chiffre, zum anderen aber auch auf »Sturz« oder »Umsturz«, Sturz einer Kultur und ihrer Sprache – auf das politische Unheil, das sich in dieser Szene ankündigt. Zugleich aber ist die Beschreibung selbst codiert: anstelle einer erklärenden Darstellung der politischen Bedrohung durch die Nationalsozialisten, die geeignet wäre, das historische Gewissen zu beruhigen, erfährt der Leser die Angst und Beunruhigung durch das unfaßbare Ereignis selbst. Im historischen Rückblick muß diese Szene umso stärker als visionär bewertet werden. Zusätzlich sind Reminiszenzen an die brennende Bibliothek Alexandriens, Synonym für Gelehrsamkeit und kulturelle Zerstörung, assoziierbar – der Roman arbeitet mit den Prinzipien der Rück- und Vorausdeutung. Die Entcodierung dieser Passage führt den Rezipienten hin zu Formen des Erinnerns, welche die engen Grenzen der erzählten Zeit weit überschreiten.

Eine weitere Möglichkeit, Geschichte(n) zu evozieren, ist der intertextuelle Bezug: »[…] wenn man glücklich ist, kommt man nicht weiter. Das habe ich gesehen an Lorchen Grünlich, die heiratete den Buchhalter von Gebrüder Grobwind […] und einen Ring.« (DkM, S. 52) Hier stellt sich Doris die Lebensform der (klein)bürgerlichen Versorgungsehe vor, während dem gebildeten Leser im Namen Grünlich die Verbindung zu Thomas Manns Familienroman *Buddenbrooks* offenkundig wird, ein Roman, der den Verfall des Bürgertums als Individualgeschichte schildert. Der Ring wird in einem Brief Tony Buddenbrooks an ihren Vater erwähnt: »Der Ring ist niedriges Gold und ziemlich schmal, wie ich sehe.«[93] Die Taktik des Vaters, der sich durch die Verheiratung seiner Tochter einen wirtschaftlichen Aufstieg erhofft, wird dabei von Sentimentalität überlagert[94], Bendix Grünlich erweist sich als Hochstapler und Heiratsschwindler.

Das kunstseidene Mädchen enthält neben der erzählten Gegenwart und Geschichte noch weitere Präsentationen des Historischen. Zwei davon seien hier kurz erwähnt: es sind konservative, wenn nicht reaktionäre Konzepte, die nach Distanz und Parodierung verlangen. Der »rote Mond«, die Parodie eines »Märchenonkels« (DkM, S. 54), ist »unmodern« (DkM, S. 51), völkischer Schriftsteller und Antisemit:

> Er hat viele Romane geschrieben auf das deutsche Volk hin und jetzt wird Zersetzung geschrieben von kleinen Juden. Da macht er nicht mit. Und der rote Mond hat einen Roman: »Die Wiese im Mai«, der hat sich hunderttausendmal aufgelegt, und er schreibt immer weiter, und es heißt jetzt »Der blonde Offizier«. (DkM, S. 51)

Was aus dem Inhalt des Buches wiedergegeben wird, ist die fortwährende Wiederholung ein und derselben Szene: Ein Mädchen, das einen Rebenhügel hinuntertanzt (DkM, S. 54) – ein wohl typisches Beispiel für reaktionäre Heimatliteratur. In *Nach Mitternacht* heißt es dazu: »der Sinn der Erdschollen besteht darin, daß die Dichter sie besingen sollen, um nicht auf dumme Gedanken zu kommen.« (NM, S. 9) Sinnstiftung und Sinnentleerung treffen hier in paradoxer Weise zusammen.

---

[93] Thomas Mann: Buddenbrooks. Verfall einer Familie. Frankfurt a.M.: Fischer 1990, S. 147.
[94] Ebd., S. 148f.

Obwohl der Reklamezeichner Ernst (DkM, S. 98ff.) eine der wenigen Personen im Roman ist, denen Keun etwas wie Individualität und Biographie zuschreibt, wird er über die Verkündigung seiner weltanschaulichen Auffassung – nacherzählt durch die Protagonistin – wieder entindividualisiert:

> Und erzählt mir so Komisches und immer von seiner Frau, und es wäre so eine Zeit heute, da wird alles zerstört und zerrissen [...] Und es ist eine versinkende Zeit der Vornehmen, und in einer versinkenen und zerrütteten Zeit sinken die Frauen zuerst, und der Mann wird von dem Gesetz gehalten und hält die Frau mit – und wenn dann das ganze menschliche Gesetz kaputtgeht, dann hat der Mann keinen Halt mehr, aber das merkt man nicht so, weil er ja nie einen hatte in moralischer Beziehung – und was zuerst fällt, so daß alle es sehen, das ist immer die Frau. (DkM, S. 108f.)

Diese nacherzählte Rede ist das Zitat einer Haltung: In der Diskussion über die Zerstörung alter Ordnungen und den Krieg (DkM, S. 112) zeigt sich Ernst als Moralist im Sinne Kästners.[95] Der Text entlarvt zum einen seine Haltung als unzeitgemäß, da sie Ideologeme über das Benennen der eigentlichen Situation stellt: Ernsts Lamenti über den »Zeitgeist«, seine negative Bewertung der Frauenemanzipation, die mit dem Gestus der Sentimentalität geschieht, geht konform mit der Attitüde Jakob Fabians, welche in der Kultivierung von Reflexivität als Absolutum ohne gesellschaftliche Referenz gipfelt – mit dem Ziel, sich der eigenen Existenz noch fortwährend vergewissern zu können:[96]

> Während er, sitzenderweise, seine moralische Haltung gegen die Konjunkturforscher verteidigte, regten sich wieder jene Zweifel, die seit langem in seinem Gefühl wie Würmer wühlten. Waren jene humanen, anständigen Normalmenschen, die er herbeiwünschte, in der Tat wünschenswert? [...] Hatte seine Utopie bloß regulative Bedeutung, und war sie als Realität ebensowenig wünschenswert wie zu schaffen?[97]

Der Zitatcharakter von Ernsts nur fragmentarisch wiedergegebener Rede rückt die Realität im Roman in ein anderes Licht; sein Sprechakt bekommt die Funktion eines Resümees im Modus des Kästnerschen Moralisten, welcher zugleich der Antagonist der

---

[95] Vgl. hierzu Claudia Albert: Konstruierte Autorenrollen: »Mit Titeln wie *Doktor Erich Kästners lyrische Hausapotheke*, einer Auswahl der Gedichte zwischen 1929 und 1932, profiliert sich der Autor bewusst als Spezialist für Diagnose und Therapie von Modernisierungsschäden, immer eine Geste des Trostes bereithaltend oder zumindest vermittelnd, dass es anderen auch nicht besser geht. [...] Fabians Pessimismus ist geradezu die raison d'etre seiner Lebensweise, denn nur, wenn die ›Vernünftigen‹ [...] nicht an die Macht kommen [...] und die Gerechten noch weniger‹ (S. 53), kann er sich weiterhin in düsteren Zukunftsprognosen ergehen.« (S. 86, 88).

[96] Wiederum ist zur Klärung dieser Figur der Bezug zu Claudia Alberts Kästner-Analyse hilfreich: »In der Trauer um den Verlust der Werte beharren sie zumindest auf deren Zitat; gleichzeitig aber verbünden sie sich mit den Massenmedien, um die größtmögliche Verbreitung ihrer Produkte zu fördern. Und so werden ›Moral‹ und ›Anstand‹, ›Poesie‹ und ›Geist‹ zu abrufbaren Instanzen, durch die Autor und Leser sich ihrer eigenen Dignität im Strudel des allgemeinen Werteverlustes versichern.« (Albert, S. 97).

[97] Erich Kästner: Fabian. Die Geschichte eines Moralisten. München: Deutscher Taschenbuch Verlag [10]1996 [Erstveröffentlichung: Stuttgart/Berlin: Deutsche Verlags Anstalt 1931], S. 210.

»Sprecherin« Doris ist: es wird deutlich, daß sich an Doris' Text andere Erzählungen mit einer entgegengesetzten Haltung anschließen können. Die *gefallene Frau*, die Ernst beschreibt, ist idealisiert, sie erinnert an einen gefallenen Engel, an ein mythisches Wesen, das den Zeitgenossen in Bildern, Romanen und Filmen entgegentritt: »›Können Sie sich denken, Fräulein Doris, daß sie einen Verstand hatte, der wie ein richtiger fester Frauenkörper war? Sie war so ehrlich – und das war, als wenn sie sich auszog, und man mußte sie liebhaben dann. Und ihre Lügen, das waren so ganz leichte bunte Stoffe […]‹.« (DkM, S. 106)

4.3.3 Inszenierte Naivität[98] als Spiegel infantilisierter Machtstrukturen

Sannas Beschreibung von »Heimat« in Keuns erstem Exilroman *Nach Mitternacht* (NM, S. 7ff.) kommt so harmlos und sanft daher, daß sie als Stilkarikatur[99] wirken muß: Ihre Erzählung beginnt wie das Zitat eines Schulaufsatzes, der dazu dient, sich seiner eigenen Herkunft im Schreiben bewußt zu werden: »Ich wurde geboren in Lappesheim an der Mosel. […] Neunzehn Jahre bin ich jetzt alt, die Gerti ist etwas älter […].« (NM, S. 7) Die folgenden Landschaftsschilderungen sind eine einmontierte kleine Erzählung, die kundige Leser an den Roman des »roten Mondes« in *Das kunstseidene Mädchen* denken lassen – eine Sprache gleich der einer Off-Stimme in Eingangssequenzen von Heimat- oder Kinderfilmen:

> Wenn die Weinberge blühen im Sommer, und der Wind weht so leicht, und die Sonne scheint heiß, dann riecht die Welt nach Honig. Die Mosel ist eine lustige, glitzernde Schlange, weiße kleine Boote lassen sich von den Sonnenstrahlen den Fluß runterschleifen. (NM, S. 7f.)

Das letzte Wort wirkt wie ein Sprachschock im Gepräge dieser Landschaftsskizze. Die luftig-tänzelnde Sprache, welche die Stimmung eines lauen Sommertages trägt, wird plötzlich gebrochen. Das Bild einer Landschaft *en miniature*, einer Spielzeuglandschaft: »Berge wie grüne Lockenköpfe, ganz warm und freundlich, man möchte sie streicheln« (NM, S. 8) lassen an eine denaturierte Märchenwelt denken, an Zeichentrickfilme oder an das Puppentheater. Dieses Bild wird wiederum gebrochen: »Aber wenn Sie nahe herankommen, dann sind es keine weichen Locken, dann sind es harte Bäume mit Laub

---

[98] Der Begriff ist geborgt von Tanja Nause: Inszenierung von Naivität. Tendenzen und Ausprägungen einer Erzählstrategie der Nachwendeliteratur. Leipzig: Universitätsverlag 2002. In Nauses Untersuchung geht die Inszenierung von Naivität mit dem Komplex des Geschichtsverlustes einher, den die junge Nachwendegeneration mit der Auflösung der DDR erfuhr (S. 14). Weitere wichtige Arbeiten zu diesem Thema sind: Detlev Schöttker: Bertolt Brecht. Ästhetik des Naiven. Stuttgart: Metzler 1989 sowie: André Fischer: Inszenierte Naivität. Zur ästhetischen Simulation von Geschichte bei G. Grass, A. Drach und W. Kempowski. München: Fink 1992.

[99] Ein ähnliches Verfahren der Naturschilderung wendet Anna Seghers in ihrem »Roman aus Hitlerdeutschland«, *Das siebte Kreuz*, an. (Anna Seghers: Das siebte Kreuz. Ein Roman aus Hitlerdeutschland. Berlin: Aufbau 2003 [1946]). Das Maingebiet, zu einem geschichtslosen Schäferidyll stilisiert (z.B. S. 11), bildet den landschaftlichen Hintergrund für die reale Geschichte des Naziterrors. Dieses ästhetische Prinzip setzt der Unschuld der Natur das menschliche Verbrechen entgegen und erreicht durch diese Opposition eine Potenzierung des Schreckens. Während sich jedoch Seghers einer naturalistischen, bewußt idealisierenden Sprache bei ihren Landschaftsschilderungen bedient, nutzt Keun das Stilmittel des Zerrspiegels, das »Vergrößerungsglas« (NM, S. 8).

dran.« (ebd.) Dies ist nicht mehr das vermeintlich homogene Naturbild vom Anfang, sondern es zeigt Natur als ein Artefakt. Der menschlichen Wahrnehmung unterworfen, erscheint sie mal wie unter dem »Vergrößerungsglas« bedrohlich real oder als »dampfende Erdscholle« (NM, S. 9), dann wiederum karikiert, verniedlicht. Dieser optische Wechsel in der Vermittlung von *Natur*, hier durch die Kürze der Szene leicht ablesbar, ist bestimmend für die Gestaltung des nationalsozialistischen Deutschlands im gesamten Roman: Ähnlich wie Irmgard Keun hier mediale Zerrbilder von Natur und Landschaft vermittelt, schildert sie menschliche Körper als Instrumente, die Historie vollstrecken und an denen Historie vollstreckt wird – sie selbst *sind* Historie: »Der dicke große Herr Kulmbach kam reingeschwitzt, ganz rot und verquollen war er. [...] Sein Gesicht glüht wie die aufgehende Sonne.« (NM, S. 27, 34).[100] Herr Kulmbach ist ein »alter Kämpfer«, der Besuch des Nürnberger Parteitages war sein »größtes Erlebnis« (NM, S. 28). Sein einzig bleibender Eindruck: der Boden hat gezittert während des Feuerwerks (ebd.). Schwitzen, zittern, glühen – Adjektive, welche Massenhysterie und Ekstase innerhalb der vom Staat verordneten Rituale illustrieren. Herztod (NM, S. 38) oder Kollektivorgasmus – beides ist assoziierbar.[101] Die Substantive Feuerwerk, aufgehende Sonne, glühende Fackel komplettieren diesen Eindruck. Geschichtsbewußtsein ist Phrasen und Sinnesreizen gewichen; zu einem Rauschen erstarrt, das nicht interpretierbar ist: »Ich wußt nicht mehr was gut war – ich wußt nicht mehr, was böse war.« (NM, S. 62)[102] Das Wort als Körpererfahrung ist in diesem Roman stets die Geschichte einer Aggression – wenn nicht einer Verletzung: »Natürlich flattern solche Worte wie rasende Hornissen um einen Kurt Pielmann und stechen ihn bis ins Innerste.« (NM, S. 5) In diesem Bild steckt eine Verbindung zu den »Führer-Reden« (NM, S. 56). Die Metapher allerdings ist schief: Hornissen »flattern« nicht. Keun hat sich hier nicht eindeutig entschieden, ob die Worte ihren Protagonisten wirklich »vergiften« sollen, oder ob Gerti sie ihm lediglich »um die Ohren hauen« will.

Nach Mitternacht enthält Aspekte des surrealen Romans. Während die Erzählzeit des Romans nur drei Tage umfaßt und die erzählte Zeit in den Rückblenden eher vage bleibt, präsentieren sich die Ereignisse derart dicht und komprimiert, daß selbst die Erzählerin hin und wieder in Zustände geistiger Verwirrung verfällt:

> In meinem Kopf habe ich ein buntes sausendes Wollknäuel von Gedanken, daraus muß ich Worte stricken – einen Strumpf aus Worten muß ich stricken. Das geht so langsam, ich vergeß, was ich sagen wollte vor einer Minute – das ist dann, als hätt ich eine Masche fallen lassen. (NM, S. 31)

Sanna erscheint hier als Reporterin der nationalsozialistischen Gegenwart. Der Eindruck der Langsamkeit des eigenen Erzählens suggeriert eine Realität, in der die Ereignisse in Zeitraffer ablaufen, während sie der Text im Normaltempo oder stellenweise in

---

[100] Diese derbe, rollende, adjektivische Sprache erinnert auch an Propagandareden der Nazis. So denunziert Keun die Bewegung mittels deren eigener Sprache.
[101] Makabererweise stirbt nicht Herr Kulmbach den Herztod, wie es der Leser vielleicht antizipiert, sondern stellvertretend für ihn die fünfjährige »Reihendurchbrecherin«.
[102] Die Fremdperspektive auf Nazideutschland ähnelt der Beschreibung von Sannas Kindheitslandschaft – es ist der kindliche Blick auf Raubtiere im Zoo, die hinter Käfiggittern rührend und possierlich wirken: »Alle drei sind englische Journalisten [...]. Sie machen eine Studienreise durch Deutschland, um das umgewandelte deutsche Volk zu studieren. Es gefällt ihnen sehr.« (NM, S. 94).

Zeitlupe referiert – wie unter dem »Vergrößerungsglas« (NM, S. 8) – oder in Zeit-
sprüngen, weil soeben eine »Masche« im Gedächtnis gefallen ist:

> Da standen diese Herrschenden nun persönlich auf dem Balkon vom Opernhaus.
> Sie blieben erleuchtet, sonst wurde Nacht. Die Lichter des Platzes wurden ge-
> löscht, damit die Reichswehr zu richtiger Geltung kommen konnte. Denn die
> hatte blinkende Stahlhelme auf und brennende Fackeln in den Händen, damit
> tanzte sie zu militärischen Musikklängen eine Art Ballett. Es handelte sich um ei-
> nen Zapfenstreich und stellte einen historischen Moment dar. (NM, S. 26)

Die Erzählung, in welcher die Historie – hier ganz bewußt für die Exilierten – konserviert ist, gestaltet reale Momente, die bereits für eine andere Erzählung, nämlich den
Film, inszeniert sind. Die Unbeholfenheit der Literatur, die nur in Sprache übersetzt
artikulieren kann, was der Film für die Nachwelt scheinbar unmittelbar festhält, wird
mit einem Augenzwinkern in Szene gesetzt. In solchen Passagen wird der Leser mit einer Verfremdung nationalsozialistischer (Propaganda)-Filmästhetik[103] konfrontiert. Der
»historische Moment« ist die Selbstinszenierung eines totalitären Regimes für seine
Zeitgenossen und die Nachwelt; demgegenüber steht beispielsweise der Tod eines
fünfjährigen Kindes, das endlos wie eine Schallplatte mit Sprung ein dilettantisches
Gedicht auf den Führer (NM, S. 37) hersagen muß – ein Schauspiel, in dem ein Kind
zur Maschine des kulturellen Gedächtnisses funktionalisiert wird. Die Andeutung, daß
die Nachwelt der Zapfenstreich der Reichswehr möglicherweise wie ein bizarrer
»Kriegstanz« (NM, S. 26) anmutet, falls davon lediglich Dokumente ohne historische
Zusammenhänge übrig bleiben,[104] wirkt wie eine Tilgung des »großen« Moments:
»Noch ist die Nacht ein Haus, aber schon zittern seine Wände, bald brechen sie zu-
sammen. Nackt und ohne Schutz wird man stehen auf der weiten Helle des Tages.«
(NM, S. 99)

Ein solcher Moment des Stillstands – eine politische wie private Tragödie – ist
auch der Selbstmord des Journalisten Heini auf Liskas Party (NM, S. 124). Die letzten
Bilder von diesem Fest sind Weltuntergangsvisionen:

> In dem wirren, liederlichen Dämmerlicht sieht man jetzt die Engländer tanzen,
> sachlich und unermüdlich wie Automaten, inmitten der verschwommenen Unrast
> der anderen Gäste. […] Rot, fleischig, körperhaft scheint der Duft […]. »Ein

---

[103] Stellvertretend für die architektonischen »Kulissen« der Massenkundgebungen in NS-Deutschland
schreibt Eckhard Pabst über die Gestaltung des Parteitagsgeländes in Nürnberg: »In diesen Bauten
wird der Stellenwert monumentaler Schauarchitektur für die Organisation der Aufmärsche ebenso wie
ihr Kulissencharakter am deutlichsten greifbar. Ganz ähnlich, wie eine Theaterbühne – an sich nur ein
schwarzer, reduzierter Raume – durch Einstellen von Kulissen in Perspektive, Ausdehnung und Aus-
strahlung manipuliert wird, werden hier auf dem Nürnberger Parteigelände weihevolle Plätze aus der
formlosen Heide- und Kiefernlandschaft herausmodelliert.« (Eckhard Pabst: Heldenplätze. Architek-
turbilder als *HIS*torische Kulissen. In: Geschichte(n) NS-Film – NS-Spuren heute. Hg. v. Hans Krah.
Kiel: Ludwig 1999, S. 179).
[104] Interessant ist in diesem Zusammenhang auch folgende Textstelle: »[…] die alten Fräuleins ließen
ihre Löffel fallen, standen auf, reckten die Arme. Das muß man, weil man nie weiß, wer einen beobachtet und anzeigt.« (NM, S. 23) Die Erklärung des Verhaltens bricht das atmosphärische Bild eines
Frankfurter Cafés während der Nazizeit, und sie scheint verfaßt im Bewußtsein, daß dieser Erklä-
rungsbedarf sowohl für ausländische als auch für LeserInnen späterer Generationen besteht und bestehen wird.

bluttriefendes Riesenrad, dreht Deutschland sich um sich selbst, weiter [...] beinahe gleichgültig, welche Stelle des Rades gerade oben, welche unten ist. Vor mehr als hundert Jahren stöhnte Platen: ›Wie bin ich satt von meinem Vaterlande‹ [...].« [...] Lieber Gott, laß eine feurige Bombe vom Himmel fallen, die alles zertrümmert und alle erlöst. »Oh Rosemarie, ich lieb dich – o süße Frau ergib dich...« [...]. (NM, S. 105/123/125)

Der intertextuelle Rekurs auf Platen in der prophetischen Rede Heinis kurz vor seinem Selbstmord zeigt den hohen Bildungsstand sowie den intellektuellen Scharfsinn der Autorin, während das Zitat des sentimentalen Schlagers *Rosemarie*[105] nach Heinis Tod eine ironisierende Hommage an die Popularmusik ist, die selbst den Schock überdauert.

In *Kind aller Länder* findet deutlicher als zuvor ein Perspektivwechsel statt.[106] Indem Irmgard Keun die Fakten geschichtlicher Realität durch die Sichtweise eines 10-jährigen exilierten Mädchens filtert, das »normale«, erworbene und tradierte Wissen bewußt ignoriert, um völlig neue Kausalitäten und Wertgefüge aufzustellen, zeigt sie die Brüchigkeit verbindlicher Wirklichkeitsauffassungen. Die *Tabula Rasa*, im Kopf eines Kindes verortet, verhilft zu einen neuen Zugriff auf die Zeitgeschichte. Das Kind ist zunächst einmal frei von der Schuldfrage, der Last der Geschichte. Um sich dieser neuen Schreiberfahrung zu öffnen, muß die Autorin ihre Kenntnis der Zusammenhänge leugnen, ihr Wissen negieren. Eine atmosphärisch-symbolische Struktur ist die Folge, die erzählte Lebensgeschichte eine Synthese aus fingierter Kindheitsbiographie und den historischen Begebenheiten zwischen 1936 und 1938. Das Buch ist sowohl von der Reiseroute als auch der Zeitangabe her autobiographisch,[107] während die Perspektivierung stark gebrochen ist. Diese intellektuelle Schere erzeugt ein Spannungsmoment und dominiert die Rezeption. Das kindliche Vertrauen der Hauptfigur eröffnet die kritische Reflexion der historischen Begebenheiten – indem Kully etwas auf ihrer kindlichen Reflexionsebene »erklärt«, von dem der Leser per se eine viel umfassendere Kenntnis haben muß, erzeugt der Text die Melancholie einer Wissensdiskrepanz. Hier tritt dieser generelle Wesenszug von Irmgard Keuns Darstellung des Historischen sehr viel näher an das Lesepublikum heran, das als Mitwisser zum potenziellen Beschützer des Mädchens avanciert – wissend, das Erzähltes veränderbar ist. Satire kommt hier praktisch nicht vor, im historischen Rückblick scheint es, als habe Irmgard Keun in rasender Geschwindigkeit die Orte des Exils im fotografischen Gedächtnis gespeichert, sie literarisiert, um diese Eindrücke nicht dem Vergessen anheimfallen zu lassen.

---

[105] The film *Rose-Marie* (1936), the second teaming of the »Singing Sweethearts«, Jeanette MacDonald and Nelson Eddy, was loosely based on the 1924 musical by the same name. Only a small portion (less than a third) of the original songs from the musical were kept in the film, generally the best-known numbers: *The Mounties, Indian Love Call, Totem Tom-Tom* (without most of the lyrics), and *Rose Marie*. Copyright © 2001-2002, by Alexandre Paquin.

[106] Zu Wirkung und Funktion der Kindperspektive in Keuns Exilroman vgl. Rosenstein: Erzählwerk, 181ff.

[107] In der Rückblende heißt es: »wir [die Familie des Schriftstellers] waren im Sommer 1936 in Ostende.« (KaL, S. 7). Die erzählte Gegenwart, das Jahr 1938, (vgl. Rosenstein, S. 210f.) zeigt Mutter und Tochter am Beginn des Romans in Brüssel, während der Vater nach Prag reist, um Geld aufzutreiben (vgl. ebd.). Der Roman wurde noch im selben Jahr veröffentlicht.

Die Reisebeschreibungen kunden vom Verlust der Heimat, ja von einer mentalen Wurzellosigkeit, während das Bewußtsein sich in den geschauten Orten, ihrer Architektur und Atmosphäre zu verewigen sucht, die mit einem Mal zu überaus wichtigen Signifikanten aufsteigen. Kein Buch der Autorin enthält so gehäuft atmosphärische Ortsbeschreibungen einerseits wie fragile Charaktere andererseits: »Manchmal will sie meinem Vater verloren gehen, ein anderes Leben beginnen. Oft ist sie so fieberhaft, so tot.« (KaL, S. 103). Wenn die Mobilität der Einzelnen unter Überlebensdruck erhöht ist, kann Individualität im herkömmlichen Sinne nicht mehr erzählt werden. Die »transzendentale Obdachlosigkeit«,[108] die Keuns ProtagonistInnen schon immer eigen war, ist hier ungebrochen eingelöst, da sie nicht durch Ironie verschleiert wird. Die Figuren haben kein Asyl in einer Sprache der Distanz mehr; stattdessen werden nur kurzzeitig bewohnbare Orte in Poesie verwandelt:

> Wir saßen in einem kleinen Café am Hafen, als meine Eltern so sprachen. Frauen fuhren Karren mit Crevetten und mit platten glatten Fischen vorbei, die stanken und bluteten blaß. Neben uns waren Fische aufgehängt wie Wäsche zum Trocknen. Fischer gingen über die Straße. Sie hatten rötlich gelbe Jacken an – so eine Farbe hat das Haus meiner Großmutter in Köln. [...] Gegenüber, aber nicht ganz nah, war der schwarze Bahnhof. Ein Wind wehte uns Geruch von Lokomotiven zu. Die aufgehängten Fische bewegten sich, der Himmel zitterte etwas und war sehr blau. (KaL, S. 22)

Solche Genreszenen schreiben eine Kulturgeschichte des Alltags, sie halten flüchtige Momente fest, in denen eine Bedrohung spürbar wird, die sich dem analytischen Bewußtsein entzieht. Der Roman ist als eine serielle Anordnung von Schauplätzen des Vorkriegseuropas komponiert, während Plot und Zeitstruktur größtenteils aufgelöst sind.[109] Der Leser wird gemeinsam mit Kully und ihrer Mutter Anni auf den Platz der Wartenden verwiesen, die eine Bewegung mit ansehen müssen, die sie nicht aufhalten können:

> Die Musik auf dem Place d'armes spielte laut, ein kleiner Junge fuhr mit seinem Roller immer um den Musikpavillon rum; auf der Bordschwelle saßen auch noch sehr viele Kinder [...]. (KaL, S. 19) [...] Im Café vor dem Hotel laufen jetzt schon Soldaten in grüner Uniform herum, aber ohne Gewehre. Alle Menschen glauben, jetzt wird bald Krieg sein. Sie wollen nach Amerika fliehen oder nach Schweden, oder sie wollen gar nichts mehr, nur noch warten. (KaL, S. 103)

Die hier vermittelte Stimmung trägt auch die autobiographische Skizze *Bilder und Gedichte aus der Emigration*. Das Rollenspiel des Kindes vermischt sich mit den althergebrachten Requisiten der Erwachsenenwelt: »Ich klirrte, wenn ich ging, fühlte einen Druck auf meinen Schultern und war wie die alten Männer, die in den Museen hängen und Würdenträger heißen.« (KaL, S. 26) Das Bewußtsein von der Verschaltung

---

[108] Georg Lukács: Die Theorie des Romans. München: Deutscher Taschenbuch Verlag 1994 [1963], S. 32.
[109] Vgl. Rosenstein, S. 207ff. Die Monographie dieser Autorin bietet eine detaillierte Aufschlüsselung der im Roman anwesenden historischen Fakten, die fragmentiert und perspektivisch stark gebrochen, dem Leser offeriert werden.

historischer Orte mit deren medialer Verarbeitung spiegelt sich auch im Stil dieses Buches wider; Frankreich und Belgien gestaltet die Autorin, mit Replik auf die literarische
Tradition dieser Nationen, in einer zunehmend symbolistischen Diktion: »Über dem
Place Rogier brach die Nacht auseinander. Durch den Nebel sahen wir Blumen leuchten, die von den ersten Blumenfrauen aufgestellt wurden.« (KaL, S. 29) Das Fort-
schreiten der Zeit erkennt man nur daran, daß Details sich verändert haben: »Wir sahen auch ein großes Bretterdach, das war bei unserer Ankunft noch nicht dagewesen.«
(KaL, S. 30) Geschichtliche Fakten über das Konsulat, Publikationsverbot oder Visum
und die »richtige Staatsangehörigkeit« (KaL, S. 43) werden zwar erzählt – sie erscheinen jedoch im Erzählzusammenhang nicht wichtiger oder unwichtiger als andere Fakten und Ereignisse. Das literarische Prinzip, welches das Indirekte als ästhetische Größe
nutzt, läßt dem Leser sehr viel Raum zur eigenen Standortbestimmung. Die »offenen«
Situationen, die wir in diesem Exilroman vorfinden, erzeugen ein Irritationsmoment;
sie widersprechen den gängigen Erwartungen, die an die sogenannte »Widerstandslite-
ratur« gerichtet werden: Polen wird als ein »Wintermärchen« präsentiert, als ein Land
skurriler Gestalten und Absinthtrinker (KaL, S. 74), die Atmosphäre auf dem jüdischen Markt atmet Verfall und drohendes Unheil: »Wir sind mit einer Tante bis zum
jüdischen Markt gegangen, durch Blech und rostiges Eisen. Der ganze Markt war rostiges Eisen, der Himmel war gelb.« (KaL, S. 79)

Durch die zunehmende Kriegsgefahr weichen die bisher »sicheren« Grenzen nach
Deutschland auf. Das Land wird nun zur Gefahr für ganz Europa. Die Panik ergreift
auch die »vernünftigen« Realisten: »Herr Krabbe sagt, wenn jetzt ein Krieg kommt,
werden wir alle eingesperrt und totgeschossen.« (KaL, S. 100) Die in dieser lakoni-
schen Weise ausgesprochene Zuspitzung der politische Situation erscheint so real, unvermeidlich und nebensächlich wie ein Gewitter: »Die Welt ist dunkel geworden, denn
es gibt Regen und Krieg.« (KaL, S. 86) Hier herrscht wieder das Prinzip des Schulaufsatzes – die intellektuelle Verkürzung und damit Raffung eines komplexen Zusammen-
hanges. Indem das Kind Dinge in Relation setzt, die nach normativem Verständnis einer vollständig verschiedenen Bewertung bedürften, löst es eine Beunruhigung im
Denken des Lesers aus, der zwar sofort intensiver in das Thema der Gewalt eingebun-
den, aber zugleich abgelenkt wird. Die Thematik des Textes, die relative Sprachlosigkeit gegenüber der politischen Realität,[110] wird ausgesprochen: »Sie will auch gar nicht
mehr allein sein. Es nützt ihr auch nichts, wenn ich bei ihr bin. Weil ich nicht über
Mussolini sprechen kann und Hitler und Chamberlain, das sind Staatsmänner. [...] Es
war eine Rede aus Deutschland über den Krieg. Der Mann am Radio hieß Hitler. Er
wollte ein neues Land haben, die Tschechoslowakei.« (KaL, S. 103/105)

---

[110] Rosenstein sieht in dieser Verfremdung ein kritisches Potential: »Erscheinungsformen der
nationalsozialistischen Herrschaftspraxis – Kontrolle und Überwachung und propagandistische Beein-
flußung – erfahren durch das Nicht-verstehen-können des Kindes eine Umformung ins Nicht-zu-ver-
stehende und werden durch die Neuformulierung gleichzeitig einer kritischen Ausleuchtung unterzo-
gen.« (Erzählwerk, S. 193). Wenn die Autorin auf der folgenden Seite von Kullys »natürliche[m] Wissen über gerechtfertigte Verbote [...]« (ebd., S. 194) spricht, greift sie affirmativ auf Rousseaus Vorstellung von der naturhaften Unschuld des Kindes zurück. Der schiefe Vergleich zweier Verbote: mit
einem jüdischen Kind spielen und Azaleenblüten abpflücken (KaL, S. 49) ist jedoch lediglich ein
Verweis auf die Konstruiertheit und somit Unsinnigkeit von Verboten. Warum das Verbot, Blüten
abzupflücken ein »sinnvolles« Verbot sein soll, ist nicht plausibel – es sei denn, der Text thematisiert
die Zerstörung der Natur durch den Menschen. Die Passage zeigt vielmehr, daß »Gut« und »Böse« an
erzieherische Aktivität und die damit einhergehenden Reglementierungen gebunden sind.

Die Geschwindigkeit, in welcher der Roman abgefaßt wurde, läßt sich anhand der Fakten dokumentieren: Am 13.4.1938 erfolgte der Anschluß Österreichs an das deutsche Reich, Onkel Kranich »mußte aus Österreich fortreisen« (KaL, S. 101). Der Tagebzw. Reisebuchcharakter des Romans tritt in der Fahrt zur Großmutter nach Italien noch stärker hervor. Es geht der Autorin vornehmlich darum, die Stimmungen des fremden Landes mit der der nördlichen Sphäre zu kontrastieren – ein zeitloses Thema, wenn nicht ein literarischer Topos, denkt man an die Italienbilder Goethes oder die Erzählung *Tonio Kröger* von Thomas Mann.[111] Die Amerikareise schließlich läßt den Zeitbezug zum Vorkriegseuropa vollständig hinter sich, während die »Neue Welt« von der Erzählerin eine vollständige Umstrukturierung ihrer gewohnten Ordnungssysteme erfordert: »Am Abend war ich in einer kommunistischen Versammlung. Dort ging ich verloren.« (KaL, S. 178) Hier geht es nicht darum, die Architektur einer Nation als geschichtsträchtiges Merkmal zu interpretieren, sondern ihre Autarkie als Machtinstrument zu unterstreichen.

Die Amerikabilder nähern sich den Berlinbildern in *Das kunstseidene Mädchen* an,[112] mit dem Unterschied, daß Berlin fragmentiert, New York jedoch poetisiert in Szene gesetzt wird: »Ich sah die Häuser wie riesige Schlösser in den Himmel wachsen, der dunkelblau war hinter einem Schleier von rotem heißem Licht. So viel Licht sprudelte aus den Wolkenkratzern, daß ich am liebsten eine leere Mineralwasserflasche genommen hätte und Lichtperlen hineingefüllt [...].« (KaL, S. 183) Die Vergleiche, die Keun hier verwendet, verraten die europäische Literaturtradition, zugleich wirken sie überzogen und bewußt kitschig: sie zeigen die Wirkung der amerikanischen Metropole auf den (europäischen) Besucher, der sie zum ersten Mal sieht.[113] Ähnlich bietet sich folgender Vergleich dar: »Die kommunistische Versammlung war in einem Saal, so groß wie hundert Theater zusammen.« (KaL, S. 184) Analogien, bei denen es nicht um die politische Komponente und ihre Inhalte geht, sondern um das Ambiente und seine »Sprache« – die Sprache des Monumentalen als Sprache der Geschichte. Kully verliert schließlich die Orientierung in dieser wunderlichen Ordnung einer fremden Nation: »Ich ging spazieren, und weil es dunkel war, konnte ich mich auf einmal nicht mehr zurecht finden.« (ebd.) Der harte Kontrast zwischen hell und dunkel weist New York als gigantische Fiktion, als Alptraum oder Lichtspiel aus. Ihre Sehnsucht nach Europa drückt sich in einer Negation aus: »Am Meer blühte kein Flieder, es war warmer Mai [...].« (KaL, S. 185) Der Flieder wird nachfolgend zum Motiv, sein Nicht-Vorhandensein weist Amerika – trotz seiner »leeren« Fülle – eine defizitäre Rolle zu. Fiktion und Leere bezeichnen Amerika, während Europa und seine Versinnbildlichungen als das erscheinen, was fest steht, aber nicht mehr greifbar ist. Europa wird aus der Distanz zur enthistorisierten Mächenlandschaft eines fernen Jahrhunderts (ebd.). Das unerlaubte

---

[111] Dort ist der Kontrast Nord-Süd zum Leitmotiv der Erzählung erhoben. Das Sehnsuchtsmotiv Goethes wird auch von Keun aufgegriffen und der Ernüchterung preisgegeben: »Und dann sind wir hingefahren, aber Zitronen haben nicht geblüht.« (KaL, S. 144) Zum Italienbild Keuns vgl. Rosenstein: Erzählwerk, S. 188.

[112] Vgl. Rosenstein, S. 361f. Eine »unkritisch[e]« Übertragung des europäischen Flaneur-Gestus auf New York (vgl. ebd.) kann die Darstellung aber schon allein deshalb nicht sein, weil sie Europa und Amerika in den poetisierenden Bildern ineinander setzt und so einen gezielten Anachronismus konstruiert.

[113] Irmgard Keun lebte von Mai bis Juli 1938 mit Arnold Strauss in Virginia Beach. Aufzeichnungen aus dieser Zeit existieren von ihr nicht. Es ist zu vermuten, daß Irmgard Keun in *Kind aller Länder* ihre realen Amerika-Erfahrungen einfließen ließ. (Vgl. Häntzschel: Irmgard Keun, S. 101f. sowie Irmgard Keun: Ich lebe in einem wilden Wirbel, S. 246ff.).

kindliche Streifen durch die Großstadt New York gipfelt schließlich in einer Angstvision:

> Ich ging über eine schöne große Straße aus Stein, die Häuser wurden immer größer und sahen aus, als hätten Riesenkinder mit einem riesenhaften Baukasten gespielt und als würden die Häuser alle gleich zusammenfallen, wenn man noch einen Bauklotz drauflegte. [...] Niemals würde ich New York aufräumen können, wenn es jetzt zusammenfiele – ich war zu müde. (KaL, S. 185)

Während der Flieder das alte, kranke Europa und zugleich die Sehnsucht danach repräsentiert, so ist die Stadt New York als eine alptraumhafte Fiktion durch Größe und Fragilität gezeichnet. Keuns forcierte Sinnlichkeit vereint Amerika und Europa durch die Sprache der Dichtung: »Aber Frauen gingen an mir vorbei mit wehendem Duft, und ich habe schnell etwas gezaubert: ich habe alle fliederartigen Blumen im Schaufenster angesehen und gleichzeitig den wehenden Duft der gehenden Frauen gerochen [...].« (KaL, S. 186)[114] Das Gefühl des Abschieds löst sich am Schluß des Romans auf in einer vorausdeutenden Todesmetapher – in einer Trance, in der sich Städte, Landschaften und Begebenheiten überlagern:[115]

> Ich bin ein letztes Mal den Strand entlang gelaufen, weiter, immer weiter, die spinnenhaften Krabben tanzten über den Sand durch die Sonne, der Sand glühte. Ich sah eine tote Riesenschildkröte am Wasser liegen, die weithin stank, und ich sah tote glitzernde Fische. Eine stille dunkle Menge näherte sich dem Meer, ich erkannte die Nonnen vom Saint-Pauls-Hospital, sie zogen sich aus, um in Glut und Einsamkeit zu baden. Ich wunderte mich, denn ich hatte immer gedacht, daß die Körper der Nonnen aus Hauben und geistlichen Gewändern bestehen. (KaL, S. 206)

Das Ende des Buches präsentiert sich in einem »alles-wird-wieder-gut«-Gestus (KaL, S. 210f.); Kully simuliert zum Schluß noch einmal eine scheinbare Normalität, welche dem gesamten Buch nachträglich das Gepräge eines diffusen und monströsen Traumes verleiht, aus dem die Protagonistin soeben erwacht ist. Dennoch bleibt die Beunruhigung bestehen im »einmal werden wir auch wieder zusammen woanders sein.« (ebd.): Ebenso instabil wie die Grenze zwischen Traum und Wirklichkeit, Krieg und Frieden, Diktatur und Demokratie ist das Individuum als Fokus geschichtlicher Erfahrungen kurz vor Ausbruch des Zweiten Weltkrieges geworden.

---

[114] Mit dem sinngemäßen Anklang an das Baudelaire-Gedicht *À une passante* überlagern sich Visionen von New York und Paris. Diese Anklänge an den frz. Symbolismus, insbesondere Baudelaire, treten in Keuns Texten auffällig häufig auf.
[115] Es würde zu weit führen, alle sozialhistorischen Bezüge, die die Amerikapassagen enthalten, zu diskutieren. So widmet sich Keun u.a. der Situation der Schwarzen in Form eines afrikanisch anmutenden Märchens und erzählt so einen weiteren kulturellen Kontext, der ihr in Europa nicht zugänglich gewesen wäre. Auch Erzählungen aus der Bibel (Schlange) oder über den Civil War (welche eine weitere Irritation enthält, da der Leser glaubt, es ginge um den heraufziehenden 2. Weltkrieg) – alles Verweise auf Vergangenheitsmythen und ihre Diskursivierungen.

4.3.4 Das Nachkriegsoeuvre

> Trotz des durch Alter und Al-
> kohol erheblich gebröckelten
> Glanzes ist und bleibt sie ein
> junges Mädchen, das in einer
> wirklich harten Zeit mehrere er-
> staunlich gute Bücher veröf-
> fentlichte. (Frank Auffenberg)

Auf den ersten Blick erscheint *Ferdinand, der Mann mit dem freundlichen Herzen* als der Roman, welcher die nachgewiesene Modernität seiner Autorin am stärksten konterkariert. So hat ihn bislang auch die Kritik nur beiläufig erwähnt und mit Rekurs auf Keuns nachlassende schriftstellerische Motivation negativ zitiert.[116] Mittlerweile zeigen sich jedoch Neuansätze, die *Ferdinand* vor dem Hintergrund der deutschen Nachkriegsgeschichte und ihrer literarischen Programme sehr viel sachlicher bewerten und dem Text somit auch wissenschaftliche Gerechtigkeit widerfahren lassen.[117]

Entstehungsgeschichte und -bedingungen dieses letzten Romans sind von Keuns Schreiben für den Rundfunk geprägt. Lutz Kuessner, ab 1947 Leiter der Abteilung Kabarett und Varieté beim NWDR, berichtet:

> Wir machten damals eine Sendung, die [...] hieß Kabarett der Zeit. Dafür brauchten wir Sketches. [...] Sie [Keun] brauchte Geld. Außerdem fing sie damals parallel an, ihren Roman *Ferdinand, der Mann mit dem freundlichen Herzen* zu schreiben. [...] Es gab noch eine zweite Sendung, die lief etwas später parallel zu dem Kabarett der Zeit [...]. Da gab es ein Symphoniekonzert, und die hatten immer eine Umbaupause von fünfzehn Minuten. In diesen fünfzehn Minuten [...] hat sie dann gelesen. [...] Und in diesen fünfzehn Minuten jeweils sind die Ferdinand-Geschichten entstanden.[118]

Kuessners Darstellungen lassen einen Blick auf Keuns Arbeitsweise zu und werfen zudem die Frage auf, ob einige Passagen des *Ferdinand* möglicherweise gar nicht aus ihrer Feder stammen:

> Ich hab ihr die Texte praktisch aus der Maschine gerissen. Es war immer die große Gefahr, daß sie irgendwas veränderte oder wegwarf [...]. Sie schrieb unheimlich

---

[116] Hiltrud Häntzschel schreibt: »Allerdings hält Keun die Ferdinand-Perspektive nicht durch. Sie macht ihn allermeist nur zum Stichwortgeber ihrer eigenen Anekdoten [...]. Sie produziert witzige Wortspiele am laufenden Band, läßt Ferdinand quasseln und quasseln und damit seine Ratgeber-Ecke im seinem Zeitungsblättchen bestücken [...].« (Häntzschel: Irmgard Keun, S. 127).

[117] So bei Barbara Drescher: Wechsel in der Erzählperspektive als Ausdruck der kulturellen Entfremdung in der Nachkriegsprosa von Irmgard Keun, Dinah Nelken und Ruth Landshoff-York. In: Erfahrung nach dem Krieg: Autorinnen im Literaturbetrieb 1945-1950. Hg. v. Christiane Caemmerer et al. Frankfurt a. M. et al.: Peter Lang 2002, S. 127-138.

[118] Lutz Kuessner: Sie war eine Menschenfängerin. In: Zeitzeugen, Bilder und Dokumente erzählen, S. 59 ff.

schnell. [...] Ein einziges Mal hat sie mich draufgesetzt [...]. Da hab ich mich hingesetzt und über Nacht den Text in ihrem Stil selber geschrieben.[119]

Dies muß jedoch im Rahmen dieser Untersuchung Spekulation bleiben. Was aus Kuessners Beitrag immerhin ersichtlich wird, ist eine Textkomposition, die durch feste Zeitvorgaben sowie ein serielles Arbeitsverfahren gekennzeichnet ist. Zudem besitzt *Ferdinand* nicht mehr die konzentrierte poetische Bildersprache, die Keun noch im *Kind aller Länder* verwendet.

Hatte Irmgard Keuns Figurensprache bis in die Exilzeit hinein bewirkt, daß die Erzählerinnen als Facette ihrer Autorin wahrgenommen wurden und sich darauf auch ein Teil von Keuns Ruhms gründete, so kündigt sich das Verschwinden vom literarischen Markt sowie das Ende der Produktivität in einem Verschleiern, ja Verlöschen der Autorenrolle hinter einem männlichen Ich-Erzähler an: »Welche Sprache stand den Autorinnen zur Verfügung, nachdem die Literatur des Kahlschlags eigentlich eine Heimkehrerliteratur war«, fragen die HerausgeberInnen des Bandes *Erfahrungen nach dem Krieg: Autorinnen im Literaturbetrieb.*[120] Eine mögliche Antwort auf dieses Phänomen bietet Barbara Drescher an: »Die Wahl männlicher Protagonisten beruht auf dem Bruch, den diese älteren Autorinnen erlebten, als die westdeutsche Literatur- und Geschlechterpolitik sie abdrängte.«[121] Sie führt weiter aus: »Die männlichen Protagonisten [...] erfüllten zwei Ziele: Zum einen schafften sie es, daß die verdrängten Exilautorinnen in diesem konservativen Klima verlegt werden. [...] Zum anderen ermöglicht ihnen die Autorität der männlichen Hauptfiguren eine starke Kritik an der konservativen Restauration, die eine weibliche Protagonistin aufgrund ihrer gesellschaftlichen Isolierung nie liefern kann.«[122] Gerade das ist jedoch bei Keun nicht konsequent der Fall. Denn die männliche Protagonistenrolle wird schon textuell durch das »Einschleusen« unterschiedlicher, ihrer Konventionalität fremder Elemente immer wieder unterlaufen. Es wird zu zeigen sein, daß der Ansatz einer profunden Gesellschaftskritik aus spezifisch männlicher Sicht weitgehend verwischt wird, während Keun die im Roman pointierteste Kritik an einer technokratischen und mediengesteuerten Herrschaftsordnung, die sich im Massenmord selbst annulliert, von einer Frauenfigur aussprechen läßt:

> »Im Grunde genommen bist du selbst ein Massenmörder«, behauptete Johanna und verteilte den Rest Weinbrand in unsere Gläser. »Stell dir mal vor, Ferdinand, du hättest einen Knopf [...] du kannst ihn in der Tasche tragen. Sobald du willst, daß irgendein Mensch auf der Welt stirbt, brauchst du nur auf diesen Knopf zu drücken, und der betreffende Mensch fällt sofort tot um – ohne Schmerzen zu haben [...].« (S. 197f.)

---

[119] Ebd., S. 61f.

[120] Christiane Caemmerer et al. (Hg.): Erfahrungen nach dem Krieg, S. 7.

[121] Ebd., S. 127ff.

[122] Ebd. Die Wahrnehmung Keuns durch männliche Schriftstellerkollegen bestätigt Dreschers These. Hermann Kesten beispielsweise konstatiert: »Nun aber spricht sie zum erstenmal mit der Stimme eines Mannes, dieses lieben Ferdinand Timpe. Sie ist reifer und weiser geworden, und ist witziger als je, und geradezu männlich streng in ihren erheiternden Kunstmitteln.« (Hermann Kesten: Irmgard Keun. In: dies.: Ferdinand, der Mann mit dem freundlichen Herzen. Düsseldorf: Droste 1950, S. 12).

Morden wird hier als hygienisches »Computerspiel« in einer verantwortungslosen und infantilisierten Gesellschaft antizipiert. Dies macht einmal mehr deutlich, daß bei Keun gerade die zum Diskurs der Macht in eindeutiger Differenz stehenden Figuren einen klaren Gegendiskurs formulieren. Keun stellt, entgegen Dreschers These von der »Propagierung einer anderen Männlichkeit«,[123] kein wirksames alternatives Männlichkeitskonzept vor. Dagegen gelingt es ihr, die subjektgebundene Wahrnehmungswelt eines Menschen einzuführen, der durch den Krieg und die daraus folgenden Traumatisierungen seiner Identität verlustig geht.

Die Erzählung des Heimkehrers[124] Ferdinand Timpe, eines Mannes, der »seit undenklichen Zeiten [...] nur noch gewesen [war], was andere wollten« (S. 41), ist eine Metapher für das Geschichten-Erfinden bei wiederkehrendem Wunsch des Individuums, aus den geschichtlichen Abläufen auszusteigen mittels einer Dissoziation des Empfindens:[125] »Mein Gefühl war betäubt, und ich lebte wie im Traum.« (S. 43) Die erzählte Zeit umfaßt die Jahre 1945-49, die Währungsreform mit der Auflösung illegaler Freiräume bildet die Zeitachse dieses Romans. Ästhetisch schlagen sich die Entfremdung der Autorin vom literarischen Zeitgeist sowie die inhaltlichen Themen »Geschichtsverlust« und »Restauration« als eine Reduktion im kulturellen Inventar des literarischen Erzählens nieder. Tradierte Sprachformationen werden zitiert, und es scheint, als brächen sie mitten im Erzählfluß wieder ein, da sich der Erzähler den herrschenden Marktgesetzen nicht zu beugen vermag. Am Ende wird der »ewige Spießer« nicht bedient, sondern vorgeführt – inclusive einer auch sprachlich strengen Geschlechtertrennung:

> Ich glaube, am wenigsten erregt man Anstoß mit Tiergeschichten. [...] Bekannte von mir hatten einen Dobermann, ein giftiges Aas, das sein Innenleben nicht in Einklang mit seiner Umwelt bringen konnte. [...] Mich biß er ins Ohr, und sein Herr meinte, daß ich die Prüfung nicht bestanden habe. So ein Hund wisse genau, wer gut und wer schlecht sei. [...] Einmal habe ich auf das Wohlwollen einer freundlichen Dame [...] verzichtet, weil ihr Seidenpinscher jede ruhige Unterhaltung störte und zum Richter meiner seelischen Qualitäten gemacht wurde. (S. 36f.)

Um dem Erzähler einen provisorischen Halt zu liefern, werden die Pfeiler einer bereits stumpf gewordenen literarischen Sprache noch einmal errichtet. Die Erzählung demonstriert jedoch, wie diese Sprachblöcke nicht mehr dazu taugen, ein kulturelles Gedächtnis aufrecht zu erhalten, geschweige denn ein zukunftsträchtiges zu etablieren:

> Außereheliche Liebesverhältnisse darf man nur unter bestimmten Voraussetzungen stattfinden lassen. In Verbindung mit Naturereignissen sind erotische Ausschrei-

---

[123] Erfahrungen nach dem Krieg, S. 133.

[124] Die geistige Obdachlosigkeit des Protagonisten sowie die sich selbst zugeschriebene Opferrolle ist ein Synonym für den Zustand der ganzen Nation. Das Wortspiel mit dem Begriff »Heimkehrer« zeigt die Annahme dieser Rolle an: »Das Wort hat auch was, das nach Heim riecht und nach Betreuung. [...] Die Opfer, die drin sitzen, müssen entweder die Rolle des undankbaren Objekts spielen oder an Leib und Seele kastriert sein.« (F, S. 41f.).

[125] Es scheint, als könne die Gegenwart nicht Literatur werden. Ferdinands Wunsch nach Schweigen ist nicht so sehr einer traumatischen Kriegserfahrung geschuldet als ein unhintergehbarer Charakterzug.

tungen geduldet. Zum Beispiel: die herb-blonde Erdmute und der seelisch leidende Horst-Dieter reiten durch Wald und Feld. Ein Gewitter überrascht sie. Es hagelt, blitzt, schneit. Man muß schreiben: »die Elemente waren entfesselt«. (S. 38)

Die in den Meta-Erzählungen enthaltene Redundanz, kulminierend in der »Liebesgeschichte« auf S. 37,[126] führt idealistisches Erzählen ad absurdum, zeigt sein Abrutschen in die Trivialität und weist das kulturelle Gedächtnis des Erzählers als ein Agglomerat aus petrifiziertem Erzählmaterial aus.[127] Den historischen Hintergrund für dieses erzählerische Dilemma bildet die Hitlerdiktatur und das in ihr enthaltene Literatursystem, das von der nachfolgenden Generation, insbesondere den Literaten der »Inneren Emigration« latent weiter bedient wurde. Barbara Drescher sieht hier den reflektorischen Ansatz Keuns: »Innerhalb des literarischen Kontextes stellt sich Keuns sozialkritischer Zeitroman klar der wiederaufkommenden bürgerlichen Idee von Kunst entgegen, wie sie z.B. in Form von ›Innerlichkeit‹, des ›Rückzugs in die Natur‹ oder ›in die Religion‹ im Entstehen war«[128] – eine Literatur, die Ferdinand in indirekter Anspielung mit ein »Kommando modischer Gefühlsgesetze« umschreibt (S. 45). Der Text reflektiert die verfehlte Anschlußfähigkeit an das literarische Gedächtnis der exilierten Modernisten sowie dessen reformierende Weiterführung – und inszeniert zugleich die Trauer hierüber.

4.3.4.1 Derealisation von Nachkriegserfahrungen

Ferdinand der Mann mit dem freundlichen Herzen erzählt das reale Nachkriegsdeutschland – und ist zugleich die Chiffre einer Seelenlandschaft, in welcher die Realitätsbewältigungen der zahlreichen Zeitgenossen, die fortlaufend wie Statisten in die »Haupthandlung« eingewoben sind, lediglich als »kunterbunter Schwindel« (S. 78) ins Bewußtsein des Protagonisten treten. Ihre Erscheinungsbilder werden als ritualisierte »Verhaltensweisen der Kälte« demaskiert, hinter denen als konstante Größe der moralische und körperliche Verfall lauert: »Fräulein Kolbe sah welk und ratlos aus, ihre beflissene Munterkeit wirkte kraftlos und künstlich.« (S. 79); »Wenn er von der Allgemeinheit spricht, meint er sich. [...] Einmal wird ihn der Schlag treffen [...] und dann wird er Gott oder dem Teufel einen Stoff, aus Nichts gemacht, für besonders gut wallende dauerhafte Gewänder andrehen [...].« (S. 29ff.) Dieser Blick auf die Nachkriegsrealität zeigt ein männliches Ich, das zu einem – wenn auch urteilsfähigen – Zuschauer seiner eigenen Wirklichkeit degeneriert ist. Andererseits avanciert Ferdinand gerade durch seine Identitätslosigkeit zum Reflektor eines bildhaften Gedächtnisses der Kriegs- und Nachkriegszeit, wie noch genauer zu zeigen sein wird.

---

[126] »Liebst du mich, Liebling?‹ ›Ja, ich liebe dich, Liebling.‹ ›Liebst du mich sehr, Liebling?‹ ›Ja, ich liebe dich sehr, Liebling – du mich auch, Liebling?‹ ›Das weißt du doch, Liebling.‹ [...].« (F, S. 37f.).

[127] Zum literarischen Gedächtnis der unter dem NS-Regime aufgewachsenen Jugend schreibt Günther Weisenborn 1948: »Vorwärts? Bewahre, höchstens bis Goethe, bis zu den Klassikern, wer Glück hatte, bis Hebbel. Soll die Jugend das Museum ihrer Väter darstellen? Zum Teufel, sie soll es nicht.« (Günther Weisenborn: Memorial. Erinnerungen. In: Draußen vor der Tür. Die Deutsche Literatur 1945-1960, Bd. 1. Hg. v. Heinz Ludwig Arnold. München: Deutscher Taschenbuch Verlag, S. 441).

[128] Erfahrungen nach dem Krieg, S. 138.

Seine Sehnsucht nach Vergessen und Einsamkeit ist mentalitätsgeschichtlich repräsentativ für die psychische Befindlichkeit der Nachkriegsdeutschen, die, ihr Schuldbewußtsein ausblendend, sich als die eigentlichen Verwundeten und Verlierer betrachteten.[129] Johannes R. Bechers *Deutsches Bekenntnis* schlägt einen nahezu identi-
schen Ton an; diese Schrift beklagt die Lethargie einer Nation und ihr Verharren in
einem Dämmerzustand, den der Autor darin begründet sieht, daß »unser Volk [...]
noch nicht zum Bewußtsein der Größe seiner Niederlage gekommen [ist].«[130] Zugleich
präsentiert Bechers Text gespenstische literarische Bilder von den zerstörten Städten
und ihren Bewohnern. Liest man *Deutsches Bekenntnis*, so gerät die Geschichte Ferdinands zu seinem Exempel:

> Wer auf der einstmals belebten Straße geht, hat nicht mehr das Gefühl des Ge-
> hens, er wandelt, er irrt, er flieht dahin wie in Trance [...]. [...] es ist nicht nur
> diese feierliche Stille, dieses lähmende Ruinenschweigen [...] wir treten in ein
> Häuserviertel ein, wo die Vernichtung keinerlei Spuren hinterlassen hat. [...] Aber
> diese Unergriffenheit inmitten der allgemeinen Vernichtung hat etwas Künstliches
> an sich [...]. Jenseits von Verfall und Verwesung scheint hier eine Museumsstadt
> aufgebaut [...] täuschen eine paradiesische Lebensfülle vor. [...] Und die Heim-
> kehr der Landser! [...] heimatlos geworden in der eigenen Heimat [...], die Blicke
> niedergeschlagen oder aus den entzündeten leeren Augenhöhlen in der Fremde der
> Heimat um sich starrend. Gespensterhaft.[131]

Die zerstörten Städte werden als Löschung von Geschichte, als ein Zustand der Amne-
sie erfaßt. Daß die Erinnerungsleistung der Betroffenen Schaden genommen hat, belegt das Gefühl der Entfremdung gegenüber den erhalten gebliebenen Kulturgütern:
die »Museumsstadt« liegt jenseits der eigenen Wirklichkeitsgenerierung und kann nicht
mit Sinn aufgefüllt werden. Das Domizil, in dem Ferdinand lebt, ist gleichfalls nicht
geeignet, ihm auch nur ein geistiges Zuhause zu bieten:

> Das Haus leidet an natürlicher Altersschwäche. Es erinnert an einen gichtkranken
> Armenhäusler, der beim besten Willen nicht weiß, wozu und für wen er noch gut
> riechen und sich rasieren solle. Auch in seiner Jugend kann dieses Mietshaus nicht
> reizvoll gewesen sein. Es trägt keine Spuren ehemaliger Schönheit – wie die alten
> Fürstinnen in den Romanen des fin de siècle sie tragen. Dafür trägt es Spuren des
> Krieges. (S. 20)

Während die Architektur als Pfeiler des Historischen in den Ruinen versunken ist, tragen die übriggebliebenen Gebäude hier keine geschichtsträchtigen Merkmale der Vorkriegsepoche mehr – lediglich die Zeichen der Zerstörung, die Einzelelemente treten in
das Bewußtsein des Protagonisten. Die Verzauberung durch die Ruinenlandschaft, ein
romantischer Topos, läutet den Wunsch nach Lethe, nach Vergessen ein: »Auf meinem

---

[129] In den zeitgleich entstandenen Nachkriegssatiren für den Rundfunk, den Dialogen des
Unternehmerehepaares Wolfgang und Agathe, stellt Keun diese Thematik sehr kritisch und pointiert
dar. Sie zeigt, »daß – mochte die Niederlage des NS auch endgültig sein – die in der Sprache depo-
nierten Ideologeme den militärischen Untergang weitgehend unbeschadet überlebt hatten.« (Braese, S.
48).
[130] Johannes R. Becher: Deutsches Bekenntnis. In: Die Deutsche Literatur 1945-1960, S. 49.
[131] Ebd., 51f.

Weg durch die abendlichen Straßen hatte ich die Ruinen in sanft überwölktem Mond-
licht gesehen, sie scheinen mir mitunter wie verzaubert und von gespensterhaftem
Reiz.« (S. 44) Keuns Darstellung geht sinnlich weiter als Bechers, indem sie die Ding-
welt »beseelt«: »Die große Stadt schien gestorben und zerstört. Mitten in den Trüm-
mern lebten unzerstörte und verlassene Häuser und Wohnungen in gespensterhaftem,
fahlem Glanz.« (S. 103) Sie führt den Erzähler schließlich in eine imaginierte postapokalyptischen Szenerie: »Ich stehe auf dem menschenleeren Bahnhof und sitze im
verödeten Wartesaal.« (S. 237)

Auffallend grelle Metaphern, hineingesetzt in den motivisch wiederkehrenden
Hintergrund einer »Ruinenlandschaft im Mondenschein«, weisen den Raum der Erzählung als Dystopie aus, wo die Menschen in ihrer scheinbaren Geschäftigkeit ein der
Zeit entrücktes und zugleich ziel- und zukunftsloses Dasein fristen. Das »Flanieren« in
den Ruinen erzeugt den Eindruck einer »bewegungslosen Bewegung« und geht konform mit der Wahrnehmung der Maskenhaftigkeit lebendiger Personen, die wie aus
dem Nichts in die Handlung eintreten und alsbald wieder verschwinden, ohne daß ihrer biographischen Spur weitere Beachtung zuteil würde:

> Trotzdem wurde Lydia Krake von Zeit zu Zeit Frau Stabhorns beste Freundin.
> Beide betrieben vor der Währungsreform einen vielseitigen Schwarzhandel. Sie
> betrieben ihn mit jener zähen Nervosität und hektischen Besessenheit, die den
> abenteuerlichen Finanzaktionen alternder Frauen den feurigen Glanz von Sexual-
> Abendrot verleihen. (S. 18)

Die hier parallel geschalteten Bilder: alternde Frauen/ Feuer/ Hektik/ Sexualität/ (Son-
nen)untergang überbieten den realistischen Darstellungsmodus und klären den Leser
somit nicht ausschließlich über die Alltagsverhältnisse im Nachkriegsdeutschland auf.
Sie evozieren darüber hinaus den Archetypus der verschlingenden und mordenden
Mutter, stützen im Gedächtnis des Lesers angelegte Allgemeinplätze und Bilder wie
brennende Städte, Szenarien aus postapokalyptischen Filmen und fiktionalen Texten.
Zwar erwähnt die zitierte Passage Realbezüge wie die Währungsreform und den
Schwarzhandel, aber die literarisierende Darstellung alternder Frauenkörper sowie ihren als krankhaft gezeichneten Aktionismus, der – nüchtern betrachtet – ein notwendiger Kampf ums Überleben ist, dominiert. Die Kämpfenden werden nicht mit Bildern
des Lebendigen belegt, sondern mit solchen der sterbenden Kreatur – obendrein noch
mit morbider Erotik in Verbindung gebracht. So verliert der Überlebenskampf seine
sinngebende, positive Funktion und wird Teil einer Untergangsvision. In diesen Passagen zeigt sich die Entfremdung des Erzählers von seinen Landsleuten, denen er nicht
Überleben und Wiederaufbau, sondern im bildlichen Sinne die Hölle wünscht, während er sich in einem als geschichtslos vorgestellten und stillgelegten Jetzt aufhalten
möchte: »Ich will den ewigen Bestand in der vollkommenen Auflösung.« (S. 208)
Nicht das kritische Urteil überwiegt hier, vergleichbar dem der Ich-Erzählerinnen in
den Vorgänger-Romanen, sondern die Bildlichkeit offeriert die persönliche Krise Ferdinands als Wahnsinn der Gesellschaft. Die Metapher des Blühens bezeichnet das
Wachstum als gesetzliche Notwendigkeit (ebd.), unterstreicht aber auch die Zähigkeit
alles Lebendigen: »Mutter Martha blüht, ewig zeitnah, im Jetzt. Sie hat blühende Mus-

keln.« (S. 69) Die Metapher ist ambivalent,[132] denn der Tod eröffnet eine Erlösung aus der Gefangenschaft in den Gesetzmäßigkeiten und aus dem Zwang zur Vorstellung (S. 208): »Das höchste Wunder scheint mir im Augenblick, einmal wahrhaft tot sein zu dürfen.« (ebd.) So gleicht der Text in Teilen Versatzstücken der Nachkriegs-Kurzprosa, die einen ähnlichen hyperrealistischen oder surrealen Ton anstimmen.[133]

Um es mit Wolfgang Hildesheimer zu sagen: »Was unser Verhältnis zum Tod betrifft, sind wir alle Dilettanten. Professionell sind nur die Toten.«[134] Es scheint, als spreche der Erzähler Ferdinand vom Wunsch nach dem Tod der Geschichte im Sinne von Nietzsches Geschichtsverständnis, formuliert in der Geburt der Tragödie – ein Werk, das bereits in den kulturellen Fundus eingegangen ist:

> In diesem Sinne hat der dionysische Mensch Ähnlichkeit mit Hamlet: beide haben einmal einen wahren Blick in das Wesen der Dinge getan, sie haben erkannt, und es ekelt sie zu handeln: denn ihre Handlung kann nichts am ewigen Wesen der Dinge ändern, sie empfinden es als lächerlich oder schmachvoll, daß ihnen zugemutet wird, die Welt, die aus den Fugen ist, wieder einzurichten.[135]

Die nihilistische Grundstimmung, der Dégout an der eigenen Biographie machen *Ferdinand, der Mann mit dem freundlichen Herzen* streckenweise zu einem hyperrealen Zeitroman.[136] Schon zu Beginn der Erzählung nutzt die Autorin die reale Mangelsituation nach dem Krieg für eine Metapher des Ekels vor dem Essen, welche das Brechtsche Diktum *Erst kommt das Fressen, dann die Moral* ad absurdum führt – die gedankliche Reaktion Ferdinands auf den Fleischgenuß erinnert eher an die ethische Hemmung eines hypersensiblen, übersättigten Menschen, als an eine Person, die Hunger leidet – und somit verliert die primäre Bedürfnisbefriedigung Sinn und Funktion:

> Weil ich Hunger hatte, habe ich mal von dem Fleisch gegessen. Wahrscheinlich bot man es mir an, um zu sehen, wie sein Genuß auf den menschlichen Körper wirkt. […] Vielleicht war's das Fleisch exotischer Tiere, die in einem zoologischen Garten gestorben waren. Hoffentlich war's kein Menschenfleisch. Menschen sind oft nachwirkend unbekömmlich. (S. 18f.)

---

[132] Ob die Metapher des Blühens ein Hoffnungsträger ist, bleibt bis zuletzt unklar. Es wird unverkennbar, daß die Verknüpfung von Objekten und der ihnen zugeschriebenen metaphorischen Bedeutung weitgehend gelöst ist. Auch der flammende Sonnenaufgang am Schluß der Erzählung erweist sich als leeres Zeichen: »In einer Stunde ist der Gerichtsvollzieher fällig.« (F, S. 264) Diese Parallelisierung, ausgesprochen von der positiv konnotierten Johanna, ist dennoch ein Verweis auf eine mögliche »Erlösung« des Protagonisten am Schluß des Festes: Das Tageslicht bringt das ständig bedrohte Realitätsbewußtsein zurück. Die Begegnung mit der Mutter wird schließlich zum nahezu sentimentalen Ausdruck seiner wiedergewonnenen Stabilität (F, S. 267f.).

[133] Hier wäre vor allem Wolfgang Hildesheimer als Vertreter des *Absurdismus* zu nennen. (Vgl. Wilhelm Heinrich Pott: Die Philosophien der Nachkriegsliteratur. In: Hansers Sozialgeschichte der Deutschen Literatur, Bd.10. Hg. v. Ludwig Fischer. München: Hanser 1986, S. 272f.).

[134] Wolfgang Hildesheimer: Gesammelte Werke in sieben Bänden, Bd. I. Hg. v. Christiaan Lucas et al. Frankfurt a. M.: Suhrkamp 1991, S. 522.

[135] Friedrich Nietzsche: Die Geburt der Tragödie aus dem Geiste der Musik. Stuttgart: Reclam 1988, S. 50f.

[136] Der Roman enthält unzählige Objekte und Diskurse aus dem Alltag der Nachkriegszeit, so das Radio von Johanna (F, S. 84), die Schwäche Antons für Samba und Jitterbug (ebd.) oder die Heimatliteratur Rudolf Herzogs (S. 83).

Überboten und manifestiert wird diese Schilderung noch von der Wirkung des Marmeladengenusses, den Frau Stabhorn dem Protagonisten aufzwingt; hier wird Nahrung gar zu einem Sinnbild vergifteter Lebensfreude:

> Eine giftig süße, rote Marmelade. Eine ausgesprochen bösartige Marmelade, deren Genuß die Lebensfreude dämpft. Ihrem Geschmack nach müßte die Marmelade eine grüne Farbe haben – giftgrün wie Absynth oder bläulich-grün mit einem Stich ins Violette wie der künstlerisch gestaltete Alpdruck eines gemütskranken Malers. (S. 21)

Diese Marmelade ist allgegenwärtig (ebd.), und es ist augenfällig, daß die künstlerische Gestaltung eines Alptraumes das Programm dieses Erzählstranges ist. Es wäre jedoch verkürzt, lediglich darauf zu verweisen, daß mit dem Alptraum die jüngste deutsche Vergangenheit gemeint ist, die, vergleichbar der Marmelade, nicht goutiert oder verdaut werden kann. Ferdinands »Alptraum«, sein Ekel ist umfassender – ist er doch der Allgemeinplatz des machtlosen Individuums, das dem Verlauf der Geschichte isoliert gegenübersteht. Übersetzt in die kulturelle Situation der beginnenden 50er Jahre des 20. Jahrhunderts bedeutet dies: die konkrete Angst vor dem Atomkrieg sowie die anthropologisch begründete »Existenzangst« (Johanna liest Sartre, vgl. S. 61):

> Seit ich denken kann, sind überall auf der Welt Menschen damit beschäftigt, mich zu vernichten. [...] Kleine Bomben, große Bomben, Atombomben, Super-Atombomben, Todesstrahlen, Giftgase [...]. Alles für mich. (S. 29) Es war dumm von mir, zu vergessen, daß jeder Mensch [...] geboren wird mit einer Angst, die in ihm wächst. Kein Mensch kann einem die ewige Angst nehmen, so wenig, wie er einem das Herz nehmen kann, ohne einen zu töten. (S. 202)

Manche Alltagssituationen erinnern durch die Technik spontaner Assoziation an absurde Träume:

> Als die Straßenbahn kam, setzte ein Gedränge ein, als würden im Wagen Tausendmarkscheine verteilt. Die Menschen drängten mit einem Fanatismus, als müßten sie zum Sterbebett ihrer Geliebten oder zum letzten Rettungs-Luftboot nach dem Mars. [...] Greisinnen kämpften mit muskelharten Arbeitern, mit bleich-entschlossenen Büroangestellten und verbissen wütenden Hausfrauen um den Platz an der Sonne. Kinder heulten auf, von rasenden Müttern in den wüsten Nahkampf gezerrt. (S. 24f.)

Der Text erzählt auf zwei Ebenen, die auch stilistisch voneinander unterschieden sind: neben der von einer Willkür des Erzählens beherrschten Gegenwart des Jahres 1949[137]

---

[137] Irmgard Keun nimmt auf das Goethejahr und die weibliche Empfindsamkeit Bezug – allerdings in einer Parodie: »Bei Frau Muck tagte ein gottesdienstartiger Lyrikabend mit sektenhaftem Einschlag. In mattem Licht saßen lauter Damen mit Seele und ernsten Antlitzen.« (S. 43) In grotesker Kontrastierung wird diese »dichterische Weihestunde« (S. 45) mit Karikaturen von Hermetischer Lyrik (S. 49f.) gegen das Bild der zerstörten Stadt ausgespielt. Im gleichen Jahr fordert Johannes R. Becher eine kritisch-politische Goetherezeption: »Niemand ist mehr Sklave als der sich für frei hält, ohne es zu sein«, so heißt es bei Goethe in den Wahlverwandtschaften. Dieser Satz besagt, daß Goethe unterscheidet zwischen Sein und Bewußtsein [...]. Der Sklave, der im Bewußtsein seiner Sklaverei ist, er-

entsteht allmählich das private Gedächtnis eines Kriegsheimkehrers. Ferdinand berichtet seine Biographie, was sich darin erschöpft, daß er seine Familienmitglieder vorstellt (S. 132ff.) und die Kriegsgefangenschaft schildert. Ferdinands Erinnerungen an Krieg und Gefangenschaft beschränken sich größtenteils auf Erinnerungen an die Eigenarten seiner Kameraden und sein Bedürfnis nach Einsamkeit:

> Albert zum Beispiel war ein anständiger Kerl [...], aber ich hätte ihn zeitweilig mit einem Kochgeschirr erschlagen mögen, weil er mir dauernd vor Augen saß und in einer viel zu kleinen Nase bohrte. [...] Hildebrandt hatte Charakter und Humor [...] Er hatte eine raffinierte und individuelle Art des Schnarchens – eigenwillig, überraschend und melodiefeindlich wie die Musik von Bela Bartok. Hildebrandt stieß in schnarchendes Neuland vor und zwang zum Zuhören. [...] Und immer, immer wollte ich mal allein sein. (S. 88ff.)

Auch hier wieder die Durchbrechung gängiger sprachlicher und erzählerischer Muster: Die Schilderung des schnarchenden Kriegskameraden unterläuft die Erwartung an private Kriegserinnerungen und gerät statt dessen zur Parodie auf die Musikkritik. Die folgenden Aussagen weisen Ferdinands Erleben als anonymisiertes Schicksal aus, er erzählt als einer der zahllosen Soldaten, die ohne eigenes Engagement in den Krieg eingezogen wurden – nur weil sie gesund, jung und männlich waren. In der Anonymität verliert er jede Selbstachtung und schließlich auch seine Unterscheidungsfähigkeit:

> Ich lag im Frühherbst als Rekrut in einem kleinen Moseldorf und wurde ausgebildet. [...] Nach vierzehn Tagen bereits besaß mein Hirn nicht mehr Denkkraft als ein alter zertretener Kuhfladen. [...] Ich sah gar keine Menschen mehr, nur maschinenhafte Vertreter einer Gewalt, die mich hypnotisierte bis zur lähmenden Verzweiflung. Mitunter hatte ich das Gefühl, als bestehe die Welt aus zwei Hälften: die eine Hälfte aus mir allein und die andere Hälfte aus einer ungeheuren Menge aus Dingen [...]. (S. 91f.)

Es sind nicht brutale Kriegserlebnisse, die verstören, sondern die Aufweichung der Individualität und der Verlust der Urteilsfähigkeit: die Mühle der Bürokratie zermahlt das Denken. Ferdinands Gedanken über die nationalsozialistischen Machthaber sind auf andere Staatsstrukturen übertragbar: »Umbringen können sie dich, dachte ich männlich und gefaßt, aber an deine Gedanken und Gefühle können sie nicht ran.« (S. 92) Spätestens hier ist dem Leser klar, daß der Text nicht nur darauf angelegt ist, die spezifische Soldatenproblematik unter der nationalsozialistischen Kriegführung zu vertiefen, sondern daß Keuns Darstellungen allgemeingültige Reflexionen über psychische und physische Unterdrückung sind, der es durch Introspektion und Dissoziation des

---

scheint Goethe nicht so sehr versklavt zu sein wie der Mensch, der glaubt frei zu sein, ohne daß er es ist. Unser Freiheitsgefühl muß also, um ein wahres zu sein, übereinstimmen mit der objektiven Freiheit, wie eine solche von Goethe anerkannt wird.« (Johannes R. Becher: Aus: Der Befreier. Von einem Neuen sei die Rede. In: Goethe im Urteil seiner Kritiker: Dokumente zur Wirkungsgeschichte Goethes in Deutschland, Bd. 5, Teil 4. Hg. v. Karl Robert Mandelkow. München: Beck 1984, S. 322f.). Daß dieser Aufruf zu rationaler Bewältigung der politischen Katastrophe mit Hilfe eines »neuen« Verständnisses von Goethe (S. 318) weitgehend ungehört blieb, davon legen die Figuren in Keuns Roman Zeugnis ab.

Bewußtseins ins Abstrakte auszuweichen gilt.[138] Es erfolgt keine Individualisierung des Prinzips Totalitarismus. Der Keun'sche Erzählton mit seiner eingeflochtenen Satire läuft konträr zu der angeschnittenen Thematik und ihren geläufigen literarischen Diskursivierungen durch männliche Literaten, deren Sozialisation durch Krieg und Soldatendasein bestimmt ist. Um den psychischen Zustand Ferdinands zu charakterisieren, benutzt die Autorin ein Bild, das sie bereits in *Gilgi – eine von uns* verwendet hat:

> Ach, Sie denken ich wäre verrückt? Nein, ich bin ganz normal – nur – ich habe gerade das komische Gefühl, als wär' die Welt in zwei Hälften geteilt, und auf der einen Hälfte säßen Sie und alle andern, und auf der anderen Hälfte säße ich ganz allein. (G, S. 152)

Die Metapher der gespaltenen Welt fügt sich in das Setting von Krieg und Nachkriegsära sehr viel passender ein. Auch Hans Erich Nossak beschreibt mit ihrer Hilfe die Entfremdung der Bombenopfer vom Rest der Bevölkerung.[139] Seltsam kindlich muten dagegen Ferdinands Begründungen seiner Angst vor dem Staatsapparat an. In rousseauschem Gestus wird das Kind als unschuldiges Wesen und Hoffnungsträger gekennzeichnet: »Ich kannte gute und böse Mächte, aber ich kannte noch keine Macht.« (S. 93) In Gemeinplätzen über Traumatisierung, die aber den eher harmlos erscheinenden Erlebnissen Ferdinands nicht ganz einleuchtend gegenüberstehen, bekommt der Leser eine Ahnung, daß doch etwas mit dem Protagonisten geschehen sein muß: »Große Schrecken löschen die Denkfähigkeit aus und setzen damit die Leidensfähigkeit herab.« (S. 97) Periodisch werden Lamenti über Traumata bzw. psychische Befindlichkeiten angestimmt (S. 96/97): sie erscheinen als Folge von etwas, das schamhaft verschwiegen werden muß, nur andeutungsweise und verbrämt erzählt werden kann. Wichtig werden Marginalien wie der Pickel auf der Hand (S. 45), ein Zeichen des Makels, das nicht zu tilgen ist und zugleich »geheimnisvoll« bleibt: »Die ehemalige deutsche Diktatur hat sich, nach Art niederer Lebewesen, durch Spaltung fortgepflanzt und heißt jetzt Demokratie.« (S. 27)[140]

Wie in *Nach Mitternacht* steht auch am Ende dieser Erzählung ein Fest: *Das Fest der zerbrochenen Gläser* (S. 239). Diese »Feste« haben die Funktion, die zerfaserte Handlung zu bündeln und einem Höhepunkt zuzuführen. Sie könnten ebensogut der

---

[138] Es wird nicht ersichtlich, ob Keun genau dies am Kriegsheimkehrer Ferdinands exemplifizieren wollte, oder ob sie zu wenig über das Soldatenleben wußte. Aus eigener Erfahrung konnte sie es zwar nicht wissen, sie hat aber Nazizeit, Emigration und den Krieg sowie die Bombardierung Kölns im Versteck erlebt. Zudem hatte sie die Möglichkeit, mit männlichen Zeitgenossen über das Soldatendasein zu sprechen. Es war also realisierbar, einen männlichen Sprachgestus zu imitieren. Die psychische Deformation deutscher Soldaten im 2. Weltkrieg hat beispielsweise Gerhard Nebel in seinem Tagebuch aus dem Jahre 1942 festgehalten: »In vollendeter Weise erscheint in der sogenannten ›Grundstellung‹ nicht nur das Automatische [...], sondern auch das Sklavenhafte. Man muß sagen, daß es dem Preußentum gelungen ist, eine Haltung zu erfinden und zu befehlen, in der sich die ganze Inferiorität des Soldaten, die ihm als einem Sklaven im Verhältnis zu seinem Herrn zukommt, überzeugend manifestiert.« (Gerhard Nebel: Bei den nördlichen Hesperiden. Tagebuch aus dem Jahr 1942. In: Die Deutsche Literatur 1945-1960, S. 443).

[139] Hans Erich Nossak: Der Untergang. In: Die Deutsche Literatur 1945-1960, S. 447.

[140] Es verbleibt noch zu sagen, daß die Autorin, jetzt im eigenen Land, die Diktion ihres Vorgängerromans, *Nach Mitternacht*, an dieser Stelle verwendet. Daß es nun wieder möglich war, solcherlei in Deutschland zu publizieren, ist zwar als Befreiung für Keun zu werten, es läßt jedoch auch den Zweifel aufkommen, ob das kritische Potential der Aussage nun noch gewährleistet war.

Auftakt einer neuen Geschichte sein: »Saufen ist ein Lotteriespiel [...].« (S. 240) Wer
aber denkt, die erzählten Schicksale der Partygäste gäben Aufschluß über die Art und
Weise, mit der die Zeitgenossen den Nationalsozialismus zu bewältigen versuchten, der
wird enttäuscht: Bis auf Ferdinands Erzählung vom Krieg und den knappen Hinweis
auf die Entnazifizierung von Luises Vater (S. 110) bleibt das Thema nur unterschwellig präsent.[141] Der dionysische »Schlußakt« startet mit »Uhrenlos braust die Zeit [...]«
(S. 239), aus welcher am Ende der deutsche Spießer wie Phönix aus der Asche aufer-
stehen wird:

> Wie viele Geschäftsleute zeigt Magnesius sich anläßlich einer alkoholischen Feier
> großzügig und jovial, um später als noch granitenerer, noch eisigerer Rechner dar-
> aus hervorzugehen. Er läßt sich im Feuer härten. (S. 241)

Er erscheint neben Johanna, »die noch aus jeder Katastrophe frisch und munter her-
vorgegangen ist« (ebd.), als der einzige Typus, der das Fest unbeschadet überstehen
wird – keinerlei Wandlung durchmacht, sondern die bürgerliche Gesellschaftsordnung
befestigt. Der »Dionysoskult« bei Keun ist nur noch Travestie: die Wirkung des Alko-
hols ist dysfunktional (S. 240), der kleinbürgerliche »Aufrührer«, der ehemalige Brief-
träger Damian Hell – dem Namen nach ein »Höllenwesen« – wird als »harmlos« einge-
stuft und verdient lediglich Fürsorge und Mitleid (S. 242ff.). Es sind »komische Geschichte[n] einer verweigerten Bildung in allen Bereichen.« Keun läßt das Fest in einer
Biedermeieridylle enden, die ironisch erscheinen muß, auf Ironie als Stilmittel jedoch
verzichtet: »Wieder einmal erlebte ich das gute und unhaltbare Glück: ich bin zu
Hause.« (S. 268) Die Autorin entscheidet sich letztendlich für die Auflösung der satirischen Gegenperspektive.[142] Die Ernüchterung am Ende von *Ferdinand, der Mann mit
dem freundlichen Herzen* resultiert aus der Erkenntnis, daß Fest, Schuldverdrängung
und kommendes Wirtschaftswunder im Nachkriegsdeutschland zusammenfallen.

---

[141] Eine Ausnahme ist folgende Textstelle: »Alle sind lebhaft, die Unterhaltung umrauscht mich. Sie
sprechen von Hitler. Augenblicklich bringen ein Haufen deutscher Zeitungen wieder Berichte über
ihn. Ein Bekannter von Eva Braun erzählt, Hitlers Kammerdiener erzählt, Hitlers Sekretärin erzählt
[...]. Mich interessiert der ganze Klatsch aus dem dritten Reich nicht mehr. Erlebnisberichte sind mir
langweilig, weil sie meist gelogen sind zugunsten des Berichtenden. Augenblicklich scheinen derartige
Tatsachenberichte Konjunktur zu sein.« (F, S. 122) Die Aufarbeitung der Geschichte nach 1945 erschöpft sich, laut *Ferdinand*, in einem unkritischen Personenkult, der zur Aufwertung des Nachkriegs-
alltages beiträgt. Das Genre des Tatsachenberichtes wird dabei unterlaufen; das Dritte Reich ist zu einem Unterhaltungswert geworden, während die Realität des Hitlerfaschismus aus dem Gedächtnis der
Menschen getilgt wird oder der Fleck aus einer ansonsten reinen Weste (*Ent*nazifizierung!).
[142] Vergleichbares hat Walter Schmitz für Hans Werner Richters 1959 erschienenen Roman *Linus
Fleck oder der Verlust der Würde* herausgearbeitet, der dem Genre des Schelmenromans nahe steht:
»Bei Richters satirischen Versuchen mangelt es nicht an handwerklichen Fertigkeiten, sondern an
weltanschaulichem Gehalt. Denn mochten die ›objektiven Korrelate‹, die sich ja manchmal satirisch
auslegen ließen, auch dem Erzählen satirischer Modelle vorgearbeitet haben, so ließ sich doch der
Agnostizismus der früheren Werke kaum für die neue Gattung nutzen. Der Satiriker straft die Welt
dafür, daß sie den Platz der Utopie besetzt hält; das Vorhandene erscheint deshalb verfremdet bis zum
Grotesken. Wenn er auf den Blick von der utopischen Gegenwelt aus verzichten muß, mag er sich mit
dem Blickwinkel einer vorbildlichen Gestalt begnügen; Kästners neusachlich desillusionierter ›Fabian‹
ist ein Beispiel für diese Perspektive, wie Grass' ›Blechtrommel‹ für jene. Richter verzichtet auf beide
Möglichkeiten, ohne eine neue anzubieten, da sein kritisches Stichwort vom ›Verlust der Würde‹ nur
ein äußerliches und vages Symptom trifft.« (Walter Schmitz: Hans Werner Richter. In: Kritisches Lexikon der deutschsprachigen Gegenwartsliteratur. Hg. v. Heinz Ludwig Arnold. München 1978ff., S.
7).

4.3.4.2 Heimkehrer im Damenmantel[143]: Rollentausch und Rollenwahn

Die Identität des Erzählers gibt dem Leser einige Rätsel auf. Um seine Erzählposition als eine männliche zu behaupten, bedient sich Keun wiederholter Markierungen,[144] die jedoch als solche im Korpus der Erzählung auffallen, und, anstatt Ferdinand glaubhaft als männlichen Charakter erscheinen zu lassen, seine Konstruiertheit erst recht ins Licht rücken. Schon bald nachdem der Protagonist sich vorgestellt hat, beginnt Irmgard Keun ein Spiel mit der (Ver)Kleidung, die seiner Virilität von vorn herein den Boden entzieht:

Ich trage […] weder Hut noch Mantel, sondern nur ein etwas eigenartiges Wämschen mit apartem kleinem Schoß. Es hat etwas vom New Look, und ich habe es mir selbst geschneidert aus einem Damenmantel mit Vorgeschichte […]. (S. 28)

Ein Blick in die Phantasiewelt des Helden läßt ähnliche Schlüsse zu:

Heute stelle ich es [das Paradies] mir vor als ein sanftes Lager aus Wolken in lächelndem Licht, in blauem Himmel. Irgendwo sind orangene Kugeln und samtene Blätter aus Silber und dunklem Grün. Ein glühend rosa Flamingo fliegt mit der weit entfalteten Kraft eines in einsamer Weisheit gesättigten alten Adlers und singt dazu mit der Zartheit einer soeben erblühten Schlüsselblume am Waldeshang. (S. 26)

Unter der weichzeichnenden »Feminisierung« der Schreibweise verbergen sich unterschiedliche sprachliche Cluster.[145] Männlichkeit ist, vergleichbar der untersuchten Kategorien »Identität« und »Weiblichkeit«, keine fixe Größe, sondern etwas Angenommenes, das durch die Veränderung von Oberflächenphänomenen leicht zu stören ist. Keun führt auch hier ihr vertrautes Erzählkonzept fort, das vielfach mit dem Begriff »Rollenprosa« belegt wurde. Sie versucht erst gar nicht den Eindruck zu erwecken, eine, wie Barbara Drescher meint, »Autorität der männlichen Hauptfiguren«[146] zu etablieren. Sie wählt die Rolle – doch macht sie diese als solche kenntlich, indem sie überzieht oder unterminiert. Dem Leser wird sein eigenes erlerntes Geschlechterrollenverständnis immer wieder vor Augen geführt – und das gelingt Keun – paradoxerweise, um nochmals auf Drescher zu verweisen – expliziter als in den Vorgängerromanen, da die Destruktion von Männlichkeit durch Sprachformationen und Travestie weiterreichende Verstörungen im kulturellen Gedächtnis der Leser erzielt. Dies wurde von Kesten offenbar ignoriert, als er von der »männlichen Strenge« in Keuns »erheiternden

---

[143] Ulrich Weinzierl ignoriert bei der Titelfindung seiner Kritik (bewußt, unbewußt?) den Fakt, daß Ferdinand eigentlich ein Frauenbekleidungsstück trägt: Ulrich Weinzierl: Heimkehrer im Staubmantel. In: FAZ Nr.81, 6.4.1981.
[144] Hierunter fallen u.a. seine Biographie als Kriegsheimkehrer und Soldat, seine Rolle als Verlobter von Luise sowie seine betont sexistische Redeweise. Auf die im Roman endlos durchdeklinierten Frauentypologien werde ich hier nicht im einzelnen eingehen, da sie, wie zu zeigen sein wird, ein und demselben Erzählprinzip folgen.
[145] Zu nennen wäre hier vor allem das synästhetische Schreiben. Innerhalb des Textes kehrt das Thema Synästhesie in den Liebeszahlschen »Heilmethoden« (*Der freudige Ratgeber*) wieder, die fast ausschließlich von Frauen in Anspruch genommen werden (S. 170ff.).
[146] Drescher, S. 131.

Kunstmitteln« sprach.[147] Mentalitätsgeschichtlich in das Lebensgefühl der beginnenden
50er Jahre hinein übersetzt heißt dies: Rollenmuster bieten Sicherheit; sie funktionieren, solange man bereit ist, ihre Fiktionalität zu übergehen. Dieses Vorspiegeln von bereits zu Fiktionen geronnenen kulturellen Formationen als unhintergehbare Fakten
machen das Lebensgefühl einer restaurativen Geschichtsepoche aus. Noch die Kritik
der Feuilletons in den 80er Jahren legt Zeugnis vom Unverständnis gegenüber Keuns
Sprechhaltung ab:

> Ferdinand ist der Schalltrichter einer sarkastischen und witzigen Schnoddrigkeit,
> eines [...] Humors, der sich kaum mehr auf Figuren bezieht, sondern vor allem
> auf Situationen. Das Personal [...] bleibt schemenhaft wie die Hauptfigur selbst.
> Sie alle haben kaum eine körperliche Existenz [...].[148]

Man muß Schoeller recht geben, begreift man »körperliche Existenz« als Synonym für
psychologisch ausgestaltete Figuren. Als überzeichnete Klischees gewinnen Keuns
»Schemen« jedoch Kontur: die Autorin steckt ihre Frauenfiguren in jedwedes »Weib-
lichkeitsmieder« und parodiert damit die in den 50er Jahren wieder erstarrende Ge-
schlechterordnung sowie das Frauenbild der Nationalsozialisten[149] – vor allem aber parodiert sie die Illusionen, die sich um weibliche Phantasmagorien ranken. Johanna trägt
womöglich Plattfußeinlagen (S. 84). Doch davon will selbst ihre Feindin, Meta Kolbe,
nichts wissen: Kolbe stellt sie als männermordenden Vamp dar, »sinnlich und unmora-
lisch« (ebd.), um Herrn Peipel zu vertreiben, der Johanna lästig geworden ist (ebd.).
Die Fiktionen, mit denen der weibliche Körper überschrieben ist, bestimmen das erotische und satirische Klima der Erzählung – sie rufen das von Keun entworfene »Sexual-
abendrot«[150] hervor: frau wird sich bewußt, daß sie einen Körper besitzt, der von
negativen wie positiven Phantasmen wie von einem Netzwerk überzogen ist. Dieses
enge Korsett aus Bildern und Texten spendet zugleich Lust und Erstarrung: die Lust
entsteht aus der Fähigkeit, sich in der Konstruiertheit zu spüren, die Erstarrung spiegelt das Gefrieren im Licht des männlichen Blicks:

> Zweifellos hat Johanna so ein gewisses Etwas – sie ist fähig, elektrische Schläge
> auszuteilen wie ein Zitterrochen. [...] Johanna sieht aus wie eine Mischung aus
> Madonna, Kastenteufel und Sportstudentin. Wie eine Maria Magdalena, die sich
> zu unschuldig findet, je an Buße zu denken. Wie ein Engel, der sich dem Satan
> auf den Schoß setzt, wenn's ihm gerade Spaß macht. [...]. (S. 57) [...] Meta
> Kolbe ist Hausbesitzerin, älter als Johanna, blonder Typ einer alternden Wagner-
> sängerin um die Jahrhundertwende, von einwandfreiem Lebenswandel und begie-
> rig zu heiraten. (S. 63)

Weiblichkeit wird zum Design: »In Verbindung mit Johanna kann ich mir unter las-
terhaften und romantischen Stahlmöbeln etwas vorstellen« (S. 56) Stahlkörper und

---

[147] Etwas, das nach einer gründlichen Keunlektüre selbst schon als Travestie erscheinen muß.
[148] Wilfried F. Schoeller: Schalltrichter der Schnoddrigkeit. In: SZ Nr.76, 1.4.1981.
[149] Vgl. Drescher, S. 134: »Ferdinands scharfe Kritik an Frauen macht deren asoziale, unterwürfige
und selbstversklavende Rolle und Teilnahme an der deutschen Kultur verantwortlich für vergangene
und gegenwärtige Übel.«
[150] Keun widmet sich sogar einem sonst eher verschwiegenen Thema: der Sexualität älterer Frauen.

Frauenkörper verschmelzen zu einer sterilen Wunschvorstellung. Die Wirkung des Natürlichen entsteht in der Inszenierung:

> Im Sommer wird der Star auf einer Wiese liegend photographiert, während er an einem Grashalm kaut. Das wirkt so natürlich. [...] Der Reporter schreibt abschließend: »So ging ich denn von Anna Fischer mit dem Gefühl, einem restlos natürlichen Menschen begegnet zu sein.« (S. 36)

Natürlichkeit wird zum Zeitstil erklärt. Ferdinand selbst zeigt sich von der Suche nach Modephänomenen geradezu besessen. »Haben Frauen mit Backenbart Sex appeal«, fragt er für Heinrichs Magazin *Morgenröte* (S. 112). Ob die Zeitgenossen sich mit Themen wie dem *gender crossing* anfreunden konnten, bleibt fraglich. Ferdinand jedenfalls ist laut Luise nicht nur »ein Mann für unnormale Zeiten«, sondern er ist gleich »überhaupt nichts« (S. 256), während sie noch fortwährend nach rollenkonformen Eigenheiten für ihn sucht (ebd., f.). Ein Rettungsversuch traditioneller Männlichkeit, der sich als Travestie darbietet.

4.3.4.3 »Wie komme ich überhaupt dazu, eine Geschichte schreiben zu müssen?« Ferdinand im Universum der Texte

Die Annäherung an die diversen »Fabeln« des Romans von 1950 führt dazu, daß eine Vielzahl von Textelementen[151] schlicht weggeblendet bzw. auf Vereinheitlichungen hin formatiert wird. Kritiker begründen dies mit der Flüchtigkeit, ja Nichtigkeit zahlreicher Erzählpartikel[152] – und doch überzeugt diese Erklärung nicht vollständig, da sie den Textkorpus als solchen ignoriert und Keuns spezifisches »Erzählprogramm« nicht verdeutlicht. Deshalb wird hier zum Abschluß noch einmal die Verfaßtheit des Textes zur Diskussion stehen. Ähnlich wie in den frühen Romane nachgewiesen,[153] verwendet Keun auch in diesem Text das Prinzip der Intertextualität und operiert häufig auf einer Meta-Ebene. Wurde bereits an anderer Stelle darauf verwiesen, daß *Ferdinand* eine Vielzahl vorgefertigter Text-*Cluster* in sich aufnimmt und diese parodiert, so soll hier die Funktion der Metatexte gerafft präsentiert werden, um den Roman in seiner Gesamtkomposition transparent zu machen.

Überspannt wird die gesamte Erzählung Ferdinands von der Sachlage, daß der Protagonist ununterbrochen damit beschäftigt ist, Texte auszustreuen, zu verwerfen und sie zu überschreiben (vgl. z.B. S. 210ff.). Der Roman zeigt einen Schreiber bei der

---

[151] Gedächtnispartikel der Konsum- und Populärkultur finden sich über den ganzen Text verstreut. Hier wäre vor allem das Zitieren von und das Kreisen um Mode- und Magazinthemen zu nennen: »Hin und wieder liest Luise in Zeitschriften. Am liebsten über verunglückte Filmstars, Jugendkriminalität, Backrezepte und Ratschläge von Frau zu Frau [...].« (S. 111) Oder Esoterik (das Liebezahl'sche »Institut«), Freud, Sartre, Musikmoden, Bekleidung, Frauenüberschuß und Amerikanismus. Keun ist es durchaus ernst mit dieser Erzähltechnik: »es gibt nun mal Leute, denen die ganze Welt ein Spielzeug ist und die sie als Spielzeug ernst nehmen und lieben und gerade Spielzeuge sorgsam und gut behandeln.« (F, S. 230) *Ferdinand, der Mann mit dem freundlichen Herzen* ist eine Diskurs-Topographie der 1945-50er Jahre.

[152] Hierzu Ingrid Marchlewitz: »In der Tat ist *Ferdinand* kein in sich stimmiges komponiertes Kunstwerk, sondern ein fiktional nur wenig einfallsreicher Zusammenschnitt aus kabarettistischen Glossen [...].« (Marchlewitz, S. 176).

[153] Vgl. Kap. 2.5 dieser Arbeit.

Themensuche, der seine Skepsis gegenüber der Kommunikativität vertexteter Wirklichkeit preisgibt. Diese umfaßt Zeitungstexte und literarische Oeuvres:

> Ich könnte eine tiefschürfende Betrachtung oder eine surrealistische Elegie über die Marmelade schreiben. [...] Oder ich müßte die Marmeladengeschichte für den Durchschnittsleser unverständlich und erhaben gestalten – etwa in der Art des späten Hölderlin oder des frühen Rilke. Unverständliches wird vom Leser immer respektiert.[154] (S. 22)

Steckt also gerade in Zitat und Verwurf das gesellschafts- sowie literaturkritische Potential? Ferdinand ist, wie Doris in *Das kunstseidene Mädchen*, kein professioneller Schriftsteller. Er ist sogar als Schreibender ein *Fake*, denn sein Auftrag für Heinrichs Zeitung *Die Morgenröte* kommt nur aufgrund einer Verwechslung zustande (S. 54). Als Magazinjournalist wird sein Text schließlich dominiert und strukturiert durch den Publikumsgeschmack sowie den Redakteur Heinrich, der die »Hoheit« über Ferdinands Schriften beansprucht: »leider wird Heinrich finden, daß ein feiner Mann eine intimere Kenntnis von Wanzen nicht haben sollte.« (S. 37)[155] Der Reflex auf eine Öffentlichkeit außerhalb der intimen Bilderflut (S. 45f.) bietet die Möglichkeit, zum Funktionieren oder Scheitern eines kommunikativen Austausches – auch mittels verfertigter Sprachen – Stellung zu beziehen.

Formal gleicht der Roman einer Kartothek aus Geschichten. Das wiederholte Abbrechen, Aufgreifen und Systematisieren begonnener Erzählungen (Ferdinands Arbeit »besteht aus vierzehn Geschichten, von denen keine über die ersten drei Sätze hinaus gediehen ist«, S. 53f.) bedingt die Schnittstellen und Brüche im Textkorpus. Hier erweist sich die unübersichtliche Topographie des Textes als durchaus konsequent: die Datenflut an möglichem Erzählmaterial muß vom Schreibenden angehalten und in die Bahn verlangter Konventionen (S. 36f.) gelenkt werden. Auf diesem Podium inszeniert der Roman seinen Hauptkonflikt: Ferdinands Gedankenstrom läßt sich durch konventionelle Sprechweisen nicht einholen, sondern er wirbelt ihre Bestandteile durcheinander und durchmischt sie in unerhörter Weise. Die vom Protagonisten empfundene Distanz zum Publikum, das nach Beruhigung durch Konvention verlangt, läßt ihn schließlich verstummen:

> Auch über mein Bett könnte ich schreiben. Am Kopf- und Fußende hat es Gitter aus jämmerlichem Metall. [...] Wozu die Materialverschwendung? Wären die Gitter seitlich, so hätte das immerhin den Sinn, daß man als wüster Gewohnheitsträumer nicht rausfallen kann. Aber welcher Mensch ist je am Kopf- oder Fußende aus dem Bett gefallen? [...] Wer hält eine Nachahmung von Zuchthausgittern für

---

[154] Die Schrift von Wolfdietrich Schnurre bezeugt, daß Rilke um 1947 ein »Modedichter« war: »Wer Gelegenheit hat, in den Gedichtmanuskripten heutiger junger Menschen zu blättern, dem wird, abgesehen von stilistischer Geschraubtheit, mangelndem Formgefühl und innerer Substanzlosigkeit, ein Gemeinsames auffallen, das sie alle verdunkelt: Der Schatten Rilkes. [...] Ängstlich an die Barrieren überkommener Gewohnheiten geklammert, taumeln sie die ausgetretenen Pfade verwaschenen Epigonentums. Allen voran: Die Legion der Rilke-Jünger.« (Wolfdietrich Schnurre: Alte Brücken – Neue Ufer. In: Die deutsche Literatur 1945-1960, S. 321).

[155] Die Perfidität des Boulevardjournalismus wird an folgender Stelle besonders deutlich: »Unanständige Bilder aus obskuren in- und ausländischen Blättern lassen sich ohne weiteres bringen, wenn die Zeitschrift sie unter dem fettgedruckten Motto veröffentlicht ›Solche Bilder lehnen wir ab.‹« (S. 210).

Schmuck? Ich will nicht darüber schreiben. Leser mögen sicherlich keine Schilderungen von Zuchthausgittern, geborstenen Sprungfedern und den psychoanalytischen Abgründen eines Bettenfabrikanten. (S. 23)

Das Leseerlebnis von *Ferdinand, der Mann mit dem freundlichen Herzen*[156] unterstreicht die Befindlichkeit des Protagonisten: der Text »gleitet« unter den Augen des Lesers weg, da er, während der Erzähler immer wieder neue Gedankenspiele um einen Gegenstand kreisen läßt, im Kaleidoskop der Geschichten nicht mehr zwischen wichtigen und unwichtigen Erzählmomenten zu unterscheiden vermag.[157] Ferdinands Versuch, die geschichtliche Gegenwart auf Zuruf in ein literarisches bzw. magazinjournalistisches Korsett zu zwängen, verhält sich konträr zu einem »Erzählwunsch«, der sich immer wieder Bahn bricht und vom Erzähler selbst in Schranken verwiesen wird, da er keinen Kommunikationsspielraum findet:

Mein kurzes Alleinsein schenkte mir einen reichen Rausch voll wechselnder Sehnsüchte und eine Kraft der Vorstellung, die sie mich als wahr und vorhanden genießen ließ. In meinem Hirn wirbelten die Gedanken wie Staub im Wind – sie waren so flüchtig, daß ich mich gar nicht mühen brauchte, sie festzuhalten. [...] Viel Zeit hatte ich leider nicht mehr, in mir selbst wohnen zu bleiben. Schon fing ich an, nicht mehr genügend abgedichtet zu sein, um die Rufe von außen überhören zu können. (S. 209)

Wie steht es nun mit der sogenannten »ernsten« Literatur als Kommunikationsträger? Die »dichterische Weihestunde« (S. 45) gibt darüber Aufschluß:

Fräulein Herma Linde[158] las. Sie hatte etwas Priesterliches. Ich fürchte mich vor priesterlichen Frauen. Sie sind von einer beklemmend milden Strenge und unheimlich geizig. [...] Ich glaube, es handelte sich diesmal um einen neuentdeckten Dichter. Ich stellte mir die Priesterliche bei normalen Lebensfunktionen vor [...]. [...] Die Atmosphäre bekam etwas Beängstigendes für mich. (S. 49f.)

Die Szene läßt keinen Zweifel darüber zu, daß auch dieser »Dialog« für Ferdinand verriegelt ist. Das Ritual der Dichterlesung als »Kulturkonservator« inmitten der Zerstörung (S. 47) löst Angst und Beklemmung aus. Es sind die Erfahrungen mit den ästhetischen Programmen der frühen Nachkriegsliteratur, die Keun aufgrund ihres Emigrantenschicksals fern lagen und die sie karikiert: »Wir wollen die Menschen wieder zum Guten und Schönen hinlenken« (S. 50). Verbal analog äußert sich 1947 Manfred Hausmann: »Es kommt heute nicht darauf an, Kunst im strengen Sinne zu schaffen, sondern den verstörten und zerstörten Menschen dazu zu bringen, sich des göttlichen

---

[156] Der Titel selbst ist als Travestie eines leichten, »unanstößigen« Unterhaltungstextes lesbar.

[157] Vgl. hierzu insbesondere die Geschichten um den »freudigen Ratgeber« (S. 169ff.), die Schilderungen von Johannas diversen »Liebhabern« oder die Erzählungen um Ferdinands zahlreiche Geschwister (S. 218ff.). Das Prinzip des Quantitativen ohne größere qualitative bzw. hierarchische Gliederungen unterstreicht die Serialität der Erzählweise.

[158] Herma Linde ist ein sprechender Name: seine klangliche Qualität läßt sowohl Verbindungen zur »Hermetik« der frühen Nachkriegsliteratur als auch zu Schuberts *Lindenbaumlied* als Prototyp deutscher Romantik bzw. Innerlichkeit zu. Schließlich verbirgt sich in dem Namen die Assonanz zu »Hermetische Lyrik«.

Ursprungs der ganzen Schöpfung und seiner selbst zu erinnern [...].«[159] Ralf Schnell
schreibt hierzu:

> [...] distanzierte oder gar kritische Stimmen blieben die Ausnahmen im Nach-
> kriegschor der einstigen inneren Emigranten. Diese konnten sich vielmehr in ihren
> Auffassungen durch eine Reihe von Faktoren bestätigt sehen, die den restaurativen
> Tendenzen der Nachkriegszeit Vorschub leisteten: der verbreiteten Forderung
> nach einer Autonomie des Geistes, die in vielfältigen Autorenzirkeln und Leserge-
> meinden mit Beifall aufgenommen und weitergetragen wurde.[160]

Der Weg über die Mystik bzw. Kontemplation ist bei Keun nur noch als Parodie oder
intermediales Unternehmen denkbar. Fortwährend bedient sich Ferdinand/Keun hier
an Zitaten aus dem verbalen Repertoire der Psychoanalyse sowie des »Nervendiskurses«
(z.B. S. 72). Die dem Kommerz dienende gesamtkunstwerkliche bzw. synästhetische
Erlebniswelt des Unternehmers Liebezahl (S. 70ff.) ist als Vertreter bzw. Vorläufer des
multimedialen Zeitalters lesbar – nicht zuletzt trägt die beschriebene Zeremonie des
»Farbensehens« bereits Insignien des Heimkinos,[161] das in den 50er Jahren die
Wohnstuben eroberte:

> Liebezahl hat fünfzehn handtuchgroße Pappstücke in fünfzehn verschiedenen Far-
> ben streichen lassen. [...] »Es wäre mir interessant, gnädige Frau, einmal ihre
> Farbe kennenzulernen«, sagt er zu einer Dame, die wegen eines Hühnerauges oder
> einer okkulten Frage zu ihm kommt. Die Dame wird in das kleine Zimmer ge-
> setzt, in einen bequemen Sessel. [...] Liebezahl hängt an einen Wandnagel ein
> Stück gelbe Pappe auf, das die Dame minutenlang anstarren muß. (S. 71f.)

Dieser Verweis auf den Verlust einer verbindlichen Traditions»linie« steckt in dem pa-
rodierten, stumpf gewordenen Textmaterial, das die Selbstauslöschung des Sprechenden besiegelt.

---

[159] Manfred Hausmann: Von der dreifachen Natur des Buches. München 1947, S. 20. Zit. in: Hansers Sozialgeschichte der dt. Literatur, Bd. 10. Hg. v. Ludwig Fischer, S. 226.
[160] Ralf Schnell: Traditionalistische Konzepte. In: Hansers Sozialgeschichte der dt. Literatur, Bd. 10,
S. 222f.
[161] Der Begriff »Fernsehen« für »In-die-Ferne-sehen« wäre in diesem Kontext schon eine Metapher für
das Hervorrufen und Stillen von Sehnsüchten.

5. RESÜMEE: DER KÖRPER ALS MEDIUM DER ERFAHRUNG

Die Texte Irmgard Keuns stehen zur Moderne und ihren diversen Spielarten nahezu in einem (postmodernen) »ausbeuterischen« Verhältnis. Das Vertrauen auf eine originäre Textproduktion ist hier verschwunden, ebenso die saubere Trennung literarischer und kommerzieller Diskurse. Sie sind offen dargebotene Schnittstellen von Redeordnungen; das Nebeneinander von Lyrismen, welche die Tradition der Symbolisten bedienen, und zeitgenössischer Bürokratie-, Alltags- oder Werbesprache zeigt beispielsweise die vielfältige Präsenz von Sprachen innerhalb einer Kulturstufe und insbesondere zeitgenössische Erscheinungsformen weiblicher Identität. Irmgard Keuns Romane also als postmoderne Texte *avant la lettre*? Ganz anders als Erich Kästners Literatur inszenieren die Erzählungen Keuns modernistische und anti-modernistische Schreibstrategien sowie Figurenhaltungen in einem Modus, der eine Position der absichtsvollen ironischen Distanz zum eigenen Text erkennen läßt.[1] Der idiosynkratische Schreibstil der Autorin (z.B. »rostige Haut«; DkM, S. 72), die »instabile Balance« (Andreas Böhn) aus Affirmation und Distanz problematisiert gerade das, was er zu bejahen scheint – eine differenziertere Betrachtungsweise dessen, was gemeinhin gern als humoresker Wesenszug gelesen wird.

Irmgard Keun war eine Verkleidungskünstlerin. Forschungs- und Rezeptionsgeschichte spiegeln dieses interessante Phänomen einer zur »schreibenden Diva« stilisierten Autorin der frühen dreißiger Jahre wider: Lange bevor im Jahre 2001 die auf fundierten Recherchen gründende Biographie der Exilforscherin Hiltrud Häntzschel zu Irmgard Keun erschien, war die Schriftstellerin bereits zur Heldin eines Romans geworden, denn 1988 überlagerte Gabriele Kreis in ihrer Romanbiographie *Was man glaubt, gibt es. Das Leben der Irmgard Keun* sinngemäße Zitate aus *Gilgi* und dem *Kunstseidenen Mädchen* mit ihrer eigenen, größtenteils fiktiven Erzählung über die Autorin:

> Ich überwältige mich. Man kennt sie. Keiner kennt sie. [...] Ihre Augen haben Hunger auf Herrliches und sehen nur Elend. Sie kauft einen weiteren Pelz, einen Breitschwanz. Sie kauft sich Schmuck. Ihr Leben rast wie ein Sechstagerennen. (Kreis, S. 85f.)

Eine späte Heldin Keuns, die gescheiterte Schauspielerin und Exilierte Lenchen in *D-Zug dritter Klasse* zeigt schließlich, wie sich das Verhältnis vom Illusions- und Verweischarakter der Mode umkehren kann, wenn das eigentliche Objekt hinter der Chimäre seiner Bekleidung verschwindet: »Sie liebte dunkelblaue und schwarze Männermäntel, sie liebte solche Mäntel mehr als die Männer in ihnen.« (D-Zug, S. 65) Demgegenüber kündigt Gilgis innerpsychische »Körperrevolte« den sachlich-sozialen Rahmen

---

[1] Zu Kästner vgl. Albert: Konstruierte Autorrollen.

des ersten Romans auf und vertextet die Entfremdung von der äußeren Welt durch innere Sinnesreizungen.[2]

In Ursula Krechels Schrift *Die Zerstörung der kalten Ordnung* aus dem Jahre 1979, ein Artikel, der die Forschungen zu Irmgard Keun maßgeblich prägte, und dem auch die Überschrift dieser abschließenden Betrachtung entlehnt ist, wird der Mantel zur Metapher für das zu eng gewordene Korsett tradierter Vorstellungen des Weiblichen.

> Die Mädchenfiguren der Keun haben eine unerfahrene Begehrlichkeit, die nichts mehr begehrt als die Unerfahrenheit abzustreifen wie einen zu eng gewordenen Mantel.[3]

Ein Unbehagen an den Figurenentwürfen Irmgard Keuns offenbart sich in Krechels Sprache. Das Abstreifen des zu eng gewordenen Mantels legt den ungeschützten und zugleich durch Interpretation übercodierten weiblichen Körper bloß. Dieser ist für seine Besitzerin der Interpretationszugang zur Außenwelt. Der Kontakt verläuft entlang der Grenzen von Haut sowie der Kleidung als zweite Haut. Kleidung, der Haut am nächsten, schützt vor Verletzungen und Reizen der Außenwelt und leitet sie gleichzeitig weiter:

> So hochelegant bin ich in dem Pelz. Der ist wie ein seltener Mann, der mich schön macht aus Liebe zu mir. […] Er hat den Geruch von Schecks und Deutscher Bank. Aber meine Haut ist stärker, jetzt riecht er nach mir und Chypre – was ich bin […]. (DkM, S. 41f.)

Der Mensch, das Tier ohne Fell, schlüpft in den schützenden Körperpanzer der Bekleidung und zelebriert ihn zugleich als autoerotische Erfahrung, die keines Objektes mehr bedarf. Irmgard Keuns Mädchenfiguren legen ihre Kleidung niemals wirklich ab. Körper, Kleidung und Geruch sind in diesem Textbeispiel bereits derart amalgamiert, daß sie nicht mehr voneinander trennbar erscheinen. Sie bilden aber keine Verweisstruktur mehr, sondern sie sind bei Keun als momenthafte Chimären die einzig existenten Ich-Begründer – Versprechen auf ein dauerhaftes Glück, auf *Glanz* – und nicht von Dauer, sondern Kunstseide. Verkleidung, Kostümierung schließlich bedeuten prolongierte Begehrlichkeit[4] – um den Begriff aus Krechels Aufsatz noch

---

[2] Zum Doppelsinn der Haut als Grenze vgl. Benthien mit Bezug auf Anzieu und die Narißmusproblematik: »Anzieu hat dargestellt, inwieweit das ›normale‹ Haut-Ich aus einer doppelten Oberfläche besteht, einer äußeren Hülle, die externe Reize aufnimmt, und einer Hülle der inneren Erregungen […]. Zwischen beiden besteht notwendigerweise ein Abstand, der einen gewissen Spielraum zuläßt, so daß zwischen inneren und äußeren Wahrnehmungen differenziert werden kann und ebenso zwischen dem Bild, das andere von der Person haben, und dem Bild des Ich von sich selbst.« (Benthien, S. 154).

[3] Krechel, S. 108.

[4] Diese Vernetzung und infolge dessen Auflösung der lokalen Bestimmbarkeit sensorischer Auslöserreize bildet eine Fluchtlinie in die Gegenwart. Zum Thema *Teletaktilität*, einem ubiquitär auf der Körperoberfläche wirkenden »subjektive[n] unentrinnbare[n] ›Gefühl‹«, vgl. Benthien, S. 265-279, hier S. 265. Die Autorin beschreibt »heutige Versuche interaktiver Berührung […] – in denen unter dem Stichwort ›Teletaktilität‹ die sinnlich empfundene Nähe und Intimität nunmehr mit Anonymität und tatsächlicher physischer Distanz gekoppelt wird. […] Es ist die (attribuierte) Unfreiheit, Unwillkürlichkeit und Erotik des Taktilen, die den gegenwärtigen Trend zur Integration der Haut in die elektronische Vernetzung bedingt. Es geht um den kontrolliert erzeugten Kontrollverlust, um eine paradoxale Verknüpfung von Selbstbestimmung und Ausgeliefertsein.« (ebd.).

einmal aufzugreifen. Die Initiation von Gilgis Liebesverhältnis zu Martin Bruck bildet ein Ver- und Entkleidungsritual, eine Schwellensituation zu einer erweiterten Körper-Erfahrung, Täuschung und Ent-Täuschung:

> Martin nimmt Gilgi den Mantel ab: ein schlanker Junge, ein lebendig gewordenes Gainsborough-Bild steht vor ihm. [...] Ist das Mädel gewachsen! Die Beine gerade um die richtige kleine Nuance zu hoch angesetzt, in den Schultern breiter als in den Hüften. (G, S. 63)

Die Maskerade Gilgis ist eine Attitüde, das Rokokokostüm ein karnevalististischer Anachronismus. Die Malerei Gainsboroughs galt im England des 18. Jahrhunderts als Gegenbewegung zum klassizistischen Ideal der gebändigten Einbildungskraft, die eine Kontrolle der Leidenschaften im Rahmen des Schönen und Erhabenen forderte. Gainsboroughs von der flämischen Malerei inspirierter Duktus setzt in der Integration bewegter Menschen- und Naturbilder unverkennbar aktionsbezogene dramatische Akzente: die Aktion des kostümierten Schauspielers auf der Bühne erreichte er in seinen Bildern über eine offene Pinselschrift und changierende Farben – die Prozeßhaftigkeit des Malens selbst tritt in Erscheinung.[5]

Bei Irmgard Keun ist der literarische Prozeß nicht mehr trennbar von der medial verarbeiteten Realität. So zeugt das mehrschichtig angewandte Verfahren, mit dem vergleichsweise Schlager- und Jazzmusik als Stil- und Sinnstiftungsprinzipien eingesetzt werden, vom Selbstverständnis des Mediums als wesentlicher Bestandteil der Alltags- und Erinnerungskultur – überdies formiert es sich zu einer eigenen literarischen Sprache. Das Verhältnis Erzählinstanz – Welt wird bei Irmgard Keun neu vermessen. Während sich die abendländische Identitätskonstruktion in der Auflösung befindet, entwirft die Autorin künstliche »Identitäten« als Subjekte der Geschichte, zitiert und konstruiert klassisch-literarische Weiblichkeits- (und Männlichkeits)mythen sowie Trägerfiguren des Starkultes als invariable Textkonstanten: Der Symbolcharakter der Dinge überbietet ihre inhaltliche Funktion; Männer und Frauen bestehen nicht mehr aus ganzen Körpern, sondern aus seriell auffallenden Zügen, die auf die medial vermittelten Wahrnehmungsweisen hindeuten.

Stellvertretend für die seit ca. zehn Jahren wegweisenden Ansätze einer auch zukünftig fruchtbaren Forschung seien hier abschließend noch einmal die von Doris Rosenstein genannten Kriterien zusammengefaßt:

> Trotz des Eindrucks sprachsoziologischer Genauigkeit und ihres scheinbar authentischen Charakters handelt es sich jedoch um artifiziell gestaltete, verdichtete und gesteigerte Alltagssprache. [...] Die Phänomene und Auswirkungen technisch-industrieller Massenkultur [...] sind den Romanen als Erzählmotive eingeschrieben und bilden zentrale Kristallisationspunkte des Romangeschehens. [...] [Die Figuren] beziehen ihre Leitbilder aus Filmen, Illustrierten, populären Lesestoffen und der Reklame, entwickeln daraus ihre Schönheits- und Wertmaßstäbe.[6]

---

[5] Bettina Gockel: Kunst und Politik der Farbe. Gainsboroughs Portraitmalerei. Berlin: Gebr. Mann Verlag 1999.
[6] Rosenstein in Sabina Becker (Hg.): Neue Sachlichkeit im Roman, S. 282ff.

Rosenstein spricht schließlich von einem »soziographisch-impressionistischen« Schreibstil.[7]

Diese Spur wurde hier weiterverfolgt und erweitert. Dort, wo beispielsweise die Texte Keuns verborgene oder auch offen liegende Anleihen an frühere Stufen literarischer und kultureller Entwicklung nehmen, sie zitieren und infolge dessen auch verwerten und umschichten, eröffnet sich die Chance, eine Brücke zwischen den vielgelobten frühen Erzählungen und den bisher wenig beachteten, später entstandenen Texten zu schlagen.

---

[7] Ebd., S. 288.

LITERATURVERZEICHNIS

Primärliteratur

Literatur von Irmgard Keun

Gilgi – eine von uns. München: Deutscher Taschenbuch Verlag [2]1990. (Erstausgabe: Berlin: Universitas 1931).

Das kunstseidene Mädchen. München: Deutscher Taschenbuch Verlag [3]1991. (Erstausgabe: Berlin: Universitas 1932).

Das Mädchen mit dem die Kinder nicht verkehren durften. München: Deutscher Taschenbuch Verlag [4]1993. (Erstausgabe: Amsterdam: Allert de Lange 1936).

Nach Mitternacht. München: Deutscher Taschenbuch Verlag [1]1989. (Erstausgabe: Amsterdam: Querido 1937).

D-Zug Dritter Kasse. München: Deutscher Taschenbuch Verlag 1990. (Erstausgabe: Amsterdam: Querido 1938).

Kind aller Länder. Düsseldorf: Claasen 1981. (Erstausgabe: Amsterdam: Querido 1938).

Ferdinand, der Mann mit dem freundlichen Herzen. Düsseldorf: Droste 1950.

Wenn wir alle gut wären. Kleine Begebenheiten, Erinnerungen und Geschichten. Berlin: Verlag der Nationen [1]1956.

Blühende Neurosen. Düsseldorf: Droste 1962.

System des Männerfangs. In: Der Querschnitt. Junge Mädchen heute. XII. Jg., (4). Berlin 1932, S. 259-261.

(Über den Spielfilm). In: Der Film und seine Welt. Reichsfilmblatt-Almanach. Hg. v. Felix Henseleit. Berlin: Foto-Kino-Verlag 1933, S. 83-84.

Stefan Zweig, der Emigrant. In: Stefan Zweig im Zeugnis seiner Freunde. Hg. v. Hanns Arens. München/Wien: Langen Müller 1968, S. 160-161.

Fünf Briefe an Hermann Kesten. In: die horen. Hg. v. Kurt Morawietz. Hannover 1982/1, S. 35-47.

(Lyrik). In: Lyrik des Exils. Hg. v. Wolfgang Emmerich und Susanne Heil. Stuttgart: Reclam 1985, S. 142, 160, 186, 287, 359-360.

Weitere Primärliteratur

Adorno, Theodor W.: Eingriffe. Neue kritische Modelle. Frankfurt a. M.: Suhrkamp 1963.

Arnold, Heinz-Ludwig: Draußen vor der Tür. Die Deutsche Literatur 1945-1960, Bd. 1. München: Deutscher Taschenbuch Verlag 1995.

d'Aurevilly, Barbey: Vom Dandyismus und von G. Brummel. (Ins Deutsche übertragen und eingeleitet von Richard Schaukal). Nördlingen 1987.

Bahr, Hermann: Zur Überwindung des Naturalismus. Theoretische Schriften 1887-1904. Hg. v. Gotthart Wunberg. Stuttgart: Kohlhammer 1968.

Baudelaire, Charles: Die Blumen des Bösen. Übersetzt und herausgegeben von Carlo Schmid. Frankfurt a. M.: Insel 1976.

Becher, Johannes R.: Deutsches Bekenntnis. In: Die Deutsche Literatur 1945-1960, Bd. 1. Hg. v. Heinz Ludwig Arnold. München: Deutscher Taschenbuch Verlag 1995, S. 49-55.

Brecht, Bertolt: Die Gedichte. Frankfurt a. M.: Suhrkamp 2000.

Döblin, Alfred: Der Geist des naturalistischen Zeitalters. In: ders.: Aufsätze zur Literatur. Olten/Freiburg i. Br.: Walter 1963.

Fitzgerald, F. Scott: The Diamond as Big as the Ritz and other stories. Hertfordshire: Wordsworth Editions 1994.

Fleißer, Marieluise: Gesammelte Werke, Bd. 2. Hg. v. Günther Rühle. Frankfurt a. M.: Suhrkamp ²1983.

Fleißer, Marieluise: Gesammelte Erzählungen. Gesammelte Werke, Bd. 3. Hg. v. Günther Rühle. Frankfurt a. M.: Suhrkamp ²1983.

Freud, Sigmund: Drei Abhandlungen zur Sexualtheorie. Frankfurt a. M.: S. Fischer ⁵1998.

Freud, Sigmund: Notiz über den »Wunderblock«. In: Texte zur Literaturtheorie der Gegenwart. Hg. v. Dorothee Kimmich et al. Stuttgart: Reclam 1997, S. 171-176.

George, Stefan: Das Jahr der Seele. Sämtliche Werke in 18 Bänden, Bd. IV. Stuttgart: Klett-Cotta 1982.

Hesse, Hermann: Der Steppenwolf. Frankfurt a. M.: Suhrkamp 1974.

Hessel, Franz: Von den Irrtümern der Liebenden und andere Prosa. Mit einer umfassenden Hessel-Bibliographie von Gregor Ackermann und Hartmut Vollmer. Hg. v. Helmut Vollmer. Paderborn: Igel 1994 [1922].

Hildesheimer, Wolfgang: Erzählende Prosa. Gesammelte Werke, Bd. 1. Hg. v. Christiaan Lucas Hart Nibbrig/Volker Jehle. Frankfurt a. M.: Suhrkamp 1991.

Horváth, Ödön von: Der ewige Spießer. Gesammelte Werke, Bd.12. Hg. v. Traugott Krischke. Frankfurt a. M.: Suhrkamp 1987.

Huch, Friedrich: Pitt und Fox. Die Liebeswege der Brüder Sintrup. Leipzig: Dieterich'sche Verlagsbuchhandlung 1964.

Janowitz, Hans: Jazz. Bonn: Weidle 1999 [1925].

Kästner, Erich: Zeitgenossen, haufenweise. Gedichte. Hg. v. Harald Hartung. In: ders.: Werke. Hg. v. Franz Josef Görtz. München/Wien: Hanser 1998.

Kafka, Franz: Sämtliche Erzählungen. Frankfurt a. M.: Fischer 1969.

Kessel, Martin: Eskapaden. Fünf Erzählungen. Darmstadt/Berlin/Neuwied: Luchterhand 1959.

Kessel, Martin: Ehrfurcht und Gelächter. Literarische Essays. Mainz: Hase & Kehler 1974.

Kesten, Hermann: Meine Freunde, die Poeten. München: Kindler 1959.

Loos, Anita: Blondinen bevorzugt. Das lehrreiche Tagebuch einer Dame von Beruf. Aus dem Amerikanischen von Lisette Mullère. Zürich: Diogenes 1987. [Die Originalausgabe erschien 1925 unter dem Titel *Gentlemen Prefer Blondes*].

Mann, Klaus: Der Wendepunkt. Reinbek bei Hamburg: Rowohlt 1989 [1942].

Mann, Klaus: Die neuen Eltern. Aufsätze, Reden, Kritiken 1924-1933. Reinbek bei Hamburg: Rowohlt 1992.

Mann, Klaus: Zahnärzte und Künstler. Aufsätze, Reden, Kritiken 1933-1936. Reinbek bei Hamburg: Rowohlt 1993.

Mann, Klaus: Tagebücher 1938-1939. Hg. v. Joachim Heimannsberg/Peter Laemmle/Siegfried F. Schoeller. München: Edition Spangenberg 1990.

Mann, Thomas: Buddenbrooks. Verfall einer Familie. Frankfurt a. M.: S. Fischer 1990.

Mann, Thomas: Reden und Aufsätze, Bd. 4. Frankfurt a. M.: S. Fischer 1990.

Moore, Colleen: Colleen Moore. Wien: Wilhelm Knittel 1925. [Übersetzt von Hans Lefèbre].

Nebel, Gerhard: Bei den nördlichen Hesperiden. Tagebuch aus dem Jahr 1942. In: Die Deutsche Literatur 1945-1960, Bd. 1. Hg. v. Heinz-Ludwig Arnold. München: Deutscher Taschenbuch Verlag 1995, S. 442-443.

Nietzsche, Friedrich: Die Geburt der Tragödie aus dem Geiste der Musik. Stuttgart: Reclam 1988.

Nossak, Hans Erich: Der Untergang. In: Die Deutsche Literatur 1945-1960, Bd. 1. Hg. v. Heinz-Ludwig Arnold. München: Deutscher Taschenbuch Verlag 1995, S. 444-451.

Roth, Joseph: Orte. Leipzig: Reclam 1990.

Rothe, Wolfgang (Hg.): Deutsche Großstadtlyrik vom Naturalismus bis zur Gegenwart. Stuttgart: Reclam 1981.

Schiller, Friedrich: Über das Schöne und die Kunst. Schriften zur Ästhetik. München: Deutscher Taschenbuch Verlag 1984.

Schnitzler, Arthur: Fräulein Else und andere Erzählungen. Frankfurt a. M.: S. Fischer 1987.

Schnurre, Wolfdietrich: Alte Brücken – Neue Ufer. In: Die deutsche Literatur 1945-1960, Bd. 1. Hg. v. Heinz-Ludwig Arnold. München: Deutscher Taschenbuch Verlag 1995, S.321-323.

Seghers, Anna: Das siebte Kreuz. Ein Roman aus Hitlerdeutschland. Berlin: Aufbau 2003.

Serner, Walter: Die Tigerin. Eine absonderliche Liebesgeschichte. Das erzählerische Werk, Bd. 2. München: Goldmann 2000. [Der Text folgt der Erstausgabe von 1927].

Tucholsky, Kurt: Deutschland, Deutschland – unter anderen. Berlin: Verlag Volk und Welt 1957.

Tucholsky, Kurt: Panther, Tiger und andere. Berlin: Verlag Volk und Welt 1957.

Tucholsky, Kurt: Gesammelte Werke, Bd. III. 1929-1932. Hg. v. Mary Gerold-Tucholsky und Fritz J. Raddatz. Reinbek bei Hamburg: Rowohlt 1963.

Wedekind, Frank: Der Marquis von Keith. Stuttgart: Reclam 1964.

Sekundärliteratur

Ackermann, Michael: Schreiben über Deutschland im Exil. Irmgard Keun: Nach Mitternacht. Anna Seghers: Das siebte Kreuz. Stuttgart: Klett 1986.

Albert, Claudia/Disselnkötter, Andreas: Tatort Sprache. In: Jahrbuch zur Literatur der Weimarer Republik, Bd. 5. Hg. v. Sabina Becker. St. Ingbert: Röhrig 1999/2000, S. 253-281.

Albert, Claudia: Grenzverläufe im Kampf der Geschlechter. Marieluise Fleißers frühe Prosa. In: Reflexive Naivität. Zum Werk Marieluise Fleißers. Hg. v. Maria E. Müller/Ulrike Vedder. Berlin: Erich Schmidt Verlag 2000, S. 126-137.

Albert, Claudia: Konstruierte Autorenrollen: Erich Kästner zwischen Moral und Unterhaltung. In: Literatur für Leser, Jg. 26, H 2. Frankfurt a. M.: Peter Lang 2003.

Amend-Söchting, Anne: Ichkulte. Formen gebündelter Subjektivität im französischen *Fin de Siècle*-Roman. Heidelberg: C. Winter 2001.

Ankum, Katharina von: Material Girls: Consumer Culture and the »New Woman« in Anita Loos' Gentlemen Prefer Blondes and Irmgard Keun's Das kunstseidene Mädchen. In: Colloquia Germanica – Internationale Zeitschrift für Germanistik, Bd. 27. Tübingen; Basel 1994, S. 159-172.

Ankum, Katharina von (Hg.): Frauen in der Großstadt: Herausforderung der Moderne? Dortmund: Edition Ebersbach 1999.

Antes, Klaus: Klaus Antes im Gespräch mit Irmgard Keun: »Woanders hin! Mich hält nichts fest!«. In: die horen. Hg. v. Kurt Morawietz. Hannover 1982/1, S. 61-76.

Antes, Klaus: Irmgard Keun. Deutsche Volkszeitung, 13.5.1982, S. 3.

Antes, Klaus: Ein Leben im Grandhotel Abgrund. In: Neues Rheinland 5/1997, 40. Jg., S. 36-37.

Arend, Stefanie/Martin, Ariane (Hg.): Irmgard Keun 1905/2005. Deutungen und Dokumente. Bielefeld: Aisthesis 2005.

Arnheim, Rudolf: Kritiken und Aufsätze zum Film. Hg. v. Helmut H. Diederichs. München/Wien: Hanser 1977.

Auffenberg, Frank: Von einer, die auszog, das Glück zu suchen und die Forschung zu verwirren. In: Kritische Ausgabe 1/00.

Baasner, Rainer (Hg.): Briefkultur im 19 Jahrhundert. Tübingen: Niemeyer 1999.

Barck, Karlheinz (Hg.): Ästhetische Grundbegriffe: historisches Wörterbuch in sieben Bänden. Stuttgart/Weimar: Metzler 2001.

Barthes, Roland: Die helle Kammer. Bemerkungen zur Photographie. Frankfurt a. M.: Suhrkamp 1989.

Barthes, Roland: Die Lust am Text. Frankfurt a. M.: Suhrkamp 1996.

Baßler, Moritz (Hg.): New Historicism. Literaturgeschichte als Poetik der Kultur. Frankfurt a. M.: S. Fischer 1995.

Battegay, Raymond: Psychoanalytische Neurosenlehre. Eine Einführung. Frankfurt a. M.: S. Fischer 1994 (1971).

Beckelmann, Jürgen: Eine von uns (Vergessene). Zum Tode der Schriftstellerin Irmgard Keun. In: deutsche Literatur 1982. Ein Jahresüberblick. Stuttgart: Reclam 1982, S. 47-48.

Becker, Sabina/Weiß, Christoph (Hg.): Neue Sachlichkeit im Roman. Neue Interpretationen zum Roman der Weimarer Republik. Stuttgart/Weimar: Metzler1995.

Becker, Sabina (Hg.): Frauen in der Literatur der Weimarer Republik. Jahrbuch zur Literatur der Weimarer Republik, Bd. 5. St. Ingbert: Röhrig 2000.

Becker-Cantarino, Barbara: Leben als Text. Briefe als Ausdrucks- und Verständigungsmittel in der Briefkultur und Literatur des 18. Jahrhunderts. In: Frauen Literatur Geschichte. Schreibende Frauen vom Mittelalter bis zur Gegenwart. Hg. v. Hiltrud Gnüg/Renate Möhrmann. Stuttgart: Metzler 1985.

Behrens, Roger: Pop Kulturindustrie. Zur Philosophie der populären Musik. Würzburg: Königshausen & Neumann 1996.

Benjamin, Walter: Das Kunstwerk im Zeitalter seiner technischen Reproduzierbarkeit. Frankfurt a. M.: Suhrkamp 1963.

Benthien, Claudia: Haut. Literaturgeschichte – Körperbilder – Grenzdiskurse. Reinbek bei Hamburg: Rowohlt 1999.

Berg, Jan et al. (Hg.): Sozialgeschichte der deutschen Literatur von 1918 bis zur Gegenwart. Frankfurt a. M.: S. Fischer 1981.

Berry, Sarah: Screen Style. Fashion and Femininity in 1930ties Hollywood. Minneapolis/London: University of Minnesota Press 2000.

Bettinger, Elfi/Ebrecht, Angelika (Hg.): Transgressionen. Grenzgängerinnen des moralischen Geschlechts. Querelles. Jahrbuch für Frauenforschung, Bd. 5. Stuttgart/Weimar: Metzler 2000.

Beutel, Heike/Hagin, Anna Barbara (Hg.): »Einmal ist genug«. Irmgard Keun. Zeitzeugen, Bilder und Dokumente erzählen. Köln: Emons 1995.

Böhn, Andreas: Intra- und intermediales Zitieren in audiovisuellen Medien. In: Maschinen und Geschichte – Machines and History. Hg. v. Walter Schmitz/Ernest W.B. Hess-Lüttich. Dresden: Thelem 2003, S. 284-291.

Böttcher, Sven: Irmgard Keun: Das kunstseidene Mädchen. In: Der Rabe (37), hg. v. Mara Mauermann. Zürich: Haffmans 1993, S. 197.

Bohländer, Carlo/Holler, Karl Heinz: Reclams Jazzführer. Stuttgart: Reclam 1970.

Bourdieu, Pierre: Die männliche Herrschaft. In: Ein alltägliches Spiel. Geschlechterkonstruktion in der sozialen Praxis. Hg. v. Irene Dölling und Beate Krais. Frankfurt a. M. 1997, S. 153-217.

Braese, Stephan: »Die anderen wollen hier wieder ›aufbauen‹«. Irmgard Keun im Nachkriegsdeutschland. In: In der Sprache der Täter. Neue Lektüren deutschsprachiger Nachkriegs- und Gegenwartsliteratur. Hg. v. Stephan Braese. Opladen/Wiesbaden: Westdeutscher Verlag 1998, S. 43-78.

Braun, Christina von/Inge Stephan (Hg.): Gender Studien. Eine Einführung. Stuttgart: Metzler 2000.

Braunert, Ingeborg: Gefeiert, vergessen, wieder gefeiert... Höhen und Tiefen der Schriftstellerin Irmgard Keun in Köln. In: Köln der Frauen. Ein Stadtwanderungs- und Lesebuch. Hg. v. Irene Franken und Christiane Kling-Mathey. Köln: Kölner Volksbl. Verlag 1992.

Breuer, Dieter/Cepl-Kaufmann, Gertrude (Hg.): Moderne und Nationalsozialismus im Rheinland. Paderborn/München/Wien/Zürich: Schöningh 1997.

Breuer, Horst: Historische Literaturpsychologie. Von Shakespeare bis Beckett. Tübingen: Francke 1989.

Brinker-Gabler, Gisela et al. (Hg.): Lexikon deutschsprachiger Schriftstellerinnen 1800-1945. München: Deutscher Taschenbuch Verlag 1986.

Bronfen, Elisabeth/Straumann, Barbara: Die Diva – Eine Geschichte der Bewunderung. München: Schirmer/Mosel 2002.

Brunner, Horst/Moritz, Rainer (Hg.): Literaturwissenschaftliches Lexikon. Berlin: Erich Schmidt Verlag 1997.

Bruns, Karin: Kinomythen 1920-1945. Die Filmentwürfe der Thea von Harbou. Stuttgart: Metzler 1995.

Butler, Judith: Das Unbehagen der Geschlechter. Frankfurt a. M.: Suhrkamp 1991.

Butler, Judith: Körper von Gewicht. Die diskursiven Grenzen des Geschlechts. Frankfurt a. M.: Suhrkamp 1997.

Caemmerer, Christiane et al (Hg.): Erfahrung nach dem Krieg: Autorinnen im Literaturbetrieb 1945-1950. Frankfurt a. M. et al.: Peter Lang 2002.

Delabar, Walter: »Ich bin so vornehm...«. Irmgard Keun (1905-1982). In: Neues Rheinland 2/1994, 37. Jg., S. 32.

Delabar, Walter: Was tun? Romane am Ende der Weimarer Republik. Opladen: Westdeutscher Verlag 1999.

Denkler, Horst: Sache und Stil. Die Theorie der »neuen Sachlichkeit«. In: Wirkendes Wort (18) 1968, S. 167-185.

Deppermann, Maria: »Femme machine« – Zum filmischen Code in Fritz Langs »Metropolis«. In: Semiotik der Geschlechter. Hg. v. J. Bernard/T. Klugsberger/G. Withalm. Stuttgart/Wien 1989, S. 157-168.

Derrida, Jacques: Die Schrift und die Differenz. Frankfurt a. M.: Suhrkamp 1976.

Dhority, Lynn: Versuch einer Neubewertung von Stil und Struktur in Hesses *Steppenwolf*. In: Hermann Hesses *Steppenwolf*. Hg. v. Egon Schwarz. Königstein/Ts.: Athenäum 1980, S. 119-122.

Drewitz, Ingeborg: Die zerstörte Kontinuität. Exilliteratur und Literatur des Widerstands. Wien/München/Zürich: Europaverlag 1981.

Eco, Umberto: Apokalyptiker und Integrierte. Zur kritischen Kritik der Massenkultur. Frankfurt a. M.: S. Fischer 1986.

Endres, Elisabeth: Über das Schicksal schreibender Frauen. In: Neue Literatur der Frauen: deutschsprachige Autorinnen der Gegenwart. Hg. v. Heiner Puknus. München: Beck 1980, S. 7-19.

Engell, Lorenz: Sinn und Industrie. Einführung in die Filmgeschichte. Frankfurt a. M. et al.: Campus 1992.

Engelmann, Bernt: Das Portrait: Irmgard Keun. In: Westfälische Rundschau, 27.5.1967.

Fischer, André: Inszenierte Naivität. Zur ästhetischen Simulation von Geschichte bei G. Grass, A. Drach und W. Kempowski. München: Fink 1992.

Fischer, Ludwig (Hg.): Literatur in der Bundesrepublik Deutschland bis 1967. Hansers Sozialgeschichte der deutschen Literatur, Bd. 10. München/Wien: Carl Hanser 1986.

Foucault, Michel: Die Archäologie des Wissens. Frankfurt a. M.: Suhrkamp 1994.

Franke, Ingeborg: Gilgi – Film, Roman und Wirklichkeit. In: Der Weg der Frau 1,3/1933, S. 6.

Freisfeld, Andreas: Das Leiden an der Stadt: Spuren der Verstädterung in deutschen Romanen. Köln/Wien: Böhlau 1982.

Frevert, Ute: Kunstseidener Glanz. Weibliche Angestellte. In: Hart und Zart: Frauenleben 1920-1970. Berlin: Elefanten Press 1990, S. 15-20.

Frühwald, Wolfgang: Die Macht des Faktischen. Intellektuelle und ästhetische Kultur in der Weimarer Republik. In: Jahrbuch zur Literatur der Weimarer Republik, Bd. 1. St. Ingbert: Röhrig 1995, S. 59-75.

Funke, Peter: Oscar Wilde. Reinbek bei Hamburg: Rowohlt 1969.

Gamper, Michael: Wiederholung der Wiederholung. Sport-Literatur als Diskurskritik. www.entwuerfe.ch.

Geiger, Gerlinde: Weiblichkeit in den Schriften von Frauen und Männern: Ein Vergleich. In: Frauensprache – Frauenliteratur? Für und Wider einer Psychoanalyse literarischer Werke. Hg. v. Inge Stephan und Carl Pietzcker. Tübingen: Niemeyer 1986, S. 97-103.

Gleber, Anke: The Art of Taking a Walk. Flanerie, Literature, and Film in Weimar Culture. Princeton; New Jersey: Princeton University Press 1999.

Gnüg, Hiltrud/Möhrmann, Renate: Frauen Literatur Geschichte. Schreibende Frauen vom Mittelalter bis zur Gegenwart. Stuttgart: Metzler 1985.

Gnüg, Hiltrud: Kult der Kälte. Der klassische Dandy im Spiegel der Weltliteratur. Stuttgart: Metzler 1988.

Gockel, Bettina: Kunst und Politik der Farbe. Gainsboroughs Portraitmalerei. Berlin: Gebr. Mann Verlag 1999.

Göller, Josef-Thomas: George Washington: vom Waldläufer zum Staatsmann – der erste Präsident. Berlin: Quintessenz 1998.

Häntzschel, Hiltrud: Remigration – kein Thema. Das Verschwinden der weiblichen Elite nach 1933 und die Folgen. In: Exil: Forschung, Erkenntnisse, Ergebnisse. XVIII. Jg. Hg. v. Edita Koch und Frithjof Trapp. Frankfurt a. M. 1997.

Häntzschel, Hiltrud: Vom wissenschaftlichen Umgang mit den Leerstellen im biographischen Material. Ein Werkstattbericht am Beispiel Irmgard Keun. In: Querelles. Jahrbuch für Frauenforschung, Bd. 6: Biographisches Erzählen. Hg. v. Irmela von der Lühe und Anita Runge. Stuttgart/Weimar: Metzler 2001, S. 115-125.

Häntzschel, Hiltrud: Irmgard Keun. Reinbek bei Hamburg: Rowohlt 2001.

Hans, Jan: Zeitgeschichte oder historischer Stoff? In: Sozialgeschichte der deutschen Literatur von 1918 bis zur Gegenwart. Hg. v. Jan Berg et al. Frankfurt a. M.: S. Fischer 1981, S. 447-455.

Hark, Sabine (Hg.): Dis/Kontinuitäten: Feministische Theorie. Opladen: Leske + Budrich 2001.

Hay, Gerhard (Hg.): Zur literarischen Situation 1945-1949. Kronberg: Athenäum 1977.

Henck, Herbert: Experimentelle Pianistik; Improvisation, Interpretation, Komposition; Schriften zur Klaviermusik (1982 bis 1992). Mainz/London/Madrid/New York/Paris/Tokyo/Toronto: B. Schott's Söhne, S. 51-56.

Hermand, Jost/Trommler, Frank: Die Kultur der Weimarer Republik. München: Nymphenburger Verlagshandlung 1978.

Heukenkamp, Ursula (Hg.): Deutsche Erinnerung. Berliner Beiträge zur Prosa der Nachkriegszeit (1945-1960). Berlin: Erich Schmidt 2000.

Hollander, Anne: Anzug und Eros. Eine Geschichte der modernen Kleidung. Berlin: Berlin Verlag 1995.

Homann, Ursula: Begegnung mit Irmgard Keun. In: Der Literat, 15.4.78, S. 81.

Homann, Ursula: Erinnerungen an Irmgard Keun. In: Der Literat, 15.6.1982, S. 147.

Horkheimer, Max: Gesammelte Schriften, Bd. 5. Dialektik der Aufklärung und Schriften 1940-1950. Frankfurt a. M.: S. Fischer 1987.

Horsley, Ritta Jo: Irmgard Keun. In: Dictionary of Literary Biography. Vol. 69: Contemporary German Fiction Writers, S. 182-188.

Horsley, Ritta Jo: »Warum habe ich keine Worte? ... Kein Wort trifft zutiefst hinein«. The Problematics of Language in the Early Novels of Irmgard Keun. In: Colloquia Germanica. Internationale Zeitschrift für germanische Sprach- und Literaturwissenschaft, Bd. 23. Bern: A. Francke 1991, S. 297-313.

Horsley, Ritta Jo: »Auf dem Trittbrett eines rasenden Zuges« Irmgard Keun zwischen Wahn und Wirklichkeit. In: WahnsinnsFrauen. Hg. v. Sibylle Duda und Luise Pusch. Frankfurt a. M.: Suhrkamp 1992, S. 280-308.

Horsley, Ritta Jo: Witness, Critic, Victim: Irmgard Keun an the Years of National Socialism. In: Gender Patriarchy and Fascism in the Third Reich. The Response of Women Writers. Hg. v. Elaine Martin. Detroit: Wayne University Press 1993, S. 65-117.

Huß-Michel, Angela: Literarische und politische Zeitschriften des Exils 1933-1945. Stuttgart: Metzler 1987.

Huyssen, Andreas/Scherpe, Klaus R. (Hg.): Postmoderne. Zeichen eines kulturellen Wandels. Reinbek bei Hamburg: Rowohlt 1986.

Irigaray, Luce: Das Geschlecht das nicht eins ist. Berlin: Merve 1979.

Irigaray, Luce: Genealogie der Geschlechter. Freiburg i. Br.: Kore 1989.

Jakobson, Roman: Linguistik und Poetik. In: Roman Jakobson: Poetik: Ausgewählte Aufsätze 1921-1971. Hg. v. Elmar Holenstein/Tarcisius Schelbert. Frankfurt a. M.: Suhrkamp 1993, S. 83-119.

Jannidis, Fotis et al. (Hg.): Texte zur Theorie der Autorschaft. Stuttgart: Reclam 2000.

Jansen, Wolfgang (Hg.): Unterhaltungstheater in Deutschland. Geschichte – Ästhetik – Ökonomie. Berlin: Weidler 1995.

Jelinek, Elfriede: Weil sie heimlich weinen mußte, lachte sie über Zeitgenossen – Über Irmgard Keun. In: die horen, Bd. 4, 25. Jg. 1980, S. 221-228.

Jordan, Christa: Zwischen Berauschung und Zerstreuung: die Angestellten in der Erzählprosa am Ende der Weimarer Republik. Frankfurt a. M.: Peter Lang 1988.

Jost, Ekkehard: Sozialgeschichte des Jazz in den USA. Hofheim: Wolke 1991.

Jürgens, Christian: Literatur im Zeitalter des Kinos II: Das »Man« ohne Eigenschaften oder: Fluchtlinien literarischer Aufschreibesysteme. In: Die Perfektionierung des Scheins. Das Kino der Weimarer Republik im Kontext der Künste. Mediengeschichte des Films, Bd. 3. Hg. v. Harro Segeberg. München: Wilhelm Fink 1999, S. 275-296.

Jung, Bettina: Heimatlos in Deutschland. Irmgard Keuns Satiren gegen die Restauration der deutschen Nachkriegszeit. In: Exilforschung. Ein internationales Jahrbuch, Bd. 17. Hg. v. Claus-Dieter Krohn et al. München: edition text + kritik 1999, S. 152-163.

Jung, Werner: Von der Mimesis zur Simulation. Eine Einführung in die Geschichte der Ästhetik. Hamburg: Junius 1995.

Jureit, Ulrike: Konstruktion und Sinn. Methodische Überlegungen zu biographischen Selbstbeschreibungen. In: Geschlecht hat Methode. Ansätze und Perspektiven in der Frauen- und Geschlechtergeschichte. Hg. v. Veronika Aegerter et al. Zürich: Chronos1999, S. 49-58.

Käufer, Hugo Ernst: Wer war... Irmgard Keun? In: Der Literat, 7/8/2000, S. 13-14.

Karasek, Dietlind: Ein Schriftsteller, der Angst hat, ist keiner. Portrait einer mutigen Autorin. In: Badische Zeitung, 30.9.1980.

Kittler, Friedrich: Grammophon Film Typewriter. Berlin: Brinkmann & Bose 1986.

Klapdor, Heike: Keine mehr von uns, schon lange... Zum Tod der Schriftstellerin Irmgard Keun. In: Exil: Forschung, Erkenntnisse, Ergebnisse. II. Jg. (2). Hg. v. Joachim H. Koch. Frankfurt a. M. 1982, S.79-82.

Klapdor, Heike: Das Exil der Frauen. Thesen zu einer überlesenen Geschichte. In: Sammlung. Jahrbuch 5 für antifaschistische Literatur und Kunst. Hg. v. Uwe Naumann. Frankfurt a. M.: Röderberg 1982, S. 115-122.

Klapdor, Heike: Überlebensstrategie statt Lebensentwurf. Frauen in der Emigration. In: Frauen und Exil: zwischen Anpassung und Selbstbehauptung. Hg. v. Claus Dieter Krohn/Inge Stephan. München: edition text + kritik 1993, S. 12-30.

Kleinschmidt, Erich: Schreiben und Leben. Zur Ästhetik des Autobiographischen in der deutschen Exilliteratur. In: Exilforschung. Ein internationales Jahrbuch, Bd. 2. Hg. v. Thomas Koebner, Wulf Köpke und Joachim Radkau. München: edition + kritik 1984, S. 24-40.

Klotz, Volker: Forcierte Prosa. Stilbeobachtungen an Bildern und Romanen der Neuen Sachlichkeit. In: Festschrift zum 65. Geburtstag von Joseph Kunz. Hg. v. Rainer Schönhaar. Berlin: Erich Schmidt 1973, S. 244-271.

Klussmann, Paul Gerhard et al. (Hg.): Das Wagnis der Moderne. Festschrift für Marianne Kesting. Frankfurt a. M.: Peter Lang 1993.

Knauer, Wolfram (Hg.): Jazz und Sprache. Sprache und Jazz. Darmstädter Beiträge zur Jazzforschung, Bd. 5. Hofheim: Wolke 1998.

Knobloch, Hans-Jörg/Koopmann, Helmut: Fin de siècle – Fin du millénaire. Endzeitstimmungen in der deutschsprachigen Literatur. Tübingen: Stauffenburg 2001.

Knoche, Stefan: Benjamin – Heidegger. Über Gewalt. Die Politisierung der Kunst. Wien: Turia + Kant 2000.

Koch, Manfred: »Mnemotechnik des Schönen«. Studien zur poetischen Erinnerung in Romantik und Symbolismus. Tübingen: Niemeyer 1988.

Koch-Mertens, Wiebke: Der Mensch und seine Kleider. Düsseldorf/Zürich: Artemis und Winkler 2000.

Kohut, Heinz: Narzißmus. Eine Theorie der psychoanalytischen Behandlung narzißtischer Persönlichkeitsstörungen. Frankfurt a. M: Suhrkamp 1973.

Koopmann, Helmut: Der klassisch-moderne Roman in Deutschland. Stuttgart: Kohlhammer 1983.

Koopmann, Helmut: Von der Unzerstörbarkeit des Ich. Zur Literarisierung der Exilerfahrung. In: Exilforschung. Ein internationales Jahrbuch, Bd. 2. Hg. v. Thomas Koebner/Wulf Köpke/Joachim Radkau. München: edition + kritik 1984, S. 9-23.

Kord, Susanne: Sich einen Namen machen. Anonymität und weibliche Autorschaft 1700-1900. Stuttgart; Weimar: Metzler 1996.

Korte, Helmut: Der Spielfilm und das Ende der Weimarer Republik. Ein rezeptionshistorischer Versuch. Göttingen: Vandenhoeck & Ruprecht 1998.

Kosta, Barbara: Unruly Daughters and Modernity: Irmgard Keun's Gilgi—eine von uns. In: The German Quarterly, Bd. 68, (3) 1995, S. 271-286.

Kothes, Franz-Peter: Die theatralische Revue in Berlin und Wien 1900-1938. Typen, Inhalte, Funktionen. Wilhelmshafen: Heinrichshofen's Verlag 1977.

Kracauer, Siegfried: Die Angestellten. Frankfurt a. M.: Suhrkamp 1971.

Kracauer, Siegfried: Das Ornament der Masse. Essays. Frankfurt a. M.: Suhrkamp 1977.

Krah, Hans (Hg.): Geschichte(n). NS-Film – NS-Spuren heute. Kiel: Ludwig 1999.

Kramer, Gisela: »Ohne Unvollkommenheit gibt es keine Schriftsteller«. Irmgard Keun (1905-1982), Schriftstellerin. In: »Sei mutig und hab Spaß dabei«. Acht Künstlerinnen und ihre Lebensgeschichte. Hg. v. Susanne Härtel und Magdalena Köster. Weinheim/Basel: Belz 1998, S. 229-264.

Krechel, Ursula: Irmgard Keun: Die Zerstörung der kalten Ordnung. Auch ein Versuch über das Vergessen weiblicher Kulturleistungen. In: Literaturmagazin 10. Hg. v. Nicolas Born/Jürgen Manthey/Detlef Schmidt. Reinbek bei Hamburg: Rowohlt 1979, S. 103-128.

Kreidler, Horst Dieter: Pablo und die Unsterblichen. In: Hermann Hesses *Steppenwolf*. Hg. v. Egon Schwarz. Königstein/Ts.: Athenäum 1980, S. 123-125.

Kreimeier, Klaus: Die Ufa-Story. Geschichte eines Filmkonzerns. München/Wien: Hanser 1992.

Kreimeier, Klaus (Hg): Die Metapysik des Dekors. Raum, Architektur und Licht im klassischen deutschen Stummfilm. Marburg: Schüren 1994.

Kreis, Gabriele: »Was man glaubt, gibt es.« Das Leben der Irmgard Keun. Zürich: Arche 1991.

Kristeva, Julia: Die Revolution der poetischen Sprache. Frankfurt a. M.: Suhrkamp 1978.

Kröger, Marianne: Aus der Sicht des Gastlandes. Verfolgung, Exil und NS-Regime im Spiegel der niederländischen politisch-kulturellen Zeitschrift *Het Fundament* (1934-1940). In: Exil: Forschung, Erkenntnisse, Ergebnisse. XIX. Jg. Hg. v. Edita Koch und Frithjof Trapp. Frankfurt a. M. 1998, S. 76-91.

Kröhnke, Karl: Vor Mitternacht ein Glanz: Die »Asphaltliteratin« Irmgard Keun. In: Irmgard Keun: Nach Mitternacht. Hg. v. Hans-Albert Walter. Frankfurt a. M.: Büchergilde Gutenberg 1998, S. 171-224.

Krollpfeiffer, Hannelore: »Die Frauen sind heute genauso glücklich oder unglücklich, wie sie immer waren!«. In: Brigitte 6/1980, S. 177.

Kühn, Renate: »Das kunstvolle ›kunstseidene Mädchen‹«. Zu dem gleichnamigen Roman von Irmgard Keun (Jahrgang 1910). In: Becker – Bender – Böll und andere. Nordrhein-Westfälische Literatur für den Unterricht. Hg. v. Gerd Rademacher. Essen: Neue Deutsche Schule Verlagsgesellschaft 1980, S. 65-72.

Lacan, Jacques: Das Spiegelstadium als Bildner der Ichfunktion, wie sie uns in der psychoanalytischen Erfahrung erscheint. In: Texte zur Literaturtheorie der Gegenwart. Hg. v. Dorothee Kimmich et al. Stuttgart: Reclam 1997, S. 177-188.

Lethen, Helmut: Verhaltenslehren der Kälte. Lebensversuche zwischen den Kriegen. Frankfurt a. M.: Suhrkamp 1994.

Lethen, Helmut: Unheimliche Nachbarschaften. Neues vom neusachlichen Jahrzehnt. In: Jahrbuch zur Literatur der Weimarer Republik, Bd. 1. St. Ingbert: Röhrig 1995, S. 76-92.

Liska, Vivian: »Die Moderne – ein Weib«. Am Beispiel von Romanen Ricarda Huchs und Annette Kolbs. Tübingen/Basel: Francke 2000.

Lobsien, Eckhard: Großstadterfahrung und die Ästhetik des Strudelns. In: Die Großstadt als »Text«. Hg. v. Manfred Smuda. München: Wilhelm Fink 1992, S. 183-198.

Lorisika, Irene: Frauendarstellungen bei Anna Seghers und Irmgard Keun. Frankfurt a. M.: Haag und Herchen 1985.

Luhmann, Niklas: Liebe als Passion. Frankfurt a. M.: Suhrkamp 1984.

Lukács, Georg: Die Theorie des Romans. München: Deutscher Taschenbuch Verlag 1994.

Mandelkow, Karl Robert: Goethe im Urteil seiner Kritiker. Dokumente zur Wirkungsgeschichte Goethes in Deutschland 1918-1982. München: H. C. Beck 1984.

Marchlewitz, Ingrid: Irmgard Keun: Leben und Werk. Würzburg: Königshausen & Neumann 1999.

McLuhan, Marshall: Die mechanische Braut. Volkskultur des industriellen Menschen. Amsterdam: Verlag der Kunst 1996.

McLuhan, Marshall: Die magischen Kanäle. Understanding Media. Dresden/Basel: Verlag der Kunst 1995.

Meyer-Lenz, Johanna (Hg.): Die Ordnung des Paares ist unbehaglich. Irritationen am und im Geschlechterdiskurs nach 1945. Hamburg: LIT-Verlag 2000.

Mielke, Rita: Irmgard Keun. In: Literatur Lexikon. Autoren und Werke deutscher Sprache, Bd. 6. Hg. v. Walter Killy. Gütersloh/München: Bertelsmann 1990.

Mixa, Elisabeth: Erröten Sie, Madame! Anstandsdiskurs der Moderne. Pfaffenweiler: Centaurus-Verlagsgesellschaft 1994.

Mühe, Hansgeorg: Unterhaltungsmusik. Ein geschichtlicher Überblick. Hamburg: Verlag Dr. Kovač 1996.

Müller, Maria E./Ulrike Vedder (Hg.): Reflexive Naivität. Zum Werk Marieluise Fleißers. Berlin: Erich Schmidt Verlag 2000.

Müller-Funk, Wolfgang (Hg.): Macht Geschlechterdifferenz. Beiträge zur Archäologie der Macht im Verhältnis der Geschlechter. Wien: Picus 1994.

Münch, Richard: Die Kultur der Moderne. Frankfurt a. M.: Suhrkamp 1993.

Nadeau, Maurice: Geschichte des Surrealismus. Reinbek bei Hamburg: Rowohlt 1986.

Nagl-Docekal, Herta (Hg.): Der Sinn des Historischen. Geschichtsphilosophische Debatten. Frankfurt a. M.: S. Fischer 1996.

Nause, Tanja: Inszenierung von Naivität. Tendenzen und Ausprägungen einer Erzähl-strategie der Nachwendeliteratur. Leipzig: Leipziger Universitätsverlag 2002.

Ong, Walter J.: Oralität und Literalität. Die Technologisierung des Wortes. Opladen: Westdeutscher Verlag 1987.

Othmer-Vetter, Regine: Weibliches Schreiben. Streifzüge durch Noch-Nicht-Vergan-genes. In: Feministische Studien (1). Hg. v. Ute Gerhard et al. 1988, S. 116-123.

Overath, Angelika: Das andere Blau. Zur Poetik einer Farbe im modernen Gedicht. Stuttgart: Metzler 1987.

Paech, Anne/Paech, Joachim: Menschen im Kino. Film und Literatur erzählen. Stutt-gart: Metzler: 2000.

Paech, Joachim: Literatur und Film. Stuttgart/Weimar: Metzler ²1997.

Palonen, Kari: Das »Webersche Moment«. Zur Kontingenz des Politischen. Opladen: Westdeutscher Verlag 1998.

Pasche, Wolfgang: Interpretationshilfen Exilromane. Klaus Mann, Mephisto; Irmgard Keun, Nach Mitternacht; Anna Seghers, Das siebte Kreuz. Stuttgart: Ernst Klett Verlag für Wissen und Bildung 1993.

Petersen, Klaus: Literatur und Justiz in der Weimarer Republik. Stuttgart: Metzler 1988.

Plumpe, Gerhard: Epochen moderner Literatur. Ein systemtheoretischer Entwurf. Opladen: Westdeutscher Verlag 1995.

Pries, Christine (Hg.): Das Erhabene. Zwischen Grenzerfahrung und Größenwahn. Weinheim: VCH, Acta Humaniora 1989.

Reese, Dagmar et al. (Hg.): Rationale Beziehungen? Geschlechterverhältnisse im Ra-tionalisierungsprozeß. Frankfurt a. M.: Suhrkamp 1993.

Rheinsberg, Anna (Hg.): Bubikopf. Aufbruch in den Zwanzigern. Texte von Frauen. Darmstadt: Luchterhand 1988.

Richard, Lionel: Cabaret. Von Paris nach Europa. Leipzig: Reclam Leipzig 1993.

Richter, Stephan: Magic Books and a Jam Session. Das Spannungsfeld von Literatur, Literaturtheorie und Jazz. In: Jazz und Sprache – Sprache und Jazz. Darmstädter Beiträge zur Jazzforschung, Bd. 5. Hg. v. Wolfram Knauer. Hofheim: Wolke 1999, S. 21-36.

Ritchie, J.M.: Irmgard Keun's Weimar Girls. In: Publications of the English Goethe Society. Vol. N. S. 60. London 1991, S. 63-79.

Römhild, Dorothee: Weibliche Mittäterschaft und Faschismuskritik in Irmgard Keuns Roman »Nach Mitternacht«. In: Diskussion Deutsch, Jg. 25, 4/1994, S. 105-112.

Rösler, Walter: Das Chanson im deutschen Kabarett 1901-1933. Berlin: Henschel-verlag 1980.

Roloff, Gerd: Irmgard Keun – Vorläufiges zu Leben und Werk. In: Amsterdamer Beiträge zur neueren Germanistik, Bd. 6. Hg. v. Hans Würzner. Amsterdam: Rodopi N. V. 1977, S. 45-65.

Rosenstein, Doris: Nebenbei bemerkt. Boheme-Gesten in Romanen Irmgard Keuns. In: Erkundungen. Beiträge zu einem erweiterten Literaturbegriff. Festschrift für Helmut Kreuzer. Hg. v. Jens Malte Fischer et al. Göttingen 1987.

Rosenstein, Doris: Irmgard Keun. Das Erzählwerk der dreißiger Jahre. Frankfurt a. M.: Peter Lang 1991.

Roskothen, Johannes: Verkehr. Zu einer poetischen Theorie der Moderne. München: Wilhelm Fink 2003.

Rumler, Fritz: Die Kraft von Revolvern. In: Der Spiegel, 15.10.1979.

Sack, Volker: Zeitstück und Zeitroman in der Weimarer Republik. Ödön von Horváth: Kasimir und Karoline. Irmgard Keun: Das kunstseidene Mädchen. Stuttgart: Klett 1985.

Sarkowicz, Hans/Mentzer, Alf: Literatur in Nazi-Deutschland. Ein biographisches Lexikon. Hamburg/Wien: Europa 2000.

Saunders, Thomas J.: Hollywood in Berlin. American Cinema an Weimar Germany. Berkeley/Los Angeles: University of California Press 1994.

Sautermeister, Gert: Zu Irmgard Keuns Exilroman »Nach Mitternacht«. In: die horen 1982/1, S. 48-60.

Schabert, Ina/Schaff, Barbara (Hg.): Autorschaft. Genus und Genie in der Zeit um 1800. Geschlechterdifferenz & Literatur. Berlin: Erich Schmidt Verlag 2000.

Schank, Gerd: »Das kunstseidene Mädchen« von Irmgard Keun. Skizze einer Frauensprache. In: Annäherungen: Studien zur deutschen Literatur und Literaturwissenschaft im 20. Jahrhundert. Amsterdam 1985, S. 35-64.

Schmid-Bortenschlager, Sigrid: Die unbewußte Schrift der Frauen. Fremd- und Selbstbestimmung in der kontrollierten Kultur. In: Frauensprache – Frauenliteratur? Für und Wider einer Psychoanalyse literarischer Werke. Hg. v. Inge Stephan/Carl Pietzcker. Tübingen: Niemeyer 1986, S. 127-130.

Schmidt-Waldherr, Hiltraud: Emanzipation durch Professionalisierung? Frankfurt a. M.: Materialis 1987.

Schmitz, Walter: Hans Werner Richter. In: Kritisches Lexikon zur deutschsprachigen Gegenwartsliteratur (KLG). Loseblattausgabe. Hg. v. Heinz Ludwig Arnold. München 1978ff.

Schneider, Manfred: Liebe und Betrug. Die Sprachen des Verlangens. München: Carl Hanser 1992.

Schnell, Ralf: Traditionalistische Konzepte. In: Hansers Sozialgeschichte der dt. Literatur, Bd. 10. Hg. v. Ludwig Fischer. München: Deutscher Taschenbuch Verlag 1995, S. 114-229.

Schoeller, Wilfried F.: Schalltrichter der Schnoddrigkeit. In: SZ Nr.76, 1.4.1981.

Schoeps, Hans Joachim (Hg.): Zeitgeist in der Weimarer Republik. Zeitgeist im Wandel, Bd. 2. Stuttgart: Ernst Klett 1968.

Schöttker, Detlev: Bertolt Brecht. Ästhetik des Naiven. Stuttgart: Metzler 1989.

Schorm, Johanna: »Heimat ist da, wo man gut behandelt wird«. Großstadt und Regionalität in den frühen Romanen Irmgard Keuns. Magisterarbeit, Düsseldorf 1998.

Schroeder, Werner: »Dienstreise nach Holland 1940«. Beschlagnahmung und Verbleib der Verlagsarchive von Allert de Lange und Querido, Amsterdam. In: Exil: Forschung, Erkenntnisse, Ergebnisse. XIX. Jg. Hg. v. Edita Koch und Frithjof Trapp. Frankfurt a. M. 1998, S. 37-48.

Schutte, Sabine (Hg.): »Ich will aber gerade vom Leben singen ...« Über populäre Musik vom ausgehenden 19. Jahrhundert bis zum Ende der Weimarer Republik. Reinbek bei Hamburg: Rowohlt 1987.

Schwab, Andreas/Lafranchi, Claudia (Hg.): Sinnsuche und Sonnenbad. Experimente in Kunst und Leben auf dem Monte Verità. Zürich: Limmat 2001.

Schwarz, Egon (Hg.): Hermann Hesses Steppenwolf. Königstein/Ts.: Athenäum 1980.

Schwarzer, Alice: Warum gerade sie? Weibliche Rebellen. 15 Begegnungen mit berühmten Frauen. Frankfurt a. M.: Luchterhand ³1990.

Seehaus, Günther: Frank Wedekind. Reinbek bei Hamburg: Rowohlt 1993.

Seelen, Manja: Das Bild der Frau in Werken deutscher Künstlerinnen und Künstler der Neuen Sachlichkeit. Münster: LIT-Verlag 1995.

Segeberg, Harro (Hg.): Die Perfektionierung des Scheins. Das Kino der Weimarer Republik im Kontext der Künste. Mediengeschichte des Films, Bd. 3. München: Wilhelm Fink 1999.

Siegel, Eva Maria: Weibliche Jugend im Nationalsozialismus. Massenpsychologische Aspekte in Exilromanen von Hermynia Zur Mühlen, Irmgard Keun und Maria Leitner. Berlin 1991.

Siegel, Eva Maria: In der Zeit der großen Denunziantenbewegung. Trennung und Trennungsängste im Werk von Irmgard Keun. In: Mit den Augen eines Kindes. Children in the Holocaust, Children in Exile, Children under Fascism. Hg. v. Viktoria Hertling. Amsterdamer Publikationen zur Sprache und Literatur 1998.

Simmel, Georg: Brücke und Tor. Essays des Philosophen zur Geschichte, Religion, Kunst und Gesellschaft. Hg. v. Michael Landmann. Stuttgart: K.F. Koehler 1957.

Sørensen, Bengt Algot: Der »Dilettantismus« des Fin de siècle und der junge Heinrich Mann. In: Orbis Litterarum Vol. XXIV 1969, S. 251-270.

Soltau, Heide: Trennungs-Spuren: Frauenliteratur der zwanziger Jahre. Frankfurt a. M.: extrabuch Verlag 1984.

Sommer, Monika: Literarische Jugendbilder zwischen Expressionismus und Neuer Sachlichkeit. Studien zum Adoleszenzroman der Weimarer Republik. Frankfurt a. M. et al.: Peter Lang 1996.

Stephan, Inge: »Die Musen gehören zu den himmlischen Gestalten, die Mann und Weib nicht kennen«. Zur Androgynitätsauffassung in Kunst und Wissenschaft. In: Frauensprache – Frauenliteratur? Für und Wider einer Psychoanalyse literarischer Werke. Hg. v. Inge Stephan und Carl Pietzcker. Tübingen: Niemeyer 1986, S. 119-126.

Verein Stiftung Scheunenviertel (Hg.): Das Scheunenviertel. Spuren eines verlorenen Berlin. Berlin: Haude & Spener 1994.

Vietta, Silvio/Kemper, Dirk (Hg.): Ästhetische Moderne in Europa. Grundzüge und Problemzusammenhänge seit der Romantik. München: Wilhelm Fink Verlag 1998.

Vinken, Barbara: Dekonstruktiver Feminismus – Eine Einleitung. In: Dekonstruktiver Feminismus. Literaturwissenschaft in Amerika. Hg. v. Barbara Vinken. Frankfurt a. M.: Suhrkamp 1992, S. 7-29.

Vormweg, Heinrich: Erinnerung an Irmgard Keun. In: Süddeutsche Zeitung, 28./29.7.1990, S. 176.

Wall, Renate: Lexikon deutschsprachiger Schriftstellerinnen im Exil 1933-1945, Bd. 1. Freiburg i. Br.: Kore 1995.

Wallis Field, George: Hermann Hesse. Kommentar zu sämtlichen Werken. Stuttgart: Akademischer Verlag Hans-Dieter Heinz 1979.

Wanning, Berbeli: Zwischen Autobiographie und Fiktion. Ingrid Marchlewitz: Irmgard Keun – Leben und Werk. In: Der Deutschunterricht 1/2001.

Wedepohl, Steffen: Die Frau als Single. Irmgard Keun's Roman Gilgi – eine von uns. In: Juni Magazin für Literatur und Politik Nr. 27, 1998, S. 114-127.

Weigel, Sigrid: ›Das Weibliche als Metapher des Metonymischen‹. Kritische Überlegungen zur Konstitution des Weiblichen als Verfahren oder Schreibweise. In: Frauensprache – Frauenliteratur? Für und Wider einer Psychoanalyse literarischer Werke. Hg. v. Inge Stephan und Carl Pietzcker. Tübingen: Niemeyer 1986, S. 108-118.

Weinzierl, Ulrich: Heimkehrer im Staubmantel. In: FAZ Nr.81, 6.4.1981.

Weyergraf, Bernhard (Hg.): Literatur der Weimarer Republik 1918-1933. Hansers Sozialgeschichte der deutschen Literatur, Bd. 8. München: Deutscher Taschenbuch Verlag 1995.

Willms, Weertje: Die Suche nach Lösungen, die es nicht gibt. Gesellschaftlicher Diskurs und literarischer Text in Deutschland zwischen 1945 und 1970. Würzburg: Königshausen & Neumann 2000.

Witkin, Robert W.: Adorno on Music. London/New York: Routledge 2001.

Wittmann, Livia Z.: Der Stein des Anstoßes. Zu einem Problemkomplex in berühmten und gerühmten Romanen der Neuen Sachlichkeit. In: Jahrbuch für Internationale Germanistik Jg. XIV (2). Hg. v. Hans-Gerd Roloff et al. Frankfurt a. M./Bern: Peter Lang 1982, S. 56-78.

Wittmann, Livia Z.: Erfolgschancen eines Gaukelspiels. Vergleichende Beobachtungen zu *Gentlemen prefer Blondes* (Anita Loos) und *Das kunstseidene Mädchen* (Irmgard Keun). In: Carleton Germanic Papers. Ottawa 1983, S. 35-49.

Wolff, Lutz-W. (Hg.): »Puppchen, du bist mein Augenstern«. Deutsche Schlager aus vier Jahrzehnten. München: Deutscher Taschenbuch Verlag 1981.

Ziegler, Karl Kurt: Mit Hellsicht und Humor. In: Westfälische Rundschau, 26./27.8.1961.

Ziolkowski, Theodore: Hermann Hesses *Steppenwolf.* Eine Sonate in Prosa. In: Hermann Hesses *Steppenwolf.* Hg. v. Egon Schwarz. Königstein/Ts.: Athenäum 1980, S. 115-119.

DANK

Hiermit möchte ich allen herzlich danken, die mein Projekt unterstützt haben: Meinem Doktorvater, Prof. Dr. Walter Schmitz (Dresden), Frau Prof. Dr. Claudia Albert (Berlin & Leipzig) sowie Frau Dr. phil. habil. Kerstin Stüssel (Dresden) danke ich für die Zeit, die sie meinem Thema gewidmet haben; für bereichernde Gespräche, konstruktive Ideen, kritische Förderung und zahlreiche Literaturhinweise. Frau Uta Biedermann von der Stadtbibliothek Köln ermöglichte mir den Zugriff auf sämtliche existierende Materialien von und zu Irmgard Keun und war stets offen für ein persönliches Gespräch – auch über die Autorin, die sie noch selbst gekannt hat. Jochen Strobel war trotz seines beruflichen Engagements in der Herzogin Anna Amalia Bibliothek zu Weimar bereit, kurz vor der Abgabe noch einen prüfenden Blick auf den Text zu werfen.

Schließlich danke ich meinen Eltern für ihre geduldige, ermutigende Unterstützung sowie ihr reges Interesse an meinem Schreiben über Irmgard Keun. Und nicht zuletzt waren meine Freunde, die stets ein offenes Ohr für meine Fragen und Probleme hatten, eine wichtige Motivationsquelle.